es 1911

edition suhrkamp

Neue Folge Band 911

Alessandro Silj untersucht vor dem Hintergrund der dramatischen Veränderung der politischen Verhältnisse Italiens in jüngster Zeit die Entwicklung des Landes vom Sturz des Faschismus bis in die Gegenwart und konzentriert sich dabei vor allem auf die gegenseitige Durchdringung von Politik, Demokratie und Kriminalität. Er zeigt auf, wie in Sizilien bereits 1943 die Mafia – durchaus mit amerikanischer Unterstützung – ihre Strukturen ausbilden konnte. Er führt weiter aus, wie die Democrazia Christiana, ebenfalls mit amerikanischer Unterstützung, zu einer sich mit dem Staat identifizierenden Partei werden konnte. Der Staat – und damit die etablierten politischen Parteien – antwortete auf das Auftreten der neofaschistischen Bewegungen und des Linksterrorismus nicht nur mit verstärkter Gewalt, sondern auch mit einer Monopolisierung aller Entscheidungen und verlor dadurch seine politische Legitimation. Alessandro Silj zeichnet eine Geschichte Italiens, die die Ursachen der gegenwärtigen Entwicklung präzise benennt.

Alessandro Silj ist als Kenner der jüngsten Geschichte Italiens durch seine Publikationen ausgewiesen. Dazu zählen: *Mai più senza facile*, 1977, das sich mit dem Linksterrorismus in Italien beschäftigt, und *Venti anni di violenza politica in Italia (1969-88)*, 1992.

# Alessandro Silj
# Verbrechen, Politik, Demokratie in Italien

*Aus dem Italienischen von Ulrich Hausmann*

Suhrkamp

Titel der Originalausgabe:
*Malpaese. Criminalità, corruzione e politica nell'Italia della prima Repubblica 1943-1994*

edition suhrkamp 1911
Neue Folge Band 911
Erste Auflage 1998

Satz: Jung Satzcentrum, Lahnau
Druck: Nomos Verlagsgesellschaft, Baden-Baden
Umschlagentwurf: Willy Fleckhaus
Printed in Germany

1 2 3 4 5 6 – 03 02 01 00 99 98

# *Inhalt*

# *1. Kapitel*
# Die Legitimation des Verbrechens

## 1. Die Landung der Alliierten in Sizilien

Im Jahr 1942 wurde der berüchtigte italo-amerikanische Gangster Lucky Luciano, der im Gefängnis von Dannemora in den USA eine 30jährige Haftstrafe absaß, ohne jede Vorankündigung in das Modellgefängnis von Comstock verlegt. In seiner bequemen Zelle setzte reger Besucherverkehr ein. Im Jahr 1946 ordnete der Gouverneur von New York seine Freilassung an, die mit einer einzigen Auflage verbunden war: Luciano müsse nach Italien zurückkehren. Der Häftling nahm an. Der Gouverneur erläuterte seinen Schritt mit Hinweis darauf, daß Luciano »den Streitkräften der USA einen großen Dienst« erwiesen habe.

Die offizielle Begründung seitens der amerikanischen Behörden lieferte das Special Committee des Senats zur Untersuchung der organisierten Kriminalität unter Leitung des Senators Estes Kefauver im Jahr 1951. Luciano sei als Informant angeworben worden, um deutschen Sabotageaktionen in amerikanischen Häfen zuvorzukommen; allein die Hafenarbeitergewerkschaft, die fast vollständig von der Mafia kontrolliert worden sei, hätte diese blockieren können.[1]

In Wirklichkeit jedoch soll Luciano den amerikanischen Behörden in einer ganz anderen und ungleich schwierigeren Mission behilflich gewesen sein: dem Aufbau eines Netzes von direkten Kontakten zur sizilianischen Mafia mit dem Ziel, die öffentliche Ordnung nach der Landung der Alliierten sicherzustellen und eine Regierung zu bilden. Diese Vermutung ist allerdings mit einem Fragezeichen zu versehen, denn sichere Beweise dafür feh-

1 US Senate Special Committee, *Hearings on Organized Crime on Interstate Commerce*, Abschn. 7, 1951. In den folgenden Jahren soll sich Luciano gerühmt haben, selber die Anschläge inszeniert zu haben, die er nachher bekämpfen sollte. So schuf er sich seine Verdienste bei den amerikanischen Behörden. In Wirklichkeit scheint vollkommen unstrittig, daß die Deutschen über eigene Leute im Hafen von New York verfügten. Vgl. u. a. Enzo Magir, *Lucky, un Alleato scomodo,* in: *Corriere della sera*, 10. Sept. 1993.

len. In seinen posthum veröffentlichten Erinnerungen gibt Luciano keinen Fingerzeig in dieser Richtung. Von seinem Beitrag, die deutschen Saboteure im Hafen von New York unschädlich zu machen, spricht er sehr wohl. Auch die Kommission Kefavuer hat keine Beweise dafür geliefert. Aber, so der Schluß des Historikers Francesco Renda, der die amerikanischen Unterlagen sorgfältig studiert hat:

»Aus den Befragungen, den Zeugenaussagen und der gesamten Anlage der Untersuchungen (der Kommission Kefavuer) ergibt sich, daß Verhandlungen und Absprachen auf jeden Fall stattfanden, und zwar zwischen Hauptmann Haffenden vom Naval Service auf der einen und dem italo-amerikanischen Gangster Lucky Luciano auf der anderen Seite«.[2]

Diese Schlußfolgerung teilt auch die Kommission des italienischen Parlaments zur Untersuchung der Mafia in ihrer *Relazione su mafia e politica*, IV, 39-40, vom Mai 1993. Hier ist die Rede von drei »Legitimationen«, die die Mafia durch die Amerikaner erhalten habe: Erstens seien die führenden Mafiosi zur Vorbereitung der Landung in Sizilien um Hilfe gebeten worden; zweitens die Unterstützung für die separatistische Regierung in Sizilien; drittens die Einsetzung von Politikern oder gar von Bossen der Mafia in die Spitzen der Kommunalverwaltungen.

Dies vorausgeschickt, ist die These, die Mafia sei im Jahr 1943 dank der amerikanischen Hilfe »wiedererstanden«, nachdem Mussolini sie erfolgreich bekämpft habe, reichlich unbegründet, wenn nicht gar lächerlich. Die Amerikaner machten sich nur die in Sizilien existierenden Kräfte für ihre Landung, die nachfolgende Besetzung und die Einrichtung einer Regierung zunutze. Und dies waren im wesentlichen die Großgrundbesitzer und die örtlichen Honoratioren aus der separatistischen Bewegung. Es gibt offi-

2 Francesco Renda, *Storia della Sicilia*, Palermo 1987, S. 94. Der Beauftragte des Office of Strategic Services (OSS) für die Organisation der Landung, der auch die anfänglichen Kontakte zur Mafia in der Hand hielt, war Earl Brennan. Seine Kindheit hatte er in Italien verbracht, wo er in den ersten Jahren des Faschismus in der amerikanischen Botschaft in Rom tätig war. Seit dem Frühjahr 1942 begann Brennan, seine Vertrauensleute zu rekrutieren, und zwar vor allem Italo-Amerikaner sizilianischer Herkunft. Unter ihnen befanden sich auch der Anwalt Victor Anfuso, ein Mitglied der Demokratischen Partei, Vincent Scamporino, der sich für die Gewerkschaften engagierte, sowie der junge Max Corvo. Vgl. Roberto Faenza u. Marco Fini, *Gli Americani in Italia*, Mailand 1976.

zielle Dokumente[3] aus jener Zeit, die zeigen, daß den Amerikanern der Charakter der Mafia und ihre Strukturen vollkommen klar waren, daß sie »ernst zu nehmen« war und daß die Amerikaner auf große Schwierigkeiten gestoßen wären, wenn die Militärbehörden gegen sie vorgegangen wären. Sie entscheiden sich denn auch dafür, nicht gegen sie vorzugehen. Die mangelnde Vertrautheit mit den örtlichen Strukturen erschwert ihnen eine klare Unterscheidung zwischen dem, was mafiös ist, und dem, was es nicht ist. So verstricken sie sich schließlich in die Machtlogik auf der Insel, und folglich in die Mafia.

Verantwortlich für die Aktionen der Alliierten ist Oberstleutnant Charles Poletti, Ex-Vizegouverneur des Staates New York. Nach der Landung bekleidet er das Amt des »Verantwortlichen für Zivilangelegenheiten«, hält in dieser Funktion die Verbindung zu den örtlichen Honoratioren, also auch den Bossen der Mafia. Hauptgesprächspartner der Amerikaner in Sizilien ist der mächtige Boß Calogero Vizzini, genannt Caló. Er ist es, zu dem die Mafiosi, die aufgefordert worden waren, bei der Landung der anglo-amerikanischen Truppen in der Nacht vom 9. auf den 10. Juli 1943 zu helfen, Kontakt aufgenommen hatten; sie bildeten Vorauskommandos, lieferten strategisch bedeutsame Informationen und, so will es zumindest die Legende, sie forderten die italienischen Soldaten auf, sich zu solidarisieren und die Waffen niederzulegen. Die volkstümlichen Legenden berichten auch vom Halstuch Lucky Lucianos mit einem großen L, das in jener Nacht von einem Flugzeug abgeworfen wurde, um Vizzini ein Zeichen zu geben, daß die Landung unmittelbar bevorstand.[4] Nach der Landung wird Vizzini, dem der Volksmund mehrere Dutzend Morde, Erpressungen und Raubüberfälle nachsagt, vollkommen problemlos einer der engsten und vertrautesten Mitarbeiter von Charles Poletti, zunächst durch seine Ernennung zum Bürgermeister von Villalba. Später wird er zum Oberst der amerikanischen Streitkräfte ehrenhalber ernannt.[5]

3 *Report on the Problem of Mafia in Sicily*, 19. Okt. 1943, verfaßt von Hauptmann W. E. Scotten vom amerikanischen Geheimdienst. Ausführliche Zitate und Analysen dieses Berichts finden sich bei Renda, op. cit., S. 85ff.

4 Eine »authentische« Version dieser Geschichte liefert Michele Pantaleone (*Mafia e politica*, Turin 1972, S. 48f.). Hiernach wurde das Halstuch mit dem »L« zusammen mit einem Umschlag über Villalba, dem Dorf Vizzinis, am 14. Juli, also vier Tage nach der Landung, aus einem amerikanischen Jagdflugzeug abgeworfen.

5 Die Ernennung von Mafiosi zu Bürgermeistern oder anderen Ämtern wird in einem Bericht des englischen Generals Lord Rennel of Rodd, des britischen Beauf-

Die Historiker, die sich mit dieser Zeit befaßt haben, vermochten nicht eindeutig festzustellen, ob und in welchem Maße das Wiedererstehen des sizilianischen Separatismus im Jahr 1943 auch ein Resultat der Arbeit der alliierten Geheimdienste war.[6] Fest steht, daß das Manifest des »Komitees für die Unabhängigkeit Siziliens«, das am 10. Juli 1943 überall in Sizilien an den Mauern klebt, die anglo-amerikanischen Truppen feiert und daß das Komitee am 29. Juli dem Oberkommandierenden der Alliierten ein Memorandum überreicht, das auf dem historischen Recht Siziliens auf die Unabhängigkeit besteht und Belgien, die Niederlande oder die Schweiz als Vorbilder für einen neu zu gründenden Staat nennt. Weiter wird die sofortige Einsetzung einer provisorischen Regierung und deren Teilnahme an einer künftigen Friedenskonferenz verlangt, denn Sizilien ist »vereint und befreundet mit den Siegermächten und verachtet wie sie die totalitären Regime«. Durch das feierliche Bekenntnis zum Antifaschismus liefert das Komitee den Alliierten noch ein Motiv für die Anerkennung als privilegierter Gesprächspartner. Die Geschehnisse in Italien jedoch, die am 25. Juli zur Absetzung Mussolinis führen, reduzieren nur wenige Tage später die politische Bedeutung der antifaschistischen Proklamationen des Komitees.

Heute wissen wir aus offiziellen amerikanischen Dokumenten, daß die Linie des State Departments darin bestand, in den befreiten Gebieten autonome Regionalverwaltungen einzusetzen, daß

tragten für Zivilangelegenheiten, erklärt: »Angesichts eines Volkes, das sich in Aufruhr befand, weil es die Absetzung der faschistischen Bürgermeister wollte, fielen etliche meiner Offiziere darauf herein, die Erstbesten, die sich selber anboten, zu ernennen; oder sie befolgten die Ratschläge der Dolmetscher, die mit jenen gemeinsame Sache machten und bei einem Aufenthalt in den USA ein wenig Englisch gelernt hatten. Das Ergebnis dieser Praxis war nicht immer glücklich, die Entscheidung fiel sehr oft auf einen örtlichen Mafioso oder irgendeinen Strohmann, der in dem einen oder anderen Fall sogar im Klima der organisierten Kriminalität der USA groß geworden war. Alles, was man von diesen Leuten sagen konnte, war, daß sie ebensosehr gegen den Faschismus gewesen waren, wie sie aus anderen Gründen verabscheuungswürdig waren. Die Schwierigkeiten für Fremde, in den ersten Tagen einer Besetzung die Verdienste und Gefährlichkeit lokaler Vertreter einzuschätzen, dürften jedermann, der auch nur ein wenig über diese Problematik nachdenkt, klar sein« (zit. nach Renda, *op. cit.*, S. 95 f.).

6 Vgl. Giuseppe Carlo Marino, *Storia del separatismo siciliano*, Rom 1979. Eine sehr genaue und gut dokumentierte Darstellung der Beziehungen zwischen Alliierten und den politischen und gesellschaftlichen Kräften Siziliens findet sich in: *La regione in guerra (1943-50)* von Rosario Mangiameli in: *Le Regioni dall'Unità ad oggi – La Sicilia*, Turin 1987. Bes. S. 485 ff.

die Amerikaner sich keinen Illusionen über die separatistische Bewegung hingaben, die für allzu reaktionär und von der Mafia durchsetzt gehalten wurde. Die Ziele der separatistischen Bewegung, die Proklamation der Unabhängigkeit Siziliens und die Wiederherstellung der wirtschaftlichen und sozialen Strukturen aus der vor-faschistischen Zeit standen darüber hinaus im Widerspruch zu Washingtons Unterstützung für die Zentralregierung in Rom und zu den amerikanischen Plänen einer Demokratisierung und Modernisierung des italienischen Staatswesens. Das Mißtrauen (zunächst der Engländer, dann auch der Amerikaner) gegenüber dem Separatismus sollte sich im Laufe der Zeit noch steigern, und bereits 1944 sprechen sich die Berichte, die Washington übermittelt werden, für eine klare und aktive politische Position gegen den Separatismus aus.[7]

In den unmittelbar auf die Landung folgenden Tagen und Monaten jedoch schien unter militärischen Gesichtspunkten die Unterstützung für die Separatisten[8] die einzig mögliche Strategie. Die politische Schicht, die sich mit den Zielen der separatistischen Bewegung (Movimento per l'indipendenza della Sicilia, MIS) identifizierte, war dieselbe, die traditionell seit Jahrhunderten die Insel dominiert hatte, aber auch die einzige, die sich dem Regime in Rom entgegenzustellen und eventuellen Versuchen einer Gegenoffensive Widerstand zu leisten vermochte. Aber auch abgesehen von eventuellen militärischen Gegenaktionen gegen die Invasionstruppen konnte schon die schlichte Drohung mit dem von den Alliierten unterstützten Separatismus die Regierung Badoglio, die sich wenige Tage nach der Landung formiert hatte, zu einer rascheren und bedingungslosen Kapitulation veranlassen.

So wie die politische Klasse des vor-faschistischen Italiens sich mit den bourgeoisen Großgrundbesitzern verbündet hatte, so

7 James Edward Miller, *»The United States and Sicilian Regionalism«*, Vortrag, gehalten auf dem Kongreß *»Gli anni difficili dell' autonomia«*, Palermo 5.-21. Mai 1993, durchgeführt von der Region Sizilien und der Universität von Palermo.

8 Die Briten verhielten sich von Anfang an in ihren Beziehungen zu den Separatisten und den sizilianischen Honoratioren meist sehr viel vorsichtiger als die Amerikaner. Sie sahen die Lässigkeit von Oberst Poletti mit großem Unwillen und hielten ihn für einen regelrechten Promoter des Separatismus, sie mißtrauten den Aktivitäten der Offiziere und »Berater« mit sizilianischen Namen, die ihn umgaben. Zur Position der britischen Regierung, die zu einem bestimmten Zeitpunkt sogar mit der Möglichkeit liebäugelte, das Königreich der beiden Sizilien wiedereinzurichten, wie aus einem Bericht des Konsuls seiner Majestät in Neapel vom Oktober 1944 hervorgeht, vgl. Giuseppe C. Marino, *op. cit.*

wagte es auch der Faschismus nicht, das bestehende ökonomische und soziale System anzutasten, das eine Garantie für die Aufrechterhaltung der öffentlichen Ordnung in der Region darstellte. In der zweiten Hälfte der zwanziger Jahre reift das Konzept des Kampfes gegen den Faschismus und trägt auch die ersten Früchte für das faschistische Regime, nachdem Cesare Mori als Präfekt von Palermo mit Sondervollmachten ernannt wird. Mori, der »eiserne Präfekt«, folgt in seinen Entscheidungen einer militärischen Logik, er besetzt und belagert ganze Dörfer, er verhaftet Frauen und Kinder der Mafiabosse, um diese zur Aufgabe zu zwingen, er übt Druck aus, foltert und prügelt, und er schickt ganze Clans in die Verbannung oder eliminiert sie. Seine Strategie zielt darauf, sich bei der Bevölkerung Respekt zu verschaffen, indem er deutlich macht, noch mafiöser zu sein als die Mafia. Im Jahr 1927 beginnen die Prozesse; zu dieser Zeit sind mehr als 10 000 Personen unter Verdacht der Mafiazugehörigkeit im Gefängnis. Die Anklage wegen Mafiazugehörigkeit wurde auch dazu benutzt, unbequeme Personen aus der faschistischen Partei und der mit ihr verbündeten Gruppierungen zu liquidieren.[9]

Der »Krieg« des Präfekten Mori richtete sich nicht nur gegen die Kleinkriminellen, auch Bürgermeister, Unternehmer und Notable, von denen viele mit Sicherheit unschuldig waren, landeten im Gefängnis. Die Repräsentanten des Adels und der Großgrundbesitzer hingegen blieben unangetastet. Im Faschismus wurde der sizilianische Großgrundbesitzer sogar noch stärker, und das Gesetz von 1919 zur Enteignung und »Quotierung« des Großgrundbesitzes, das die katholischen und sozialistischen Kräfte durchgesetzt hatten, blieb wirkungslos. Zum Zeitpunkt der Landung der Alliierten war der Großgrundbesitz auf der Insel und folglich auch

9 Salvatore Lupo, *Storia della mafia*, Mailand 1993, S. 144ff. Laut einigen Historikern, unter ihnen der Engländer Christopher Duggare, war die Mission Mori ein totales Fiasko. Andere Historiker wieder vertreten die Ansicht, Mussolini habe Mori im Jahre 1929 von seinem Posten abberufen (und zum Senator ernannt) – nachdem er ihn selbst im Oktober 1925 eingesetzt hatte –, weil die Maßnahmen von Mori und des Generalstaatsanwalts von Palermo, Luigi Gianpietro, hochgestellte Persönlichkeiten aus dem Zentrum der faschistischen Macht in die Untersuchungen zu verwickeln drohten. Tatsache ist, daß es Mori und Gianpietro gelang, der Mafia die Luft abzuschneiden. Insbesondere gelang es ihnen, deren Mittlerrolle zwischen den sozialen Gruppen oder zwischen dem Staat und der Gesellschaft entscheidend einzuengen. (Auch wenn dies nur bewirkte, daß das faschistische Regime diese Rolle einnahm.) Vgl. Lupo, *op. cit.*

deren Reichtum konzentriert in den Händen einer verschwindend kleinen Schicht.

1943 mußten die sizilianischen Agrarier angesichts des sich abzeichnenden Untergangs des faschistischen Regimes das Aufkommen neuer politischer Kräfte fürchten. Wenn es sich dabei vielleicht auch nicht um Kommunisten oder Sozialisten handeln würde, so doch bestimmt um Demokraten und Antifaschisten, die mit hoher Wahrscheinlichkeit für die Forderungen der Bauern eintreten würden. Daraus erklärt sich deren Strategie, die Landung der anglo-amerikanischen Truppen zum Erhalt ihrer Privilegien zu nutzen. Und was konnte dabei ein besserer Vorwand und ein edleres Motiv sein als die Sache des Separatismus, der, würde er von der internationalen Gemeinschaft akzeptiert, es ihnen erlauben würde, sich vor demokratischen »Verunreinigungen« eines neuen Italien zu schützen?

Es ist klar, daß nicht alle im MIS diese Zielsetzung teilen. Mit Sicherheit gilt dies für den linken Flügel, der am Ende aus dem Komitee austritt und eine autonome Bewegung gründet, die allerdings unbedeutend bleibt. Es fehlt auch nicht an revolutionären Kräften, die den bewaffneten Kampf fordern. So organisiert Antonio Canèpa, ein junger Professor der Politikwissenschaft, der bereits in Norditalien unter dem Pseudonym Mario Turri als Partisan gekämpft hatte, unter den Studenten Catanias im Sommer 1944 eine »anarchistisch-sizilianische« Gruppe, die aufgeht im »Esercito volontario per l'indipendenza siciliana« (dem »Freiwilligenheer für die Unabhängigkeit Siziliens«, EVIS). Unter ihnen sind auch einige Mitglieder der herzöglichen Familie von Carcaci. Canèpa stirbt unter tragischen Umständen im Juni 1945.[10]

In Wirklichkeit ist die Unabhängigkeitsbewegung ein Gemisch unterschiedlicher Strömungen. Vorsitzender und Koordinator ist Andrea Finocchiaro Aprile, dessen demokratische Einstellung außer Frage steht. Er hatte bereits im Jahr 1924 gegen die reaktionäre und gegen den Süden gerichtete Politik des faschistischen Regimes protestiert. Finocchiaro Aprile ist ein Idealist. Er glaubt von gleich zu gleich mit den Alliierten verhandeln zu können. Nur kurz gelingt es ihm, die ideologisch und politisch ganz unterschiedlichen Kräfte im Komitee zusammenzuhalten: Aristokraten, Großgrundbesitzer, einen Teil der demokratischen Bourgeoisie,

10 Im Laufe eines Feuergefechts mit der Polizei wird Canèpa von einer Kugel getroffen und fliegt mit der Bombe, die er in der Tasche bei sich trägt, in die Luft.

Notable aus der Zeit vor dem Faschismus, ehemalige Volkstümler und Sozialreformer. Seine eigenen konkreten Positionen in politischen Fragen schwanken zwischen einem unnachgiebigen Separatismus und Lösungen, die eher auf ein Autonomiestatut zielen. In dieser Situation haben die reaktionärsten Strömungen des MIS, und zwar besonders die Großgrundbesitzer, leichtes Spiel bei ihrem Versuch, die anderen Kräfte für ihre Ziele einzuspannen.

Am 6. Dezember 1943 ergreift Calogero Vizzini auf einem Geheimtreffen der separatistischen Bewegung in Palermo das Wort und erklärt die »offizielle« Unterstützung der Bewegung durch die Mafia, in der er ein anerkannter Boß ist. Auf diese Weise wird die konservative Wende des MID festgeschrieben. Diese Entscheidung steht in vollkommener Übereinstimmung mit den Interessen der Mafia. Aber der Einfluß der separatistischen Bewegung nimmt rasch ab. Bereits im Sommer 1945 kann selbst Finocchiaro Aprile nur das Scheitern seiner Strategie konstatieren, die darauf gerichtet war, von den Siegermächten Unterstützung für eine Lösung im Sinne des Separatismus zu erhalten. Seine ausführlichen Briefe an Winston Churchill, Anthony Eden, Cordell Hull, an De Gaulle, König Georg VI., den Papst, an Eleonore Roosevelt und schließlich sogar an die Dillon Bank und an die Ford Motor Company werden gar nicht erst beantwortet. Im September erfährt die italienische Regierung, daß die Separatisten den Alliierten ein Memorandum haben zukommen lassen, in dem sie Unterstützung für die Errichtung eines unabhängigen Staates in Sizilien fordern und damit drohen, falls nötig auch mit Waffengewalt gegen Italien vorzugehen. Die italienische Regierung ist bereits beunruhigt wegen der Zwischenfälle mit bewaffneten Gruppen auf der Insel und beschließt, Finocchiaro Aprile sowie zwei weitere führende Köpfe der Separatisten, Antonio Varvaro und Francesco Restuccia, auf die Insel Ponza zu verbannen.

Zwei Wochen später greifen der Bandit Avila und seine Bande, die inzwischen von den Separatisten angeworben worden waren, eine Patrouille der Carabinieri an und töten drei von ihnen. Das ist die entscheidende Wende. Canèpas EVIS bildet den revolutionären linken Flügel der separatistischen Bewegung. Sie ist in der Minderheit und ihr Scheitern ganz offenkundig, vor allem deshalb, weil sie von den Großagrariern, die den MIS unterstützen, völlig abgelehnt wird (hartnäckige Gerüchte behaupten, sie hätten bei dem Attentat, das Canèpa das Leben kostete, ihre Hand im Spiel gehabt). Nun aber hat die Führung der Bewegung sich zum bewaffneten Kampf entschieden. Calogero Vizzini versicherte, »er könne jederzeit die Gesetzlosen unter Kontrolle bringen, die Polizei hingegen würde niemals ohne die Unterstützung der Mafia zu einer wirkungsvollen Aktion gegen sie in der Lage sein«.[11] Kurz nach der Verhaftung der drei Führungsmitglieder der Bewegung und kurz vor dem Anschlag des Banditen Avila trafen sich der Herzog von Carcaci und andere führende Vertreter des Separatismus heimlich mit dem Banditen Salvatore Giuliano, um die genauen Bedingungen seiner Beteiligung an der Durchführung und Organisation von bewaffneten Erhebungen zu besprechen. Giuliano verlangt einen Vorschuß von 10 Millionen Lire. Einer der Vertreter der Bewegung schlägt vor, sich durch die Entführung wohlhabender Bürger in den Besitz dieser Summe zu bringen, und einer der Anwesenden, der Baron Stefano La Motta, erklärt sich bereit, Opfer aus seinem Bekanntenkreis zu nennen. Giuliano lehnt jedoch ab. Also verpflichtet sich La Motta, ihm eine Million zu übergeben.[12]

Als Giuliano sich bereit erklärt, mit dem EVIS zusammenzuarbeiten, ist es bereits am Ende. In jedem Fall aber haben inzwischen Finocchiaro und die nichtrevolutionären Führer des Separatismus die Kontrolle an die Abenteurer des reaktionärsten Flügels der Bewegung verloren. Der Graben zwischen den Gemäßigten, die ein Autonomiestatut als vernünftigen Kompromiß mit dem italienischen Staat nicht prinzipiell ablehnen, und dem reaktionären und extremen Flügel mit seiner Idee der Unabhängigkeit auch um den Preis des bewaffneten Kampfes, der bereits zu Beginn des Jahres 1945 sichtbar geworden war, vertieft sich jetzt noch. Als Folge verschieben sich die Bündnisse. Jetzt finden wir auch Calogero Vizzini unter den Gegnern des EVIS. Die direkte Zuhilfenahme von Banditen durch die Grundbesitzer zerstört die hergebrachten Gleichgewichte, denn sie entzieht der Mafia einen Teil ihrer traditionellen Rolle als Vermittler zwischen bestimmten gesellschaftlichen Gruppen.

Die Probleme des durch seine Widersprüche gelähmten und von den Ereignissen überrollten Separatismus sind sehr viel schwerwiegenderer Natur. Der Separatismus war als »interklassi-

11 Filippo Gaja, *L' esercito della lupara*, Area 1962.

12 Das geht aus dem Bericht des Inspekteurs für die öffentliche Sicherheit in Sizilien hervor.

stischer Patriotismus« entstanden, aber jetzt gelingt es ihm nicht mehr, die sich widersprechenden Interessen auszugleichen. Er findet keine überzeugenden Antworten mehr auf die neue Situation, und das wird besonders deutlich an der Agrarfrage. Schließlich wird er durch den wachsenden Einfluß und die Strategie der nationalen Parteien an den Rand gedrängt, die sich für eine Autonomielösung einsetzen.[13]

Besonders die Democrazia cristiana (DC) spielt eine entscheidende Rolle bei der Normalisierung des politischen Lebens der Insel. Sie macht sich, abgesehen von dem Ruf nach Unabhängigkeit, zahlreiche Forderungen der einzelnen Gruppen und Personen aus der separatistischen Bewegung zu eigen. Dabei ist ihnen Salvatore Aldisio, zusammen mit Bernardo Mattarella einer der führenden Köpfe der DC auf der Insel, eine große Hilfe. 1943 hatte Finocchiaro Aprile ihn persönlich für das Komitee für die Unabhängigkeit Siziliens gewonnen. Die DC Aldisios orientiert sich gemäßigt konservativ und zielt darauf ab, für Sizilien die Partei der Ordnung und damit auch der konservativen Kräfte zu werden.[14]

Die inneren Widersprüche und die Schwierigkeiten des MIS werden beim Referendum vom 2. Juni 1946 sehr deutlich, bei dem die Italiener zwischen Republik und Monarchie entscheiden sollen. Die Bewegung, die aufgrund ihrer eigenen Geschichte und ihres Sezessionismus eigentlich republikanisch sein sollte, tritt für die Monarchie ein, denn die führenden Schichten Siziliens sind ebenso monarchistisch wie die Mehrheit der Bevölkerung. Aber selbst diese sehr opportunistische Wahlaussage erspart ihnen nicht die schwere Niederlage: Auch wenn beinahe doppelt so viele für die Monarchie stimmten wie für die Republik (1 292 000 gegen 706 000 Stimmen), so erhält der MIS nur 166 000 Stimmen, weniger als die Gruppierung Uomo qualunque (zu deutsch: Herr Jedermann. U. H.), ein Zusammenschluß von Nostalgikern des Faschismus und Konservativen, die Angst vor der neuen parlamentarischen Demokratie haben. Dagegen stehen auch die 643 000 Stimmen für die DC, die 150 000 für die Kommunisten und mehr als 260 000 Stimmen für die anderen Linksparteien. Für die separatistische Bewegung ist nunmehr jeder Weg verbaut, nach rechts

13 Zu einer detaillierten Analyse dieses Fragenkomplexes vgl. Giuseppe C. Marino, *op. cit.*, Kap. 6., sowie R. Mangiameli, *op. cit.*

14 Vgl. Mario Caciagli, *Democrazia cristiana e potere nel Mezzogiorno – Il sistema democristiano a Catania,* Guaraldi, 1977.

wie auch links. Ein deutliches Zeichen für die Konfusion im MIS ist die Tatsache, daß vor der Abstimmung vom 2. Juni einige ihrer Vertreter, im offenen Gegensatz zu anderen, Kontakt mit Persönlichkeiten aus dem Umkreis von Umberto II. von Savoyen aufnahmen, um diesem im Fall einer Niederlage der Monarchisten beim Referendum das »Königreich von Sizilien« anzubieten.

Jetzt überschlagen sich die Ereignisse im MIS. Am 19. Juli 1946 greift Finocchiaro Aprile auf der ersten Sitzung der Konstituierenden Versammlung die DC scharf an und fordert die KPI auf, zu demonstrieren und »die Macht zu übernehmen«. Nur wenige Stunden später erklärt Varvaro, der Generalsekretär des MIS, seinen Rücktritt. Er verbindet diese Erklärung mit einer scharfen Kritik am »improvisierten« Auftreten Finocchiaros. Der 3. Kongreß des MIS im Februar 1947 beschließt den Ausschluß von Varvaro und seinen Anhängern, die den MISDR (Demokratisch-republikanische Bewegung für die Unabhängigkeit Siziliens) gründen. Das ist der Anfang vom Ende. Bei den Regionalwahlen erreicht der Block der Linken 29 Sitze gegen 20 der Christdemokraten. An den MIS fallen gerade noch 8 Sitze.

Der Erfolg der Linken bei den Regionalwahlen erschreckt den Adel und die Agrarbourgeoisie, die sich zunächst der Unabhängigkeitsbewegung bedient hatten, um ihre Interessen zu sichern. Nun orientieren sie sich auf die Christdemokraten und die anderen gemäßigten Kräfte.

Auch die Bosse der Mafia hatten bis zum 2. Juni 1946 im Separatismus die beste Strategie gesehen, um ihre Interessen systematisch abzusichern. Das Abstimmungsergebnis jedoch zeigt das Ende ihrer Illusionen in diesem Punkte an, wenn man einmal unterstellt, sie hätten wirklich an die Möglichkeit eines unabhängigen Siziliens geglaubt. In den beiden folgenden Jahren unterstützt die Mafia die Rechtsparteien, vor allem die Monarchisten, aber auch die Liberalen, die die Interessen der Großgrundbesitzer vertreten. In diesen Jahren bildet sich auch eine starke Bauernbewegung heraus, die, unterstützt von den demokratischen Parteien, zu einer Umverteilung des Landbesitzes (wenigstens des nicht bebauten Landes) und zu einer Veränderung der Beziehungen zwischen Landbesitzern und Bauern führen könnte, wenn nicht gar zu einer regelrechten Landreform, von der in Ansätzen schon die Rede ist. Die Mafia weiß, daß die Rechtsparteien nicht stark genug sind, diese Veränderungen zu verhindern. Die nationalen Wahlen vom

18. April 1948 sind ein großer Sieg der Christdemokraten, der später, im Jahr 1951, bei den Regionalwahlen bestätigt wird. Nun sind es die Männer der DC, die die Macht auf der Insel kontrollieren, und die Vertreter der Großgrundbesitzer müssen mit ihnen eine Verständigung suchen, um ihre Interessen zu wahren. An diesem Punkt hat auch die Mafia keine andere Wahl: Ihre Zukunft hängt von den Beziehungen ab, die sie zu den Vertretern der neuen Macht herzustellen vermag.

## 2. Der Bandit Salvatore Giuliano, bewaffneter Arm der Großgrundbesitzer und der antikommunistischen Front

Salvatore Giuliano wird 1922 in Montelepre, in der Nähe von Palermo, geboren. Er wird in jenem politischen Klima, das der Separatismus nach der Landung der Alliierten geschürt hatte und das im Carabiniere den Vertreter eines feindlichen und unterdrückerischen italienischen Staates sieht, gewissermaßen per Zufall zum Banditen. Am 2. September 1943 hält ihn eine Patrouille an, als er mit einem Pferd zwei Sack Weizen transportiert, für die er keine Steuern bezahlt hat. Giuliano erschießt einen Carabiniere. Drei Monate später tötet er noch einen, um einer Razzia zu entkommen. Im Januar 1944 bildete Giuliano eine bewaffnete Bande. Er wird von Polizei und Heer gejagt. Überall werden die Geschichten seiner Taten erzählt, seine Liebschaften und sein Tod durch die Hand eines Verräters machen ihn sehr bald zu einer legendären Gestalt in Sizilien, aber nicht nur dort. Der Gentleman-Bandit, der »politische« Bandit, der im Jahr 1947 an der Wahlkampagne für den demokratischen Flügel der separatistischen Bewegung teilnimmt, mit dem Erfolg, daß in den von ihm kontrollierten Gebieten die Bevölkerung fast einhellig für den MISDR von Varvaro stimmt, dieser Mann ist zugleich ein gnadenloser Mörder. Am 1. Mai 1947 schießt er auf die Bauern, die sich in Portella della Ginestra versammelt haben, um das traditionelle Fest der Arbeit zu begehen, und tötet sieben von ihnen.

Die Prozesse von Viterbo, Rom und Palermo, in denen dieser Vorfall Gegenstand war, haben die Motive nicht zu klären vermocht, die Giuliano zu diesem Massaker bewegten. Über Hintergründe und mögliche Auftraggeber wurden von seinem Stellvertreter und späteren Mörder, Gaspare Pisciotta, Aussagen gemacht und viele Vermutungen angestellt. So wurde auf seinen eingefleischten Antikommunismus hingewiesen und auf seine Überzeugung, der Kampf gegen den Kommunismus in Sizilien hinge nun ganz allein von ihm ab. Das war auch der Grund für einen Brief, den er im Jahr 1947 an den amerikanischen Präsidenten Truman schickte und in dem er unter anderem sagte, man könne »die weitere Verbreitung der roten Hetze nicht mehr dulden«. In einem an die Richter in Viterbo gerichteten Memorandum schrieb er, in holprigem Italienisch:

»Die kommunistischen Führer gaben an einem bestimmten Punkt den Bauern den Befehl, die Banditen auszuspionieren, weil sie vielleicht für sie eine unsichtbare Macht der Mafia waren und noch sind, diese Reichen, die bestimmt auch die Regierung haben... Nur schwer kann ich meine Wut sagen, als ich dieses niederträchtige Schauspiel der Feigheit auf unserer Erde sah... Jenes Fest schien mir eine günstige Gelegenheit, denn ich vermeinte, daß ich auf diese Weise die Hauptverantwortlichen treffen würde, auf die ich es abgesehen hatte...«

Giuliano scheint also die These zu bestätigen, daß sein Größenwahn und sein Antikommunismus Beweggrund für das Massaker unter den Bauern war; ebenso wie für die Angriffe und Zerstörungen der Büros von PCI, PSI und verschiedener Arbeitskammern in den nachfolgenden Wochen, bei denen zahlreiche Arbeiter getötet und verletzt wurden.

Aber das Memorandum sagt nichts über die im dunkeln gebliebenen Hintergründe der ganzen Angelegenheit. Die Ordnungskräfte hatten schon längst Informanten in die Bande von Giuliano eingeschleust. Warum informierten sie nicht über die Absichten des Banditen? Oder: Wenn es Informationen darüber gab, warum wurden sie ignoriert? Und warum wurde einer der Informanten, der Bandit Ferreri, kaltblütig von einem Offizier der Carabinieri erschossen, nachdem er in einer Kaserne festgesetzt worden war? Benutzte jemand seine Ängste und stachelte ihn auf, um sein eigenes Süppchen zu kochen?[15]

Zur Frage der Auftraggeber äußerte sich die parlamentarische Untersuchungskommission so:

15 Der Bericht der Parlamentarischen Untersuchungskommission bietet die folgende, für »logisch« erachtete Hypothese an. »Grundbesitzer und Pachteintreiber lassen Giuliano die Aufforderung überbringen, er möge nachdenken: Von heute auf morgen könne er sich in einer vollkommen auf den Kopf gestellten Si-

»Auch die Einschränkung des Kreises der Auftraggeber allein auf die Monarchisten ... vermag nicht vollständig zu überzeugen. Es stimmt zwar, daß der Tod von Cusumano Geloso, der unter merkwürdigen und nicht geklärten Umständen geschah, den Eindruck erwecken könnte, dahinter steckte etwas Ungeklärtes. Aber in der gesamten Angelegenheit fehlen klare und eindeutige Anhaltspunkte; das gilt auch für die Prozeßakten und für die Untersuchung, die das Komitee gewissenhaft durchgeführt hat. Außerdem ist auch der Abgeordnete Marchesano verstorben. Einzig der Abgeordnete Alliata di Montereale ist noch am Leben, ... der keine Beweise dafür hat, daß er mit der Sache nichts zu tun hat. ... Schließlich ergab die Befragung der noch lebenden Zeugen, die damals Aussagen über die Auftraggeber machten, daß ihre Erklärungen auf Druck durch den Anwalt Crisafulli (den Verteidiger von Pisciotta, der auf diese Weise hoffte, seinen Mandanten teilweise entlasten zu können) zustande gekommen waren und daß sie nicht der Wahrheit entsprachen.«

Trotzdem bringt die Kommission ihr »Erstaunen« darüber zum Ausdruck, daß die »Zentralbehörden von den örtlichen Dienststellen nicht in angemessener und pflichtgemäßer Weise unterrichtet worden waren«. Die Arbeit der Kommission hätte »zu ganz anderen Resultaten führen können, wenn alle Behörden ... ihr Verhalten hinreichend dokumentiert und begründet hätten«. Die Kommission zitiert auch die Richter des Schwurgerichtes von Viterbo, die »in der ausführlichen Begründung ihres Urteilsspruches auf einige Aspekte des Verhaltens der Polizei vor Ort hinweisen und sie ohne Umschweife als ›außergewöhnlich und nicht normal‹ bezeichnen«. Und abschließend:

»Der bedauerliche Mangel an Koordination und Weitsicht hat gewiß nicht dazu beigetragen, die einzelnen Episoden und Aspekte, die vor Gericht verhandelt wurden, zu erhellen, aber eine politische Gesamteinschätzung ist dennoch möglich: Zu einem bestimmten Zeitpunkt wurde Giuliano ein Element jenes komplizierten Zusammenspiels rückschrittlicher und parasitärer Interessen, das die Mafia mit aller Macht verteidigte, er wurde zum ausführenden Organ einiger in diesem Zusammenhang geplanter Gewalttaten. Im verzweifelten Bemühen, Straffreiheit zu erlangen und davonzukommen, verknüpfte Giuliano seine eigene Absichten mit den Zielen der Grundbesitzer und der politischen Kreise, auf die diese sich je nach Bedarf in ihrem zähen Kampf um die Aufrechterhaltung ihrer Hegemonie stütz-

tuation finden; die Bauern wären nun nicht mehr seine Verbündeten, sondern seine Feinde, und folglich wäre er den Polizeikräften, die Jagd auf ihn machten, ausgeliefert. Eine Lektion für die Bauern, die für den Volksblock gestimmt haben, ist unbedingt notwendig, um so mit Gewalt eine neue Protektion herzustellen und neue Verbündete zu gewinnen.«

ten. Das Schicksal Giulianos ist in dem Moment besiegelt, da die Mafia und der Großgrundbesitz für ihre Interessen den Schutz in einem System suchen, daß einen anderen Weg der Umwandlung und Transformation gewählt hat.«

Das Minderheitenvotum der Kommission, das 1976 von den Abgeordneten und Senatoren der KPI und der Unabhängigen Linken präsentiert wird, ist in diesem Punkte deutlicher:

»Es steht außer Zweifel, daß es Kreise des sizilianischen Agrarblocks (und auch ausländischer Stellen) waren, die Giuliano die Hand führten (beim Attentat von Portella di Ginestra. A. S.); sie versuchten damit, Druck auf die Christdemokraten auszuüben, mit den Parteien der Linken in Sizilien zu brechen und so auch den Bruch auf nationaler Ebene zu beschleunigen... In weiten Teilen der Provinz Palermo entstand ein Klima des Schreckens, das die Ausübung der demokratischen Freiheiten durch die Parteien der Linken unmöglich machte. (Das bezieht sich auf die Anschläge gegen die Parteibüros, Gewerkschaftssitze und die Arbeitskammern. A. S.)... Das Klima des Terrors wurde bis zu den Wahlen 1948 immer weiter angeheizt.«

Der Bericht unterstreicht, daß sich in den von Giuliano kontrollierten Gebieten, in denen er sich bisher für den MISDR eingesetzt hatte, das Abstimmungsergebnis umkehrt: Varvaro, der als Kandidat der Demokratischen Volksfront antritt, erhält nur noch 27 Stimmen gegenüber 1951, die DC steigt von 719 auf 1593, die Monarchisten von 114 auf 1034. Die Wahlpropaganda der Demokratischen Front wurde verhindert. An anderen Stellen der Insel »wurden im Verlaufe der Wahlkampagne einige der brutalsten Anschläge gegen die Vertreter der Bauernbewegung begangen... Bei der Abstimmung schlossen sich alle konservativen und parasitären Kräfte fest um die Democrazia cristiana zusammen. Man förderte ein Klima des Schreckens, um die Bauernbewegung zurückzudrängen, die es gewagt hatte, die Herrschaft der Grundbesitzer in Frage zu stellen... Nach den Wahlen bildete sich die kompakte (regionale) Mitte-Rechts-Regierung unter dem Abgeordneten Restivo. Herausragende Exponenten des Agrarblocks und der Mafia wurden in ihr zu Assessoren ernannt.«

»Der Herbst 1949 und das Frühjahr 1950 waren in Sizilien charakterisiert durch heftige Auseinandersetzungen um die Bodenfrage. Zehntausende Hektar Land wurden von den Bauern besetzt, die in vielen Fällen zur Landverteilung übergingen und mit der Aussaat begannen. Die gewaltsame Unterdrückung dieser Bewegung durch den damaligen Innenminister

Scelba ist bekannt. Hunderte von führenden Repräsentanten der Bauernorganisationen und Tausende von Bauern wurden festgenommen und verurteilt, in vielen Fallen zu mehrjährigen Haftstrafen.«

Aber die Bewegung war nicht mehr zu stoppen, und selbst in der DC nahmen die Kräfte überhand, die eine Agrarreform anstrebten.

In diesem dramatisch zugespitzten Klima billigte die Regionalversammlung ein Reformgesetz, das die Obergrenze des Grundbesitzes auf 200 Hektar festsetzte und den Landbesitzern für die Umwandlung der Ländereien bestimmte Vorschriften auferlegte. Den Grundbesitzern gelang es jedoch, die Reform zu sabotieren, die mit der Komplizenschaft der Regionalregierung fünf Jahre lang auf Eis gelegt wurde. Gleichzeitig wurde, diesmal mit Hilfe der Mafia, das Land entgegen den Vorschriften des Gesetzes verkauft und so ein kolossaler Betrug an den Bauern begangen...

Giuliano war inzwischen ein viel zu unbequemer Zeuge geworden, als daß man ihn hätte am Leben lassen können. Komplize und Ausführender des Mordkomplotts ist Gaspare Pisciotta, Cousin und rechter Arm von Giuliano. Am 5. Juli 1950 sucht Pisciotta Giuliano an seinem Zufluchtsort auf und erschießt ihn. Danach treten die Carabinieri auf den Plan, durchlöchern den Körper des Banditen mit Maschinenpistolensalven und organisieren eine vorher geplante Inszenierung: Laut offizieller Version wurde Giuliano bei einem Feuergefecht getötet. Journalisten, Fotografen und Filmleute werden herbeigerufen, die Presseagenturen verbreiten die Bilder des toten Giuliano, der blutüberströmt am Boden liegt. Das Innenministerium gibt eine Erfolgsmeldung heraus.

»In Wirklichkeit waren sämtliche Staatsorgane« – so der Untersuchungsbericht – »in eine Operation verwickelt, die unter allen Umständen verhindern sollte, daß die Wahrheit über das Zusammenwirken von Giuliano mit Kreisen aus der Politik ans Licht käme. Um dieses Ziel zu erreichen, bediente man sich auch der Mafia, die aus der ganzen Sache gestärkt und mit gestiegenem Ansehen hervorging.«

Ende Januar 1954 entschließt sich Pisciotta, der seine Strafe im Gefängnis l'Ucciardone in Palermo absitzt, zu erzählen, was er weiß, und verlangt ein Gespräch mit dem Staatsanwalt. Man schickt einen Stellvertreter, Pietro Scaglione, der ihn anhört und ihm zusichert, in ein paar Tagen wiederzukommen und ein Protokoll aufzunehmen. Aber er kommt nicht. Am 9. Februar stirbt Pisciotta nach dem Genuß einer Tasse mit Strychnin vergifteten Kaffees.

# *2. Kapitel*
# Die »Frage des Kommunismus« und die amerikanische Schutzmacht

## 1. »Wild Bill« gegen die Roten

James J. Donovan, Leiter des Office of Strategic Services (OSS), rekrutierte im Jahr 1943 Earl Brennan mit dem Auftrag, die Mafia »einzuspannen«, um die politische Kontrolle Siziliens durch die alliierten Streitkräfte zu erleichtern. Von seinen Leuten wird er »Wild Bill« genannt, ein Spitzname, der seine Skrupellosigkeit und seine Methoden sehr gut charakterisiert.

Nach dem erfolgreichen Kampf gegen das Naziregime und das der Faschisten entdeckt Donovan, daß der wahre Feind das Sowjetregime ist. Und es ist in Italien, wo Donovan sich zum ersten Mal als Feind der Roten bewährt. Ein Memorandum der Alliierten Kontrollkommission vom 19. April 1944 beklagt, daß der Einfluß der Kommunistischen Partei Italiens »mit jedem Tag wächst«.

Benedetto Croce, Historiker und Philosoph, einer der angesehensten antifaschistischen Intellektuellen Italiens, bestätigt diese alarmierende Analyse der Alliierten. Croce und Donovan treffen sich im Mai 1944 heimlich auf Capri. Croce war vom britischen Geheimdienst dorthin gebracht worden (sie hatten ihn in seiner Villa im von den Deutschen belagerten Neapel aufgesucht). Croce klärt Donovan über die italienische Realität auf.[1] Laut Croce »ist der Kommunismus die eigentliche Gefahr«, und um ihn zu besiegen, muß man eine starke Partei der Mitte bilden.[2] Unmittelbares Resultat des Treffens ist ein Corps von italienischen Freiwilligen unter Leitung des pensionierten Generals Giuseppe Pavone, das den englisch-amerikanischen Truppen im Kampf gegen die Nazis und Faschisten zur Seite steht.[3]

1 Richard H. Smith, *OSS*, Berkeley 1972. Roberto Faenza u. Marco Fini, *Gli americani in Italia*, Mailand 1976.

2 Bericht der OSS, XL 1225, 26. Mai 1944, zit. nach Faenza u. Fini, *op. cit.*

3 Das Corps wird tatsächlich gebildet, existiert aber nur sehr kurze Zeit. Es wird auf Betreiben der Engländer, die von Badoglio dabei unterstützt werden, wieder aufgelöst.

Die Amerikaner fürchten, daß sich die italienischen Kommunisten zum bewaffneten Aufstand entschließen. Die Ereignisse in Griechenland im Dezember 1944, wo sich die kommunistischen griechischen Partisanen gegen die Regierung erheben, verwandelt diese Sorge in eine Obsession. Nahrung erhält sie von seiten vieler Repräsentanten der neuen italienischen Demokratie und auch des Vatikans.

Die Anerkennung der italienischen Regierung durch die UdSSR am 14. März 1944 ist ein weiterer Grund zur Sorge, denn Moskau könnte versuchen, auf die italienischen Angelegenheiten durch die KPI Einfluß zu nehmen. Der Führer der KPI, Palmiro Togliatti, kehrt am 27. März aus seinem Moskauer Exil zurück. Die Rückkehr Togliattis, so stand schon in einem Bericht des OSS vom Februar, »ist von entscheidender Bedeutung für die Entwicklung des Kommunismus in Italien, denn Togliatti, der besser als jeder andere Führer der italienischen Kommunisten über die geheime Taktik des Kreml Bescheid weiß, kann das fehlende Kettenglied zwischen einem künftigen kommunistischen Italien und Stalins Rußland bilden.«

Das erste Resultat der Moskauer Anerkennung der italienischen Regierung ist jedoch ein Kurswechsel in der KPI, die ihren revolutionären Dogmatismus relativiert und sich mehr der Regierung annähert. Nach Ansicht der OSS hat Togliatti Moskau »mit genauen Anweisungen« verlassen, aber man muß sich darüber klar werden, welche Rolle bei der Moskauer Entscheidung Togliattis Wünsche gespielt haben. Heute wissen wir, daß Togliatti schon im Jahr 1943 wenigstens drei persönliche Briefe an die Komintern schickte,[4] in denen er darauf drängte, nach Italien zurückzukehren, um die Linie der KPI gegenüber der Regierung Badoglio zu korrigieren. Bei seiner ersten Begegnung mit der Presse, in Salerno, zeigt sich Togliatti konziliant und realpolitisch: Die KPI, so sagt er, hat keine Vorurteile gegenüber Badoglio oder dem König. Die Frage der Institutionen kann von einer konstituierenden Versammlung nach Ende des Krieges geklärt werden. Den Kommunisten sei in jedem Fall klar, daß sie das Land nicht würden allein regieren können, und im übrigen müsse man der Anwesenheit der Alliierten Rechnung tragen. Wie man jüngst erfuhr, war es Moskau

4 Der erste Brief trägt das Datum des 27. Juli, zwei Tage nach dem Sturz Mussolinis, der zweite ist vom 30. Juli und der dritte vom 14. Oktober, nach der Kriegserklärung der Regierung Badoglio an Deutschland. Die auf Deutsch abgefaßten Briefe wurden im September 1993 vollständig von *Il sabato* veröffentlicht.

gewesen, das Togliatti »aufgefordert« hatte, Badoglio zu unterstützen, denn mit den alliierten Truppen im Lande wäre ein Aufstand glatter Selbstmord gewesen. Die erste öffentliche Stellungnahme von Togliatti geht ein in die Annalen als die »Wende von Salerno«.

Diese »Wende« wird von den Amerikanern und der Mehrheit der politischen Kräfte Italiens als geschickter Versuch gewertet, die Basis für Gemeinsamkeiten zu erweitern. Ein erneuter Anlaß zur Beunruhigung ergibt die Ankunft des diplomatischen Personals der Sowjets in Italien: »Hunderte ..., die Vorhut einer ganzen Armee«, so der Vatikan. Und zwar, nach Ansicht des OSS, weniger Diplomaten als vielmehr »Techniker und Propagandaexperten, deren Aufgabe es ist, in ganz Italien neue kommunistische Zellen zu gründen«. Das ruhige und maßvolle Auftreten Togliattis kann die Alliierten, und zwar insbesondere die Briten, nicht beruhigen. Die kommentieren in einer Aktennotiz die Bildung der ersten Regierung von Ivanoe Bonomi (die auf die Regierung von Marschall Badoglio folgte) sehr negativ. In ihr sitzen alle antifaschistischen Parteien, auch die Linksparteien, die im CNL (Comitato Nazionale di Liberazione, dem nationalen Befreiungskomitee) zusammengeschlossen waren. Und sie sehen in der italienischen Situation »alle notwendigen Voraussetzungen für einen Bürgerkrieg, in den die alliierten Truppen unweigerlich verwickelt würden, wenn erst einmal Norditalien befreit ist«.

An dieser Stelle ist der Hinweis angebracht, daß die Engländer im Vergleich zu den Amerikanern stets eine härtere und konservativere Position gegenüber dem neuen Italien einnahmen. Sie unterstützen Badoglio und die Monarchie, ihre natürlichen Verbündeten in Italien sind die Industriellen und die Vertreter der Finanzwelt. Und seit der Landung in Sizilien empfinden sie die Anwesenheit der Amerikaner als eine Bedrohung für ihre Absicht, Italien der Einflußzone Großbritanniens zuzuschlagen, das den Mittelmeerraum immer in ganz engem Zusammenhang mit seinen Interessen gesehen hat. Die Niederlage Italiens stellt für sie eine gute Gelegenheit dar, die Vorherrschaft des britischen Finanzkapitals durchzusetzen. Hinsichtlich des Wiederaufbaus bestimmter Industrieanlagen verhalten sie sich sehr zögerlich, denn sie fürchten vor allem die Konkurrenz der italienischen Textilindustrie.[5]

5 So amerikanische Quellen, die bei Faenza u. Fini zitiert werden. Laut OSS ist »die Spitze der britischen Kontrollkommission total reaktionär«. Dieselbe Quelle lie-

Die Abteilung »Research and Analysis« des OSS verfaßt in einem Zeitraum von wenig mehr als einem Jahr dreißig Berichte zum Problem Kommunismus. Im ersten, der vom 19. Dezember 1943 datiert, wird die KPI Provinz für Provinz beschrieben, auch in den Gebieten, die noch unter deutscher Kontrolle stehen (vor allem Mailand und Turin), und in denen die führenden Kader Luigi Longo und Pietro Secchia am Partisanenkampf teilnehmen. Äußerst detailliert wird über die Organisationsstruktur, die Pläne und sogar über die internen Auseinandersetzungen berichtet. Der Ton des Berichts ist nicht feindselig oder voller Vorurteile, die Rekonstruktion der Geschichte der Partei seit der Gründung 1921 ist ebenso präzise wie die Darlegung der Verfolgungen durch den Faschismus oder der Unterordnung unter Moskau; detailliert wird die persönliche Geschichte Palmiro Togliattis alias »Ercoli« wiedergegeben. Die Kommunisten sind Verschwörer, ideologisch unnachgiebig und zynisch, wenn es darum geht, Abweichler auszuschalten. Und trotz alledem fügen die Verfasser des Berichts hinzu, sie hätten »nicht die Absicht, negative Urteile über die moralische Aufrichtigkeit der ausgeforschten Personen abzugeben, von denen viele großes Leid für ihre Ideen auf sich nahmen«.[6]

Im Laufe der Monate jedoch wird der Tonfall der Berichte härter und besorgter. Am 16. April 1945 bricht im noch von den Deutschen besetzten Nordteil Italiens die Revolte los. Mailand wird durch Partisanenbrigaden befreit, in Turin, Venedig, Genua, Bologna und vielen anderen Städten sind es zunächst von den Partisanen unterstützte und teilweise angezettelte Streiks und dann Volkserhebungen, die die Deutschen vertreiben. Als die alliierten Truppen eintreffen, ist die örtliche Verwaltung schon fest in der Hand des CNL. »Die Kommunisten verschleierten ihre wahre Macht, in dem sie sich hinter dem aufständischen Volk in seiner Gesamtheit versteckten . . ., um so alle antifaschistischen und antinazistischen Kräfte unter ihren Einfluß zu bringen«, liest man in einem Bericht des OSS. Die amerikanische Botschaft in Rom ist zwar skeptisch hinsichtlich der Möglichkeit, daß die Kommunisten im Norden die Macht übernehmen könnten, aber in einer Note vom 19. April schließt sie die Möglichkeit bewaffneter Auseinandersetzungen und sogar eines Bürgerkrieges nicht aus.

fert auch die ökonomische Interpretation der britischen Politik in Italien. Alle Zitate der Berichte des OSS in diesem Kapitel stammen aus Faenza/Fini, *op. cit.*

6 R&A, OSS, 1632.1, 14. Dez. 1943.

Die Informationen, die einlaufen, und das Klima wilder Gerüchte, die von Aufstandsplänen der Kommunisten sprechen, nähren vor allem die Besorgnis der Briten. Die italienische Regierung weiß ebenso wie die Alliierten, daß nach der Kapitulation der Deutschen längst nicht alle Partisanen ihre Waffen abgegeben haben und daß es im Norden noch zahlreiche versteckte Waffendepots gibt. Die Regierung Feruccio Parri, die sich am 20. Juni 1945 bildet, wird von den Alliierten beschuldigt, nicht in der Lage zu sein, die öffentliche Ordnung zu gewährleisten, und aufgefordert, noch vor dem Rückzug der britisch-amerikanischen Truppen aus Italien alle Waffendepots aufzulösen. Wie immer gibt es Leute, die die Situation anheizen. Der Chef der römischen Polizei behauptet, der Sitz der kommunistischen Partei in der Stadt sei ein Waffenlager. Parri und die Alliierten jedoch halten diese Information für absolut gegenstandslos. Andere Hinweise dieser Art, die ebenfalls für unbegründet erachtet werden, folgen in den nächsten Monaten. Die englischen Geheimdienste beschuldigen Mauro Scoccimarro, Kommunist und Minister in den Regierungen Bonomi und Parri, »eine internationale Rote Armee« aufstellen zu wollen. In einem Bericht des OSS vom Juni 1945 wird der Vorwurf erhoben, es existiere eine paramilitärische kommunistische Organisation von etwa 50000 Mann. Das Alliierte Oberkommando ordnet »im Hinblick auf einen möglichen kommunistischen Handstreich, wenn die alliierte Verwaltung sich aus Italien zurückzieht«, eine Durchsuchung aller Waffenlager an. Ende Juni behauptet Admiral Stone, Chef der Alliierten Kontrollkommission, in einem Memorandum an das Alliierte Oberkommando im Mittelmeer, »Italien ist ein fruchtbarer Boden geworden, auf dem sich eine von Moskau unterstützte anarchistische Bewegung rasch ausbreitet, deren Ziel es ist, das Land unter russischen Einfluß zu bringen«.

Nach dem Rücktritt der Regierung Bonomi im Sommer 1945 fühlen sich die Kräfte der Linken, getragen von der Mobilisierung, die im Norden zum Sieg über die Nazis und die Faschisten beitrug, und gestützt auf die örtlichen Machtpositionen, die dieser Sieg dem CNL gab, stark genug, den Posten des Ministerpräsidenten zu verlangen. Und sie erhalten ihn.

Nachdem die Kandidatur Pietro Nennis an der Opposition der Christdemokraten scheitert, einigt man sich auf Ferruccio Parri, einen führenden Kopf des Partito d'Azione, der bereits Generalkommandeur bei den Partisanen gewesen war. An der Regierung Parri sind wie schon unter Bonomi alle sechs Parteien des CNL beteiligt. Aber sie ist der Situation nicht gewachsen, und bereits im Herbst verläßt die Liberale Partei die Regierung. Damit löst sie jene Regierungskrise aus, die im Dezember 1945 den Weg freimacht für die erste Regierung De Gasperi. In der ersten Regierung De Gasperi wird Pietro Nenni dessen Stellvertreter, Togliatti behält das Justizministerium. Scheinbar hat sich nicht viel geändert. In Wirklichkeit jedoch handelt es sich um einen historischen Wendepunkt: Zum ersten Male erhält die katholische Partei die politische Führung des Landes.

Im Frühjahr 1946 werden die ersten freien Wahlen des neuen, demokratischen Italien abgehalten. Bei den Kommunalverwaltungen siegen die Christdemokraten, Kommunisten und Sozialisten; die anderen Parteien wie die Liberalen oder der Partito d'Azione verschwinden praktisch von der Bühne. Die Amerikaner interessieren sich besonders für die Sozialistische Partei. Hier ist bereits die Spaltung zwischen dem philokommunistischen Flügel von Pietro Nenni und dem sozialdemokratischen von Giuseppe Saragat im Gange.

Regierung und Parteien sind äußerst starkem Druck seitens der Alliierten ausgesetzt, die auf Garantien für die Vollmachten der konstituierenden Versammlung und zur Lösung der institutionellen Fragen drängen. Über diesen letzten Punkt, und das heißt in erster Linie die Frage: Republik oder Monarchie, müssen die Wähler im Referendum vom 2. Juni entscheiden. Das Alliierte Oberkommando ist sich uneins, ob es als Kontrollorgan der Wahlen fungieren soll oder nicht. Die Befürworter argumentieren, daß andernfalls das Votum nicht wirklich frei sein könne und daß die Kommunisten im Falle einer Niederlage einen Staatsstreich wagen könnten; die Alliierten müßten die freien Wahlen garantieren. Die Gegner führen ins Feld, daß die italienische Regierung nicht um Unterstützung gebeten habe, daß die Kommunalwahlen von März und April ohne Zwischenfälle über die Bühne gegangen seien und daß eine Einmischung seitens der Alliierten nicht zuletzt Wasser auf die Mühlen der Linken sein könnte. Zuvor hatten der König und die Rechte Druck auf die Alliierten ausgeübt, um das Datum der Abstimmung zu verschieben,[7] aber Admiral Stone widersetzte

7 Die Gründe dafür sind unterschiedlicher Natur, darunter auch Fragen der öffentlichen Ordnung. Der Hauptgrund aber ist, daß mehrere Millionen Italiener, aus

sich diesen Versuchen. Um die Wahlen zu kontrollieren, hätte es mehr Zeit bedurft, folglich hätten die Wahlen verschoben werden müssen. Nach Stones Stellungnahme war das aber ausgeschlossen. Am 17. April läßt der amerikanische Staatssekretär Byrnes mitteilen, die Kontrolle durch die Alliierten sei »in jeder Hinsicht nicht wünschenswert«.[8]

Bei dem Referendum vom 2. Juni über die Staatsform siegen die Republikaner mit denkbar knappem Vorsprung (weniger als zwei Millionen Stimmen). Anschuldigungen wegen Wahlbetrugs werden laut. Auf jeden Fall aber spaltet das Stimmergebnis das Land: Im Norden sprachen sich zwei Drittel der Wähler für die Republik aus, im Süden ist das Ergebnis genau umgekehrt.

Das Wahlergebnis bedeutet das Ende der Monarchie, die von den Alliierten, besonders von den Engländern, immer als Bollwerk gegen das Abgleiten der italienischen Politik nach links angesehen wurde. Nun werden die Besorgnisse noch größer. Am 2. Juni sendet der amerikanische Botschafter in Rom einen Bericht nach Washington, in dem er die bewaffneten Organisationen der KPI als starke Verbände von, »wie man sagt«, 50 000 Mann beschreibt. 1947, mit dem Herannahen der Parlamentswahlen, die für den April 1948 vorgesehen sind, wächst die Spannung weiter.

Um den Jahreswechsel 47/48 reist De Gasperi in die USA. Seiner Reise wird von beiden Seiten große Aufmerksamkeit geschenkt. Er kehrt mit einem Kredit der Import-Export-Bank nach Italien zurück. Im Januar ist De Gasperi mit der Umbildung seiner Regierung befaßt, und die Amerikaner lassen ihn wissen, daß sie es begrüßen würden, wenn Kommunisten und Sozialisten in der Koalition nicht mehr vertreten wären. De Gasperi hält jedoch die Zeit dafür noch nicht für gekommen. Auch deshalb, weil er in der Konstituierenden Versammlung die Stimmen der Kommunisten für das Konkordat mit dem Vatikan benötigt. Aber bereits im April ist es soweit – trotz der Niederlage der Christdemokraten bei den Regionalwahlen in Sizilien.

der Venetia-Giulia und aus den Kolonien sowie die Spätheimkehrer, von denen man annahm, sie seien mehrheitlich Monarchisten, sich nicht rechtzeitig in die Wahllisten würden einschreiben können. Der König, Vittorio Emmanuele III., vertritt in den Gesprächen mit den Alliierten die Auffassung, die Linke würde die Unternehmer unter Druck setzen und ihr Votum beeinflussen; sie habe in Italien ein Terrorregime errichtet.

8 Faenza u. Fini, *op. cit.*

Im Mai wird die Regierung wiederum umgebildet, und diesmal bleiben Kommunisten und Sozialisten und alle anderen Linksparteien wie Sozialdemokraten oder Partito d'Azione aus der Koalition ausgeschlossen. Die KPI reagiert nicht. Die verbreitetste Deutung dieses Faktums ist, daß es sich um eine Anweisung aus Moskau handelte. Andere hingegen vertreten die Ansicht, es sei die eigene Entscheidung der Parteileitung und vor allem Togliattis gewesen, sich angesichts der gegebenen Umstände moderat zu geben. Mit scharfsinnigem politischen Verstand hatte De Gasperi begriffen, daß diese kommunistische Führung keine revolutionären Positionen vertrat und nicht über verbale Proteste hinausgehen würde. Und er hatte folgerichtig seine Entscheidungen getroffen.[9]

Am 22. September ordnet der amerikanische Verteidigungsminister die Entsendung von Experten nach Italien an, die einen Plan zur militärischen Hilfe für die italienische Regierung ausarbeiten sollen. Die Experten schlagen die Ausrüstung mit leichten Waffen vor. Am 10. Oktober bringt die CIA, die Nachfolgeorganisation des OSS, ihre Zuversicht darüber zum Ausdruck, daß die italienische Regierung die öffentliche Ordnung gewährleisten könne. Aber »sie wäre in Schwierigkeiten, wenn gleichzeitig die Grenzen verteidigt und ein Aufstand im Innern niedergeschlagen werden müßten«. Laut CIA könnte Togliatti mit Sicherheit auf jugoslawische Unterstützung rechnen. Am 17. Dezember nimmt das National Security Council (NSC) eine Direktive an, die die CIA autorisiert, »in der psychologischen Kriegführung gegen die kommunistischen Kräfte klandestine Operationen durchzuführen«, um einen Sieg der KPI bei den Wahlen im April 1948 zu vereiteln. Noch im Dezember tritt die Republikanische Partei von Randolfo Pacciardi der Regierung De Gasperi bei. Am 16. Januar 1948 bekräftigt das National Security Council:

»Die USA müssen ihren ganzen politischen, wirtschaftlichen und wenn nötig auch militärischen Einfluß geltend machen, um zu verhindern, daß

9 Vgl. u.a. Giorgio Galli u. Alessandra Nannei, *Italia, occidente mancato*, Mailand 1980. Die Autoren weisen darauf hin, daß Togliatti seit Dezember 1944, als die komunistischen Partisanen gegen die von den Engländern unterstützten Monarchisten unterlegen waren, in der »griechischen Perspektive«, also in dem frontalen Konflikt zwischen der Arbeiterbewegung und den reaktionären von den Alliierten unterstützten Kräften, die Gefahr gesehen habe, die die KPI auf jeden Fall vermeiden müsse.

Italien unter sowjetischen Einfluß gerät, sei es durch einen militärischen Angriff, sei es durch die unter Moskauer Kontrolle stehende kommunistische Bewegung in Italien.«

Der NSC autorisiert am 8. März Finanzmittel für die Christdemokraten und für die Sozialisten von Saragat. In einem Beschluß heißt es:

»Für den Fall, daß die Kommunisten die Wahlen gewinnen sollten, müssen die USA Italien mit Ausrüstung und militärischem Gerät versorgen und dabei sicherstellen, daß es in die Hände der antikommunistischen Kräfte gerät..., und weiterhin müssen sie der Untergrundbewegung gegen die Kommunisten mit finanziellen und militärischen Hilfen beistehen.«[10]

Im März 1948 liefern die amerikanischen Streitkräfte der italienischen Regierung 25 000 Pistolen, Gewehre und Maschinenpistolen sowie 50 Millionen Patronen. Die Übereinkunft wird zwischen dem Militärattaché bei der amerikanischen Botschaft in Rom auf der einen Seite und dem Privatsekretär von De Gasperi, Paolo Canali, sowie Claudi Trezzani auf der anderen Seite ausgehandelt. Die Übereinkunft ist informell, berichtet der Militärattaché, »denn die Italiener wünschen nichts Schriftliches«. Nach *US Foreign Relations*[11] handelt es sich um eine erste Lieferung, die »der italienischen Regierung kostenlos« zur Verfügung gestellt wird. Es ist unklar, ob es weitere Lieferungen gegeben hat, aber wahrscheinlich ist es, wenn man den exorbitanten Preis in Betracht zieht, der, entgegen den Aussagen der *US Foreign Relation*, ausgemacht wurde: 10 Millionen Dollar. Am 25. März informiert der amerikanische Botschafter in Rom, James C. Dunn, das State Department, daß, »wie in diesen Tagen mit dem Oberkommandierenden der Verteidigung, General Trezzani, vereinbart..., das Angebot wie laut Anlage 71 RP mit der Zahlung von 10 Millionen Dollar unbenommen etwaiger Erhöhungen angenommen wird... Die Summe wird vor dem 1. Juli 1948 in Dollar an die USA überwiesen werden... Weitere Vereinbarungen werden von General Trezzani und Verteidungsminister Facchinetti getroffen werden.«[12]

10 Zitiert nach Claudio Gatti, *Rimanga tra noi*, Palermo 1990.
11 1948, Bd. III.
12 Faenza u. Fini, *op. cit.* Aus anderen Quellen ergibt sich, daß die Waffen umsonst geliefert worden sein könnten und die Vereinbarung lediglich dazu diente, die Kontrollkommission des amerikanischen Senats auszumanövrieren.

In einer Wahlkampagne jedoch können ganz andere Gegenstände als Waffen von Bedeutung sein. Papier zum Beispiel. Angeblich hätten die Kommunisten »Tausende von Tonnen« Papier aus Moskau für ihre Zeitungen und ihre Propaganda erhalten.[13] Die Hilfe aus Washington gleicht einer Privattransaktion zwischen State Department und De Gasperi, bei der es um 25 000 Dollar und 300 Tonnen Papier geht. Das Papier jedoch gelangt über Österreich erst Ende Mai, also nach den Wahlen, nach Italien.[14]

Abgesehen von speziellen Maßnahmen engagieren sich der amerikanische Botschafter in Rom, James Dunn, und andere Mitglieder der Botschaft heftig in der italienischen Wahlkampagne. Sie reisen in alle Winkel des Landes, verteilen Lebensmittel und Medizin, besuchen Krankenhäuser und Schulen und sorgen dafür, daß den großzügigen Geldzuweisungen und den Schiffen mit Lebensmitteln die größtmögliche Aufmerksamkeit der Medien zuteil wird. Das geht so weit, daß Togliatti beim Außenministerium gegen die »Einmischung eines ausländischen Botschafters in unsere Wahlkampagne« protestiert. Dunn schlägt dem State Department – und der Vorschlag wird befolgt – vor, jedem das Einreisevisum in die USA zu verweigern, der öffentlich erklärt hat, die Kommunisten zu wählen. Und George Marshall erklärt, im Falle des Sieges der Volksfront werde Italien auf Hilfsmaßnahmen verzichten müssen. Einige schlagen vor, berühmte Italo-Amerikaner wie Joe Di Maggio und Jimmy Durante nach Italien zu schicken, damit sie den Wählern den amerikanischen »way of life« erklären und sie über die drohende kommunistische Gefahr informieren. Frank Sinatra nimmt den Vorschlag begeistert an und stellt eine Gruppe von zwölf Personen zusammen, darunter auch der Dirigent Arturo Toscanini. De Gasperi jedoch rät von der Operation ab. Nach

13 *US News and World Report*, 9. April 1948.

14 Die Quellen hinsichtlich der tatsächlichen Größenordnung der Unterstützung sind unklar. Vgl. Claudio Gatti, *op. cit.*, sowie Faenza u. Fini, *op. cit.* Die beiden letzteren zitieren auch einen Plan zur »Verteidigung gegen den Kommunismus« aus dem State Department. Danach wären 30 Millionen Dollar bereitgestellt worden. *US News and World Report* spricht in seinem Artikel vom 9. April von einem »Plan X«: »In Westeuropa werden für die ›Operation X‹ dieselben Maßnahmen Anwendung finden, die die Sowjetunion normalerweise anwendet: also finanzielle Unterstützung für die Antikommunisten, ohne dafür die übliche Rechenschaft gegenüber der Regierung ablegen zu müssen ...« Das Papier wäre also nur eine von vielen Möglichkeiten der Unterstützung für die Antikommunisten. Zum Plan X siehe auch Cipriani, *op. cit.*

der *New York Times*[15] hat Henry Kissinger zugegeben, daß 1948 »die Vereinigten Staaten mehrere Millionen Dollar nach Italien pumpten, und zwar vorzugsweise über illegale Kanäle«.

Vor allem aber engagieren sich die Alliierten auf politischer Ebene, um die Abstimmung vom 18. und 19. April zu beeinflussen. Am 20. März erklären die Vereinigten Staaten, Großbritannien und Frankreich feierlich und in aller Öffentlichkeit, daß Triest wieder an Italien zurückgegeben werde. Washington macht darüber hinaus bekannt, daß die USA im Unterschied zur Sowjetunion auf Reparationen verzichten. Und schließlich wird am 31. März der Marshall-Plan ganz offiziell in Kraft gesetzt. Für dessen Billigung im Kongreß spielte die Angst eine maßgebliche Rolle, daß bei einer Ablehnung nicht nur Italien, sondern ganz Europa den Sowjets in die Hände fallen könnte. Noch ehe der Plan richtig zu funktionieren begann, setzt Präsident Truman im Kongreß einen außerordentlichen Hilfsfonds in Höhe von 227 Millionen Dollar durch.

Aus der Sicht von heute kann man sagen, daß die Wahl des April 1948 in Italien für die Amerikaner eine Auseinandersetzung von zentraler Bedeutung war. Ein Sieg der KPI bei den Wahlen hätte zweifellos eine neue und diesmal mit Sicherheit sehr viel blutigere Runde in der Auseinandersetzung ausgelöst. Es fällt in der Tat schwer, sich vorzustellen, die USA hätten zugelassen, daß ein Land wie Italien die Seite wechselt. Und zwar nicht allein wegen der strategischen Konsequenzen einer sowjetischen Präsenz im westlichen Mittelmeer, sondern auch wegen der enormen politischen Auswirkungen und wegen des möglichen Dominoeffektes eines solchen Ereignisses.[16]

15 Vom 8. November 1975. Zitiert nach Faenza u. Fini, *op. cit.*

16 In einem Bericht der CIA an das National Security Council unmittelbar vor den Wahlen, der 1993 freigegeben wurde, wird die Situation einer Prüfung unterzogen, die sich bei einem Wahlerfolg des Linksblocks einstellen würde. Einer Regierung der Linken würde kein Kommunist vorstehen, sondern möglicherweise Pietro Nenni. Die Armee eines »roten« Italiens würde keine nennenswerte Gefahr für die Westalliierten darstellen, denn »wenn es Mussolini in zwanzig Jahren nicht gelungen ist, eine Streitmacht aufzubauen, die in der Lage gewesen wäre, entschieden für ein Mittelmeerreich zu kämpfen, dann ist es wenig wahrscheinlich, daß die Kommunisten mit demselben Material Streitkräfte auf die Beine stellen können, die in der Lage wären, auf Geheiß der Sowjetunion gegen die Westmächte vorzugehen«. Die Sowjetunion würde Italien wirtschaftliche Hilfe gewähren, sie würde die Forderung nach einer Neuverhandlung des Friedensabkommens und die Mitgliedschaft Italiens in der UNO unterstützen, und sie

Inzwischen hat der Kalte Krieg begonnen, die Sowjetunion ihre Einflußzone in Osteuropa gefestigt, und die Bildung der Blöcke ist fast abgeschlossen. Diese internationale Situation bestimmt entscheidend das politische Leben Italiens.

Es ist durchaus wahrscheinlich, daß die UdSSR niemals ernsthaft daran geglaubt hat, in Italien ließe sich das wiederholen, was in der Tschechoslowakei gelungen war. Zu verschieden waren die Ausgangsbedingungen, zu hoch die Risiken, die ein solches Unterfangen mit sich gebracht hätte. Aber deswegen verzichtet Moskau nicht auf mögliche Optionen in der Zukunft. Es hat großes Interesse an einer Stärkung der Kommunistischen Parteien im Westen und hier besonders in Italien, wo die Partei auf eine breite Zustimmung bei der Bevölkerung bauen kann. Allerdings will die Sowjetunion einen offenen Konflikt mit den Vereinigten Staaten vermeiden. In dieser Hinsicht befindet sich Togliattis Strategie in völligem Einklang mit der politischen Linie in Moskau.

Auch wenn Moskau nicht an einen Sieg der KPI bei den Wahlen glaubt, ja, ihn vielleicht nicht einmal erhofft – der Wahlkampf im April 1948 ist für Moskau wichtig, denn das Ziel ist eine starke kommunistische Bewegung in Italien; und zwar allein schon deshalb, weil dies eine wirkungsvolle Abschreckung der Amerikaner von Einmischungsversuchen in jenen Ländern sein kann, die Moskau bereits unter seine Herrschaft gebracht hat. In dieser Auseinandersetzung kann die Sowjetunion, auch wenn sie dadurch benachteiligt ist, daß sie in Italien weder militärisch noch institutionell am Alliierten Oberkommando beteiligt ist, nicht einfach die Propagandaoffensive der Alliierten passiv hinnehmen. Sie finanziert die KPI, und ihre Botschaft leistet, wenngleich in weniger offensichtlicher Weise als die Amerikaner, den Kommunisten jede nur denkbare Hilfe. »In jenen Jahren gab es einen regelrechten Wettkampf darum, wer Italien auf seine Seite zu ziehen vermöchte«, sagte kürzlich ein KGB-Agent, der zu jener Zeit in Rom tätig war.

würde sich für ein Mandat Italiens über seine Ex-Kolonien starkmachen. Der Bericht geht auch auf die Möglichkeit eines Bürgerkrieges als Konsequenz eines Wahlsieges der Linken ein. Es wird bezweifelt, daß der Linksblock die Kontrolle über das gesamte Territorium würde behalten können. Aber, so die abschließenden Bemerkungen, »der Kreml würde in Italien (wie in Griechenland) darauf achten, daß seine Satelliten sich nicht in eine direkte Konfrontation mit den Westmächten verstricken«, *L'Espresso*, 17. Oktober 1993.

»Auch wir haben bei diesem Spiel mitgemacht. Wir haben unsere Leute in allen Parteien, von rechts bis links, plaziert. Unter dem Deckmantel der Diplomatie benutzten wir Begegnungen und Manifestationen zu direkten Kontakten und zum Meinungsaustausch ..., um die Macht der Christdemokraten einzugrenzen.«[17]

Die Voraussetzungen für die Wahlschlacht sind dennoch ungleich. Der Stimmenanteil von 48,5 % für die Democrazia Cristiana übertrifft auch die optimistischsten Erwartungen. Die Untersuchungen und Schätzungen der amerikanischen Botschaft in Rom im Vorfeld der Wahlen gingen von 37 bis 38 % der Stimmen für die DC aus. Die Führungskader der Kommunisten akzeptieren, wenngleich mit großer Bitternis, den Ausgang der Wahlen, ohne den Versuch zu unternehmen, durch Aktionen der Straße ihr Ergebnis umzukehren. Vielmehr streichen sie die bedeutende Rolle heraus, die einer starken Opposition in einer Demokratie zukommt. Gleich nach dem 18. April schreibt Togliatti:

»Es ist ein schwerer Fehler, zu denken, ein Programm grundlegender Sozialreformen (wie das unsere) könne allein durch Maßnahmen von der Regierung aus verwirklicht werden. Kleine demokratische und sozialistische Minderheiten haben in der Vergangenheit auch erklärtermaßen reaktionären Regierungen noch viel tiefgreifendere Reformen abgezwungen ...«[18]

Trotzdem ziehen viele Aktivisten der KPI aus den Wahlen den Schluß, daß die KPI in Italien niemals durch Wahlen an die Macht gelangen könne. Und unausgesprochen bleibt die Vorstellung weit verbreitet, die das Land durch einen frontalen Konflikt zwischen DC und Arbeiterbewegung charakterisiert sieht.[19]

Die sehr weit auseinanderdriftenden Sichtweisen werden bald auf die Probe gestellt, nämlich beim Attentat auf Togliatti am 14. Juli 1948. Ein Student aus Sizilien verletzt Togliatti, der gerade das Parlamentsgebäude verläßt, mit einem Pistolenschuß. Nachforschungen ergaben, daß die Auftraggeber möglicherweise aus rechten Kreisen stammen, die mit der Mafia in Verbindung stehen. Die hätte alles Interesse daran, Chaos zu stiften und die KPI in eine offene Auseinandersetzung zu zwingen, an deren Ende zwangsläufig eine Stärkung der Position der konservativen Parteien und indirekt auch der Mafia stünde. Auch wenn für diese

17 Interview mit Nikolaij Gurschkow, *Corriere della sera*, 29. Januar 1993.
18 *Rinascità*, Mai 1948.
19 Vgl. Galli u. Nannei, *op. cit.*

Hypothese bis jetzt überzeugende Belege fehlen, trifft zu, daß die Mafia bei den sizilianischen Regionalwahlen die Niederlage der Christdemokraten nicht verhindern konnte und daß sie die Macht der Linken besonders in Fragen, die mit ihren Interessen kollidieren, wie etwa die Agrarreform, auch dann fürchtet, wenn diese in der Opposition ist. Die Untersuchung des Attentats, die von der KPI selbst durchgeführt wurde, nennt den führenden Funktionär der Monarchisten, Fürst Gianfranco Alliata di Montereale. Dessen Name taucht auch in den Berichten der parlamentarischen Untersuchungskommission zur Mafia in den siebziger Jahren wieder auf, und zwar als einer der Auftraggeber des Massakers in Portella della Ginestra (vgl. Kap. 1). Allerdings fehlen auch hier handfeste Beweise.

Kaum verbreitet sich die Nachricht vom Attentat auf Togliatti, treten Millionen Arbeiter in den Streik. Die Tageszeitung der KPI, die *Unita*, titelt: *Weg mit der Regierung der Mörder.* In den großen Städten im Norden stürmen die kommunistischen Demonstranten öffentliche Gebäude und die Polizeistationen. Aber bereits am Abend, als die Regierung schon den Einsatz des Heeres plant, ordnet das Sekretariat der KPI die Demobilisierung an.

In den darauffolgenden Tagen werden zahllose Waffen beschlagnahmt und viele kommunistische Aktivisten verhaftet. Obwohl die Leitung der KPI zur Ruhe gemahnt hatte und damit die Unruhen blockierte, gehen die Regierung und die DC als Sieger aus dieser Kraftprobe hervor. Damit festigt sich nun, drei Monate nach dem Wahlsieg, das konservative Regierungsbündnis definitiv.

# *3. Kapitel*
# Italien als Vorposten des kalten Krieges

## 1. Die Mitgliedschaft Italiens in der NATO

In den Jahren vor den allgemeinen Wahlen am 18. April 1948 gab es viele ehemalige Partisanen, die ihre Waffen noch nicht abgegeben hatten. Sie hätten ja noch einmal von Nutzen sein können, wenn man bedenkt, daß zwischen September 1943, als die Regierung Badoglio den Waffenstillstand unterzeichnet und Italien sich auf die Seite der Alliierten schlägt, und der Kapitulation der Deutschen im Jahr 1945 das Land an mehreren Fronten kämpft und der Partisanenkampf zu einem regelrechten Bürgerkrieg wird. Und zwischen 1945 und 1948 erlebt das Land eine Periode voller Angst; die Kommunisten auf der einen Seite fürchten einen Staatsstreich der Rechten, und ihre Gegner sind überzeugt davon, daß die KPI nicht zögern würde, zum Aufstand zu blasen, sobald sich die Gelegenheit dazu bietet.

»Es gab etliche Gruppen, die die politische Demokratie nur als eine vorübergehende Episode ansahen und letztlich gemäß einer Logik des Aufstands agierten«, erinnert sich heute ein Führer der Kommunisten. »Niemand von uns, auch ich nicht, steht außerhalb dieses unbequemen Erbes.« Man darf nicht vergessen, »daß Italien aus einem blutigen Krieg kam, der den Partisanen und ihren Angehörigen immense Opfer abverlangt hatte, und daß es auch unter den Sozialisten eine starke Strömung gab, die auf die Fortsetzung des Partisanenkampfes drängte«, erklärte kürzlich der Senator Lucio Libertini, ein Kommunist, der Togliatti »das historische Verdienst« zuspricht, diese Tendenzen eingedämmt und damit zur Konstituierung der Demokratie in Italien beigetragen zu haben.[1]

1 *Corriere della sera*, 6. September 1990. Dieses Zeugnis stammt ebenso wie das zuvor zitierte von Reggio Bertolini, dem ehemaligen Parteisekretär in Reggio Emilia, aus dem September 1990, als in Italien eine Polemik über die Rolle von Togliatti in der unmittelbaren Nachkriegszeit losbrach. Pannella bezog sich auf eine Episode aus dem Jahr 1979, als die Kommunisten ihn wegen Beleidigung der Resistenza und der Streitkräfte anzeigten, weil er die Roten Brigaden als »die mörderischen Genossen« bezeichnet hatte. Pannella schlug zurück und sagte, Togliatti hätte man einen *compagno assassinissimo* [zu Deutsch wörtlich, der Sinn läßt sich nicht wirk-

Nach einer russischen Quelle[2] existierten von ehemaligen Partisanen und späteren Mitgliedern der KPI gebildete »klandestine, paramilitärische Organisationen« in der Poebene, aber »nicht in dem Umfang, wie man gemeinhin annimmt«. Es kann sein, daß die Zahl 30 000, die neben anderen auch Togliatti genannt hatte (vgl. Kap. 2), zutrifft. Wenn nicht, dann scheint sie eher zu hoch als zu niedrig.

Das Phänomen betrifft nicht nur Kommunisten und Sozialisten und die ehemals roten Partisanen. In den Jahren zwischen 1945 und 1948 bilden sich auch einige Gruppierungen »weißer« Partisanen wie die Osoppo, eine Division von Partisanen, die bereits in Friaul aktiv gewesen war und die sich im Jahr 1946 »wiederbewaffnet«. 1948 umfaßt sie 4000 Mann; sie wird umbenannt in »Drittes Freiwilligencorps für die Freiheit« und entlang der Grenze zu Jugoslawien aufgestellt. Im April 1950 wird sie zur Geheimorganisation »O« umgeformt. Diese wird 1956 aufgelöst, 600 Mann werden in die Alpini-Einheit Gladio überführt. Im Juli 1947 entsteht die AIL, die Armata italiana della libertà, die laut amerikanischen Quellen vom OSS finanziell und militärisch unterstützt wird. Gegründet wurde sie von Oberst Ettore Musco, der bis 1945 mit den amerikanischen Geheimdiensten zusammengearbeitet hatte (und der von den Alliierten als Leiter der neu zu gründenden italienischen Geheimdienste benannt wird; im Jahr 1952 wird er Chef der Servizio informazioni forze armate (Sifar, Informationsdienst der Streitkräfte). Die faktische Leitung hatte General Sorice inne, der ehemalige Kriegsminister im Kabinett Badoglio.[3]

Unter den paramilitärischen, antikommunistischen Organisationen finden sich auch die Associazione partigiani italiani (Vereinigung italienischer Partisanen), die neben einer legalen Struktur auch über eine klandestine verfügt, der Movimento di

lich wiedergeben: einen noch mörderischeren Genossen. U. H.] nennen müssen. Dabei bezog er sich auf Togliattis Verantwortung für die kriminellen Aktionen der Rachemorde und Selbstjustiz. Togliatti hatte diese Aktionen zu seiner Zeit als Justizminister (1947) stillschweigend toleriert. Viele dieser ehemaligen Partisanen seien anschließend nach Prag geflohen, um sich der italienischen Justiz zu entziehen. Vgl. Giorgio und Carlo Pisanò, *Il triangolo della morte*, Mursia 1992.

2 Interview mit Nikolaj Gurschkow, *Corriere della sera*, 29. Januar 1993.

3 Zu diesen und den folgenden Abschnitten über die »weißen« Partisanen und andere antikommunistische Organisationen vgl. Antonio u. Gianni Cipriani, *Sovranità limitata*, Edizioni Associate, 1991.

resistenza partigiana (Bewegung des Partisanenwiderstandes), die den Carabinieri nahesteht, und der Maci (Movimento avanguardia cattolica italiana, Katholische italienische Avantgardbewegung). Einer der Führer des Maci ist Pietro Cattaneo, ein Ex-Partisan, der im Jahr 1974 in den Ermittlungen wegen des Attentats von Brescia eine Rolle spielt (vgl. Kap. 6). Zu den Aufgaben des Maci gehört die »Überwachung der Aktivitäten der KPI«, und hier ganz besonders jener Kommunisten, die »aufgrund ihrer Ämter bei staatlichen Stellen... deren Funktionieren untergraben könnten«.

Nach den Wahlen von 1948 werden viele dieser Organisationen wieder aufgelöst. In einem Brief eines auf Provinzebene wichtigen Christdemokraten heißt es:

»Von heute 14 Uhr an erkennt die Partei keinerlei militärische oder paramilitärische Organisation oder eine Organisation, die dem entspricht, außer den Verbänden des Kommandanten Cattaneo mehr an.«[4]

Außerdem hat die Regierung im Jahr 1948 insgeheim den Aufbau »einer Infrastruktur, die in der Lage ist, einem kommunistischen Aufstandsversuch standzuhalten«, in die Wege geleitet. Dabei handelt es sich, wie später Mario Scelba, der Innenminister im Kabinett De Gasperi, berichtet hat, um eine parallele und von Heer und Polizei unterschiedene Struktur:

»Das ganze Land wurde in eine Reihe großer Bereiche aufgeteilt... und an die Spitze eines jeden wurde klandestin eine Art Regionalpräfekt gestellt, ein absolut vertrauenswürdiger und energischer Mann... Die von mir ernannten Superpräfekten hätten alle Staatsfunktionen an sich gezogen und, auf Grundlage der vorher erstellten Pläne, genau gewußt, was zu tun wäre.«[5]

Hier haben wir es zweifelsfrei mit dem ersten Fall einer klandestinen, von den staatlichen Institutionen ausgehenden »Institution« zu tun, deren Ziel und Zweck die Aufrechterhaltung des politischen Status quo ist.

Nach den Wahlen von 1948 entstehen im März 1949 die ersten Geheimdienste der Italienischen Republik, unter anderem der Si-

4 In *Una, cento mille Gladio*, in: *Famiglia cristiana*, Nr. 26,. 1991, zit. nach A. u. G. Cipriani, *op. cit.*

5 Antonio Gambino, *Storia del dopoguerra dalla Liberazione al potere DC*, Bari 1975. Zit. nach Cipriani, *op. cit.*

far. Er verpflichtet sich in einem Geheimprotokoll,[6] den amerikanischen Geheimdiensten Durchschriften seiner Berichte zukommen zu lassen. Es gibt keine gesetzlichen Vorschriften, die ihrer Tätigkeit einen Rahmen setzten, sondern nur eine interne Dienstanweisung des Verteidigungsministeriums (Randolfo Pacciardi), die die Reorganisation des Büros »I«, des Büros zur Information der Heeresleitung, das 1947 gebildet worden war, zum Sifar regelt.[7]

## 2. Gladio

Im Umfeld der zahlreichen, mehr oder weniger illegalen paramilitärischen Formationen agieren auch die Amerikaner, vorsichtig, aber höchst genau beobachtend. Und sie zögern keinen Moment, vielen von ihnen finanzielle und technische Hilfe zukommen zu lassen. In einigen Fällen, so bei der Secret Service Unit des OSS unter Leitung von James Jesus Angleton, geht man sogar noch weiter. Earl Brennan hat eingeräumt, daß die Aktivitäten der SSU »neben Sabotage auch Erpressung und Einschüchterung von Persönlichkeiten aus Politik und Wirtschaft vorsahen«.[8]

Viele der Organisationen sind aus der Resistenza hervorgegangen und bestanden aus ehemaligen Partisanen. Dazu kamen die Anhänger der Republik von Salò (vgl. Kap. 4) sowie unverbesserliche Faschisten wie die der Sam (Squadre azione Mussolini), der Gaf (Gruppo d'azione fascista) und zahlreiche andere Gruppen.

Es ist ganz offenkundig, daß diese Vielfalt paramilitärischer antikommunistischer Gruppen, die nicht selten winzig und absolut unzuverlässig waren, in den Augen derer keine große Beruhigung war, die trotz des Wahlausgangs von 1948 weiterhin ernstlich von der Gefahr eines kommunistischen Putschversuchs ausgingen.

6 Die Existenz dieses Protokolls, die die italienische Regierung bestreitet, wird dagegen von mehr als einer Quelle bestätigt. Eine indirekte Bestätigung ist auch, daß die französische und die deutsche Regierung, nach eigener Aussage, ähnliche Protokolle unterzeichneten.

7 Vgl. Giuseppe De Lutiis, *Storia dei servizi segreti in Italia*, Rom 1984.

8 Zitiert in Faenza u. Fini, *op. cit.* Angleton wird später in Washington Leiter der Abteilung der CIA für Spezialaufgaben. 1963 kehrt er als Mitarbeiter von Vernon Walters nach Italien zurück, als der mögliche Eintritt der Sozialisten in die Regierung die Amerikaner aufschreckt. Im Gefolge des Watergate-Skandals scheidet er aus der CIA aus.

Außerdem war der Krieg zu Ende, und in einem Land, in dem die Demokratie wiederhergestellt war, konnte man eine Situation offener Illegalität nicht länger dulden. So zeichnet sich Ende der vierziger Jahre die Notwendigkeit ab, ein besser organisiertes und vor allem besser ausgebildetes Netz zur Abwehr einer möglichen sowjetischen Invasion oder vielmehr eines Putschversuches der Kommunisten zu knüpfen.

Im August 1950 berichtet der amerikanische Botschafter in Rom unter Berufung auf eine »ziemlich verläßliche Quelle aus dem Umfeld der christdemokratischen Partei«, daß die militärischen Einheiten der Kommunisten in Piemont, die die Vorhut eines Aufstandes bilden könnten, etliche Tausend Mann zählen würden, die fast alle Arbeiter bei Fiat seien. Weiter heißt es, im Falle eines Aufstandes würde ein Abkommen zwischen der KPI und der Gesellschaft »Petroli Italo-Romana« die Treibstoffversorgung der Kommunisten sicherstellen.[9]

Italien ist nicht das einzige europäische Land, das die Regierenden in Washington beunruhigt. Aber vielleicht ist es das wichtigste, weil fragilste jener Länder, die Gefahr laufen, dem sowjetischen Expansionismus in die Hände zu fallen. Washington hat alles getan, um in den betreffenden Ländern die antikommunistischen Kräfte zu stärken, aber es will nicht unvorbereitet dastehen, falls die Sowjets doch bewaffnet intervenieren sollten. Man denkt über Gegenmaßnahmen nach. Und die Strategen des Pentagon studieren aufmerksam die jüngsten Ereignisse in Frankreich, Griechenland und Italien, wo die Partisanen sowohl durch den Guerillakrieg als auch durch die Weitergabe von Informationen an die Alliierten aus Gebieten hinter den feindlichen Linien einen beachtlichen Beitrag zum Sieg gegen die Besatzungstruppen der Nazis geleistet hatten.

So gelangt man im April 1950 zunächst zur Formulierung und dann auch zur praktischen Umsetzung des Programms »Stay Behind«. Unter Federführung des Office of Policy Coordination (OPC) der CIA[10] wird es in der NATO eingebettet in den Zusam-

9 Vgl. Claudio Gatti, *Rimanga tra noi*, Mailand 1990. Dieser Studie verdankt sich ein großer Teil der Darstellung der Ereignisse, die zu den Plänen »Stay Behind«, »Demagnatize« und »Gladio« führen.

10 Das OPC ist verantwortlich für klandestine Operationen und koordiniert diese gemeinsam mit dem Joint Chiefs of Staff. Um die größtmögliche Sicherheit und Geheimhaltung sicherzustellen, arbeitet es vollkommen unabhängig von den anderen Abteilungen der CIA.

menhang der Aktivitäten für eine »nicht-konventionelle Kriegsführung« unter Leitung der Military Committee Standing Group. 1951 bildet die Standing Group, die ausschließlich aus Regierungsvertretern der USA, Englands und Frankreichs besetzt ist, auf Vorschlag des Oberkommandierenden der Nato ein Komitee zur Koordinierung der Aktivitäten von »Stay Behind« in den verschiedenen Ländern, in dem Repräsentanten der Geheimdienste der entsprechenden Länder sitzen. Die Umsetzung des Planes ist langwierig und kompliziert. Die Definition »nicht-konventioneller Krieg« umfaßt nach den Vorstellungen der Planer drei Aktionstypen: Guerilla im vom Feind besetzten Gebiet, logistische Unterstützung, um die Flucht von militärischem NATO-Personal und anderen wichtigen Personen aus vom Feind kontrolliertem Gebiet zu ermöglichen, sowie Widerstand und Subversion gegen die feindlichen Regimes.

Im Dezember 1952 wird ein sogenannter Plan »Demagnetize« zur »Zurückdrängung des kommunistischen Einflusses in Frankreich und Italien« gebildet. Diese beiden Länder beunruhigen die Amerikaner aus zwei Gründen am meisten: »Mitgliedszahlen, die Organisation, die Disziplin und die Ziele der französischen und der italienischen Kommunistischen Partei sind bekannt«, so kann man in einem Bericht des Joint Chiefs of Staff lesen.[11]

»Neben dem negativen Einfluß auf die militärische Vorbereitung von Franzosen und Italienern stellen sie im Kriegsfall eine ernste Bedrohung durch mögliche Spionage, Sabotage und Partisanenaktionen hinter den Kommunikationslinien der Amerikaner und der Alliierten dar.«

Der Plan hat ganz offensichtlich ein politisches Ziel. Aber in Anbetracht der »obigen Erwägungen kam man zu dem Schluß, daß die Pläne militärische Bedeutung haben und infolgedessen in die Zuständigkeit des Oberkommandos fallen«.

Aus dem Februar 1952 stammt ein Bericht der amerikanischen Botschaft an das State Department, in dem erklärt wird, die KPI »bereitet eine Geheimorganisation für den Fall vor, daß sie verboten wird«. Es seien zwei Komitees gebildet worden, ein politisches und »ein anderes mit paramilitärischen Aufgaben, das die Partisanenorgansationen bilden und die Guerilla vorbereiten solle«. 1953 ernennt Eisenhower Clare Boothe Luce zur Botschafterin in Rom.

11 Zitiert nach Gatti, *op. cit.*

Ihre Aufgabe besteht unter anderem darin, den Plan »Demagnetize« umzusetzen. Die Haltung, in der sie sich an ihre Aufgabe macht, wird nicht zuletzt aus dem Sarkasmus deutlich, mit dem sie ihre Gespräche mit italienischen Regierungsmitgliedern und speziell mit Innenminister Mario Scelba über die Art und Weise kommentiert, in der man »gegen die Kommunisten vorgehen soll«.

»Weder 1951 noch 1952 sind sie in die Offensive gegangen, weil sie der Ansicht waren, die KPI würde schwächer werden. Nun wollen sie nicht angreifen, weil sie meinen, die KPI würde stärker!«

Clare Boothe Luce findet in Edgardo Sogno einen Gesprächspartner, der bereit ist, auf ihre Sorgen einzugehen. Sogno ist mit der Medaglia d'oro alla Resistenza ausgezeichnet worden, er arbeitet im Außenministerium (später wird er Botschafter), und er ist Gründer von Pace e Libertà (Frieden und Freiheit), einer, wie Luce nach Washington berichtet, »ultrageheimen Gruppe«, die »die Aufgabe hat, den Premierminister in der Vorbereitung und Durchführung von Maßnahmen gegen die Kommunisten zu beraten«, und zwar sowohl solchen, die von der Regierung ausgehen, als auch solchen von Einzelgruppen. Das Ziel der Gruppe beschrieb Sogno in einem Bericht für das Außenministerium[12] als »die Schaffung von günstigen politischen Bedingungen im Lande für einen Schlag des Staates gegen die Kommunisten und für einen offenen und aufsehenerregenden Angriff auf Männer und Positionen der totalitären Linken«. Anfänglich wurde Sogno von Fiat sowie von den Amerikanern (CIA und USIS) finanziell unterstützt; er achtet sehr darauf, daß die Konturen der eigenen politischen Linie nicht mit denen der extremistischeren Gruppen verschwimmen, und präzisiert, ein solcher Schlag müsse »nicht von konfusen rechten Positionen, sondern von der demokratischen Mitte und der linken Mitte« ausgehen. Als er jedoch von der Confindustria finanzielle Unterstützung erbittet (25 Millionen Lire im Jahr) – Fiat hatte die Finanzierung eingestellt –, da muß er seine Position einer Öffnung zur linken Mitte aufgeben und die Rechte bis hin zum MSI einbeziehen. Diese Wende nach rechts geht so weit, daß die DC sich nicht besonders geneigt zeigt, ihn zu unterstützen.

Auf der anderen Seite ist auch die amerikanische Unterstützung an Bedingungen geknüpft. Washington ist dabei, mit der italieni-

12 Zitiert nach Galli, *op. cit.*

schen Regierung ein Geheimabkommen zu unterzeichnen, das die Einrichtung amerikanischer Militärstützpunkte erlauben würde, hält aber gleichwohl die Anwendung von Gewalt nur für die ultima ratio.

»Die Reorganisation der Parteien der Mitte und ihres Programms ist die einzige Entwicklung, die mit der Ideologie und der Außenpolitik der Vereinigten Staaten vereinbar (sind).«

So formuliert es im November 1953 Botschafterin Luce, die zu dem Schluß gelangt ist, daß nur »strikte politische Maßnahmen« verhindern können, daß Italien das erste Land des Westens »mit einer rechtmäßig gewählten kommunistischen Regierung« wird. Als »unvereinbar« werden dagegen Maßnahmen wie die Wiedereinrichtung der Monarchie oder eine Diktatur der Rechten angesehen. Vier Monate später schlägt die Botschafterin wieder Alarm, diesmal in noch dramatischeren Tönen. Sie informiert Washington darüber, daß es »ohne jeden Zweifel« im Jahr 1955 in Italien zu einer »bürgerkriegsähnlichen Situation« kommen könne.

Die Regierungen Italiens halten es für opportun, der übertriebenen Sorge nicht zu widersprechen. Folgerichtig zieht das Pentagon den Schluß, es sei notwendig, »die kommunistische Gefahr zu verringern« und sich mit allen Mitteln jeder Aktion entgegenzustellen, die den sowjetischen Block stärken könne, selbst »wenn dies das Risiko eines großen Krieges erhöht«. Verteidigungsminister Paolo Emilio Taviani teilt die Sorge wegen einer sowjetischen Invasion, zumindest sagt er das, und unterzeichnet im Oktober 1954 ein Abkommen, das den Vereinigten Staaten die Einrichtung von Militärstützpunkten auf italienischem Staatsgebiet erlaubt. Die Formulierungen des Abkommens sind unbestimmt, denn Taviani möchte vermeiden, daß das Parlament Informationen über den wirklichen Inhalt des Abkommens erhält. Darüber hinaus besteht Taviani darauf, daß die Stützpunkte formell unter italienischem Kommando stehen. Dennoch, so wird in einem Bericht der amerikanischen Botschaft nach Washington präzisiert, »hat der Minister klargestellt, daß in den Stützpunkten, die den amerikanischen Streitkräften zu deren ausschließlichem Gebrauch zugewiesen werden, die Funktion des italienischen Oberkommandos rein nominell sei«.[13]

13 Anfänglich besteht Taviani darauf, daß das Abkommen in mehrere Teile untergliedert wird, von denen einige geheim sein sollen, so daß »es der italienischen Regierung möglich sei, einige Abschnitte zu veröffentlichen, für den Fall, daß das je-

Noch im Oktober 1954 entsteht aus der Military Commitee Standing Group der NATO der Vorschlag, ein Komitee zur psychologischen Kriegführung zu bilden. Dieser Vorschlag wird vom SHAPE im April 1956 formalisiert, worüber sich das amerikanische Oberkommando in Europa am 19. November sehr zufrieden äußert.

Am 28. November unterzeichnen die CIA und der Sifar, vertreten durch den General Giovanni De Lorenzo, ein Abkommen über die Leitung von »Stay Behind«, deren Sinn und Zweck darin besteht, im Falle einer sowjetischen Invasion Informationen zu sammeln und Sabotageaktionen durchzuführen. Bei dieser Gelegenheit erhält die Struktur den neuen Namen »Gladio«.

Besonders nach den Enthüllungen des damaligen Ministerpräsidenten Andreotti im Jahr 1990 waren der Charakter und die wirklichen und die vermuteten Verantwortlichkeiten von Gladio in den zahlreichen ungeklärten Episoden der italienischen Nachkriegspolitik Gegenstand heftiger Polemiken. Nur wenige glaubten, daß diese geheime Struktur sich einzig und allein darauf beschränkt hat, im Falle einer sowjetischen Invasion Informationen zu liefern und Sabotageaktionen durchzuführen. Im Dezember 1990 wurde in einem Artikel in der Wochenzeitschrift *Panorama* ein Dokument aus dem Juni 1959 zitiert, das dem SAD, dem Generalstab der italienischen Abwehr, zugeschrieben wurde. Daraus geht unter anderem hervor, daß Gladio auch im Falle innerer »Unruhen« hätte eingreifen sollen. Und nicht nur das: Auch ohne einen Anlaß, also etwa einen Aufstandsversuch seitens der Kommunisten oder ähnliches, wurde die Organisation dazu eingesetzt, präventiv die Kommunisten zu kontrollieren und provokativ Attentate oder Zwischenfälle zu inszenieren, um den Kommunisten dann die Verantwortlichkeit dafür anzulasten; die inneren Spannungen und Konflikte würden letztlich nur den konservativen Kräften nützen. Und es kann gar kein Zweifel daran bestehen, daß einige der kriminellen Attentate der letzten dreißig Jahre durch diese Interpretation plausibel erklärt werden können.

Auf der anderen Seite weist man darauf hin, daß Gladio keine Struktur war, die als Reaktion auf tatsächliche oder vermeintliche Probleme der italienischen Situation entstanden war. Schließlich

mand verlange, ohne doch deswegen das gesamte Abkommen zeigen zu müssen« (so eine Depesche der Botschaft in Rom an das State Department). Am Ende jedoch beläßt man es bei einem Scheinabkommen. Siehe Claudio Gatti, *op. cit.*

habe es auch in anderen NATO-Ländern bis in die jüngste Vergangenheit (und vielleicht sogar bis heute) entsprechende Strukturen gegeben, in denen es jedoch niemals eine kommunistische Partei von der Stärke und Gefährlichkeit der italienischen KP gab. Das würde beweisen, daß das Ziel, und mithin auch die Legitimation, von Gladio nicht die nationale kommunistische Partei war, sondern in Wirklichkeit die drohende Gefahr einer sowjetischen Invasion Westeuropas. Hinsichtlich der Konsistenz und der operativen Stärke der klandestinen Struktur geht aus einer CIA-Quelle hervor, daß »der Typ und die Zahl der Waffen, die Munition und die Granaten sowie die Mannschaftsstärke ausreichten zum Sammeln von Informationen und zur Durchführung kleinerer Sprengstoffanschläge, aber mit Sicherheit nicht für Aktionen im Rahmen eines regelrechten Guerillakrieges«. Das ändert jedoch nichts daran, »daß im Falle offener Feindseligkeiten Gladio einen organisierenden Kern gebildet hätte, von dem eine richtige Widerstandsbewegung ihren Ausgang hätte nehmen können«.[14]

Auf jeden Fall sind es die Geheimdienste, die Gladio lenken. Ja mehr noch: Selbst in den Geheimdiensten (sogar bei der CIA) weiß nur eine Minderheit von der Existenz von Gladio, und zwar auch in Italien. Die formale Übereinkunft von 1956 wurde vom Sifar ausgehandelt und abgeschlossen und dann dem Verteidigungsministerium zur Billigung vorgelegt. Bei jedem Regierungswechsel machte der Chef der Sifar eine Mitteilung zur Existenz der klandestinen Struktur an den neuen Verteidigungsminister. Die Äußerungen der verschiedenen Verteidigungsminister nach den Enthüllungen Andreottis im Jahr 1990 lassen jedoch den Schluß zu, daß es sich dabei um sehr kurze und nichtssagende Noten gehandelt haben muß, die bemüht waren, die ganze Sache als einen ganz normalen Verwaltungsvorgang erscheinen zu lassen. Es ist also glaubwürdig, daß nicht alle Minister sich über den wahren Sachverhalt im klaren waren; einige Minister bestreiten auch, jemals eine solche interne Mitteilung erhalten zu haben. Aus dem bisher Gesagten drängt sich noch eine weitere Schlußfolgerung auf: Aufgrund der hohen Geheimhaltung um diese Organisation, die mit übergeordneten Sicherheitsinteressen des Staates legitimiert wurde und die zudem von geheimen, internationalen Absprachen abhing, arbeitete die gesamte Organisation faktisch ohne

14 Die Quelle ist ein CIA-Agent, der von Claudia Gatti befragt wurde. Vgl. *op. cit.*

jede parlamentarische oder demokratische Kontrolle. Und das machte einen Einsatz der Struktur zu Zwecken möglich, die keineswegs mit der eigentlichen Zielsetzung und institutionellen Aufgaben in Übereinstimmung standen. Es ist durchaus begründet anzunehmen, daß dies auch wirklich geschah.

Ebenfalls im Jahr 1956 entsteht in Italien eine weitere ultrageheime Organisation. Fernando Tambroni, der damalige Innenminister, ernennt Guido De Nozza, den vormaligen Polizeichef von Triest, zum Leiter der Abteilung für Geheimsachen. De Nozza soll ein Sonderbüro leiten, das Tambroni zuvor eingerichtet hatte und das außerhalb der offiziellen Gliederungen des Ministeriums liegt. Das Ziel ist das Sammeln von Informationen über Personen des politischen Lebens. Auch hier stoßen wir wieder auf die CIA, die elektronische Geräte liefert und technische Hilfestellung leistet. Außerdem war es der stellvertretende Bürochef der CIA in Rom, Bob Driscoll, der bei Tambroni De Nozza ins Gespräch brachte. Der hatte nämlich in der Zeit der Besetzung Triests durch die Alliierten aufs engste mit den Amerikanern zusammengearbeitet. Die Aktivitäten des Sonderbüros werden im Juli 1959 gestoppt. Der damalige Polizeichef von Rom, Carmelo Marzano, versteht sich nicht mit De Nozza und wird seinerseits durch Mitarbeiter des Sonderbüros ausspioniert. Er wartet den ersten Vorwand ab, um eine polizeiliche Durchsuchung von dessen Büros anzuordnen, und läßt die Männer De Nozzas festnehmen.[15]

Die Operation Tambroni-De Nozza ist der erste Fall einer systematischen Erfassung von Persönlichkeiten der Politik und des öffentlichen Lebens (und zwar nicht nur von Kommunisten, sondern auch Christdemokraten und Angehörigen anderer Parteien) durch italienische Geheimdienste. Wenig später wird diese Praxis in perfektionierter und erweiterter Form unter General De Lorenzo wieder aufgenommen. Vorgeschobener Zweck ist die nationale Sicherheit. In Wirklichkeit geht es darum, Dossiers anzule-

15 Siehe Giuseppe De Lutiis, *op. cit.* Die ganze Geschichte hat auch eine pikante Seite. Nach Gatti (*op. cit.*) wurde Marzano auf Schritt und Tritt von De Nozzas Leuten ausspioniert. Eines Tages hätten sie ihn beim Verlassen einer Zweitwohnung mit einer Geliebten fotografiert und das Bild an die kommunistische Tageszeitung *Paese sera* geschickt. Dieser Zwischenfall soll die Racheaktion Marzanos ausgelöst haben. Nach De Lutiis ist Marzano eingeschritten, als versehentlich ein chiffriertes Telegramm der »Triestiner«, wie De Nozzas Männer genannt wurden, auf seinem Schreibtisch landete.

gen, die, wenn nötig, zur Erpressung und anderen schmutzigen Geschäften in der Innenpolitik dienen können.

## 3. Die Sozialisten an der Regierung

Die Gründe für die Aktivitäten der Geheimdienste in dieser Zeit erklären sich auch aus der internationalen Situation. Dazu gehören die Niederschlagung der Revolution in Ungarn, der Arbeiteraufstand in Polen, der Sieg der chinesischen Revolution und, paradoxerweise, auch die Revision des Stalinismus, denn dadurch könnte es den westlichen kommunistischen Parteien leichter fallen, ihre Anhängerschar zu vergrößern. Aber dies ist nicht der einzige und im Falle Italiens noch nicht einmal der Hauptgrund.

In der zweiten Hälfte der fünfziger Jahre wird die italienische Politik in vielfacher Hinsicht verunsichert. Die Gleichgewichte und die Kräfteverhältnisse verschieben sich, und es zeichnen sich perspektivisch Veränderungen ab, die die Verteidiger des Status quo beunruhigen.

1953 war es der DC nach heftigen Auseinandersetzungen in und außerhalb des Parlaments gelungen, eine Wahlrechtsänderung durchzusetzen, die einer Koalition, die sich auf 50% plus einen Wähler stützen könnte, nahezu zwei Drittel der Parlamentssitze eingebracht hätte. Nur ganz knapp wurde das Ziel verfehlt: Christdemokraten, die Sozialdemokraten von Saragat, die Republikaner und die Liberalen erhalten zusammen 49,3% der Stimmen, Kommunisten und Sozialisten zusammen 35,4%. Die DC allein kommt auf 40,2% und die Kommunisten auf 22,6%, die Sozialdemokraten nur auf 4,5%, 2,5% weniger als vor vier Jahren. Diese Wahlen bedeuten den Anfang vom Ende der Ära De Gasperi. Nach zehn Jahren Politik im Rampenlicht fühlt sich der Führer der Christdemokraten müde. Ungebrochen ist seine Überzeugung, daß die italienische Demokratie eine Demokratie im »Belagerungszustand« ist (von den Kommunisten im Norden und den Monarchisten und Faschisten im Süden). Und eben um sie zu schützen, hatte er jene Wahlrechtsänderung mit aller Kraft durchgesetzt, die nun an den Urnen verworfen wurde.[16] Als die Abgeordnetenkammer seiner nur aus Christdemokraten gebildeten Re-

16 Siehe Giorgiop Galli/Alessandra Nannei, *Italia, occidente mancato*, Mailand 1980, S. 106ff.

gierung das Vertrauen verweigert, gibt er den Kampf auf und zieht sich auf die Funktion des Parteisekretärs der DC zurück.

1954 wird Amintore Fanfani zum Generalsekretär der DC gewählt, und 1955 nimmt die Regierung unter Ministerpräsident Antonio Segni zum ersten Mal eine etwas offenere Haltung gegenüber dem PSI ein. Zugleich geht es mit Italien kulturell und wirtschaftlich aufwärts, nachdem die Traumata der unmittelbaren Nachkriegszeit überwunden sind. Das Land entdeckt den Wohlstand und den Lebensstil der Konsumgesellschaft, und um Fanfani, der für eine moderne, »geschäftsmäßige« DC steht, gruppieren sich jene Kräfte, die einem staatlichen Eingriff in die Wirtschaft positiv gegenüberstehen, mit dessen Hilfe das Wirtschaftswachstum angekurbelt und gelenkt werden soll. Gleichzeitig tritt Enrico Mattei, ein Christdemokrat, Präsident der ENI (Ente Nazionale Idrocarburi, das nationale Brennstoffkonsortium) und führender Kopf der Manager von Staatsbetrieben, in den Vordergrund (vgl. Kap. 10.1).

Die Niederschlagung des Ungarnaufstandes im November 1956 bedeutet auch für die italienische Innenpolitik einen starken Einschnitt. In der KPI komt es zu Massenaustritten. Die Sozialisten sind aufgrund ihrer inneren Zerstrittenheit zwischen der Linie Nennis und der linken Strömung nicht in der Lage, von der Schwäche der Kommunisten zu profitieren. Diese Situation stärkt die DC, während zugleich Fanfanis Position geschwächt wird durch die Angriffe jener Christdemokraten, die gegen einen staatlichen Eingriff in die Wirtschaft sind (weil sie die Folgen eines Zusammenstoßes mit dem industriellen Großbürgertum fürchten). Fanfanis Position wird auch nicht durch den Erfolg bei den Wahlen 1958 gestärkt, in denen die DC 42 % der Stimmen erreicht und infolgedessen er erneut Ministerpräsident wird. Ende Januar 1959 tritt Fanfani als Ministerpräsident wie als Generalsekretär der DC zurück.[17]

In diesem Zeitraum haben sich zwei Ereignisse abgespielt, von denen man in der Rückschau sagen kann, daß sie die künftige italienische Politik entscheidend beeinflußten: Im Januar 1959 gelingt es Nenni, bei den Sozialisten seine Haltung durchzusetzen und damit die Option eines eigenen Weges für seine Partei offenzuhalten (was auf eine Zusammenarbeit mit den Christdemokraten hinaus-

17 Ebd., S. 128-143.

läuft), und im März wird Aldo Moro zum Generalsekretär der DC gewählt. 1959 sind die Anhänger Moros in der Partei zahlenmäßig noch schwach, gewählt wurde er vor allem, weil seine Parteigenossen einen Übergangssekretär wollen, der in der Lage ist, die Partei zu führen, ohne die inneren Spannungen zuzuspitzen. Aber das genügte keineswegs, um den rechten Flügel der DC und die Liberale Partei zu beruhigen. Schließlich entzieht der PLI im Frühjahr 1960 der Regierung Segni die parlamentarische Unterstützung. Die dadurch ausgelöste Krise, so hofften die Liberalen, sollte die DC dazu zwingen, deutlich Stellung zu beziehen, und schon im Keim jeden Versuch einer Öffnung nach links ersticken.

Die Krise wird beigelegt mit der Bildung einer rein christdemokratischen Regierung unter Tambroni, die im Parlament einzig von den Neofaschisten, dem MSI (Movimento Sociale Italiano), unterstützt wird.[18] Diese Regierung, die wegen der Opposition der Parteien der Mitte wie auch beachtlichen Teilen der eigenen Partei[19] bereits von Anfang an schwach war, wird die erste der italienischen Nachkriegsgeschichte sein, die an einer Massenbewegung des Volkes scheitert.

Der MSI, der durch das Bündnis mit der DC aufgewertet worden war, beruft für den 1. und 2. Juli seinen nationalen Parteikongreß in Genua ein. Die Entscheidung für Genua, eine Arbeiterstadt mit einer großen antifaschistischen Tradition, ist an sich schon eine Provokation. Die Mitglieder des CNL Ligurien protestieren dagegen, bedeutende Persönlichkeiten aus der Gewerkschaftsbewegung und dem laizistisch-sozialistischen Lager ebenfalls. Für den 2. Juli wird eine große Demonstration organisiert, auf der Ferruccio Parri sprechen soll. Am 30. Juni finden in Genua im Rahmen des von der Gewerkschaft (CGIL) ausgerufenen Generalstreiks riesige Demonstrationen statt. Die Menge errichtet Barrikaden und greift die Polizei an. Tambroni bleibt nichts anderes übrig, als den Parteikongreß des MSI zu verbieten. In den folgenden Tagen finden überall in Italien antifaschistische Demonstrationen statt. Polizei und Carabinieri schießen in Reggio Emilia und in Sizilien auf die Menge, dabei werden acht Menschen getötet und zahlreiche andere verletzt. Tambroni tritt zurück.

18 Ebd., S. 148-157.

19 Für die Linke hingegen konnte ein Bündnis zwischen DC und Neofaschisten im Hinblick auf die Kommunalwahlen im Herbst propagandistisch nur von Vorteil sein. Vgl. Galli/Nannei, *op. cit.*

Sein Nachfolger ist Amintore Fanfani, der die Formel »parallele Konvergenzen« erfindet. Damit soll eine Einparteienregierung legitimiert werden, die von unterschiedlichen Kräften, die ihr jedoch nicht angehören, unterstützt wird. Die Parteien der Mitte stimmen für die Regierung, Sozialisten und Monarchisten enthalten sich, dagegen stimmen nur die Faschisten und die Kommunisten. Enttäuscht von der Zögerlichkeit, mit der die Christdemokraten sich einer Mitarbeit der Sozialisten öffnen, und unter Druck der Linken in der eigenen Partei, die auf dem Parteikongreß im März 1961 45 % der Stimmen erhält, entzieht Nenni dieser Regierung im Juli seine Unterstützung.

Wieder sind es äußere Ereignisse, die die italienische Politik entscheidend prägen. Der 1960 gewählte amerikanische Präsident Kennedy »öffnet« sich den Sozialisten, und der neue Papst, Johannes XXIII, leitet eine neue, fortschrittlichere und aufgeschlossenere Epoche des Katholizismus ein.

Die Entscheidung des Weißen Hauses läßt die Einwände aus dem Pentagon außer acht. Währenddessen hält der Chef der CIA in Rom, Thomas Karamessines, eine Öffnung für unvermeidlich und plädiert für eine realistischere Strategie (die im Grunde mit der Linie Moros übereinstimmt): Unterstützung der Rechten im PSI, die Linke schwächen und so dafür sorgen, daß eine Wende, wenn sie denn nötig wird, keine umstürzlerische Kraft freisetzt. In Wirklichkeit[20] hegt Kennedy weder in die eine noch in die andere Richtung eine Präferenz. Einer der Berater des Weißen Hauses, Robert Komer, ein ehemaliger strategischer Analytiker der CIA, ist es, der die Öffnung nach links in Italien begünstigt, indem er den engsten Mitarbeiter Kennedys, den Historiker Arthur Schlesinger, von seiner Position überzeugt. Im September 1961 trifft sich Schlesinger in Italien mit Ugo La Malfa, Saragat und Nenni. Außerdem beauftragt er Richard Gardner, einen der wenigen Vertreter des State Department, die für eine Öffnung eintreten, weitere Persönlichkeiten des politischen Lebens in Italien zu kontaktieren und deren Meinung zu erfragen. Im November desselben Jahres gibt der Außenminister Dean Rusk der amerikanischen Botschaft in Rom grünes Licht und löst damit viel Wirbel aus:

20 Soweit es die italienisch-amerikanischen Beziehungen in diesem Zeitabschnitt anlangt, folgen wir der Darstellung von Claudio Gatti (op. cit.), die uns am besten begründet scheint.

»Bei den Gesprächen mit Spitzenvertretern der DC, insbesondere mit Fanfani und Moro, können die Vertreter der Botschaft vertraulich zu verstehen geben, daß wir Verständnis für die verbesserten Möglichkeiten einer Isolierung der KPI haben..., die sich aus einer Unterstützung der Regierung durch die Sozialisten ergeben könnten, vorausgesetzt diese wird nicht erkauft durch substantielle Zugeständnisse in der Außenpolitik.«

Am 5. Juni 1962 findet eine historische Begegnung zwischen dem römischen Botschafter G. Frederick Reinhardt und Pietro Nenni statt. Im Weißen Haus ist weiterhin Komer mit Italien betraut. In einem Memorandum von Schlesinger an ihn heißt es: »Mit diesem Schreiben gebe ich Dir den Auftrag, die politische Situation Italiens umzukrempeln.«

Während die Männer im Weißen Haus Anhänger für eine »Revolution« in Italien zu gewinnen suchen, bemühen sich die italienischen Politiker, deren Meinung wieder zu ändern. In den vorangegangenen Jahren waren die DC und die anderen Parteien der Mitte und ihr Kampf gegen die sozialistisch-kommunistische Gefahr mit durchschnittlich 5 bis 6 Millionen Dollar im Jahr unterstützt worden. Aus Erfahrung wissen sie, daß die amerikanische Unterstützung einer Partei sich immer in Dollar ausdrückt. Und diese Regel würde auch für den PSI gelten. Aber es gibt noch andere, etwas edlere und rein politische Motive. Der Weg zu einer Mitte-Links-Regierung ist zäh, voller Zweideutigkeiten und gespickt mit Hindernissen. Zu Recht befürchten einige, amerikanische Interventionen und offene Ermutigungen, vor allem direkte Kontakte zwischen den Amerikanern und dem PSI könnten die delikaten Gleichgewichte und die ausgetüftelten Strategien durcheinanderbringen. Mit ganz wenigen Ausnahmen, darunter überraschenderweise auch der Christdemokrat Taviani,[21] sind alle italienischen Politiker gegen eine Unterstützung des PSI. Auch wenn nicht alle sich so harsch äußern wie Saragat in einem Gespräch mit Angehörigen der amerikanischen Botschaft im Jahr 1956:

»Saragat hat sein totales Mißtrauen gegenüber Nenni erneut zum Ausdruck gebracht. Er bezeichnete ihn als Linksfaschisten.«

21 Taviani soll bereits Ende 1956, als er noch Verteidigungsminister war, der Botschafterin Luce gesagt haben, eine künftige vereinte Sozialistische Partei würde, wenn sie nicht mit Dollar unterstützt würde, eben Rubel erhalten. Und ihm wäre offen gesagt die erstere Möglichkeit lieber.

Aber ganz unabhängig von den Positionen der Amerikaner sind es am Ende die Entwicklungen in Italien selbst, die viele Widerstände in sich zusammenbrechen lassen. Auf dem Parteikongreß der Christdemokraten im Februar 1962 erhält das von Moro vorgestellte Projekt einer Öffnung zu den Sozialisten eine breite Mehrheit. Im März bildet Fanfani eine Regierung mit Liberalen, Republikanern und Sozialdemokraten, deren programmatische Plattform (Verstaatlichung der Stromversorgung, Schulreform, Bildung von Regionen) von den Sozialisten durch Enthaltung mitgetragen wird. Zum Ausgleich hat Moro versprochen, sich bei der Wahl eines neuen Staatspräsidenten für einen Kandidaten einzusetzen, der dem rechten Flügel der Christdemokraten genehm ist, nämlich Antonio Segni, der dann auch Präsident wird. Innerhalb eines Jahres passieren zwei Reformen, Verstaatlichung der Stromversorgung und die Einführung der einheitlichen Mittelschule, das Parlament. Gleichzeitig tragen die internationale Situation, Kennedys Ansehen, seine Aufbruchspolitik und der Erfolg im Konflikt mit der Sowjetunion um die Raketenbasen auf Kuba (Oktober 1962) zu einem Klima bei, das günstig für eine Zusammenarbeit zwischen Christdemokraten und Sozialisten ist.

Moros Politik wird jedoch nicht honoriert. Bei den Wahlen im April 1962 verlieren die Christdemokraten 4 %, und auch die Sozialisten gehen um 0,4 % auf 13,8 % zurück, obwohl sich die Reformlinie durchgesetzt hat. Zum ersten Mal nach dem Krieg gelingt es hingegen der KPI, über die 25 %-Marke zu kommen. Im Bemühen, die gemäßigten Wähler zurückzugewinnen, geht die DC nicht auf die Forderungen der Sozialisten bei der Neufassung des Gesetzes zur Stadtentwicklung ein, und die Sozialisten ihrerseits erklären sich nicht zu einem neuen Mitte-Links-Bündnis bereit. Es folgt eine turbulente Zeit. In Erwartung des Parteikongresses der Sozialisten im Herbst wird Giovanni Leone neuer Ministerpräsident der xten DC-Alleinregierung. Die Linke im PSI, die Nenni dessen, wie sie sagen, »Unterwerfung« unter die DC nicht verzeiht, tritt aus der Partei aus. Inzwischen ist Moro weiter bemüht, ein neues Mitte-Links-Bündnis herzustellen, in dem er selber Ministerpräsident ist, Nenni Vizepräsident und Saragat Außenminister. Die Rechten in der DC unter Führung von Scelba erklären sich einverstanden und ändern ihre Meinung erst auf Intervention des Vatikan. Die Regierung ist kaum gebildet, da zwingen die wirtschaftlichen Schwierigkeiten, die mit Nenni abgesprochenen Reformen aufzuschieben. Die Regierung scheitert im Juli 1964 an der parlamentarischen Abstimmung über das Gesetz zur Finanzierung der Privatschulen. Moro und Nenni machen sich unverzüglich daran, die Koalition neu zusammenzufügen. Genau in diesem Moment kommt ein neuer Faktor ins Spiel.

Die Militärs intervenieren im Einverständnis mit Staatspräsident Segni, um Nenni bei seinen Forderungen Mäßigung abzuzwingen und damit faktisch das Mitte-Links-Bündnis zu kastrieren. Protagonist dieser Aktion ist General Giovanni De Lorenzo.

De Lorenzo wurde 1955 zum Chef des Sifar ernannt. Im Jahr 1959 fordert das Büro »D« (Innere Sicherheit) von den Dienststellen der Spionageabwehr detaillierte Informationen über die Aktivitäten der Abgeordneten und Senatoren, und es beginnt eine breit angelegte Sammlung von Personendaten über Politiker und alle anderen Personen des öffentlichen Lebens, »die Zugang zu hohen Ämtern oder in irgendeiner Weise bedeutenden Funktionen für das Leben des ganzen Landes erlangen können«. In vier bis fünf Jahren kommen so mindestens 157 000 Personenakten zusammen. Im Oktober 1962 wird De Lorenzo zum Chef der Carabinieri ernannt, hört aber nicht auf, sich in die Angelegenheiten des Sifar einzumischen. Da die Mehrzahl der Männer in Diensten des Sifar Carabinieri sind, ist die Kontrolle De Lorenzos über das Netz der Sicherheitsdienste nahezu total.

Leiter des Büros des Sifar für ökonomische und industrielle Studien (Rei) ist Oberst Renzo Rocca,[22] der in Wirklichkeit für die Verteilung der Gelder sorgt, die die Confindustria für antikommunistische Propaganda zur Verfügung stellt. Rocca hat darüber hinaus die Aufgabe, »Hilfstruppen« aus ehemaligen Soldaten, Carabinieri und Zivilpersonen zu organisieren, die den Ordnungskräften zur Seite gestellt werden können. Formal gesehen und offiziell handelt es sich hierbei nur um »Waffenvereine«, also um Kameradschaftsbünde entlassener Soldaten. In Wirklichkeit aber sollen sie eine »Reserve« bilden, die im Notfall, wenn die Linke zum Aufstand blasen sollte, einsetzbar wäre. Es ist jedoch bewiesen, daß es genau diese Männer sind, die in einigen Fällen bei öf-

22 Offiziell besteht die Aufgabe des Rei darin, für den Geheimnisschutz italienischer Industriepatente zu sorgen und den Waffenhandel zu kontrollieren. Zu einer detaillierten Darstellung der Arbeit von Oberst Rocco, auch seine Beziehungen zu Fiat und zur Confindustria, siehe De Lutiis, *op. cit.*

fentlichen Auftritten und Demonstrationen von Gewerkschaften und linken Parteien die Situation anheizen.[23]

Das ist das Geflecht aus Intrigen und verschwiegener Komplizenschaft, das die Verhandlung über die Neuformierung der Regierung im Jahr 1964 charakterisiert. Segni und die Moderaten lehnen das Reformprogramm ab, das Moro und Nenni ausarbeiten. Ihr Argument, die Wirtschaftskrise erfordere Notstandsmaßnahmen, zielt, als Alternative zur Mitte-Links-Regierung, auf eine DC-Alleinregierung unter Mitarbeit von Experten. Cesare Merzagora soll Ministerpräsident werden, und Segni höchstpersönlich schlägt De Lorenzo als Verteidigungsminister vor. De Lorenzo entwirft den Katalog der Ausnahmeregelungen, die in Kraft gesetzt werden sollen für den Fall, daß es gegen das Projekt »Notstandsregierung« zu heftigen Massenprotesten kommen sollte. Der Plan sieht den Einsatz der Carabinieri vor, und zwar ausschließlich der Carabinieri. Daher der Name »Piano Solo«.

Am 16. Juli treffen sich Moro und die anderen Führer der DC mit De Lorenzo, um die Strategie gegenüber den Sozialisten abzusprechen. Nenni soll überredet werden, einer neuen Koalitionsregierung ohne ein Reformprogramm zuzustimmen. Am 17. Juli gehen die Sozialisten in die Knie und akzeptieren, daß Vertreter des linken Parteiflügels keine Ministerämter erhalten. In Wirklichkeit war Nenni vor eine Situation gestellt worden, die ihm keine Wahl ließ: Im Falle einer Weigerung hätte Segni die Notstandsregierung eingesetzt, Widerstände gegen diese Regierung wären unverzüglich mit militärischen Mitteln unterdrückt worden. Diese Episode hinterläßt bei Nenni tiefe Spuren. In einem Artikel vom 26. Juli für die Tageszeitung der Sozialisten, *L'Avanti*, schreibt er:

»Auf einmal wurden Parteien und Parlament gewahr, daß sie ausgeschaltet werden könnten. Die einzige Alternative zum sich abzeichnenden Machtvakuum im Gefolge eines Scheiterns des Mitte-Links-Bündnisses war eine Notstandsregierung in Händen von, wie es hieß, einflußreichen Persönlichkeiten, Fachleuten und parteilosen Staatsdienern. So, wie die Wirklichkeit unseres Landes nun einmal ist, hätte das eine Regierung der Rechten

23 So zum Beispiel bei der Demonstration der Bauarbeiter in Rom am 9. Oktober 1963, als Männer dieser Hilfstruppen, einige von ihnen getarnt als Carabinieri, massive Auseinandersetzungen und Schlägereien mit der Polizei provozieren. Die Folge waren schwere Sachschäden und mehr als 150 Verletzte. Vgl. Ferruccio Parri, in: *L'Astrolabio*, 24. Dezember 1967. Zit. nach De Lutiis, *op. cit.*

mit einem faschistisch-großagrarisch-großindustriellen Kern bedeutet, im Vergleich zu dem die Regierung vom Juli 1960 geradezu harmlos war.«

Die wahren Absichten von Segni und De Lorenzo mit ihrem »Piano Solo« werden in den nachfolgenden Jahren Gegenstand heftiger Polemiken; Journalisten führen Untersuchungen durch, die sie ihrerseits zur Zielscheibe juristischer Verfahren werden lassen.[24] Die Schlußfolgerungen, die man aus den bekanntgewordenen Fakten ziehen kann, laufen darauf hinaus, daß der »Piano Solo« keinen wirklichen Versuch eines Staatsstreiches darstellte, sondern vielmehr mit seiner Hilfe skrupellos Druck auf die Sozialisten ausgeübt werden sollte. In zweiter Linie sollte er zur Stützung einer Regierung der Rechten dienen, falls diese auf eine starke Opposition und große Massendemonstrationen gestoßen wäre.

Das Urteil des italienischen Staatspräsidenten Francesco Cossiga vom Juni 1991 kann man schwerlich teilen. Seiner Ansicht nach war De Lorenzos Vorstoß »eine ungeeignete, voluntaristische und vielleicht aus Naivität oder Übereifrigkeit entstandene, aber auf jeden Fall überflüssige, ja sogar schädliche Initiative«. Die Protokolle der parlamentarischen Untersuchungskommission (1969-71), die von Andreotti 1990 veröffentlicht wurden, beweisen zweifelsfrei, daß »Piano Solo« und die Maßnahmen, die er zur illegalen Unterdrückung der Opposition und zur Übernahme der gewaltsamen Kontrolle über das gesamte Territorium vorsah, alles andere als naiv waren. Die 1990 publizierte Dokumentation enthält unter anderem einen handschriftlichen Entwurf des »Piano Solo« sowie den Bericht von General Giorgio Manes, des Vizekommandeurs der Carabinieri, der auf Veranlassung des Oberkommandierenden der Carabinieri, Carlo Ciglieri im Mai-Juni 1967 abgefaßt wurde.[25]

Der Plan sah, folgt man den Dokumenten, die dem Parlament zur Verfügung gestellt wurden, die Festnahme von mehr als 700 Personen vor, darunter Parlamentarier, Gewerkschaftsführer und andere wichtige Oppositionelle, die unverzüglich nach Sardinien gebracht werden sollten. Außerdem sollten Parteibüros und Zeitungsredaktionen (der kommunistischen Tageszeitungen *L'Unità*

24 So die Klage von De Lorenzo gegen die Journalisten Lino Iannuzzi, Gregoretti und Eugenio Scalfari, die schließlich auch verurteilt wurden.

25 Manes Bericht basierte auf Gesprächen mit zahlreichen Offizieren der Carabinieri, die an der Vorbereitung des »Piano Solo« teilgenommen hatten.

sowie *Paese sera*) solange besetzt werden, »wie unbedingt nötig war, um ... das Erscheinen zu verhindern«. Andere Einheiten der Carabinieri sollten vor den Präfekturen aufmarschieren sowie insbesondere in Rom vor dem Rundfunksender RAI, dem Quirinal, Palazzo Chigi und den Gefängnissen, um »unter allen Umständen zu verhindern, daß irgendwelche subversiven Elemente, Demonstranten, Parteiaktivisten usw. ... kommen und sich der Schaltzentralen bemächtigen«. Der Plan sah die Einteilung Roms in drei Sektoren und den Einsatz von etwa 5000 Mann vor. »Vitale Zonen«, die von Mannschaften in voller Bewaffnung zu sichern seien, gab es auch für Mailand, Genua und Turin. Äußerst detailliert wurden die Kommandostrukturen und die Aufgaben jeder einzelnen Einheit in den verschiedenen Zonen beschrieben. Die Titelseiten jedes Aktionsplans für die drei Regionen (Nord, Mitte, Süd) trugen den Schriftzug »Streng geheime Planung«.

Angesichts dieser Dokumente kann man den subversiven Charakter der Planung wohl schwerlich leugnen, ganz gleich, ob er nun in Kraft gesetzt wurde oder nicht.

Der Vizepräsident der Abgeordnetenkammer, der Liberale Alfredo Biondi, sagt:

»Damals habe ich gesagt, daß der Plan nicht zulässig war, aber daß vielleicht das Ziel, oder was ich dafür hielt, nämlich Abwehrmaßnahmen gegen einen Staatsstreichversuch der anderen Seite, legal war ... Heute, da ich all das kenne, was mir damals nicht bekannt war, muß ich mein Urteil von vor zwanzig Jahren revidieren.«[26]

Alles, was wir über den »Piano Solo« wissen, legt die Schlußfolgerung nahe, er wäre in Kraft gesetzt worden, wenn Nenni nicht nachgegeben hätte. In seinem Memorandum schreibt Moro später:

»Präsident Segni setzte seine Absicht durch, die Entwicklung des Mitte-Links-Bündnisses zu bremsen ... Die militärische Umsetzung wurde, nachdem das politische Ziel erreicht war, vom Staatspräsidenten selbst abgesagt.«

Nach amerikanischen Quellen[27] war De Lorenzo 1964 wirklich zu einer Intervention bereit, unterließ es aber, weil er im letzten Mo-

26 *La Repubblica* 4. Januar 1991.

27 Interview mit einem Beamten des Pentagon, in: Claudio Gatti, *op. cit.* Zur Rekonstruktion der Ereignisse von 1964 vgl. Gatti, a. a. O.; De Lutiis, Cipriani/Cipriani, Galli/Nannei.

ment nicht die Unterstützung seiner politischen Auftraggeber bekam. Einer von ihnen war Antonio Segni. Aber es liegt nahe, daß er nicht der einzige war:

»Mir ist bekannt, daß De Lorenzo in Andreotti den Spitzenvertreter der Rechten sah. Und sieht man die Zähigkeit, mit der Andreotti später die Struktur der Geheimdienste und der Carabinieri zerschlug, die De Lorenzo aufgebaut hatte, so würde ich sagen, er kannte das Netzwerk ganz genau, das der General im Laufe der Jahre aufgebaut hatte, teilte aber vielleicht nicht mehr deren Ziele.«

Eine andere Quelle ist die Aussage des ehemaligen Chefs des Sifar, General Allavena, vor einem Ermittlungsrichter:

»Ich habe niemals an den Sitzungen des ›Piano Solo‹ teilgenommen. Aber ich bemerkte damals, daß es ein heftiges Kommen und Gehen von Divisionskommandeuren der Carabinieri gab... Mir ist bekannt, daß der diensthabende Egidio Viggiani den obersten Befehlshaber des Heeres von der außergewöhnlichen Situation unterrichtete, der seinerseits mit Andreotti telefonierte, um ihm Mitteilung zu machen. Danach beruhigte sich die Situation.«

Am 9. Juli 1964 malen Unbekannte an die Außenmauern des regionalen Militärkommandos Nordwest die Slogans: »Militärs an die Regierung – De Lorenzo an die Regierung – Für Pacciardi – Notstandsregierung – Für eine neue Republik.« Allein das würde aber nicht ausreichen, um zu belegen, daß Pacciardi in den »Piano Solo« involviert war. Aber es gibt noch andere Belege. 1967 erklärt Oberstleutnant Roberto Podestà, Ex-Offizier des Sim, des militärischen Geheimdienstes im Faschismus,[28] und ehemaliger Leiter der Militärschule von Cesano, in einem Interview mit der Zeitschrift *ABC*, 1964 habe ein Freund von Pacciardi ihm vorgeschlagen, in der »Neuen Republik«, der Bewegung von Pacciardi, mitzuarbeiten, es stünden »große Aufgabe bevor, für die es der Hilfe aller anständigen Männer und aller wahren Soldaten bedarf«. Später soll auch Pacciardi selber gegenüber Podestà »von einer schmerzhaften, aber unbedingt notwendigen Aktion, um wieder Ordnung in Italien zu schaffen«, gesprochen haben. (War damit die Ermordung Moros gemeint?) Einige Tage nach dem Interview wird Podestà verhaftet und wegen »Unregelmäßigkeiten in der

28 Sim, Servizio informazioni militari.

Verwaltung« inhaftiert.[29] Indirekt werden die Äußerungen Podestàs zu Pacciardi durch die Zeugenaussage von Oberst Guglielmo Cerica vor der Untersuchungskommission Lombardi bestätigt.[30] Weitere Zeugenaussagen belegen die Verbindungen zwischen De Lorenzo, Sifar, Pacciardi und Confindustria, die das Mitte-Links-Bündnis stoppen sollen. Auch der neofaschistische Senator Giorgio Pisanò hat erklärt, im März 1964 von Pacciardi informiert worden zu sein, daß er »bereit« wäre: »Das Mitte-Links-Bündnis wird die Kommunisten sehr bald an die Regierung bringen. Aus diesem Grunde habe ich mich zum Handeln entschlossen. Ich werde den Kommunismus stoppen und den Präsidenten der Republik dazu bringen, die beiden Kammern aufzulösen und die Geschicke der Regierung in die Hände eines Mannes (Pacciardi) zu legen, der über den Parteien steht...«

Und schließlich gibt es da ein Telegramm des in Verona stationierten Kommandierenden der amerikanischen Streitkräfte in Italien vom 25. Juni 1964. In dem vielleicht überzeugendsten Beweis heißt es:

»Wir haben aus einer vertrauenswürdigen Quelle die Nachricht, daß sich in allernächster Zeit in Italien ein Staatsstreich ereignen könnte.«

Nachdem weiter ausgeführt wurde, daß für Rom eine große Demonstration der Rechten geplant sei, fährt das Telegramm fort:

»Die Person, die die Vorbereitungen für diese Demonstration koordinieren soll (Pacciardi),[31] ist bekannt für ihre Gegnerschaft zum augenblicklichen wirtschaftlichen und politischen Kurs. Die Finanzmittel kommen vor der Confindustria und der Confagricoltura. Es scheint, daß (Pacciardi) auf die Unterstützung... bedeutender Politiker der Rechten, auf die Streitkräfte, die Carabinieri und die Vereinigungen ehemaliger Soldaten zählen kann[32]... Wenn die Demonstration Gegendemonstrationen der extremen Linken provozieren sollte, werden die Carabinieri unterstützt von bewaffneten Streitkräften sofort einschreiten.«

Am Schluß wird in dem Telegramm daran erinnert, daß bereits zuvor am 28. Mai vom selben Kommando ein Bericht über die

29 Vgl. *La strage di stato*, Rom 1989.

30 Vgl. *Commissione Stragi*, Bd. IV, zit. nach Cipriani/Cipriani, *op. cit.*

31 Aus einer Analyse des Textes und der Streichungen geht mit absoluter Sicherheit hervor, daß es sich bei dem gelöschten Namen um Pacciardi handelt. Vgl. Gatti, *op. cit.*, auch hinsichtlich des Gesprächs zwischen Pisanò und Pacciardi.

32 Das bezieht sich auf die »Hilfstruppen« von Oberst Rocca (vgl. oben).

Möglichkeit eines bevorstehenden Staatsstreiches abgeschickt worden ist und daß die ersten Informationen über rechte Komplotte im Kommando bereits in den Jahren 1958 und 1959 gegangen waren.

Die Amerikaner wissen also schon seit längerem von den Vorhaben und Tätigkeiten De Lorenzos. Ob sie die italienische Regierung darüber informierten, ist nach den bisher vorliegenden Dokumenten nicht zu entscheiden. Das bringt uns zu einer heiß diskutierten Frage, ob nämlich die Amerikaner eine gewisse Mitverantwortung für den »Piano Solo« haben oder ob sie gar direkt daran teilnehmen, wie es einige italienische Quellen für wahrscheinlich halten.

Aber, wie bereits erwähnt, sind das Weiße Haus, das State Department und die Führungsetage der CIA ohne jeden Zweifel davon überzeugt, daß »die weitere Entwicklung des PSI hin zu einer Zusammenarbeit mit dem Zentrum aus amerikanischer Sicht die besten Chancen für die weitere ökonomische und soziale Entwicklung zu bieten scheint« und daß im Falle eines Staatsstreiches der Rechten »die italienische Position im Kreise der westlichen Demokratien mit Sicherheit aufs Spiel gesetzt würde«. So 1963 in einem Geheimbericht des Generalquartiers der CIA.

Washington hält es also für nötig, politische Entwicklungen zu unterbinden, die einen rechten Staatsstreich erst möglich machen könnten. An diesem Punkt gewinnt die Frage, ob die Amerikaner die italienische Regierung von ihren Informationen über den »Piano Solo« in Kenntnis setzten, eine besondere Bedeutung. Es kann sein, daß sie die Verwicklung des Staatspräsidenten und anderer Politiker dazu veranlaßte, von jeder Einmischung abzusehen.

Und schließlich bleibt noch eine weitere Frage offen: Sollten vielleicht irgendwelche Stellen des CIA ohne Wissen und Billigung der amerikanischen Regierung in Form einer Kooperation mit Leuten des italienischen Geheimdienstes beteiligt gewesen sein? Die Unterordnung des Sifar unter die CIA war zum Zeitpunkt seiner Einrichtung abgesegnet worden. Und in späteren Dokumenten wird dieser Punkt immer wieder erneuert; so erklärt der Sifar von De Lorenzo speziell im Jahr 1962 unter anderem sein Bemühen, »jede Aktion zu unterstützen, die dazu beiträgt, die innere Geschlossenheit der Sozialistischen Partei aufzubrechen, und mögliche interne Spaltungen begünstigt«. Dieser Text scheint zu bestätigen, daß die CIA darum bemüht war, das Mitte-Links-Bündnis (durch die Spaltung des PSI) herzustellen.

Die Zusammenarbeit ist auf alle Fälle sehr eng, so daß die CIA De Lorenzo sogar bittet, versteckte Mikrofone im Vatikan und im Quirinal anzubringen, um die privaten Besprechungen des Papstes und des italienischen Staatspräsidenten überwachen zu können. De Lorenzo zögert keinen Augenblick mit der Ausführung. Die Aufzeichnungen aus den Zimmern des Quirinals erweisen sich dann im Verlauf der Krise vom Juli 1964 als außerordentlich wertvoll für De Lorenzo. Auf diese Weise kann er das Verhalten Segnis kontrollieren.[33]

In einem Klima derart enger Zusammenarbeit kann es durchaus sein, daß Männer der CIA in Italien mit Leuten vom Sifar zwar nicht bei der Vorbereitung des »Piano Solo« zusammengearbeitet haben, wohl aber in direkten Aktionen, die die Voraussetzung für seine Inkraftsetzung schaffen sollten. Während Thomas Karamessines, wie wir bereits sahen, davon überzeugt war, daß das Mitte-Links-Bündnis unterstützt werden müsse, gilt die Hauptsorge seines Nachfolgers als Chef der CIA in Rom, des 1963 ernannten William Harvey, dem Kampf gegen die Roten. Die Beziehungen zu De Lorenzo sind nicht gut, insgesamt blickt er auf die Italiener von oben herab. Er scheint nur mit Oberst Rocco einer Meinung. Nach Aussage von Roberto Faenza[34] soll er ihm den Vorschlag gemacht haben, Attentate zu organisieren, die man dann den Linken in die Schuhe schieben konnte, um so der Rechten den Vorwand zu liefern, von der Regierung Notstandsmaßnahmen zu fordern. James Jesus Angleton, der in der Zwischenzeit zum Chef der Spionageabwehr in Washington aufgestiegen ist, ist der einzige hohe CIA-Beamte, der sich gegen eine Öffnung zur Linken sperrt. Er hält das für eine Kapitulation vor dem Kommunismus, Arthur Schlesinger ist für ihn eine Art Agent der Bolschewiken. Aber trotzdem ist eine Verwicklung seinerseits in den »Piano Solo« wenig wahrscheinlich, und zwar nicht nur deshalb, weil ihn das in Gegensatz zu seinem Chef William Colby und zum Weißen Haus gebracht hätte, sondern auch

33 Weder den Gerichten noch der Parlamentarischen Untersuchungskommission gelingt es, sich in den Besitz der Tonbänder zu bringen. Die Mikrofone im Vatikan werden von einem Mitarbeiter Johannes XXIII. per Zufall entdeckt. In: *Il Malaffare*, Mailand 1978.

34 In: *Il Malaffare*, Mailand 1978.

weil er General De Lorenzo für absolut nicht vertrauenswürdig hält.[35]

Es steht fest, daß nach eigener Aussage De Lorenzo im Jahr 1964 die Organisation Gladio einsetzen will. Dabei muß er zumindest davon ausgehen können, daß er von der CIA im Falle der Anwendung des »Piano Solo« stillschweigend unterstützt wird. Nach den Plänen des Generals sollten die zu verhaftenden Personen nach einer Geheimbasis in Sardinien verbracht werden, wo auch die Ausbildung der paramilitärischen Verbände von Gladio stattfand.[36] Die selbstverständlich nur rein formale Legitimation der Operation sollte sich auf den Umstand stützen, daß die Liste besagter Persönlichkeiten, die angeblich die Sicherheit des Staates gefährdeten, im Jahr 1956, zum Zeitpunkt der offiziellen Inkraftsetzung von Gladio, abgefaßt worden war. Aber es scheint natürlich reichlich unglaubwürdig, daß De Lorenzo die Liste nicht in der einen oder anderen Weise aktualisiert hat.[37]

General De Lorenzo geht aus diesem Unternehmen nicht ohne Beschädigung hervor. Im Dezember 1965 wird er zum Stabschef des Heeres ernannt, ohne daß diese Ernennung auf irgendwelchen nennenswerten Widerstand, noch nicht einmal seitens der Linken, stieße.

Im Januar 1967 wird bekannt, daß auch der Präsident der Republik vom Sifar überwacht wurde. Der Skandal ist gewaltig. General Aldo Beolchini wird mit der Leitung einer Untersuchung des Falles betraut. Am 14. April verlangt der Verteidigungsminister von De Lorenzo, er solle freiwillig von seinem Amt zurücktreten, zum Ausgleich würde er zum Botschafter ernannt. De Lorenzo lehnt ab. Am 15. April setzt die Regierung De Lorenzo als Stabschef des Heeres ab. Die Kommission Beolchini suspendiert und bestraft einige der engsten Mitarbeiter De Lorenzos. Am 10. Mai veröffentlicht die Wochenzeitschrift *L'Espresso* einen Artikel, der offenlegt, daß De Lorenzo und Segni im Juli 1964 einen Staatsstreich geplant hätten. Der General reicht Klage gegen die Zeitung ein – und gewinnt.

35 Vgl. Gatti, *op. cit.*

36 »Ich meinte, wenn wir sie gekriegt haben, dann bringen wir sie nach Alghero«, erklärte De Lorenzo vor der Untersuchungskommission unter Leitung des Generals Luigi Lombardi. Und er fuhr fort: »Da wird es ihnen gutgehen.«

37 Aus den 1990 veröffentlichten Protokollen der Parlamentarischen Untersuchungskommission wissen wir jedoch, daß wenigstens einige der Offiziere, die mit der Durchführung des »Piano Solo« betraut waren, bemerkten, daß einige der Personen auf ihren Listen bereits gestorben waren.

1968 stellt sich De Lorenzo bei den Wahlen als Kandidat der monarchistischen Partei und wird gewählt. Im März 1969 wird nach einer langen parlamentarischen Auseinandersetzung ein Untersuchungsausschuß eingesetzt. Die Schlußfolgerungen der Kommission werden im Dezember 1970 dem Parlament vorgelegt. Sie betonen die militärischen Verdienste von De Lorenzo und stellen seine militärischen Vorbereitungen als Präventivmaßnahmen in einer schwierigen Situation dar, in der es galt, der Gefahr einer Subversion des Staates zu begegnen. In der Zwischenzeit werden all jene Offiziere, die in der Öffentlichkeit die Existenz des »Piano Solo« bestätigt haben, versetzt und in ihrer Karriere behindert.[38]

Ein bekanntes Opfer ist General Manes. Er wird in die Disziplinarkommission abgeschoben, weil er die Grenzen seines Auftrages überschritten und mit »wenig Objektivität« agiert habe. Er war Zielscheibe einer Kampagne in der Presse geworden, in deren Verlauf man ihm sogar unterstellte, er sei ein »Maulwurf« der KPI bei den Carabinieri gewesen. Gesteuert wurde diese Kampagne von Freunden De Lorenzos. Am 25. Juni 1969 stirbt Manes an einem Herzinfarkt, wenige Minuten vor seiner Anhörung in der Parlamentarischen Untersuchungskommission. Im Juni 1991 werden Anmerkungen in seinen Notizbüchern aus der Zeit zwischen 1965 und 1968 von seinen Familienangehörigen der Parlamentarischen Kommission zur Untersuchung unaufgeklärter Attentate zugänglich gemacht. Darin spricht er von vielen Dingen, die ihm zur Kenntnis gelangt waren: daß Cossiga in seiner Zeit als Staatssekretär im Verteidigungsministerium ein Anhänger De Lorenzos war und dessen Machtstellung bei den Carabinieri und dem Sifar gefördert hatte, daß Cossiga die Verbindungen von General Allavena zur Fia protegierte und auch die Art, wie Allavena die Sozialisten unter Druck setzte, und daß er schließlich die terroristischen Aktionen des Geheimdienstes in Südtirol (vgl. Kap. 7) billigte[39]; und daß der Sifar Telefongespräche im Auftrag von Eugenio Cefis, dem Präsident der Montedison, abgehört habe (vgl. Kap. 10).[40]

38 Zu all diesen Aspekten im Zusammenhang mit der Affaire De Lorenzo vgl. De Lutiis, *op. cit.*

39 Allavena, so schreibt Manes, setzte die Sozialisten unter Druck, denn der Chefredakteur von *L'Avanti* habe De Lorenzo eine Liste von philo-titoistischen Kommunisten zukommen lassen und dafür eine Belohnung erhalten. De Lorenzo habe alle Dokumente, die diesen Vorgang belegen, von zwei Journalisten des rechten Periodikums *Lo Specchio* ablichten lassen. Laut *L'Unità*, 6. Juni 1991.

40 Ebd.

Ein weiteres illustres Opfer der Ereignisse von 1964 ist Oberst Rocca. Er trug nicht unwesentlich zum Klima bei, in dem die Ereignisse dann ihren Stellenwert bekamen. Und das nicht nur, indem er paramilitärische Hilfstruppen organisierte, sondern auch als Verantwortlicher des Büros Rei. Er ließ Segni ab November 1963 außerordentlich besorgniserregende Darstellungen der wirtschaftlichen Situation des Landes zukommen, die ganz zwangsläufig die Sorgen hinsichtlich der Reformen, die die Regierungskoalition vorhatte, noch vermehrten. 1967 scheidet Rocca aus dem Rei aus, unmittelbar danach verschwindet ein Großteil des Archivs. Viele der belastenden Unterlagen nahm Rocca möglicherweise selbst in sein neues Büro mit, das offiziell Teil des Fiat-Konzerns war. Als Rocca von der Untersuchungskommission Beolchini vorgeladen wird, macht er keine Aussagen. Beolchini läßt im Protokoll den Vermerk eintragen, der Oberst habe nicht alles gesagt, was er wisse. Wenig später, am 27. Juni 1968, stirbt auch Rocca.

In seinem Büro wird er durch einen Pistolenschuß getötet. Die Polizei informiert die Presse, es handle sich um den Selbstmord eines alternden Kaufmanns und pensionierten Oberst. Unmittelbar nach Roccas Selbstmord wird dessen Büro vom Sifar durchsucht, und einige Dokumente werden beschlagnahmt. Der Richter, der die Untersuchungen zur Klärung der Umstände seines Todes führt, glaubt nicht an die Selbstmordversion. Am 26. Juli erhält der Richter die Erlaubnis, die Dokumente in Augenschein zu nehmen, die in Roccas Büro gefunden wurden. Am folgenden Tag wird ihm die Untersuchung aus den Händen genommen und einem anderen Richter zugeteilt, der die Untersuchung mit dem Verdikt abschließt, es handle sich in der Tat um Selbstmord.

# 4. *Kapitel*
# Neofaschismus und subversive Rechte

## 1. Das Erbe des Faschismus

Um die ideologischen Wurzeln des Rechtsextremismus im Italien der Nachkriegszeit zu verstehen, sollte man sein Augenmerk nicht nur auf die zwanzig Jahre faschistischer Herrschaft richten, sondern vielmehr auf die unmittelbar folgenden Jahre, und zwar beginnend bei der »Repubblica sociale italiana (RSI, der Sozialen Italienischen Republik, einem norditalienischen Rumpfstaat unter deutscher Oberaufsicht mit der Hauptstadt Salò, einem kleinen Städtchen am Gardasee, und Mussolini als Marionette von nazistischen Gnaden. U. H.).[1]

In den Proklamationen zur Gründung der RSI und zur Neuformierung der faschistischen Partei als »Partito fascista repubblicano« benennt Mussolini die Monarchie und den (faschistischen) Großrat als die Verräter, die ihn »in einem kapitulantenhaften und feigen Staatsstreich« abgesetzt haben; er fordert dazu auf, den Krieg an der Seite der Deutschen und der Japaner fortzusetzen, denn »nur durch Blut kann eine derart widerwärtige Seite in der Geschichte unseres Vaterlandes ausgelöscht« werden, und er kündigt einen neuen, »nationalen und sozialen« faschistischen Staat an, der errichtet werden soll auf der »unverbrüchlichen Grundlage der Arbeit«. In dem Programm wird die Arbeit als »das wahre Subjekt der Ökonomie« bezeichnet, die »parasitäre Plutokratie« soll vernichtet werden. Das Privateigentum wird nur insoweit garantiert, als es Frucht der Arbeit ist, die Arbeiter sollen teilhaben an den Entscheidungen über Lohn, Arbeitsorganisation, Wiederverwendung der Erträge und die Verteilung des unbebauten Landes, die schlecht geführten Landwirtschaftsbetriebe sollen beschlagnahmt werden und an Kooperativen oder einzelne Bauern verteilt werden, die Mitgliedschaft in der Einheitsgewerkschaft ist Pflicht, das Recht auf eine Wohnung gesetzlich garantiert, ebenso die Reli-

1 Am 12. September war Mussolini, der in einem Hotel auf dem Gran Sasso gefangengehalten wurde, von einem deutschen Kommando unter Otto Skorzeny befreit und nach Deutschland gebracht worden.

gionsfreiheit,[2] die Juden jedoch müssen, weil sie die Feinde sind, vernichtet werden.[3] Nach dem Krieg wird diese Proklamation der Bezugspunkt für die neuen, neofaschistischen Organisationen.

Am 28. April 1945 wird Mussolini in einem summarischen Kriegsgerichtsverfahren von einem Tribunal (das in Wirklichkeit ein Partisanenkommando war) zum Tode verurteilt und einen Tag nach seiner Verhaftung aufgrund eines Dekrets der CLN erschossen. Am selben Tag noch werden weitere 15 führende Köpfe der Faschisten hingerichtet. Weitere Exekutionen folgen, nach inoffiziellen Quellen sollen es 1723 gewesen sein. Die Zahl ist jedoch mit Sicherheit zu niedrig angesetzt.

Bereits im Juli 1944 hatte die Regierung Bonomi ein Gesetzesdekret erlassen, das die Bestrafung der faschistischen Verbrechen und die Entfernung der Faschisten aus der Staatsverwaltung vorsah. Am 16. April 1945 wurde ein weiteres Dekret erlassen, das Strafen bis zu 20 Jahren Haft vorsah für diejenigen, die die Neubildung der faschistischen Partei betrieben. Dieses Verbot wurde dann auch in die endgültige Fassung der neuen Konstitution übernommen. Die Säuberung wird zu einem zentralen Streitpunkt zwischen den Parteien und mit den Alliierten. Am Ende führt das zum Sturz der Regierung Bonomi und später auch dem der Regierung Parri.

In einem Memorandum des amerikanischen State Department aus dem Januar 1945 zur Vorbereitung der Konferenz von Jalta heißt es:

»Die angedrohte Säuberung stellt weiterhin einen wesentlichen Grund für die Lähmung des öffentlichen Lebens in Italien dar und betrifft zentrale Bereiche, u. a. die Polizeikräfte und die Armee. Die jüngste Regierungskrise ist zum guten Teil durch Meinungsverschiedenheiten der politischen Parteien über das Problem der Säuberung ausgelöst worden. Denn Bonomi weigerte sich, der kommunistischen Forderung nach einer Kontrolle des Programms zu Entfaschisierung nachzugeben. Die Trennlinie verläuft zwischen jenen Kräften, die darauf bestehen, daß diese Vorgänge durch

2 Zum größten Teil stammen diese Programmpunkte aus dem sog. Programm von San Sepolcro aus dem Jahr 1919 und aus der Charta der Arbeit von 1927. In dieser neuen Form der Veröffentlichung im Oktober 1943 werden sie später als das »Manifest von Verona« bezeichnet.

3 Dieser Punkt ist ebenso wie die Bildung eines »Ministeriums für Rassenfragen« ein Zugeständnis an Hitler. Die Deutschen ihrerseits kontrollieren von Anfang an die Politik der RSI und greifen bisweilen auch ganz direkt ein, und dies nicht nur in »Rassenfragen«.

eine Justiz kontrolliert werden, die nicht in Händen der Partisanen ist, und jenen, die auf einer politischen Kontrolle beharren.«[4]

In Wirklichkeit verläuft die Trennlinie zwischen denen (Christdemokraten, Liberale), die es darauf abgesehen haben, Spitzenpositionen in den öffentlichen Verwaltungen, der Armee, der Polizei und der Justiz zu besetzen, und der Linken (KPI und vor allem Partito d'Azione), die auf eine sehr viel umfassendere Säuberung drängen. Den Linken ist bei ihrem Bemühen kein Erfolg beschieden, aber selbst die sehr begrenzte Säuberung des Apparats von Faschisten schlägt fehl, weil niemand sie wirklich will. Nicht einmal die Alliierten machen Druck.[5] Sie wünschen, daß »das Programm zu Säuberung möglichst rasch und unter Gewährleistung der Unparteilichkeit abgeschlossen wird«, zugleich aber wollen sie verhindern, daß unter dem Vorwand der Entfaschisierung politische Sonderinteressen einzelner Gruppen durchgesetzt und das militärische und wirtschaftliche Potential Italiens geschwächt werden könnten.[6]

Im Prozeß gegen General Mario Roatta, den ehemaligen Leiter des SIM, des militärischen Abschirmdienstes im faschistischen Italien, und bis zum November 1943 Chef des Generalstabes des italienischen Heeres unter der Regierung Badoglio, greift die Alliierte Kontrollkommission massiv ein. Von der italienischen Regierung werden weitgehende Zugeständnisse gemacht: es soll in der Verhandlung nichts zur Sprache kommen, das den Interessen der Alliierten, der Monarchie oder Badoglios abträglich sein könne. Roatta und andere ranghohe Persönlichkeiten des faschistischen Regimes werden nur wegen einiger weniger wichtiger Verbrechen verurteilt. Das bedeutsamste ist der vom SIM organisierte Mord an den Brüdern Carlo und Nello Rosselli im Juni 1937 in Frankreich.[7] Die Affaire Roatta ist der erste bedeutsame Fall einer

4 *United States Policy Toward Italy*, in: »Statements on Italian Policy«, S. 8f. Zitiert nach Roberto Faenza u. Marco Fini, *Gli americani in Italia*, Mailand 1976, S. 93.

5 Die Erklärung von Moskau, in der die Entfernung aller Faschisten und ihrer Sympathisanten aus dem öffentlichen Dienst verlangt wurde, überließ die Entscheidung über das Wann und Wie dem Alliierten Oberkommando.

6 Vgl. Giorgio Galli u. Alessandra Nannei, *Italia, Occidente mancato*, Mailand 1980, S. 21f.

7 Die politischen Flüchtlinge Carlo Rosselli, der Begründer der Bewegung Giustizia e libertá, und sein Bruder Nello, Historiker und Spezialist des Risorgimento, waren unerbittliche Gegner des faschistischen Regimes. Sie wurden am 11. Juni 1937

politischen Intrige im Nachkriegsitalien, in der anonyme Akteure wichtige Dossiers und geheime Akten verschwinden und andere auftauchen lassen und in der hinter der Bühne taktiert wird, um den Lauf der Gerechtigkeit in die gewünschte Richtung zu beeinflussen. Noch vor Abschluß des Prozesses gelingt Roatta mit Hilfe des befehlhabenden Generals der Carabinieri, die für seine Bewachung verantwortlich waren, und vermutlich auch mit Agenten der ehemaligen SIM die Flucht aus dem Militärhospital. Eine Protestdemonstration der Linken und Ex-Partisanen löst gewalttätige Auseinandersetzungen mit der Polizei aus. Am Ende sind zwei Tote und siebzehn Verletzte zu beklagen.[8] Die Alliierten, und hier besonders die Engländer, intervenieren noch 1945 zugunsten Badoglios, als der Hochkommissar für die Säuberung Badoglio und 77 weitere Senatoren vor das Oberste Gericht zitieren läßt. Gegen Badoglio wird niemals ein Prozeß geführt werden.

Die Beziehungen zwischen den alliierten Geheimdiensten, insbesondere dem amerikanischen, und dem rechtsextremen Milieu bilden ein weiteres Element, das man bei der Beurteilung der Rolle der Faschisten im Nachkriegsitalien unbedingt im Auge behalten muß. Seit 1944 wirbt die OSS Agenten der Ovra (der Organisation zur Überwachung und Unterdrückung des Antifaschismus) für das Spionagenetz an, das die Amerikaner in den von den Deutschen besetzten Gebieten aufziehen. Es handelt sich um jenes Netz, das zum Teil in den Strukturen der antikommunistischen Organisation »Stay Behind« (vgl. Kap. 3.2) aufgehen wird. In einem Bericht des National Security Council vom März 1948 ist von »militärischer und finanzieller Hilfe« im Zeitraum zwischen 1944 und 48 für »antikommunistische Untergrundbewegungen« die Rede, also für die bewaffneten Gruppen der extremen Rechten. Es kann aber sein, daß diese Operationen viel umfangreicher waren, als man in Washington annahm. So genießt die SSU von James Angleton (vgl. Kap. 2.1), die die »Sondereinsätze« leitet und zu

am Stadtrand von Bagnoles-sur-l'Orne in der Normandie brutal ermordet. Die Täter waren vom SIM bezahlte Franzosen.

8 Eine detaillierte Darstellung der Affäre Roatta findet sich bei Giuseppe De Lutiis, *Storia del servizi segreti in Italia*, Mailand 1984, S. 13ff. und S. 36ff. Nach Aussage des amerikanischen Journalisten Drew Pearson sei Roattas Flucht unter Mithilfe des britischen Geheimdienstes zustande gekommen, der befürchtete, es könnten Einzelheiten aus dem Briefwechsel zwischen Churchill und Mussolini und über das Doppelspiel Englands mit den (philomonarchistischen) jugoslawischen Partisanen Mihailovics bekannt werden.

diesem Zweck auch auf die Mitglieder der reaktionären Untergrundgruppen zurückgreift, eine fast uneingeschränkte Autonomie und informiert die amerikanische Botschaft in Rom nur äußerst selten über ihr Tun.

Die aufsehenerregendste Aktion von James Angleton markiert den Beginn seiner Tätigkeit als Chef der SSU in Italien und steht im Zusammenhang mit dem Fürsten Valerio Borghese, dem Kommandanten der X. Mas.[9] Angleton rettet Borghese, der von den Partisanen zum Tode verurteilt worden war, zunächst dadurch, daß er ihn mit Admiral de Courten, dem Marineminister unter Badoglio, in Kontakt bringt. Später läßt er Borghese, verkleidet als Offizier des amerikanischen Heeres, heimlich fortschaffen und übergibt ihn Ellery Stone, dem Chef der Alliierten Kontrollkommission. Nach einigen Quellen[10] soll Borghese noch vor Ende des Krieges ein Abkommen mit den Amerikanern getroffen haben, in dem er sich verpflichtet, einen Beitrag zum Kampf gegen den gemeinsamen kommunistischen Feind zu leisten.

Auf diese Weise erhalten dank der OSS viele extremistische und gefährliche Faschisten Schutz. Und nicht nur das, man gibt ihnen auch eine neue Aufgabe: den Kampf gegen den Kommunismus. In den darauffolgenden Jahren nehmen viele von ihnen aktiv an Attentaten und anderen kriminellen Aktionen im Zusammenhang mit der strategia della tensione (der Strategie der Spannung. U. H.) teil.

Zur gleichen Zeit nimmt auch die Zahl der Bürokraten zu, die bereits unter dem Faschismus im Amt waren, und zwar nicht nur diejenigen, die im Dienst verblieben waren, sondern auch jene, gegen die besondere Maßnahmen wie die Suspendierung vom Dienst ergangen waren. Sie werden einfach Mitglieder bei den neuen demokratischen Parteien, besonders bei der Democrazia Cristiana, die wahrscheinlich die neue politische Landschaft beherrschen wird. Zahlreiche alte Faschisten treten in die neuen Parteien ein und werden führende Politiker und Unternehmer in der gerade neu entstandenen italienischen Demokratie. Dieses Recycling ist die Folge der Tatsache, daß es Italien an einer neuen Führungsschicht mangelt. Das Problem hat jedoch noch eine weitergehende

9 Die X. Mas war eine ausgewählte Marineeinheit, die auch über U-Boote verfügte. Berühmt sind ihre Angriffe auf feindliche Häfen und Gewässer.

10 Sergio Nesi, *Decima flottiglia nostra*, Mailand 1986, S. 311. Zit. nach Antonio u. Gianni Cipriani, *Sovranità limitata*, Mailand 1991, S. 28.

Dimension: »Die reale Führung der Republik behielt in Form des geltenden Normensystems viele regelrecht faschistische Elemente bei.« Kurzum, die Debatte um die Art der Verwaltung, die der neue Staat erhalten soll, endet mit einer Entscheidung für die Kontinuität.[11]

Gleichzeitig entstehen aus den Resten des besiegten Faschismus neue Organisationen, die den Nostalgikern des Duce sowohl der Ideologie nach wie auch in ihrer Praxis sehr viel besser passen.

## 2. Die neue Rechte

Im Dezember 1944 erscheint die Zeitung *L'Uomo Qualunque* (zu deutsch etwa: *Herr Jedermann* oder *Jedermann*. U. H.). Chefredakteur und Vorsitzender der gleichnamigen Bewegung ist Guglielmo Giannini, Kommödienautor, Publizist und Autor von Erfolgsschlagern; in der Politik ist er ein neues Gesicht. Aber er kommt aus den Reihen der faschistischen Partei, in die er seit 1942 eingeschrieben war. Die antifaschistische Säuberung wird sogleich sein Lieblingsthema. Giannini macht sich darüber lustig, weil sie »ungerecht« sei, aber auch, weil sie offensichtlich nicht greife und weil sie selbstmörderisch sei (»Alle Italiener waren Faschisten«). »Jeder Wandel in diesem Land ist ein Betrug und eine Gaunerei«, verkündet er und verwirft das gesamte neue Parteiensystem, das aus dem nationalen Befreiungskomitee hervorgegangen ist. Italien brauche keine Regierung und kein Parlament, denn regieren heißt vor allem verwalten, und dafür »reicht ein guter Buchhalter«. Alle öffentlichen Dienste sollen privatisiert und der freien Konkurrenz unterworfen werden.[12] L'Uomo Qualunque ist auch die erste organisierte Protestbewegung (fünfzig Jahre nach ihr sollte die Lega Nord kommen) gegen Korruption und Ineffizienz der Berufspolitiker, gegen den »Karrierismus der Chefs, der stellvertretenden Chefs und der Chefs in spe, die sich untereinander darum schlagen, wer die Schafherde scheren und die Wolle verkaufen darf«.[13]

11 Rosario Minna, *Per una storia del terrorismo di destra*, Vortrag auf der Studientagung »Violenza politica e terrorismo in Italia«, Bologna, April 1983.

12 Vgl. Petra Rosenbaum, *Il nuovo fascismo*, Mailand 1974, S. 41 ff.

13 Ausschnitte aus der Nr. 1 von *L'Uomo Qualunque* (1944). »AUCH DU, der du den Mißbrauch leid bist – auch du bist ein Herr Jedermann... AUCH DU, den die Mühsal drückt – auch du bist ein Herr Jedermann. AUCH DU Arbeiter, des-

Viele alte Faschisten erkennen sich nur zu gern in diesen Proklamationen wieder, besonders natürlich im Kampf gegen die antifaschistische Säuberung; und mit Begeisterung schließen sie sich der Bewegung des qualunquismo an. Der Erfolg von L'Uomo Qualunque muß jedoch in erster Linie der Fähigkeit Gianninis zugerechnet werden, der sozialen Unzufriedenheit Stimme zu verleihen. Diese Unzufriedenheit wurde ausgelöst durch die Wirtschaftskrise und die Angst des kleinen und mittleren Bürgertums vor allem in Mittel- und Süditalien, also von Rom südwärts, vor dem, was vielen von ihnen wie eine regelrechte Revolution vorkommt. In diesem Sinne gibt L'Uomo Qualunque ein gutes Spiegelbild für die Situation des Landes ab, das zerfällt in einen Norden, wo die Parteien den Aufbau eines modernen, antifaschistischen – und nicht bloß: postfaschistischen – Italiens versuchen, und einen Süden, wo Monarchisten und Konservative noch immer eine stabile Mehrheit haben. Bei den ersten Wahlen im Jahr 1946 kommt nur einer der dreißig Sitze (= 5,1 %) für die Bewegung des qualunquismo in der Konstituierenden Versammlung aus einem Wahlbezirk im Norden.

Im August 1945 bildet sich ausgehend von L'Uomo Qualunque die »Partei der Parteilosen«, und Giannini unternimmt den Versuch, eine »Front der Mitte« aufzubauen, d.h. ein Bündnis mit Monarchisten und Liberalen, allerdings ohne Erfolg. Nach 1946 beginnt sein Abstieg. Auf der einen Seite nimmt ihm die DC unter De Gaspari, die 1948 die Kommunisten aus der Regierung drängt, Raum für seinen Kreuzzug gegen die Kommunisten. Auf der anderen Seite formieren sich ganz neue faschistische Organisationen (Anfang 1948 treten zwei Abgeordnete der qualunquistischen Bewegung zum neofaschistischen MSI über) und graben der Front des qualunquismo die faschistische und reaktionäre Basis ab. Die Wahlen vom 18. April 1948 bedeuten das Ende. Die qualunquistische Bewegung, die gemeinsam mit den Rechtsliberalen antritt, erhält gerade noch 2 % der Stimmen. Umgekehrt bringen die Wahlen von 1948 den ersten Auftritt des Movimento Sociale Italiano (Soziale Bewegung Italiens. U.H.) auf nationaler Ebene: Er bekommt 2 % der Stimmen. Die Wählerbasis des MSI liegt ebenso wie die von Gianninis Bewegung südlich von Rom und ist ebenso

sen Elend sie ausbeuten – auch du bist ein Herr Jedermann. AUCH DU fleißiger und geduldiger Landarbeiter – auch du bist ein Herr Jedermann«.

aus tiefstem Herzen antikommunistisch und gegen die Parteien eingestellt. Aber Giannini macht sich über den hysterischen Nationalismus des MSI, über seine Versuche, sich einen seriösen Anstrich zu geben, und über den Anspruch, die »Geschicke des Landes zu lenken«, lustig. Die Neofaschisten ihrerseits sprechen von »zynischem Qualunquismus«, bezeichnen Ideologie und Programm der qualunquistischen Front als nebulös und nehmen deren organisatorischen Defizite aufs Korn.

Zunächst nennt sich die neuentstandene, neofaschistische Gruppierung »Front des Italieners«; sie entsteht im April 1946 mit dem Erscheinen der Wochenzeitung *La Rivolta Ideale*, deren Programm die Aussöhnung der Italiener jenseits der Parteien, die Realisierung der entwickeltsten Formen der direkten Demokratie und die Verteidigung der moralischen, gesellschaftlichen, religiösen, kulturellen und militärischen Werte des Stammes ist.[14] Im Dezember desselben Jahres wandelt sich die Front in den Movimento Sociale Italiano um und verkündet die »Fusion der wichtigsten politischen und sozialen Bewegung im Namen des Vaterlandes« in einer Partei, die sich »an einer ethischen Konzeption des Lebens« ausrichtet. Die Bezugnahme auf die Vergangenheit ist ganz offen: Es gilt, »eine ideelle Gemeinschaft zwischen den Toten und den Lebenden« wiederherzustellen und »mit dem alten Ansehen wieder unter die Protagonisten der Geschichte zurückzukehren«.

Die programmatischen Umrisse der neuen Partei beinhalten etliche Bezugnahmen auf das sozialpolitische Programm der Republik von Salò. Das gilt vor allem für das Recht auf Arbeit, das Privateigentum, die Arbeitermitverwaltung und die Gewinnausschüttung. Der MSI spricht voller Stolz von »unserem« Sozialismus. So heißt es beispielsweise in einem Artikel in *La Rivolta Ideale*:

»Während das Ziel des Marxismus die Herabsetzung aller Menschen auf das Niveau des Proletariats ist, wollen wir eine größtmögliche Zahl von Menschen an dem Genuß oder wenigstens doch an der Verwaltung des Eigentums beteiligen.«

1949 organisiert der MSI in den Fabriken die »Nuclei Azendiali di Azione Sociale« (NADAS; die Fabrikzellen der Sozialen Aktion. U. H.), um damit die Mitverwaltung zu propagieren. 1950 entsteht die CISNAL, die Confederazione Italiana Sindicati Nazionali La-

14 Zur Geschichte des MSI vgl. Petra Rosenheim, *op. cit.*

voratori, die bezeichnenderweise auch den Auftrag bekommt, im Falle eines politischen Generalstreiks »den Staat zu verteidigen«. Als Gewerkschaft ist die CISNAL faktisch inexistent, und zwar in einem solchen Maße, daß selbst in der Parteileitung die Kritik laut wird, man habe das Land den kommunistischen Gewerkschaften überlassen. (Die CISNAL sollte sich während der Arbeiterunruhen im Jahr 1969 ihres Auftrages der Vaterlandsverteidigung entsinnen, als ihre Mitglieder den Streik boykottieren, sich als Streikbrecher betätigen und sich auf seiten der Arbeitgeber und der Ordnungskräfte engagieren.) Ebenfalls 1950 entsteht der FUAN (Fronte Universitario di Azione Nazionale), der in den darauffolgenden Jahren äußerst aktiv war und mehrfach in nicht nur verbale Auseinandersetzungen mit den demokratischen Studentenorganisationen verwickelt war.

Wenigsten zwei Widersprüche begleiten die Herausbildung des MSI (der in den Wahlen von 1953 von 2% auf 5,8% anwächst) und beeinflussen seine Entwicklung entscheidend. Der erste betrifft den Gegensatz zwischen der »links« ausgerichteten Führungsschicht der Partei, die durch die Erfahrungen von Salò geformt wurde, und der konservativen Wählerschaft in Süditalien, deren Sprecher die Notablen im Mezzogiorno und die Ex-Größen des alten faschistischen Regimes sind. Die letzteren, so wird später einmal Giorgio Almirante[15] feststellen, behalten die Oberhand über die »Sozialisierer« von Salò, und es gelingt ihnen, »das kleine Boot des MSI in die ruhigen Gewässer der traditionellen, klerikal-monarchistischen Rechte und der Regeln des Parlamentarismus zu lenken«. Bereits 1950 kann man diesen Prozeß als abgeschlossen ansehen. Und demzufolge lehnt der MSI die geplante und von der DC unterstützte Agrarreform ab.

Das Verhalten der MSI-Aktivisten, die zahlreichen Zwischenfälle mit Schlägertrupps und andere Formen der Gewalt überschatten den Weg der legalistischen Führung des MSI. Sie führen dazu, daß die Regierung im Jahr 1950 den Parteikongreß, der im Herbst jenes Jahres hätte stattfinden sollen, verbietet; 1952 wird das Gesetz aus dem Dezember 1947 erneuert (allerdings mit einigen abschwächenden Modifikationen), das die Neugründung der faschistischen Partei verbietet.[16] Aber all das kann letztlich den

15 *La Rivolta Ideale*, zit. nach Petra Rosenbaum, *op. cit.*, S. 196f.

16 Nach dem Gesetz sind die Neugründung der faschistischen Partei, die Mitgliedschaft in ihr, die Verteidigung des Faschismus und faschistische Demonstrationen

Weg des MSI in Richtung auf eine Anerkennung als eine Partei des »demokratischen« Spektrums nicht verhindern. Das geht so weit, daß bereits 1952 die katholische Rechte den Vorschlag macht, den MSI in eine breite antikommunistische Front einzugliedern. Der MSI trägt die Regionalregierungen in Sizilien und Sardinien ebenso mit wie zahlreiche Kommunalverwaltungen (im Süden), er stimmt bei den Präsidentschaftswahlen zuerst für Gronchi und dann für Segni, 1957 unterstützt er die Regierung Zoli, und schließlich sind im Jahr 1960 die Stimmen des MSI ausschlaggebend für die Wahl der Regierung Tambroni (vgl. Kap. 3)

Der zweite Widerspruch betrifft den Gegensatz zwischen dieser legalistischen und parlamentarischen Strategie und der zum Zeitpunkt der Gründung abgegebenen Grundsatzerklärung, sich als Sammelpunkt aller »Getreuen des Vaterlandes« zu verstehen, die sich mit dem alten oder neuen Faschismus identifizieren. Der Slogan »Weniger Zweireiher – mehr Knüppel« ist typisch für die Position der radikalen Elemente innerhalb der Partei, die auch auf die physische Auseinandersetzung aus sind und die das Parteiensystem und die Werte, die aus der Resistenza und dem »Verrat« vom 25. Juli hervorgegangen sind, ablehnen. Und natürlich finden sich damit auch und noch viel mehr Neofaschisten in Übereinstimmung, die sich niemals oder nicht mehr durch den MSI vertreten sehen. Aber für viele von ihnen sind die gewaltsamen Auseinandersetzungen auf Straßen und Plätzen noch nicht genug. Bewaffnete Banden und Bomben scheinen ihnen angemessenere Vorgehensweisen.

»Mit fünfzehn habe ich angefangen, mit einundzwanzig habe ich Schluß gemacht«, berichtet ein Aktivist[17] und zählt sämtliche Strafaktionen auf, an denen er teilgenommen hat.

»Ich lernte, Bomben aus altem Kriegsgerät zu basteln, ich warf kleine Sprengsätze, ich benutzte Schlagringe, Knüppel und Fahrradketten bei

ein Verbrechen. Die Strafen allerdings sind nach dem Gesetz von 1947 relativ milde. Und die Begriffe Neugründung der faschistischen Partei und faschistische Aktivitäten werden später sehr unpräzise gefaßt. Die Entscheidung, neofaschistische Aktivitäten zu unterbinden, wird der Exekutive überlassen. Im Gesetz von 1947 stand diese Entscheidung noch dem Parlament zu. Folge dieser Gesetzesänderung ist es, daß der MSI mit der Verabschiedung nicht automatisch aufgelöst ist, wie es von der KPI und anderen politischen Kräften verlangt wird.

17 Interview mit Giovanna del Boca aus dem Jahr 1962. A. Del Boca u. M. Giovana, *I »figli del sole«. Mezzo secolo del nazifascismo nel mondo*, Mailand 1965. Zit. nach Franco Ferraresi, *La cultura politica della destra eversiva*, Vortrag auf der bereits zitierten Tagung über Gewalt und Terrorismus in Bologna im Jahr 1983.

den Auseinandersetzungen mit der Polizei und den Soziokommunisten... Mit achtzehn war ich der Boß einer Sektion des MSI, und die Kameraden nannten mich ›kleiner Duce‹ ... Immer nach der Schule ging ich ins Parteibüro, dort traf ich immer irgend jemand, der in den Streitkräften der Republik von Salò gekämpft hatte und davon erzählte... Wir brauchten keine Lektionen in faschistischer Mystik von den Alten, wir waren so schon aufgedreht genug, allein von ihren Kriegsgeschichten... Ich machte deshalb Karriere, weil ich in einem Studio zum Boxtraining ging und weil ich von allen der entschiedenste war. Mein Motto lautete: Die 18 Punkte von Verona werden mit dem Maschinengewehr durchgesetzt... Weder ich noch irgendein anderer wußte jemals genau Bescheid, was nun eigentlich diese 18 Punkte waren (vgl. Kap. 4.1). Aber was soll's. Uns war die Ideologie scheißegal. Was zählte war, Wut zu haben... Wir vom MSI und auch die anderen Gruppen haben Tausende von Aktionen in diesen Jahren durchgeführt: Demolierung von Parteibüros, Zerstörung der Gedenktafeln für Partisanen, Attacken auf jüdische Friedhöfe, Brandanschläge gegen die Büros der Arbeiterselbstverwaltung, antisemitische Demonstrationen, Bombenanschläge, Strafaktionen gegen einzelne Personen, Briefbomben... Eigentlich war das Risiko nicht sehr groß. Manchmal haben sie einen geschnappt, aber sie haben es nie geschafft, einen von uns in Regina Coeli (dem römischen Gefängnis. U. H.) einzubuchten... Mit der Mitte-Links-Regierung wurde es dann ein wenig anders..., aber vorher war es wirklich ganz einfach...«

Beim neofaschistischen Umfeld muß man genau unterscheiden zwischen der unmittelbaren Nachkriegszeit und der Zeit seit 1956. Am Anfang kann man eine Unzahl Gruppen und Grüppchen verzeichnen, zahllose Bewegungen, Fronten und Truppen, die alle vom Mythos des Duce zehrten und der Opposition »bis zum letzten Blutstropfen« gegen den Kommunismus und das »verfaulte« politische System der Parteien verschworen waren. Ab 1956 entstehen dann neue Organisationen wie Ordine Nuovo und Avanguardia Nazionale, die sehr viel besser organisiert und auch sehr viel gefährlicher sind. Hinter ihnen stehen ehemalige Mitglieder des MSI, die diesem vorwerfen, die große Aufgabe verraten zu haben. Für die erste Periode muß man Pino Rauti erwähnen, der eine bedeutsame Rolle in der subversiven Strategie der extremen Rechten spielt; außerdem die Giovane Italia (das Junge Italien. U. H.) und die SAM (Squadre di Azione Mussolini), die Legione Nera (die Schwarze Legion. U. H.) und die FAR (Fasci d'Azione Rivoluzionaria). Ansonsten handelt es sich bei den vielen neofaschistischen Grüppchen und Organisationen um vorübergehende Erscheinungen mit lächerlichen Namen: die Squadra Vendetta

Mussolini (Kampfgruppe Rache für Mussolini. U. H.), die Patrioti della Montagna (die Gebirgspatrioten.U. H.), der Gruppo onoro e combattimento (Gruppe Ehre und Kampf. U. H.), usw. usf. Die erste und einzige dieser Gruppen, die in den fünfziger Jahren vor Gericht kommt, sind die FAR, die als Urheber einer Serie von Attentaten in Rom und anderen Städten angeklagt werden. Unter den Beschuldigten findet sich auch Giulio Cesare Evola, eine außergewöhnliche Persönlichkeit, der im Laufe der Zeit zusehends zu einem Bezugspunkt für die subversive extreme Rechte wird.

Evola, geboren 1898, gest. 1974, wurde als faschistischster Spiritualist oder auch als spiritualistischster Faschist bezeichnet. In den zwanziger Jahren schreibt er Bücher über das absolute Individuum, über den Hermetismus und in den dreißiger Jahren gegen die Moderne. 1928 erscheint *Imperialismo pagano*, das 1933 ins Deutsche übersetzt wird und in dem einige die Doktrinen des »Dritten Reichs« vorweggenommen sehen. Die *Rivolta contro il mondo moderno* (1934) findet Gottfried Benns volle Zustimmung. Später wendet er sich in Artikeln und Aufsätzen den unterschiedlichsten Themen zu, vom Buddhismus bis hin zur Metaphysik der Sexualität und der historischen Neubewertung des Faschismus.

1952 bringt er die Zeitschrift *La Rivolta Ideale* heraus:

»Eine wirkliche ›Rechte‹ ist weder kapitalistisch noch bürgerlich, noch plutokratisch, noch reaktionär. Fundament einer wahren ›Rechten‹ ist ein Begriff vom Leben und vom Staat, der auf den Prinzipien der Autorität, der Hierarchie und des Aristokratischen gegründet ist, auf heroischen und qualitativen Werten, er geht aus vom Primat des rein Politischen über das Ökonomische und Gesellschaftliche.«

Die »traditionale Zivilisation« bezeichnet er als metaphysisch:

»eine organische Zivilisation, eine, in der alles Handeln gemäß einer zentralen Idee in einheitlicher Weise und in angemessener Weise ›von oben und nach oben‹ geregelt ist. ›Nach oben‹ bedeutet in Richtung auf etwas, das höher steht als etwas Natürliches oder einfach Menschliches ... Es gilt, in der IDEE unser wahres Vaterland zu entdecken, nicht das Wesen einer Erde oder einer Sprache, sondern das Wesen der Idee, das ist es, was heute zählt ... Idee, Ordnung, Elite, Staat, Menschen, die sich für die Ordnung einsetzen – so sollte die Reihenfolge sein, soweit das möglich ist.«

Laut Evola sind Liberalismus, Demokratie, Sozialismus und Kommunismus verschiedene Stadien ein und desselben Übels, es ist also sinnlos, Demokratie und Liberalismus als Gegensatz zum Kommunismus aufzufassen und zu glauben, sie seien in der Lage, ihn zu stoppen. Ebenso sinnlos ist der unterstellte Gegensatz zwischen kommunistischem Osten und demokratischem Westen. Die Zivilisation des Westens basiert auf einer Negation der traditionalen Werteordnung, sie ist genauso zerstörerisch und nihilistisch wie die kommunistischen Länder. Der wirkliche Gegensatz besteht in der »Idee einer intergralen Hierarchie«, im Aufbau eines »organischen Staates«, der allerdings nicht verwechselt werden dürfe mit dem totalitären Staat. Der organische Staat akzeptiert nämlich die Freiheit der einzelnen Kräfte, die ihn bilden, er hat zwar eine absolute Macht inne, aber er mischt sich nicht überall ein und versucht auch nicht, alles zu regeln, wie das der totale Staat tut und wie es am Ende auch der Faschismus gemacht hat.

Evola glaubt nicht, Italien könne das Laboratorium für sein Modell eines Staates werden. Er ist pessimistisch hinsichtlich der Zukunftsaussichten für den MSI. Die Rechte in Italien ist ausschließlich eine »ökonomische Klasse«, sie hat keinen Sinn für den Mythos, für die Symbole und für die Tradition. Und, was noch viel wichtiger ist, Evola sieht niemanden in Italien, der eine wirkliche Führungsgestalt eines Wechsels sein könnte: Es fehlen die Führer, die der Größe der Aufgaben gewachsen wären.[18] Trotz seiner Popularität bei den Neofaschisten (Giorgio Almirante nennt ihn »unseren Marcuse«) haben sie seine Ideen nicht wirklich zur Kenntnis genommen. Dennoch ist er ihr einziger Denker (Mussolini bewunderte seine Rassismustheorien), der nicht gezögert hat,

18 Die auf seinen Namen eingetragene Stiftung organisierte im März /Juni 1993 eine Vortragsreihe dazu (Evola und der Orient, Der differenzierte Mensch, Handeln, Tradition und Revolution, Vertiefungen der Lehre, Den Tiger reiten). Vgl. *La Repubblica*, 1. April 1993. Bei Evola handelt es sich um eine Persönlichkeit, die, wie andernorts beschrieben (Furio Jesi, *La cultura di destra*, Mailand 1979), nirgends so richtig zur Kenntnis genommen wurde; vielleicht auch deswegen, weil seine Interessen sehr breit gestreut sind (auch als Vermittler einer bestimmten deutschen Kultur spielt er eine Rolle: er übersetzte Spenglers *Untergang des Abendlandes* und machte in Italien die Arbeiten von Jünger, Weininger, Schmitt und anderen bekannt), von denen aber keines wirklich vertieft wurde. Vermutlich liegt der Hauptgrund jedoch in der Tatsache, daß Evola vor allem wegen seines Rassismus bekannt wurde und dahinter die anderen Aspekte seiner Persönlichkeit zurücktraten.

sich auch in Aktionen – mit dem FAR – zu engagieren, was ihm einen Prozeß eintrug.

Durchdrungen von Gedanken Evolas ist die Ideologie von Ordine Nuovo, der 1950 als Jugendorganisation des MSI entsteht und nach und nach eine eigenständige Identität entwickelt. 1956 treten seine Mitglieder aus der Partei aus; sie beschuldigen den MSI, er verrate »die höchste Aufgabe des MSI, nämlich die Fortführung des Kampfes im Zeichen der RSI«. Die Führer sind Pino Rauti, Clemente Graziani und Paolo Signorelli. Giorgio Almirante, der ihren Positionen nahesteht, verbleibt dennoch im MSI (1969 wird er sogar Parteisekretär) und vertritt die parteiinterne Opposition. Zu Beginn der sechziger Jahre hat Ordine Nuovo mehr als 10 000 Mitglieder; besonders stark ist er im Veneto, in Sizilien und in Kampanien. ON gibt die gleichnamige Zeitung heraus (in der Texte von Hitler, Gentile und Rosenberg veröffentlicht werden) und auch noch andere Publikationen, darunter die *Europa-Korrespondenz*, mit zahlreichen internationalen Kontakten, insbesondere mit *Ordre et Tradition* von Yves Guerin Serac. In Italien kann ON auf etliche Sympathisanten zählen. Dazu gehört auch die FNCRSI (Federazione Nazionale dei Combattenti della RSI). Hinter der Fassade von »Studienzentren« organisiert ON eine eigene geheime Organisationsstruktur, die allein oder zusammen mit anderen Gruppierungen für viele Attentate und Anschläge verantwortlich ist.

Im April 1960 gründet Stefano Delle Chiaie, Mitglied von ON und Funktionär des MSI in Rom, die Avanguardia Nazionale. Er verkündet die Notwendigkeit einer Revolution, denn eine neue Ordnung könne niemals aus einem bestehenden System hervorgehen, das »Quell marxistischer Regimes« sei. AN rekrutiert ihre Aktivisten vor allem im studentischen und im Jugendmilieu in Rom und in Süditalien, sie wird eine regelrechte terroristische Organisation, die für eine Vielzahl von Anschlägen vor allem an der römischen Universität verantwortlich ist. Sie sucht den Konflikt und die physische Auseinandersetzung in den Universitäten, den Schulen, auf Straßen und Plätzen, besonders dann, wenn es gegen Aktivitäten geht, die von der Linken organisiert sind. AN ist eine Art Übungsfeld für rechte Gewalt.[19]

Einige Mitglieder des MSI beschuldigen AN, eine »pseudo«-

19 Über Ordine Nuovo und die anderen Gruppen der extremen Rechten besonders in den sechziger und siebziger Jahren siehe insbes. Franco Ferraresi, *op. cit.*

rechte Gruppierung zu sein, Delle Chiaie habe Kontakte mit dem Innenministerium und sei »Protagonist richtiger Provokationen, die dem antifaschistischen Regime regelmäßig den Vorwand lieferten, gegenüber der Nationalen Rechte wütende Vernichtungskampagnen in Gang zu setzen«.[20] Doch trotz heftiger verbaler Auseinandersetzungen zwischen Vertretern des MSI und von AN bleiben die Kontakte und die Zusammenarbeit mit Almirante, so dieselbe Quelle, auch weiterhin eng.[21]

1963 wird Della Chiaie und anderen Protagonisten des AN wegen Verherrlichung des Faschismus der Prozeß gemacht. Zwei Jahre später löst sich Avanguardia Nazionale auf, aber nur zum Schein, denn der klandestine Apparat bleibt bestehen. Formal bildet sich die Gruppe 1970 wieder neu. Inzwischen hatten Franco Freda und Giovanni Ventura 1963 in Padua Azione Rivoluzionaria gegründet. Nach der Wahl Almirantes 1969 zum Sekretär des MSI kehrt Pino Rauti zum MSI zurück, denn »die politische Situation Italiens (hat) sich gewandelt«. Er bezieht sich dabei auf die Spannungen, die durch die Studentenbewegung und die Arbeiterstreiks ausgelöst wurden (vgl. Kap. 5). Laut Rauti »kann die Avantgarde nicht einfach stillhalten und zuschauen ..., die Zersplitterung der Kräfte wäre ein fataler Luxus«. Man muß »durchs Fenster wieder in das System hineinschlüpfen, das wir durch die Tür verlassen haben, um die defensiven Möglichkeiten zu nutzen, die das Parlament bietet«.

Michele Graziani teilt diese Ansicht nicht. Der MSI ist, so beharrt er, eine revolutionäre Partei, sie begeht »einen Fehler, wenn sie die außerparlamentarischen Gruppen rechts von ihr auflösen will, wo die doch der revolutionären Partei in Wirklichkeit von Nutzen sind, weil sie größere Handlungsspielräume eröffnen und die politische Optionen vermehren«. Folglich steht eigentlich den Rechtsextremen außerhalb der Parlamente die Kontrolle des revolutionären Kampfes und in zweiter Linie auch der Partei zu.[22] Aus dieser Überzeugung heraus gründet Graziani 1969 den MPON (Movimento Politico Ordine Nuovo), eine nationalrevolutionäre Bewegung: »Die Demokratie ist das Grab der Freiheit ..., sie

20 Senator Giorgio Pisanò in der Wochenzeitung *Candido*. Zit. nach Gianni Flamini, *Il partito del golpe*, Bovolenta editore, 1981, Bd. 1, S. 78f.

21 Aus den Akten des Untersuchungsrichters Luciano Violante in Turin. Der Name des Aktivisten von AN ist Paolo Pecoriello. Vgl. Flamini, *op. cit.* S. 79 u. 97.

22 Vgl. Rosario Minna, *op. cit.*

bringt, im Gefolge des Parteienwesens, die Unfähigsten und die größten Sektierer an die Macht.« Dem gilt es, »eine Welt (entgegenzusetzen), die sich ordnet um eine antidemokratische, antisozialistische, aristokratische und heroische Sicht des Lebens«.

1968 entsteht eine weitere Abspaltung innerhalb der Rechten. Sie wird angeführt von Valerio Borghese, einem Held des Zweiten Weltkrieges,[23] der später die RSI unterstützte und mit seinen Soldaten auf seiten der Gestapo an Aktionen gegen die Partisanen teilnahm. (Dafür wurde er im Jahr 1949 vor Gericht gestellt und verurteilt; anschließend wurde er im Rahmen einer Amnestie auf freien Fuß gesetzt.) 1951 wurde er zum Ehrenpräsidenten des MSI nominiert, an etlichen Parteiversammlungen nahm er in seiner schwarzen Uniform teil, ganz im Gegensatz zu seinen Erklärungen, er respektiere die Strategie der Partei, »die Verfassungsnormen genau einzuhalten«. Das Angebot, für einen Sitz im Parlament zu kandidieren, lehnt er jedoch ab, und kurz nach dem Ausscheiden von Pino Rauti bricht auch er mit dem MSI. Als erstes gründet er die Comitati tricolore, und später – im Jahr 1968 – den Fronte Nazionale (FN), der etwa 3000 Mitglieder zählt und laut Borghese der Keim eines neuen, militärisch organisierten Staatswesen ist, das eine Alternative zum republikanischen Verfassungs- und Parteienstaat darstellt. Borghese appelliert an die öffentliche Meinung, läßt Plakate in den großen Städten kleben, auf denen er vor der kommunistischen Gefahr, der um sich greifenden Unmoral und den Drogen warnt. Kurz, er fühlt sich als »Erlöser des Vaterlands«, und in dieser Funktion reist er unermüdlich durch das ganze Land, um sich Gehör zu verschaffen.

In den siebziger Jahren begegnen uns im Zusammenhang mit Attentaten und subversiven Anschlägen eine ganze Reihe der Protagonisten dieses rechtsextremen und neofaschistischen Umfelds wieder (vgl. Kap. 7). In den sechziger Jahren war die Avanguardia Nazionale die aggressivste und brutalste Gruppierung; Ordine Nuovo dagegen konnte auch auf eine »kulturelle« Seite verweisen: Er versuchte die eigenen revolutionären Absichten historisch und intellektuell zu rechtfertigen. Diesen teilweise sehr unterschiedlichen Ansätzen ist jedoch der Bezugspunkt auf die

23 Medaglia d'oro für militärische Verdienste. Kommandant des X. Mas; im Krieg führte er mit seinen Tauchern und kleinen Unterwasserbooten zahlreiche Aktionen durch. Eine der berühmtesten ist die Versenkung zweier feindlicher Schiffe im Hafen von Alexandria.

programmatischen Ansätze von Verona gemeinsam (sowie der relativ kritische Abstand zum historischen Faschismus), die Zustimmung zu den Prinzipien und theoretischen Ansätzen von Julius Evola, der Kreuzzug gegen alles Kommunistische, der Bruch der Beziehungen zum MSI, der als zu kompromißlerisch gegenüber dem neuen System kritisiert wird, die Verurteilung des parlamentarischen »Parteiensumpfes« sowie die Befürwortung der physischen Gewalt.

Unbeschadet jeder Theorie pflegen die italienischen Neofaschisten, und allen voran Ordine Nuovo, zahlreiche internationale Freundschaften und Kontakte mit Gruppen in Spanien, Frankreich, Portugal, der Schweiz, Deutschland und Südafrika.

1967 wird der Putsch der griechischen Obristen von der italienischen Rechten enthusiastisch begrüßt. Ordine Nuovo veröffentlicht einen Aufruf:

»Es leben die Zenturionen der Athene. Die Revolutionäre haben gesiegt. Auch in Griechenland wird die Schlacht für die Neue Ordnung geschlagen.«

Im Juni bildet sich die ESESI, die nationale Liga der griechischen Studenten in Italien, zu deren Aufgaben es gehört, »in Zusammenarbeit mit den griechischen Behörden Propaganda bei der italienischen und der europäischen Öffentlichkeit« zu machen; sie arbeitet ganz eng mit den neofaschistischen Jugendorganisationen in Italien zusammen. Es wird noch zu sehen sein, welche Rolle die griechische Regierung bei den Attentaten des Jahre 1969 spielte, mit denen die »Strategie der Spannung« eingeleitet wurde (vgl. Kap. 6). In diesen Zusammenhang gehört auch die Infiltration linker Gruppierungen (die in Griechenland bereits erfolgreich praktiziert worden war), deren Ausgangspunkt möglicherweise in jener österlichen »Pilgerreise« nach Athen im Jahr 1968 liegt.

## 3. Die Revolte von Reggio Calabria

Zuverlässige Schätzungen über die Zahl der Aktivisten in den verschiedenen rechten Gruppierungen gibt es nicht. Aber die Tatsache, daß das neofaschistische Umfeld aus zahllosen Gruppierungen bestand (es sei ausdrücklich darauf hingewiesen, daß wir hier keineswegs alle erwähnt haben), darf nicht zu der Einschätzung verleiten, die Zahl sei sehr hoch gewesen. Viele Gruppen tauchen auf und verschwinden bald wieder, Abspaltungen sind an der Tagesordnung, viele Neofaschisten sind gleichzeitig in mehreren Gruppen aktiv. Wie jeder Extremismus, so ist auch der von rechts Ausdruck einer minoritären Strömung, und hier, betrachten wir den Neofaschismus, als eine Minderheit in der Minderheit. Die Geschichte lehrt zwar, daß auch extremistische Gruppierungen, wenn sie ein starkes Motiv haben und gut organisiert sind, politisch bedeutsame Ziele erreichen und zuweilen entscheidend in den Lauf der Dinge eingreifen können. Dazu jedoch ist eine unabdingbare Voraussetzung, daß die Aktionen der Extremisten mit einer politischen und sozialen und/oder einer wirtschaftlichen Krise des Systems zusammenfallen. Überflüssig zu sagen, daß dies für das Nachkriegsitalien nicht zutrifft. Darüber hinaus fehlt es dem extremistischen Neofaschismus im hier betrachteten Zeitraum an jeglicher politischer Perspektive. Er ergeht sich in Nostalgie, lehnt die parlamentarische Demokratie ab, feiert die Utopien eines Evola und einen gewalttätigen Individualismus, dessen höchstes Ziel die Unterwerfung des Gegners ist, worunter eine Person, eine Gruppierung oder eine politische Vereinigung gemeint sein kann. Auch in der Folge zeichnet sich kein anderes Projekt als das einer Subversion um der Subversion willen ab, und das ist überhaupt nichts Politisches. Was hingegen geschieht, ist, daß einige dieser Gruppierungen bewußt oder unbewußt den Projekten und Zielen anderer dienen.

Es kann also nicht überraschen, wenn, trotz aller Beschuldigungen und Anklagen wegen »Verrats an der gemeinsamen Sache«, in Krisensituationen der MSI Bezugspunkt bleibt oder wieder wird. Der seinerseits bleibt gefangen in seiner Mehrdeutigkeit: Einerseits ist er nie wirklich glaubwürdig und respektiert als parlamentarische Kraft, weil es ihm unmöglich ist, der faschistischen Tradition abzuschwören; andererseits ist er aufgrund seiner programmatischen Verpflichtung auf den parlamentarischen Weg nie wirklich »revolutionär«. Diese Mehrdeutigkeit wird mit all den Grenzen, die sich daraus ergeben, in der Krise im Juli des Jahres 1960 vollkommen deutlich (vgl. Kap. 3), als der MSI zugunsten der Regierung Tambroni stimmt (und dieses Votum war ausschlaggebend) und gleichzeitig eine Strategie der Provokation praktiziert, indem er Genua als Tagungsort für den Parteikongreß wählt, eine Stadt also, die ein Symbol für den Kampf gegen den Faschismus ist.

Es sind also nicht nur die rechtsextremistischen Grüppchen, die kein politisches Projekt haben, sondern auch der MSI bewegt sich nach ganz und gar voluntaristischen Grundsätzen. Unter diesen Voraussetzungen war es wohl die einzig mögliche Strategie für den MSI und die extremistischen Gruppierungen, den Versuch zu unternehmen, Krisensituationen auszunutzen, selbst dann, wenn dadurch nur kurzfristige Erfolge möglich waren. Das ist beim MSI im Parlament in der Krise 1960 der Fall. (Das sollte kein Einzelfall bleiben. 1993 verwandelt der MSI sich in Alleanza Nazionale und reiht sich in das konservative Bündnis [den sog. »Polo della libertà«, den Pol der Freiheit. U. H.] ein, um die Stimmen aufzufangen, die durch den Zusammenbruch der traditionellen konservativen Parteien frei wurden; und das ist bei Avanguardia Nazionale 1969 in Battipaglia der Fall, und wiederum beim MSI, Ordine Nuovo und noch anderen Gruppen 1970 bei der »Revolte« von Reggio Calabria.)

Am 9. April 1969 löst ein Streik in Battipaglia in der Nähe von Salerno, der sich gegen die Schließung von zwei Tabakfabriken mit insgesamt 800 Arbeitsplätzen richtet, Unruhen aus. Die Menge stürmt das Rathaus und zündet es an, sie belagert das Polizeirevier und blockiert die Straßen und Schienen. Aus Rom kommt Verstärkung für die örtlichen Polizeikräfte, und am Abend beginnen heftige Auseinandersetzungen zwischen den Demonstranten und der Polizei. Zwei Demonstranten werden erschossen, die Zahl der Verletzten ist sehr hoch, die Sachschäden enorm. In ganz Italien lösen die Ereignisse von Battipaglia große Erregung und Betroffenheit aus (vgl. Kap. 5). Die Betroffenheit wäre vielleicht noch größer gewesen, wenn man gewußt hätte, daß hinter den Demonstranten faschistische Provokateure steckten. Noch tags zuvor, am 8. April, hatte Mino Pecorellis Agentur *OP*, die zu jener Zeit von Franco Simeoni geleitet wurde, die Meldung herausgebracht, etwa 50 Aktivisten von Avanguardia Nazionale hätten sich in den beiden Tagen vor dem Streik in Battipaglia versammelt. Die Meldung enthält auch die Ankündigung, daß sich in Battipaglia »sehr ernste Unruhen« abspielen werden.[24] Die nationale Presse übernimmt die Meldung nicht, auch die für die öffentliche Sicherheit Verantwortlichen schenken ihr keine Aufmerksamkeit, obwohl *OP* in gewissen politischen Kreisen bestens bekannt ist und auch ganz

24 Stuart Christie, *Stefano Delle Chiaie: Potrait of a Black Terrorist*, Black Paper Nr. 1, *Anarchy Magazine*, Refract Publications, London 1984.

genau gelesen wird. Jahre später behauptet *OP*, jene Meldung sei ohne Zustimmung der Agentur einfach auf Initiative des damaligen Direktors Simeoni erschienen, womit man der Spekulation Nahrung gibt, er habe die Information aus Geheimdienstkreisen.

Spontan dagegen ist die Revolte von Reggio Calabria im Juli 1970, zumindest in ihrer Anfangsphase. Reggio ist eine Stadt von 170 000 Einwohnern, 30% von ihnen sind Analphabeten, 10 000 Menschen leben noch im Jahr 1970 in den Behelfsbehausungen, die nach dem Erdbeben von 1908 errichtet worden waren. Industrie gibt es nicht. 80% der arbeitsfähigen Bevölkerung arbeitet entweder fest oder saisonal in der Landwirtschaft. In diese Situation der Rückständigkeit fällt die, gemessen an den Vorgaben der Verfassung, um zwanzig Jahre verspätete Einrichtung der Regionen und die damit verbundene Entscheidung für eine Hauptstadt der Region Calabrien. Als Catanzaro den Zuschlag erhält, bricht in Reggio die Rebellion los.

Am 5. Juli 1970 fordert der Bürgermeister von Reggio, Battaglio, zu Aktionen auf. Die Gewerkschaften rufen zum Generalstreik auf. Am 12. Juli wird entschieden, daß die in Reggio gewählten Vertreter der Region nicht nach Catanzaro gehen werden, um an der dortigen konstituierenden Versammlung teilzunehmen. Als am 16. Juli die Entscheidung für Catanzaro als Hauptstadt der Region bestätigt wird, geht die Bevölkerung von Reggio auf die Straßen und errichtet Barrikaden. Bei Auseinandersetzungen mit der Polizei kommt ein Eisenbahner ums Leben. In der Nacht werden die Parteibüros der KPI und des MSI gestürmt. Am darauffolgenden Tag brennen die Massen den Bahnhof und den Sitz der Provinzialverwaltung nieder. Am 22. bringt ein Anschlag den Fernschnellzug »Freccia del Sud« zum Entgleisen, sechs Menschen kommen ums Leben, fünfzig werden zum Teil schwer verletzt. Noch am selben Tag flammen nach der Ankündigung der IRI, Reggio spiele bei der neuen Planung für einen industriellen Schwerpunkt in Calabrien keine Rolle, neue Unruhen auf. Inzwischen hatte sich ein »Aktionskomitee« gebildet, das von den Großagrariern und einigen Stadt- und Provinzverordneten dominiert wird. Der Bürgermeister und die Sozialisten sind inzwischen isoliert, sie werden als die Hauptverantwortlichen für die römischen Entscheidungen gegen Reggio hingestellt. Im Aktionskomitee ist auch der »missino« Aloi aktiv. Er greift die »von den Soziokommunisten gelenkte Parteienwirtschaft« in Rom an, die ihre

Macht durch die Kontrolle der neugeschaffenen Institutionen der Region ausbauen wolle. Jetzt nimmt die Revolte eine klar erkennbare neofaschistische Richtung an. In der Folge bekennt sich auch Ordine Nuovo zur Revolte, von Reggio spricht er als von »unserer Revolte«. Auf der anderen Seite bestätigen Zeugen später, bereits bei den ersten Unruhen am 16. Juli gesehen zu haben, wie Aktivisten von Avanguardia Nazionale Molotowcocktails gegen die Ordnungskräfte warfen.

Das Aktionskomitee spaltet sich nach kurzer Zeit über Fragen der Proteststrategie, und es übernimmt eine der abgespalteten Gruppen unter Führung des MSI-Mannes und Gewerkschafters Ciccio Franco – eben jenen, der auch den Slogan prägte: »Ein Henker, wer nachgibt – Reggio muß Hauptstadt werden« – die Regie.

Die Unruhen und Gewaltaktionen gehen auch in den folgenden Monaten weiter; nach der Festnahme von Ciccio Franco am 17. September sogar mit noch verstärkter Intensität. Bisweilen nehmen sie den Charakter eines regelrechten bewaffneten Aufstandes gegen den Staat an, wie die Chronik der Ereignisse belegt.[25] Die Neofaschisten drohen sogar mit der »Unabhängigkeits-

25 5. August: Ein Attentat auf die Eisenbahn wird vereitelt. 17. August: In Gioia Tauro wird ein Bombenanschlag auf das Haus eines sozialistischen Abgeordneten verübt. 6. September: Etliche Bomben gehen hoch, einige verfehlen ihr Ziel, eine zerstört das Auto des christdemokratischen Abgeordneten Ludovico Ligato (vgl. Kap. 8), eine weitere beschädigt das Auto eines sozialistischen Stadtrats. 9. September: Den ganzen Tag kommt es zu Auseinandersetzungen, bei S. Gregorio wird ein Anschlag auf die Eisenbahn verübt. 15. September: Wieder Barrikaden, ein Parteibüro des PSI, das lokale Finanzamt und das Postamt gehen in Flammen auf. 17. September: Wiederum äußerst gewalttätige Demonstrationen, nachdem ein Holzplatz in Brand gesetzt wurde, zwei Tote und zahlreiche Verletzte sind zu beklagen. 19. September: Feuergefecht zwischen Polizei und Demonstranten. 22. September: Drei neue Attentate auf Eisenbahnlinien. 12. Oktober: Noch ein Attentat auf eine Eisenbahnlinie, drei Polizisten werden aus dem Hinterhalt erschossen, ein weiterer schwer verletzt, Demonstranten setzen das Postbüro am Bahnhof in Brand. Die Kommunikationsverbindungen, sämtliche Dienste und jede andere Aktivität werden total blockiert. 15. Oktober: Ein Polizist und ein Demonstrant werden schwer verletzt. 21. Oktober: Attentat auf ein Parteibüro der DC und noch ein Anschlag auf eine Eisenbahnlinie bei Lamezia Terme. 2. Dezember: Bombenanschlag auf die Wohnung des Präsidenten der Industriellenvereinigung. 31. Dezember: Vier Anschläge gegen das Rathaus, die Bergwerksgesellschaft, das Büro das Stadtrats für Arbeit und Gesundheit und den Stadtrat für Landwirtschaft. 12. Januar 1971: Demonstranten greifen mit Steinen einen Zug an, der Polizisten transportiert. Einer von ihnen wird am Kopf getroffen und stirbt nach einigen Tagen an den Folgen der Verletzung. 21.-24. Januar: Ein neuerlicher Generalstreik, es werden Molotowcocktails gegen den Sitz der KPI und

erklärung eines freien Reggio Calabria« und der Konstituierung einer neuen Region Süd-Calabrien. Die Aufständischen setzen öffentliche Einrichtungen und Parteibüros in Brand, sie werfen Bomben, es wird geschossen, auch von Demonstranten, und besonders häufig sind Anschläge auf die Eisenbahnlinien.

Die nationale Leitung des MSI wie auch die anderen politischen Kräfte wurden von den Ereignissen überrascht. Am 12. Juli schreibt der *Borghese*, ein rechtes Wochenblatt, die Revolte sei das Werk von »jungen Übeltätern, Schlägern und Rowdys«; am 2. August spricht er von einem »nicht vorhandenen, zur Selbstverteidigung unfähigen Staat«. Am 12. August ruft Almirante im Abge-

verschiedene öffentliche Einrichtungen geschleudert. 25. Januar: Attentat auf den Hauptbahnhof, Molotowcocktails gegen die Banca di Calabria. 26. Januar: Attentat gegen einen Bahnbeamten, Pistolenschüsse aus dem Hinterhalt gegen ein Hotel, in dem Polizisten untergebracht sind, und gegen ein Parteibüro des PSI. 29. Januar: Weitere sieben Anschläge auf Bahneinrichtungen, heftige Auseinandersetzungen zwischen Polizei und Demonstranten, Molotowcocktail gegen ein Parteibüro der KPI, eine Bombe zerstört das Auto eines regionalen Abgeordneten der DC. 3. Februar: Ein Toter und zahlreiche Verletzte im Gefolge äußerst heftiger Auseinandersetzungen zwischen Polizei und Demonstranten. 4. Februar: In Cantanzaro organisieren die Parteien der Linken nach einem nächtlichen Anschlag auf den Sitz der Regionalregierung eine Demonstration gegen den MSI und seinen Versuch, die Ereignisse von Reggio für die eigenen Zwecke zu instrumentalisieren. Die Demonstration wird jedoch aus Sicherheitsgründen verboten, und einige hundert Demonstranten versammeln sich vor der örtlichen Sektion des MSI, aus der heraus faschistische Slogans gerufen werden. Aus einer Seitenstraße werden vier Handgranaten geworfen, die einen Toten und vierzehn Verletzte fordern. 13. Februar: Eine Bombe geht in der Nähe des Gefängnisses hoch. 15. Februar: Neuerliche Demonstrationen und wieder heftigste Auseinandersetzungen zwischen Polizei und Demonstranten, es werden Schußwaffen gebraucht und Molotowcocktails geworfen. 25. Februar: Bombenanschläge auf ein Parteibüro des PSI, einen Hochspannungsmasten, das Rathaus und andere öffentliche Einrichtungen. 4. April: Bei der Verabschiedung der Regionalverfassung werden Politiker und Vertreter der Region von der Masse beschimpft und verhöhnt, in den sich anschließenden Auseinandersetzungen wird ein Jugendlicher schwer verletzt, zahlreiche Busse mit der Autonummer von Catanzaro gehen in Flammen auf. 14. Juli: Aus Anlaß des ersten Jahrestages der Revolte werden die Büros des PSI und der CGIL angegriffen, die Polizei macht von der Schußwaffe Gebrauch und verletzt einen jugendlichen Demonstranten. 17. Juli: Attentat auf ein Parteibüro der KPI. 17. September: Wieder Auseinandersetzungen zwischen Polizei und Demonstranten, bei denen ein Demonstrant ums Leben kommt. Nach seiner Beisetzung attackiert die Menge den Sitz der INAIL und zerstört ihn vollständig. 19. Oktober: Aktivisten des MSI greifen den Sitz der KPI an. 18. November: Auseinandersetzung zwischen Polizei und Demonstranten. 19. November: Demonstranten setzen ein Gebäude, das dem Sekretär der DC in der Provinz gehört, in Brand, weil der die Revolte von Reggio nicht unterstützt habe.

ordnetenhaus nach Maßnahmen zur Verteidigung des Staates und Wiederherstellung der gesetzlichen Ordnung. Unmittelbar danach jedoch wird anhand der Informationen aus Reggio die Rolle der örtlichen Funktionäre von MSI und CISNAL, der Gewerkschaft des MSI, deutlich. Am 18. August begrüßt *Il Secolo d'Italia*, die Parteizeitung, den »ersten echten Volksaufstand, der nicht von der Linken organisiert wird«. In Rom organisiert der MSI Demonstrationen mit dem Schlachtruf »L'Aquila, Reggio – a Roma sarà peggio« (L'Aquila, Reggio – in Rom wird's noch schlimmer. U. H.). Während der Unruhen in L'Aquila am 27. 2. 1972, wo mit einer Demonstration die Forderung unterstrichen wird, daß L'Aquila die Hauptstadt der Region Abruzzen bleiben soll, notiert man die Teilnahme zahlreicher Neofaschisten aus Rom und anderen Städten. Inzwischen wird klar, daß der MSI den Protest im gesamten Süden und nicht nur in Reggio zu steuern versucht.

In den darauffolgenden Monaten entdeckt der MSI für sich das Problem des Mezzogiorno, um so seiner Politik einen Anstrich von Legitimität zu geben. Der Benachteiligung des Südens durch die Parteien will der MSI mit einer Strategie der nationalen Solidarität entgegentreten. Der MSI sei, wie Reggio, durch die politische Klasse Italiens »ausgeschlossen« und betrogen worden. Almirantes Slogan bei seinem triumphalen Besuch in Reggio 1972 – »Mit der ganzen Nation für den Süden« – gibt im Oktober die Titelschlagzeile von *Il Secolo d'Italia* ab. Gleichzeitig jedoch ebbt die Revolte langsam ab. 1972 erhält Ciccio Franco den Lohn für seinen Einsatz mit einer Kandidatur für den Senat; er wird auch gewählt. Seine Wahlkampagne stützt sich auf »sein« altes Aktionskomitee, sein Aufruf an die Wähler lautet: »Pro MSI-Reggio, erinnre Dich und vergiß nie!«

## *5. Kapitel*
# Die revolutionäre Linke

### 1. 1968-69: Die Studentenbewegung und die Kämpfe der Arbeiter

Die Jahre 1968 und 1969 markieren einen Wendepunkt in der Geschichte von Politik und Gesellschaft Italiens. Zum ersten Mal seit 20 Jahren sieht sich die von den Christdemokraten geführte Regierungskoalition der Mitte stärkeren sozialen Spannungen gegenüber, die nicht allein von der Arbeiterklasse ausgehen, sondern auch von den Mittelschichten. Zu letzteren nämlich gehört der überwiegende Teil der protestierenden Studenten. In den Ereignissen jener beiden Jahre findet man die Ursachen sowohl für die Radikalisierung auf der Linken als auch für den Extremismus der reaktionären Rechten, der sich nicht scheut, den Status quo auch mit terroristischen Methoden zu verteidigen.

Die Mitte-Links-Regierung zwischen 1963 und 1968, die bei ihrem Entstehen viele Hoffnungen und Reformillusionen weckte, hat enttäuscht. Zu Reformen kam es erst gar nicht, obwohl Italien in dieser Zeit einen wirtschaftlichen Boom erlebte, der durchaus finanzielle Spielräume für Reformen eröffnet hätte. Im Gegenteil, die Lähmung der Gesetzgebung war nahezu total. Als Quittung erhalten die Sozialisten bei den Wahlen im Mai 1968 nur 14,5 % der Stimmen, obwohl sie sich zwei Jahre zuvor mit den Sozialdemokraten zusammengeschlossen hatten. Das Wahlergebnis ist Auslöser der x-ten Krise innerhalb der Partei. Die Parteilinke setzt sich gegen Pietro Nenni durch, der eine neue Mitte-Links-Regierung favorisiert. So kommt es zu einer Übergangsregierung, die allein von Christdemokraten gebildet wird und unter der Führung von Giovanni Leone steht. Nur wenig später wird wieder ein Mitte-Links-Bündnis entstehen. Und 1969 spaltet sich der PSI, aber diesmal endgültig.

Am 8. Februar 1967 besetzen die Studenten der Universität Pisa eine Fakultät. Dies ist der Beginn der Studentenbewegung in Italien, die anders als in Frankreich nicht nur einige Monate dauern sollte. Der Protest richtet sich zunächst gegen die Bedingungen an den italienischen Universitäten und die Reformvorhaben der Regierung. Aber wie in anderen europäischen Ländern auch[1] erhält er vor allem Nahrung aus dem Protest gegen den Vietnamkrieg. So entsteht der Slogan »Die Universität ist unser Vietnam«: Die Vietnamesen kämpfen gegen den amerikanischen Imperialismus, die Studenten machen ihre Revolution gegen die Machthaber und den Autoritarismus der Universitäten.

Der Besetzung in Pisa folgen andere Besetzungen und weitere Aktionen, vornehmlich im Norden, aber auch in Rom, Neapel und in Sardinien. Im Januar 1968 hat die Revolte etwa die Hälfte der italienischen Universitäten erfaßt. Es kommt zu Auseinandersetzungen mit der Polizei, zu Verletzten und Festnahmen, wenn die Polizei einschreitet, um die besetzten Fakultäten zu »befreien«, und die Studenten sie nur wenig später wieder besetzen.

Am 1. März in Rom, bei den Auseinandersetzungen um die Architekturfakultät, werden Autos in Brand gesetzt, die Polizei versucht mehrmals durchzubrechen, schließlich setzt sie Tränengas ein. Am Ende werden mehrere Hundert Verletzte gezählt, darunter auch 150 Polizisten. Die öffentliche Meinung reagiert aufgeschreckt, die Rektoren der betroffenen Universitäten greifen zu Disziplinarmaßnahmen, und die Gerichte erlassen Haftbefehle, aber inzwischen scheint die Bewegung außer Kontrolle.

Inzwischen weitet sich der Protest zusehends über die Universitäten hinaus aus. Noch im April kommt es in Rom zu Studentendemonstrationen, die die Presse als Form von Stadtguerilla bezeichnet: Die Demonstranten zerstören die Schaufenster einer Fiat-Niederlassung und der Vertretungen zweier deutscher Autohäuser. In Turin und anderswo schließen sich die Studenten mit den streikenden Arbeitern zusammen. Zugleich aber zersplittert sich die Bewegung. Auf der einen Seite stehen die Gruppen von Turin und Trient mit ihrem »antiautoritären Konzept«, dann gibt es die Marxisten-Leninisten in Rom und Neapel und schließlich die »Operaiisten«[2] in Pisa. Am 7. Juni versuchen die Mailänder Studenten das Erscheinen des *Corriere della sera* zu verhindern,

1 Für einen umfassenden Überblick über die europäischen Protestbewegungen vgl. Massimo Teodori, *Storia delle nuove sinistre in Europa (1956-1976)*, Bologna 1976.

2 Die Studenten in Pisa bezeichnen ihr Problem in Termini des Kampfes zwischen Kapital und Arbeit. Der Student »ist eine Figur der Arbeiterklasse« und folglich dieser als ganzer untergeordnet. Daher der Begriff »operaiistisch« für die Thesen der Pisaner Studenten.

der als Symbol der Bourgeoisie gilt. Dabei kommt es zu äußerst heftigen Auseinandersetzungen mit der Polizei. Im Sommer jedoch verliert der Protest an Schwung. Und die politischen Parteien, hier vor allem der PCI, versuchen mit allerdings kärglichem Erfolg, wenigstens einen Teil der Protestbewegung wieder für sich und die traditionellen Formen der Politik zurückzugewinnen.

Der PCI hat nicht nur keinen Erfolg damit, er gerät durch den Protest sogar in eine Krise. Auf dem Parteikongreß im Februar 1968 kritisiert die Parteilinke unter Führung von Rossana Rossanda und Luigi Pintor die Leitung des PCI, sie habe es nicht verstanden, in die Massenkämpfe einzugreifen, und damit die Möglichkeit vergeben, sie zu einem wirklich revolutionären Prozeß zuzuspitzen. Der Zwist, der auf dem Kongreß selber zeitweilig hatte beigelegt werden können, schwelt weiter. Im Juni 1969 führt er zur Gründung der Zeitschrift *Il Manifesto* durch die Kritiker. Es ist dies das Vorspiel zu ihrem Austritt aus der Partei.

Tatsächlich zeigt allein schon der Versuch, die Studenten für sich zu gewinnen, wie wenig die Leitung des PCI von der Studentenbewegung begriffen hat. Keinesfalls ließe sie sich von einer Partei anführen, die in den Augen der Protestler nur gar nicht Revolutionäres an sich hat (vgl. 5.2). Alle Parteien werden als Stützen des herrschenden Systems gesehen. Obwohl »die Agitation ausging von einer Kritik am Begriff der Kultur als Besitz der akademischen Institutionen«, dehnte sich die Kritik in der Folgezeit auf die Kultur als etwas, »das überall anzutreffen war«.[3] Mauro Rostagno, studentischer Anführer in Trient, unterstreicht den Zusammenhang zwischen Universität und anderen gesellschaftlichen Institutionen, wenn er schreibt, »Gerichtsbarkeit, Polizei, Exekutivorgane, die Parteien, die Massenmedien, Lehrkörper, Kirche und Familie werden durch die Studentenbewegung dazu gebracht, gar nicht einmal in erster Linie das Bildungssystem zu verteidigen, sondern das System als Ganzes«; der Kampf der Studenten enthält daher »ein Element des gobalen Antagonismus« und kann sich auf die anderen »subversiven Elemente der Gesellschaft« ausdehnen.[4]

3 Guido Viale in seinem Manifest *Contro l'Università*, in: *Quaderni piacentini*, Frühjahr 1968. Viale ist ein Anführer der Turiner Studenten und vielleicht überhaupt die angesehenste und repräsentativste Figur der Studentenbewegung.

4 Rostagno, ein Anführer in Trient, ist zu dieser Zeit Zimmergenosse und guter Freund von Renato Curcio, der später Mitbegründer der Roten Brigaden werden sollte.

Vor allem mit der Arbeiterklasse wollen die Studenten sich verbünden. Dies geschieht durch die Teilnahme von Studenten an den gewerkschaftlich organisierten Aktionen im Generalstreik vom April 1969. In Battipaglia waren zwei Personen von zwei Polizisten erschossen worden, als diese von einer gewalttätigen Menge bedrängt wurden.[5] Aber langsam erlischt die Bewegung. Ihr Kampf, der sich auf die antiautoritären Impulse der Studenten stützte, erwies sich als zerbrechlich und nicht zureichend, der »Übergang von der Phase der reinen Negation... zu einem höheren Bewußtseinsstand und politischem Handeln fand in der Mehrzahl der Fälle nicht statt«.[6] Als die Kämpfe der Arbeiter im Herbst intensiver werden und schließlich in dem münden, was man gemeinhin den »Heißen Herbst« bezeichnet, bleibt die Rolle der Studenten nebensächlich.

Im Herbst stehen die Forderungen der Gewerkschaften nach einem neuen Tarifvertrag für die Metallarbeiter wie die Arbeiter anderer Branchen und das Drängen auf eine Reformpolitik im Mittelpunkt der Auseinandersetzungen. Zudem sind die Gewerkschaften aggressiver geworden und agieren beim Generalstreik vom 19. November zum ersten Mal seit 1948 wieder vereinigt.[7] In Mailand kommt es zu harten Auseinandersetzungen zwischen Streikenden und der Polizei. Im Verlauf einer Demonstration vor der Scala kommt ein Polizist, Antonio Annarumma, ums Leben. Eine Version spricht von einem Zusammenstoß zweier Polizeijeeps, eine andere von einer Eisenstange, die aus dem Demonstrationszug heraus geschleudert worden sein soll.

Dieses Ereignis löst, wie schon die Ereignisse von Battipaglia, ein enormes Echo aus. Die Rechte glaubt an die These der Ermordung Annarummas durch die »Roten«. Der Präsident der Republik, Giuseppe Saragat, spricht in einem Telegramm von einem

5 Die Ereignisse von Battipaglia erschüttern das ganze Land und führen zur Wiederaufnahme einer Debatte über zwei Punkte: das Problem des Mezzogiorno und die Frage der Entwaffnung der Polizei. Die Republikaner kritisieren den PCI und bezeichnen den Versuch, die Revolte für sich auszuschlachten, als gedankenlos. Auch für die Christdemokraten gilt, daß der »PCI sich eine große Verantwortung auflädt, wenn er sich einige der Motive für die Unzufriedenheit zu eigen macht«.

6 Giorgio Backhaus in *Quaderni piacentini*, Mai 1969. Zitiert nach M. Teodori, *op. cit.*

7 Nach dem Generalstreik im Juli 1948 aus Anlaß des Attentats auf Palmiro Togliatti (vgl. Kap. 2) hatten sich die katholischen Gewerkschaften, die den politischen Generalstreik ablehnen, von der Gewerkschaftseinheit losgesagt.

»barbarischen Mord«. Während der Beisetzung des Polizisten zwei Tage später kommt es zu einer offenen Huldigung an den Faschismus. Die Straßen der Stadt sind vollgeklebt mit Plakaten, auf denen es heißt: »Die Kommunisten haben einen Polizisten in Uniform ermordet«, oder: »Ich, Annarumma, habe meine Pflicht erfüllt. Italiener, was wartet ihr, die eurige zu tun?«. Auf den Straßen machen Faschistenbanden Jagd auf »Maoisten«.

Streiks und Demonstrationen sind gewiß noch das harmloseste Element jener zahlreichen Faktoren, die den Eindruck erzeugen, nach zwanzig Jahren des sozialen Friedens sei die Ordnung zusammengebrochen und die italienische Gesellschaft ernsthaft in Gefahr. Im Frühling 1969 überstürzen sich die Ereignisse. Am 25. April explodieren in Mailand zwei Bomben. Eine vor dem Hauptbahnhof und eine weitere, die zwanzig Verletzte fordert, auf dem Ausstellungsstand von Fiat auf dem Messegelände. Am 12. Mai sind es drei Bomben, zwei in Rom und eine in Turin, die aus purem Zufall entdeckt werden und nicht in die Luft gehen. Im Juli berichtet das Wochenmagazin *Panorama* von Gerüchten eines bevorstehenden rechten Staatsstreiches. Neofaschistische Gruppen rufen zur Mobilisierung auf, der PCI versetzt seine Parteibüros in Alarmbereitschaft. Am 24. Juli wird eine Bombe gleichen Typs wie die in Rom und Turin im Mailänder Justizpalast entdeckt. Am 8. und 9. August verursachen Anschläge auf Eisenbahnlinien riesige Schäden und etliche Verletzte. Am 4. Oktober ist es ein technischer Defekt, der die Explosion eines Sprengkörpers verhindert, der an einer Triester Grundschule so angebracht war, daß er genau dann hochgegangen wäre, wenn die Kinder aus der Schule kamen. Ein Angehöriger von Avanguardia Nazionale (vgl. Kap. 4) wird dieses Attentats beschuldigt. Die Bilanz einer den ganzen Tag währenden Auseinandersetzung zwischen Polizei und Demonstranten, die gegen eine Manifestation italienischer und griechischer Faschisten protestierten, lautet: ein Toter und 125 Verletzte.[8]

Und als sich schließlich die Situation auch dank des neuen Tarifvertrags zwischen Gewerkschaften und Arbeitgebern allmäh-

8 Hier werden die wichtigsten Ereignisse erwähnt. Die Gewaltepisoden in dieser Zeit und auch noch in den kommenden Jahren sind praktisch an der Tagesordnung und viel zu zahlreich, um einzeln genannt werden zu können. Es sei verwiesen auf *Venti anni di violenza politica in Italia, 1969-1988*, Isodarco, hg. von Giuseppe De Lutiis u. Alessandro Silj, Rom 1992.

lich wieder zu beruhigen scheint, werden am 12. Dezember 1969 vier Sprengkörper in Rom und Mailand zur Explosion gebracht. Während die Bomben in Rom keine Opfer fordern, verursacht die Bombe auf der Piazza Fontana in Mailand vor dem Eingang der Landwirtschaftsbank 16 Tote und 88 Verletzte (vgl. Kap. 6.2). Eine fünfte Bombe in Mailand wird rechtzeitig gefunden. Damit beginnt, was in Italien sehr präzise als »die lange Nacht der Republik« bezeichnet wurde.

Inzwischen hatte sich in Italien zum ersten Male eine außerparlamentarische linke Opposition gebildet. Umfang und Zahl ihrer Revolutionsaufrufe war der Zahl ihrer Mitglieder und Sympathisanten umgekehrt proportional; alles in allem vielleicht ein paar Zehntausend, aber politisch hinterlassen sie Eindruck: Sie erweitern die theoretische Debatte innerhalb der Linken und geben ihr auch ganz neuen Stoff (Zeitschriften wie *»Quaderni Rossi«* und *»Quaderni piacentini«* drücken einer ganzen Epoche ihren Stempel auf), neue und andere Kommunikationswege als die offiziellen werden geschaffen, sie sind ein Ansporn für die Gewerkschaften, und sie verlangsamen den Weg des PCI in die Regierungsverantwortung. Zugleich aber entsteht in einigen Gruppen eine Kultur der Gewalt als Kampfform, die schließlich in extremen Konsequenzen mündet.

Der Studentenprotest hatte gravierende Konsequenzen. Er ließ Spaltungen innerhalb des PCI aufbrechen, aber er beschleunigte auch die Fragmentierung der Kräfte links vom PCI. Zahlreiche Gruppen und Grüppchen bilden sich, spalten sich und formieren sich wieder neu.

Die erste marxistisch-leninistische Gruppe entstand 1962 in Padua. Andere folgen. 1966 bildet sich im Gefolge der chinesischen Kulturrevolution in Livorno der Partito Comunista d'Italia-ML (PCd'I-ML). Aus den immer neuen Gruppierungen gehen unter anderen der Partito Rivoluzionario d'Italia (ML) und im Oktober 1968 die Unione dei Comunisti Italiani (ML) (UCI) hervor, die etwa 2000 Mitglieder hat. Auch die UCI spaltet sich wieder und bildet Anfang der siebziger Jahre den Ausgangspunkt für die Neugründung zahlreicher Grüppchen. Die wichtigste dieser Gruppierungen, der PCI-ML, stellt sich 1972 den Wahlen und erhält in ganz Italien 85 000 Stimmen (0,1 %). Im August 1968 besuchen die Führer des PCd'I-ML China und statten Mao Tse-tung einen Besuch ab. Das ist der Gipfel ihrer Bekanntheit, danach geht es abwärts. All diesen Gruppen gemeinsam ist die Kritik am PCI, der als eine Partei gesehen wird, die in der Hand »von einem Haufen verräterischer Führer (ist), die nichts anderes im Sinn haben, als den revolutionären Elan der Massen zu schwächen«.

Seinerseits wird der PCd'I (ML) von anderen Gruppen kritisiert, weil er eine Partei fern des Kampfes der Massen sei. »Il Potere Operaio« (nicht zu verwechseln mit dem später gegründeten »Potere Operaio«),[9] gegründet im Februar 1967 in der Toscana, beharrt darauf, Ausgangspunkte müßten der Kampf gegen den Akkord, für gleiche Löhne und die Aufhebung der Unterscheidung zwischen Arbeitern und Angestellten sein. Im Januar 1969 brechen innere Gegensätze auf, die zu Spaltungen führen. Im Juni ist die Gruppe am Ende. Adriano Sofri, der nach den zahlreichen Abspaltungen und Austritten der letzten Monate unumstrittener Anführer ist, hält es für notwendig, einen Schritt weiterzugehen, hin zu Formen der »gemeinsamen Organisation der Avantgarden«.

Im November 1969 gründet Sofri mit den Resten der Gruppe in Pisa und gemeinsam mit anderen Anführern der Studentenbewegung aus Turin, Mailand und Trient »Lotta Continua« (LC) und hebt die gleichnamige Zeitung aus der Taufe. LC wird zur kämpferischsten Organisation der außerparlamentarischen Gruppen, die aus der 68er Bewegung hervorgingen. Die Zeitung *Lotta Continua* spielt eine wichtige Rolle in der kritischen Gegeninformation zu allen bedeutenden Themen, und zwar schon im Zusammenhang mit den Ereignissen auf der Piazza Fontana wie auch später, nach der Umwandlung in eine Tageszeitung (1972).

Nach dem Verschwinden von »Il Potere Operaio« (Pisa) begann eine neue Phase, in der nach Ansicht der führenden Kader eine straffere Organisation nötig sei und vor allem die Arbeiter in den Fabrikkämpfen wie den sozialen Auseinandersetzungen im weiteren Sinn die Führung übernehmen müßten, die folglich auch die Hegemonie über die universitären Kämpfe erlangen müßten. Dies ist die Position der Wochenzeitschrift *Potere Operaio* im September 1969, als der »Heiße Herbst« bereits begonnen hatte. Der gemeinsame Nenner der unterschiedlichen Auseinandersetzungen liegt in der »Ablehnung der Arbeit« (i. e. Ablehnung des

9 In der großen Mehrzahl der Fälle sind diese Gruppen identisch mit dem Namen der Zeitung, die sie herausbringen. Zur Strategie all dieser Gruppen und zu ihrer Ideologie, vgl. Giuseppe Vettori *La sinistra extraparlamentare in Italia. Storia. Documenti. Analisi politica*, Genua 1973.

Kapitalismus und des Sozialismus) und im Projekt einer Gesellschaft, in der die Arbeiter Anrecht auf einen Mindestlohn haben und, gegen die »absurden« Regeln der Produktivität, nur insoweit produzieren müssen, als das für die Grundbedürfnisse des Lebens erforderlich ist. Neben den Slogan »lotta continua« tritt nun auch »Mehr Geld – weniger Arbeit«. Erhebliche Lohnerhöhungen sofort wird gefordert, vollständige Gleichstellung mit den Angestellten, ein Monatslohn anstatt der Bezahlung nach Stunden. Im Einklang mit diesen Forderungen steht die Haltung zu den Gewerkschaften, deren Dilemma bloßgelegt wird: Soll man diesen neuen Typ von Forderungen und Kampfformen sich zu eigen machen und damit die Regierungsbeteiligung des PCI gefährden, oder soll man die Forderungen der Arbeiter ablehnen und sich den Anweisungen von Arbeitgebern und Regierung beugen, womit man aber jeden Kredit verlieren würde?

Um diese Kämpfe voranzubringen, ist proletarische Gewalt nicht nur zulässig, sie wird vom Prinzip her gerechtfertigt. Die Besitzenden sagen, die Gewalt sei Sache der »Extremisten« und »Sektierergrüppchen«, in Wirklichkeit aber »ist die Gewalt heute in den Fabriken, sind die Arbeiter die Extremisten«. Soweit es die studentischen Auseinandersetzungen um Schule und Hochschule anlangt, so sind diese »gesellschaftliche Ausläufer der Kämpfe der Arbeiter . . ., die in aller Radikalität, auch um den Preis des Terrorismus, geführt werden müssen«.[10]

Aus dem Zusammenschluß verschiedener Gruppen[11] im Jahr 1968 in Mailand war inzwischen die Kommunistische Organisation Avanguardia Operaia (AO) hervorgegangen; im Dezember erscheint auch die erste Nummer ihrer gleichnamigen Zeitschrift. AO ist in organisatorischer Hinsicht eine der stabilsten Gruppen. Ihr Ziel ist es, die revolutionäre marxistisch-leninistische Partei aufzubauen, aber sie ist sich bewußt, daß dies nur schrittweise geschehen kann. Ihre Kritik gilt der Zersplitterung auf der revolutionären Linken, die es verhindert habe, »eine revolutionäre Alternative zu finden, wie die Massen an die Macht gebracht werden können«, und sie setzt sich für eine nationale Koordination ein, um die vereinzelten und lokalen Auseinandersetzungen zu über-

10 G. Vettori, *op. cit.*, S. 96f.

11 Unter anderen Avanguardia Operaia in Mailand, der Circolo Rosa Luxemburg in Venedig und der Circolo Lenin in Mestre, die alle in Norditalien sind. Später (1970) stößt die Sinistra Leninista aus Rom dazu.

winden und zu einer einheitlichen Politik zu gelangen. Avanguardia Operaia ist diejenige Gruppe, die mehr als alle anderen mit den Kämpfen der Arbeiter verbunden ist. Und zwar nicht nur deshalb, weil viele ihrer Mitglieder Arbeiter sind und an den Auseinandersetzungen in den Fabriken teilgenommen hatten, bevor sie sich schließlich zur AO zusammenschlossen, sondern auch dank ihrer Verbindung zu den CUB (Comitati Unitari di Base = Vereinigte Basiskomitees), die faktisch von Avanguardia Operaia gelenkt werden.

Die CUB sind autonome Organisationen der Arbeiter, die sich in der Zeit von 1967 bis 1971 in den großen Fabriken Norditaliens herausbildeten. Ihr Hauptziel besteht weniger in der Verbesserung der Löhne als vielmehr im Widerstand gegen die kapitalistische Arbeitsorganisation. Ihre Forderungen reichen von Neueinstellungen über die Reduktion der Arbeitszeit und die Neuordnung des Akkords bis hin zu verbesserter Arbeitsplatzgestaltung.

Autonomia operaia wird definiert als »Bewegung zur Befreiung des Proletariats von der allumfassenden Hegemonie der Bourgeoisie, was zusammenfällt mit dem revolutionären Prozeß... Autonomie von: den politischen Institutionen der Bourgeoisie (Staat, Parteien, Gewerkschaften...), den ökonomischen Institutionen (der gesamte kapitalistische Produktions- und Distributionsapparat) und den normativen Institutionen (Sittenregeln, bourgeoise ›Moral‹). Autonomie für: die Zerschlagung des weltweiten Systems der Ausbeutung und die Organisation einer gesellschaftlichen Alternative.«[12]

## 2. Vom Protest zum »bewaffneten Kampf«

Wen wundert es, wenn in diesem Klima, in dem die Revolutionsaufrufe sich überbieten und die Anwendung von Gewalt als Mittel im Klassenkampf diskutiert wird, einige sich darüber Gedanken machen, die revolutionäre Gewalt bis zur letzten Konsequenz weiterzutreiben?

»Diese Gesellschaft... muß durch einen tiefgreifenden revolutionären Prozeß von Grund auf umgestaltet werden... Alles, was nötig ist, um die-

12 Aus einem Dokument des CPM 1969.

ses System zu verändern, muß getan werden, denn ich glaube, das ist der tiefste Sinn unseres Lebens.«

So schreibt Margherita Cagol, die Frau von Renato Curcio, in einem Brief an ihre Mutter. Die Enttäuschung und Entrüstung dieser jungen Katholikin bei ihrem Kontakt mit der metropolitanen Wirklichkeit von Mailand sind emblematisch für viele Jugendliche, die wie sie die Studentenbewegung als Protagonisten erlebt haben. Das Jahr 1968 war gekennzeichnet durch eine große Begeisterung, hinter der die Perspektive weitreichender sozialer und politischer Veränderungen sichtbar zu werden schien. Cagol hatte ihre ersten Erfahrungen in der Studentenbewegung von Trient gemacht, also einer jener vielen Universitäten, zwischen Berkeley, Paris, Rom und Pisa, in denen sich in einer sehr kurzen, aber dafür um so intensiver erlebten Zeitspanne so viele Jugendliche der Illusion hingegeben hatten, sie könnten jene Universitäten und in einem zweiten Schritt auch die Gesellschaften zerstören und durch neue, gerechtere ersetzen.

Das brüske Erwachen der Cagol im November 1969 kommt nicht allein von dem Wechsel von der Provinz-Universität in die Arbeitermetropole Mailand. Auch die Zeiten haben sich geändert. Es ist die Saison des »Heißen Herbstes«, es gibt Fabrikkämpfe und Auseinandersetzungen mit der Polizei, Attentate und ein Hauch von Staatsstreich liegen in der Luft (vgl. Kap. 5.1). Es ist auch die Zeit, in der die repressiven Maßnahmen von Gerichten und Polizei überhandnehmen. Gegen mehr als 13 000 Studenten und Arbeiter wird im Zeitraum zwischen Oktober 1969 und Januar 1970 Anklage erhoben. Die Artikel des alten faschistischen Strafrechts werden wieder entstaubt, die »subversive Propaganda« und »Anstachelung zum Klassenhaß« unter Strafe stellen. Polizei und Carabinieri beschlagnahmen die Bücher von Marx, Che Guevara und Lenin. Die repressiven Maßnahmen zielen speziell auf das Umfeld der außerparlamentarischen Linken. In diesem Klima bewegen sich Renato Curcio, Margherita Cagol und ihre Freunde im Herbst und Winter 1969. Und in diesem Klima entwickelt sich ganz allmählich die Debatte über die revolutionäre Strategie, die der »Gewalt der Machthaber« entgegenzusetzen sei.

In einer ersten Phase stellt die Gruppe um Curcio die Verbindung zu den CUB her. Aber es sind die Aktivisten der CUB, die zu der Feststellung gelangen, die Fabrikkämpfe bewegten sich in einem politischen Vakuum, weil die Konflikte sich nicht ausweiteten auf die anderen zentralen Streitpunkte der kapitalistischen Gesellschaft. Darüber hinaus »beenden die Bombenattentate von Mailand objektiv jede Form des gewerkschaftlichen Kampfes«. Aus der Einsicht in diese Grenzüberschreitungen heraus bilden Curcio und seine Genossen im September 1969 den Collettivo politico metropolitano (Cpm). Ziel ist es, »nicht nur in der Fabrik, sondern auch in den Schulen und den Stadtvierteln aufzutreten, mit einem Wort: in der ganzen Stadt«.

Anfang November versammeln sich Mitglieder und Sympathisanten des CPM in Chiavari, um über Ziele und Methoden des Kampfes zu diskutieren. Das Dokument, das dort verabschiedet wird, sieht in der gesellschaftlichen Dimension des Kampfes und im Kampf gegen die Repression die Strategie, die eingeschlagen werden soll. Aber die Strategie mit dem Schwerpunkt auf der »gesellschaftlichen Dimension« sollte nicht lange Bestand haben. Bereits in den ersten Monaten des Jahres 1970 wird der Einfluß des »politisch-militärischen« Flügels immer stärker. Bei dieser Entwicklung spielten das Massaker auf der Piazza Fontana und das politische Klima, das sich nach der Beschuldigung des Anarchisten Valpreda und des angeblichen Selbstmords von Pinelli (vgl. Kap. 6.2) herausgebildet hatte, eine Rolle. Der Verleger Giangiacomo Feltrinelli hat seine GAP (Gruppi di Azione Partigiana) gebildet und ist vom Reden zu Taten übergegangen. Einige Genossen aus Genua, die Gruppe Mario Rossi, hatten bereits auf der Tagung in Chiavari verkündet, die Gruppe »22. Oktober« mit einem Programm zum bewaffneten Kampf gebildet zu haben. Im Juli erscheint die erste Ausgabe der Zeitschrift *Sinistra proletaria*, die, so will es der CPM, Forum der theoretischen Debatte und des Austauschs von Informationen mit anderen revolutionären Gruppen werden soll. Unmittelbar im Anschluß an das Erscheinen der Zeitschrift ändert der CPM seinen Namen in »Sinistra proletaria«, und die Änderung des Namens fällt zusammen mit einer Intensivierung der Debatte um den bewaffneten Kampf im Innern der Gruppe.

Im August 1970 treffen sich etwa hundert Aktivisten drei Tage lang in Pecorile, einem kleinen Dörfchen 20 km von Reggio Emilia. In ihrem gemeinsamen Beitrag vertreten Renato Curcio und Corrado Simione die Notwendigkeit, eine Avantgarde innerhalb der Arbeiterklasse zu bilden. Diese Avantgarde müsse in der Lage sein, die »Politik« mit dem »Krieg« zu verbinden. Es ist die Rede von Guerilla. Nicht alle sind einverstanden. Aber am Ende behalten die Thesen von Curcio, Simioni, Alberto Franceschini und anderen die Oberhand.

Im August 1970 entsteht also in Pecorile jene Gruppe, die sich nur wenig später »Rote Brigaden« nennen wird. Die Dissidenten, die weiter auf der zentralen Rolle der Massenkämpfe beharren, verlassen die Gruppe und gehen zu Lotta Continua. Die erste Aktion der gerade entstandenen Brigaden datiert auf den 17. September 1970. Mit einem Molotowcocktail setzten Franceschini und Cagol Garage und Auto von Sergio Leoni, dem Personalchef von Siemens, in Brand.

Im Januar 1971 verkündet *Sinistra proletaria*, der Moment sei gekommen, »in den Massen das Prinzip zu verankern, daß die politische Macht nur hat, wer auch die militärische Macht hat, und daß durch Partisanenaktionen die proletarische und revolutionäre Linke zum Widerstand und zum bewaffneten Kampf erzogen werden muß«. Im April erscheint die erste Nummer von *Nuova Resistanza*, die *Sinistra proletaria* ersetzt. Deren Symbol, Hammer, Sichel und Gewehr, wird aber beibehalten. In ihr heißt es:

»Genossen…, der Staat der Ruhe und Ordnung und der Attentate wankt wegen seiner unlösbaren inneren Widersprüche, und die Krise des Regimes ist inzwischen so weit, daß der Zusammenbruch unmittelbar bevorsteht. Minister, Generäle, die reichen Industriellen, Schmarotzer und Philister, sie alle fühlen voller Angst, daß sich die Zeiten ändern… Und in ihrer Angst versuchen sie mit allen Mitteln, den Lauf der Geschichte zu stoppen: Sie greifen die neuen Kampfformen an, den gezielten, punktuellen Streik, die Blockade der Auslieferung der Waren, die Selbstbegrenzung der Produktion. Und sie militarisieren immer größere Teile des Territoriums und schicken Polizisten in die Schulen und Fabriken, großzügig unterstützen sie die faschistischen Gruppen und ihre bewaffneten Konteraktionen.«

In einer solchen Situation müßten die Kräfte der proletarischen Linken einen qualitativen Sprung in ihrer Politik schaffen: Der Spontaneismus und die Ideologie der ersten Phase der Bewegung ab 1968 hätten entscheidend zur Ausweitung der Klassenkämpfe beigetragen, heute aber bildeten sie ein Hindernis für die Entwicklung der Arbeiterautonomie und müßten überwunden werden. Aber wie?

»Die Unternehmer haben die Macht militarisiert, also militarisieren wir die Auseinandersetzung... Vom Prinzip her sind Partisanenaktionen gerechtfertigt, und sie sind in der augenblicklichen Lage notwendig.«

Vier Jahre später gestehen die Roten Brigaden ihren Fehler bei der Beurteilung der Lage ein: 1971 stand das Regime nicht vor dem Zusammenbruch, und die Massen waren auch nicht bereit, sich zu mobilisieren. Diese falsche Einschätzung war gewiß durch das politische Klima jener Zeit mitbedingt, das bestimmt war durch die Gegenoffensive der Rechten gegen die Aktionen von 1968 und den »Heißen Herbst« 1969 sowie die staatliche Repression der außerparlamentarischen Linken. Der Hauptfehler bestand darin, zu glauben, das ganze Proletariat spüre dieses repressive Klima im gleichen Maße wie die revolutionäre Linke, die von der Repression ja in der Hauptsache betroffen war. Im übrigen zeigen die späteren Ereignisse, daß die Entscheidungen der Sinistra proletaria im Jahr 1971 verfrüht waren. Dem Verzicht auf »legale« Kampfformen und dem Übergang in den Untergrund folgen keine besonderen Aktionen. Erst im März des darauffolgenden Jahres ist die erste Entführung zu verzeichnen. Der großen Bereitschaft, den bewaffneten Kampf zu führen, entsprechen weder eine adäquate Organisation noch die »professionellen« Fertigkeiten der einzelnen. In Wirklichkeit handelt es sich bei den frischgebackenen Brigatisten um einfallsreiche, aber naive Dilettanten, die nicht selten Chaos produzieren und in der »Guerriglia« ab und an lichte Momente haben. Ihre heilige Schrift sind zwei Bücher über die *Tupac Amarus*, die sie fast wie eine Bibel jedesmal zu Rate ziehen. Bei ihrer ersten Aktion hat Franceschini Schwierigkeiten, den Molotowcocktail anzuzünden, mit dem sie die Garage von Leoni in Brand setzen, denn seine Hand zittert. Und für die Garage haben sie sich deshalb entschieden, weil sie in einem Hof liegt und sie deshalb keine Gefahr laufen, die Wohnungen zu beschädigen... Als die Zeitungen am nächsten Tag eine zehnzeilige Meldung von dem Vorfall bringen, jubilieren sie, weil es ihnen endlich gelungen sei, »die Mauer der Informationsblockade zu durchbrechen«.

1972 organisieren die Roten Brigaden ihre erste Entführung. Sie tun das, weil ihnen die Kluft zwischen ihren Aufrufen zum Kampf und ihren tatsächlichen Aktionen bewußt geworden ist. Das Opfer ist Idalgo Macchiarini, Generaldirektor von Siemens. Sie nehmen ihn fest, laden ihn in einen Lieferwagen und hängen ihm ein Schild um den Hals, auf dem geschrieben steht: »Beiß zu und lauf weg«, ein Motto, das auch Guevara benutzte. Nachdem Macchiarini wieder freigelassen worden war, finden sie im Lieferwagen seine goldene Armbanduhr. Sie tun sie in einen Briefumschlag und schicken sie zusammen mit dem Flugblatt, das ihre Aktion rechtfertigt, an die Nachrichtenagentur ANSA. »Nach der Art der Tupamaros wollen wir zeigen, daß wir uns nicht an persönlichem Eigentum bereichern«.[13]

Die Entführung Macchiarinis bedeutet eine Wende. Zum ersten Mal benutzten die Roten Brigaden eine Waffe, auch wenn sie dem Opfer bloß an die Schläfe gehalten wurde. Erst mit dieser Aktion beginnt der wirkliche »bewaffnete Kampf«. Man könnte die ganze Aktion als ein etwas großmäuliges Unternehmen von Leuten abtun, die Guerilla spielen, wenn es nicht der Auftakt zu sehr viel gefährlicheren und unbarmherzigeren Aktionen gewesen wäre, die in Italien für ein ganzes Jahrzehnt, nämlich bis in die frühen achtiger Jahre hinein, zahlreiche Opfer forderten und den normalen Gang des politischen Lebens, aber auch des Alltags und des sozialen Zusammenlebens zerstörten.

Zwei Monate nach der Entführung Macchiarinis nimmt die Polizei dreißig Brigadisten fest. Curcio, Franceschini, Cagol und Mario Moretti entgehen der Festnahme nur durch Zufall. Curcio und seine Genossen werden sich klar darüber, daß man nicht mehr »Guerriglia« spielen kann: Die Klandestinität muß besser organisiert werden, neu Rekrutierte müssen strenger als bisher gesiebt werden, um sich vor falschen Freunden zu schützen (die Festnahmen der Polizei wurden durch einen eingeschleusten Informanten, Marco Pisetta, möglich), und eine neue Organisationsstruktur war erforderlich. Diesen Aufgaben ist das gesamte zweite Halbjahr 1972 gewidmet. Während dieser Zeit verzichten sie auf neue Aktionen. Die übriggebliebenen Kräfte organisieren sich in zwei »Kolonnen«, eine in Mailand, eine in Turin, jede Kolonne gliedert sich in mehrere »Brigaden«, Wohnungen und Geld werden gekauft, Geld, gefälschte Ausweise und anderes Material werden auf die verschiedenen Standorte verteilt, um so den Schaden durch mögliche polizeiliche Zugriffe so gering wie möglich zu halten.

Im September 1973 entführen die Roten Brigaden den Personaldirektor von Fiat, Ettore Amerio. Nach einer Woche lassen sie ihn

13 Alberto Franceschini, *»Das Herz des Staates treffen«*, Wien/Zürich 1990, S. 54.

wieder frei, und zum ersten Mal widmen Zeitungen und Fernsehen den »selbsternannten Roten Brigaden« breiten Raum.

Die Roten Brigaden müssen noch bis zum Frühjahr 1974 warten, um endlich jene »Professionalität« unter Beweis stellen zu können, nach der sie solange gestrebt hatten. Am 18. April, dem Jahrestag der Wahlen von 1948, die den Beginn der christdemokratischen Herrschaft bedeuteten, entführen die Roten Brigaden in Genua den Richter Mario Sossi. Er war die Hauptfigur im Prozeß gegen die Gruppe »22. Oktober« gewesen und wegen seiner harten, repressiven Haltung schon seit längerem im Visier der außerparlamentarischen Linken.

Die Entführung Sossis findet statt, während die politische Auseinandersetzung um das Scheidungsreferendum in vollem Gange ist, also in einer aufgeheizten und kontroversen politischen Atmosphäre. Es ist die erste Aktion der Roten Brigaden mit großer politischer Wirkung, und sie löst heftigen Streit zwischen Polizei, Justiz und Politik aus. Der Chef der Abteilung für Geheimaktionen im Innenministerium tritt die Lawine los, als er dem Wochenmagazin *L'Espresso* erklärt, man kenne die tatsächliche Stärke der BR, und die Polizei beschuldigt die Gerichtsbarkeit, vier Brigadisten freigelassen zu haben, die in Untersuchungshaft gewesen waren. Die Richter ihrerseits beschuldigen die Polizei der Ineffizienz und die Politiker, weil diese die Unabhängigkeit der Gerichte mißachteten. Am 20. Mai beschließt das Berufungsgericht Genua, die Häftlinge des »22. Oktober« gegen Auflagen auf freien Fuß zu setzen und ihnen auch die Pässe zurückzugeben. Oberstaatsanwalt Coco verweigert jedoch die Ausführung des Gerichtsbeschlusses, ehe nicht Sossi freigelassen werde. Während sich einige Politiker für die sofortige Inkraftsetzung des Gerichtsbeschlusses stark machen, droht der Innenminister mit Rücktritt, wenn man der Erpressung nachgibt. Der *Corriere della sera* schreibt, das eigentliche Ziel der Erpressung sei die Diskreditierung des Staates. Diese Polemiken, auch über die Rolle der Presse, ob sie die Botschaften der BR veröffentlichen soll oder nicht, die anklagenden Briefe von Sossi, der die Politiker auffordert, »jeder (soll) sich seiner Verantwortung (bewußt werden)«, und die Appelle der Gattin von Sossi, die erklärt, »der Staat hat meinen Mann zum Tode verurteilt«, das alles bildet das Szenario, das sich nur vier Jahre später aus Anlaß der Entführung Aldo Moros nahezu identisch wiederholen sollte.

Angesichts der »Provokation«, die die Entführung Sossis darstelle, behaupten Parteien und Presse, die Roten Brigaden seien in Wirklichkeit Schwarze, die sich als Rote ausgeben, Faschisten und Werkzeuge der Geheimdienste. Sogar *Il Manifesto*, die Tageszeitung links des PCI, die durchaus die sozialen Veränderungen registriert, schreibt: »Es ist dieselbe Hand des staatlichen Terrors, die sich jetzt der aufgeheizten Atmosphäre um das (Scheidungs-)Referendum bedient.« Der *Corriere della sera* bezeichnet die Entführung Sossis als »eine ganz entschiedene Provokation ... Seit 1969 gibt es eine Strategie der Spannung.« Sogar Kuba als eines der Länder, die die BR gebeten haben, den Gefangenen vom »22. Oktober« (deren Befreiung sie im Tausch gegen Sossi verlangt haben) Asyl zu gewähren, bezeichnet die Roten Brigaden als »faschistische Provokateure« und lehnt die Aufnahme ab. Dies ist eine bittere Überraschung für Curcio und seine Genossen. In der Folge geben sie bekannt, daß »angesichts der Unmöglichkeit, einen internationalen Ausweg für die Aktion zu finden«, die Freilassung des Richters die »einzig verantwortbare politische Reaktion« sei. Unter diesem Gesichtspunkt mündet die Aktion in eine Niederlage (die Genossen von »22. Oktober« bleiben in Haft), auch wenn die BR sie im nachhinein rationalisieren und behaupten, ihr – erreichtes – Ziel sei es gewesen, »die Widersprüche unter den Machthabern entscheidend zuzuspitzen«.

Unmittelbar nach der Entführung Sossis beanspruchen das Attentat von Brescia und der Anschlag auf den Eisenbahnzug »Italicus« das öffentliche Interesse und lenken es wieder auf die »schwarze Spur«. Inzwischen erleiden die Roten Brigaden schwere Niederlagen. Unter anderen werden Paolo Maurizio Ferrari, Renato Curcio, Alberto Franceschini, Roberto Ognibene, Prospero Gallinari und Alberto Buonavita festgenommen. Die übriggebliebenen Brigadisten müssen auf weniger spektakuläre und längst überwunden geglaubte Aktionsformen zurückweichen: Brandanschläge auf Autos und Molotowcocktails. Der historische Kern der Roten Brigaden verschwindet endgültig durch den Tod von Mara Cagol im Juni 1975 bei einem Schußwechsel mit den Carabinieri. Ihre *Strategische Resolution* aus dem April 1975, das bedeutendste theoretische Dokument der Roten Brigaden, proklamierte zwar den »Angriff auf das Herz des Staates« und auf die DC, stellte aber fest, der Übergang zu einer höher entwickelten Phase des Kampfes, der Errichtung der »Partei im Kampf«, sei »verfrüht«. Trotz dieses Eingeständnisses klingt die *Resolution* wie die Proklamation einer Avantgarde, die von ihrem Sieg überzeugt ist, und das ausgerechnet in dem Moment, da jene Kräfte, die sich für die Avantgarde halten, die Roten Brigaden, durch die Festnahmen geschwächt sind und die erste schwere Krise ihrer Geschichte durchlaufen.

## 3. Die Nuclei Armati Proletari (NAP)

In die Zeit zwischen 1974 und 1976 fallen Aufstieg und Untergang der »Nuclei Armati Proletari« (der bewaffneten proletarischen Kerne), die sich in Neapel zur Zeit der Entführung Sossis bildeten. Zweifellos wirkten sich das große Aufsehen und die indirekte Werbung für die Roten Brigaden, die sich daraus ergaben, auf die Entscheidungen jener aus, die in Neapel auf dem Sprung in den bewaffneten Kampf waren.

In den NAP kommen ehemalige Aktivisten unterschiedlicher Gruppierungen zusammen. Unter ihnen sind diejenigen aus Lotta Continua oder befreundeten Organisationen die motiviertesten. LC hatte im Frühling 1971 eine Kommission für Gefängnisfragen gebildet, genau in jener Zeit, da in Mailand »Sinistra proletaria« (vormals CPM) den Häuserkampf und die Auseinandersetzungen um das Transportwesen aufgibt und den bewaffneten Kampf zu diskutieren beginnt (vgl. Kap. 5.2). Es gibt also einen Zeitunterschied in der Eskalation des bewaffneten Kampfes zwischen dem Norden und Neapel. Obwohl das politische Klima, aus dem beide hervorgehen, identisch ist, unterscheiden sich doch die Akteure und die Ziele. Während die BR nämlich als eine Art Elite (in Universität und Fabrik) angesehen werden können, die von innen gegen das System kämpft, agieren die NAP im Namen jener sozialen Kräfte, die im wesentlichen ausgeschlossen sind. Ein Gefangener der NAP beschreibt das in einer Antwort auf die Frage eines Richters als »jene Reserve von Arbeitslosen, Gefängnisinsassen und Subproletariat, also jenen Gruppen, auf die alle Spannungen der Gesellschaft niedergehen, ohne daß sie irgendeine Möglichkeit hätten, sich organisiert dagegen zu wehren«.

Diese Subproletarier, so theoretisiert Lotta Continua zu Beginn der siebziger, kann man nicht für den Klassenkampf gewinnen, solange sie in Freiheit sind. Ihre politische und soziale Reintegration in die Klasse kann erfolgen, »wenn sie verurteilt werden, materiell eingeengt sind und in ein Zwangskollektiv gesteckt wurden«, wie eben das Gefängnis. Dort kann der ›Rebell‹ und ›Asoziale‹ durch die Teilnahme am »Kampf gegen die institutionellen Formen der Gewalt, der Ausbeutung und der Unterdrückung ein Proletarier und Revolutionär werden«. Dies ist der »einzige Weg seiner sozialen Rückgewinnung«.[14]

1972 kann man in dem von Lotta Continua herausgegebenen Band *Liberare tutti i dannati della terra (»Alle Verdammten dieser Erde befreien«)* unter anderem lesen:

»Lotta continua hat sich nicht bloß zum Ziel gesetzt, in diese Situationen einzugreifen ..., um sie umzustürzen und die Gefängnisse von Schulen des Verbrechens und des Individualismus zu Schulen des Kampfes gegen die Herrschenden und des Kommunismus zu machen... Das Gefängnis als solches hat für das Proletariat keinen Nutzen, allerhöchstens wird es Arbeits- und Umerziehungslager für konterrevolutionäre Bourgeois einrichten ...«

Diese Zitate sind von Bedeutung, weil sie uns helfen zu verstehen, welches Klima damals herrschte. Oft unterschieden sich Ideologie, Gesellschaftskritik und Sprache derjenigen Gruppen, die in der Legalität agierten, kaum von denjenigen Gruppen, die den bewaffneten Kampf bereits praktizierten oder zumindest vorbereiteten.

Auf dem Kongreß von Lotta Continua im Dezember 1973 wird das Thema der Kampfmethoden ganz offen zur Diskussion gestellt. Der Vorschlag der Radikalsten, Gewaltanwendung als Instrument im Befreiungskampf anzuerkennen, wird abgelehnt. Schon vor dem Kongreß hatte die neue Linie Abneigung bei jenen Gefangenen erzeugt, die sich in den Gefängnisrevolten exponiert hatten und die sich nun allein gelassen fühlten. Und sie förderte die Bildung von Aktionsgruppen, die mit den eigentlichen Kernen von LC nichts mehr zu tun hatten. Diese beharren auf der Notwendigkeit eines Programms für den bewaffneten Kampf aus dem Untergrund.

Die NAP entstehen im Frühjahr 1974. Ihre Geschichte ist eine Folge von Pannen, die auf geringe Disziplin und mangelnde Ausbildung zurückgehen. Wie Anfänger lassen sie sich verhaften, selbst Banküberfälle mißlingen, sie fallen ihren eigenen Sprengsätzen zum Opfer, weil sie sie nicht sachgerecht zu behandeln wissen, und bei einem Attentat (gegen Alfonso Noce in Rom) verletzen sie

14 Lotta Continua, Nr. 20, Dez. 1971.

das ausersehene Opfer nur, erschießen dafür aber irrtümlich einen der eigenen Leute. Ende 1976 gibt es die Gruppe praktisch nicht mehr. Ihre gelungenste und aufsehenerregendste Aktion bleibt die Entführung des Richters Giuseppe Di Gennaro im Mai 1975.

Bei dieser Aktion läßt sich in Grundzügen erkennen, was später immer deutlicher sichtbar wird. Man versucht Menschen zu treffen, die sich für Reformen einsetzen und die gerade deshalb für besonders »gefährlich« erachtet werden. Di Gennaro ist der Richter, der sich im Justizministerium mehr als jeder andere für die Reform des Strafvollzugs engagiert war. Dabei, so seine Entführer, handele er »nur pro forma« im Interesse der Gefangenen, während er in Wirklichkeit ihr revolutionäres Bewußtsein zu lähmen suche. Eine weitere »Schuld« Di Gennaros besteht darin, den Strafvollzug funktionaler und damit effektiver gemacht zu haben.

Nach seiner Befreiung beschreibt Di Gennaro seine Entführer als Außenseiter, die in ihrem Sozialverhalten »mehr oder weniger bewußt die Verhaltensweisen der verfolgten Minderheit übernehmen, das logische Produkt der Lebensbedingungen in italienischen Gefängnissen, der Inkompetenz und des Mangels an Kultur in Politik und Bürokratie sowie des sozialen Rassismus«.[15] Von allen subversiven Gruppen jener »bleiernen Zeiten« in Italien hatte die NAP den unverfälschtesten und vielleicht auch breitesten sozialen Hintergrund, sie war die einzige Gruppe, die von unten entstand – und nicht als Kopfgeburt irgendwelcher »Avantgarden«.

15 Interview in *Il Mondo*, 19. 6. 1975. Zur Geschichte der NAP vgl. A. Silj, *Mai più senza fucile, op. cit.*, S. 99ff.

# 6. *Kapitel*
# Die Strategie der Spannung

## 1. Bomben und Politik im Italien der siebziger Jahre

Von 1969 bis 1980 kam es in Italien zu 12 690 Attentaten und anderen Gewaltaktionen aus politischen Gründen, die Bilanz lautet: 362 Tote und 4490 Verletzte. 150 Tote und 551 Verletzte sind allein in den elf großen Anschlägen des genannten Zeitraums zu beklagen; vom ersten Attentat am 12. Dezember 1969 auf der Piazza Fontana in Mailand bis zum schwersten Anschlag (85 Tote, 200 Verletzte), der Bombenexplosion auf dem Bahnhof von Bologna im August 1980.[1] In den genannten Zahlen sind die Opfer mafiotischer Aktivitäten nicht eingeschlossen.

Keine andere westliche Demokratie hat auch nur annähernd vergleichbar schwere und zahlreiche, politisch motivierte Attentate erlebt wie Italien. In keiner anderen westlichen Demokratie ist der Mordanschlag in diesem Ausmaß zu einem Instrument im politischen Kampf geworden wie in Italien.[2]

In den siebziger Jahren bildeten sich in Italien immer neue, mehr oder weniger starke Mitte-Links-Regierungen bis hin zu jener im Januar 1978, die von Moro inszeniert und von Giulio Andreotti geführt wurde. Die DC akzeptiert die Stimmen des PCI im Namen eines Notstands wegen des Terrorismus und der deshalb nötigen »nationalen Solidarität« nur widerwillig. Es steht völlig außer Frage, daß der Terrorismus die Strategie einiger Parteien stark beeinflußt hat. Und ebenso zweifelsfrei haben einige andere Parteien sich die dadurch entstandene Situation zunutze gemacht und jegliche Veränderung zugunsten einer Zementierung des Status quo erstickt. Und schließlich ist sicher, daß die Gewalt zwar verbal verurteilt, aber tatsächlich toleriert wurde und daß die Urheber einiger Attentate regelrecht gedeckt wurden, wobei man sich der Strukturen bediente, die eigentlich zu ihrer Bekämpfung dienen sollten. Das ergibt sich aus gut belegten gerichtlichen Un-

1 *Rapporto sul terrorimo*, hg. von Mauro Galleni, Mailand 1981.
2 Irland ist ein Fall für sich, da es um die Frage der nationalen Einheit und Unabhängigkeit geht und nicht um innere Konflikte.

tersuchungsverfahren, aus Urteilssprüchen und aus parlamentarischen Untersuchungskommissionen. Es handelt sich um äußerst schwerwiegende Vorgänge, die dem Leser unglaublich scheinen mögen. Aber leider ist es die traurige Wahrheit.

Um die Ereignisse im Kontext der damaligen Situation aufzuzeigen, wird es von Nutzen sein, die politischen Abläufe jenes Jahrzehnts nachzuzeichnen. Das Jahr 1969 ging im Zeichen von Streiks und Lohnforderungen zu Ende, die einerseits der Linken und den Gewerkschaften wieder neues Gewicht gaben, aber andererseits große Besorgnis in Unternehmerkreisen erweckten und daher die konservativen Kreise mobilisierten. Die siebziger Jahre sind gekennzeichnet durch eine wirtschaftliche Rezession und hohe Inflationsraten. Das Arbeitslosenproblem, die Kosten der Arbeit und die aggressive Politik der Gewerkschaften während und nach dem »Heißen Herbst« '69 verstärken die Befürchtungen der Politiker und die sozialen Konflikte. Die Bank von Italien unterstützt die These, vor allem die Arbeitskosten, die die Steigerung der Produktivität bei weitem überstiegen, seien Ursache für den Verlust an Wettbewerbsfähigkeit der italienischen Industrie.

In diesen Jahren verwandelt sich der italienische Kapitalismus als Folge der staatlichen Unterstützung für die am schwersten betroffenen Industrien in einen »subventionierten« Kapitalismus. In den nachfolgenden Jahren verstärkt sich dieser Trend, allerdings ohne daß irgend eines der angestrebten Ziele erreicht würde. Vielmehr erhöht sich das Staatsdefizit, und Tausende von Milliarden Lire gelangen in die Pipelines von Klientel-Operationen unter Führung einer korrupten und parasitären Bürokratie. So bildet sich ein System der Macht heraus, das auf Korruption, unzulässiger Bereicherung und illegaler Finanzierung der politischen Parteien beruht, ein »Tagentopoli« (der seit Ende der achtziger Jahre verwendete Begriff, um die in der Operation »mani pulite« der Mailänder Staatsanwaltschaft nach und nach aufgedeckten Korruptionsverfahren zu bezeichnen. U. H.) (vgl. Kap. 10).

Diese neue Bourgeoisie der spekulativen Finanztransfers,[3] die nur noch dem Namen nach Unternehmer sind und die in Wirklichkeit schlicht die Ressourcen des Landes plündern und sie produktiven Investitionen entziehen, kann gar nicht anders, als sich mit den Parteien an der Macht zu identifizieren, allen voran den

3 Eugenio Scalfari, Giuseppe Turani, *Razza padrona. Storia della borghesia di stato*, Mailand 1974.

Christdemokraten. Die wesentlichen Instrumente dieser Macht sind die öffentlichen Gelder, die Finanzpolitik und Vorzugskredite bei den Banken, denn die Banken sind zum überwiegenden Teil in Staatshand, und die Ernennung der Spitzenpositionen steht der Regierung zu. Wahrscheinlich muß man in diese Zeit auch die Anfänge des systematischen und eng verzahnten Zusammenspiels zwischen der Mafia und der »Rasse der Besitzenden und Herrschenden« – und auf diesem Weg auch mit der Politik – suchen.

Nach den Unruhen im »Heißen Herbst« 69 kommt es zu einer viermonatigen Regierungskrise, in der alle Versuche einer Regierungsbildung von Fanfani und Moro scheitern. Schließlich hat Mariano Rumor mit einer Mitte-Links-Koalition Erfolg.[4] Diese erweist sich allerdings als äußerst kurzlebig. Rumor tritt zurück, nachdem die Gewerkschaften auf seine Aufforderung, den Generalstreik abzusagen, nicht eingehen. Der wahre Grund aber ist, daß die Zusammenarbeit mit den Sozialisten immer schwieriger wird. In der Zwischenzeit waren die Unruhen von Reggio Calabria ausgebrochen (vgl. Kap. 4). Der sich anschließende Versuch einer Regierungsbildung unter Andreotti scheitert, weil die Sozialdemokraten ein Veto gegen ihn einlegen, denn sie verdächtigen ihn, insgeheim eine Ansprache mit den Kommunisten zu suchen. Im August wird eine neue Mitte-Links-Regierung unter Emilio Colombo gebildet. Im Dezember verabschiedet das Parlament die endgültige Fassung des Scheidungsgesetzes, der sich die DC hartnäckig widersetzt hatte, und das Gesetz über die Einrichtung des Volksreferendums.[5] Die Gleichzeitigkeit war von den Christdemokraten gewollt, die auf diesem Wege hofft, die Unruhe unter ihrer gemäßigten und katholischen Wählerschaft wegen des Scheidungsgesetzes beruhigen zu können. Auf dem Weg eines Referen-

4 Sozialisten und Sozialdemokraten wird als Gegenleistung zu ihrem Regierungseintritt die Verbesserung der Renten, die Einrichtung der Regionen als eigenständige Ebenen und eine neue Arbeitsordnung versprochen. Letztere wird durch den sozialistischen Arbeitsminister Giacomo Brodolini ausgestaltet und anfänglich unterschätzt. In den darauffolgenden Jahren wird sie sich als eine der bedeutungsvollsten der ansonsten nur wenigen Errungenschaften des Mitte-Links-Bündnisses erweisen.

5 Das Referendum, eine von der Verfassung vorgesehene Einrichtung, war bis 1980 niemals durch eine Gesetzgebung so geregelt worden, daß es hätte angewandt werden können. Laut Verfassung können durch ein Referendum nur bestehende Gesetze abgeschafft, aber keine neuen eingerichtet werden.

dums, so meint man, könne dieses wieder gekippt werden. Die Ironie der Geschichte will es, daß die Christdemokraten nicht nur das Scheidungsreferendum von 1974 verlieren, sondern daß in der Folge die allermeisten Referenden von der Opposition gefördert werden.

Im März 1971 endet eine von den »Freunden der Streitkräfte« organisierte Demonstration, an der zahlreiche militärische Würdenträger, unter ihnen auch General De Lorenzo, teilnehmen, am »Altar des Vaterlandes« mit Parolen wie »Schluß mit den Bordellen, wir wollen die Obristen« (Basta coi bordelli, vogliamo i colonelli) und »Ankara, Athen, nun Rom« (Ankara, Athene, adesso Roma viene). Im selben Monat geht zum ersten Mal die Nachricht von einem versuchten Staatsstreich durch die Presse, der sich angeblich im Dezember 1970 ereignet hat.

Bei den Regionalwahlen im Juni 1971 in Mittel- und Süditalien verliert die DC Stimmen an den MSI (der in Rom und Sizilien auf 16% ansteigt, in Catania sogar auf mehr als 30%). Nach den Ereignissen von Reggio Calabria ist der MSI für einen Teil der konservativen Wählerschaft interessant geworden. Das Abstimmungsergebnis verschärft die Spannungen innerhalb der Christdemokraten und stärkt deren rechten Flügel. Im Dezember muß der offizielle christdemokratische Kandidat für das Ministerpräsidentenamt, Amintore Fanfani, seine Kandidatur zurückziehen. Gewählt wird sein Parteikollege Giovanni Leone, und zwar mit den Stimmen des MSI.

Am 17. März 1972 wird Enrico Berlinguer auf dem Parteikongreß des PCI zum neuen Generalsekretär der Partei gewählt.

Bei den Wahlen im Mai hält die DC ihre Position mit guten 38,7%, der MSI kommt auf knapp unter 9%, PCI und PSI erhalten zusammengenommen 36,7%. Andreotti bildet mit den Parteien der Mitte eine neue Koalition. Diesmal auch mit den Liberalen, die Andreotti für besonders wichtig hält, um die Wende nach rechts deutlich zu machen. Kurz nach den Wahlen wird in Mailand Kommissar Calabresi ermordet (vgl. Kap. 6.2). Am 21. Oktober explodiert in der Nähe von Reggio Calabria eine Bombe in einem Zug, der Tausende von Metallarbeitern aus dem Norden nach Reggio zu einem Gewerkschaftskongreß über das Problem des Südens bringen soll. Fünf Personen werden verletzt. In derselben Nacht beschädigen weitere zehn Bomben die Eisenbahnverbindungen des Südens mit dem Norden. Das ganze Jahr ist geprägt von einer zunehmenden politischen Gewalttätigkeit und Intoleranz, von seiten der Rechten wie der Linken.

Auf einer Kundgebung am 5. November in La Spezia spricht der Generalsekretär der DC, Arnaldo Forlani, ein beunruhigendes Thema an:

»Es wurde das vielleicht gefährlichste Komplott der reaktionären Rechten seit der Befreiung geschmiedet... Dieses Komplott wurde mit Hilfe eines Netzes gesponnen, das auf konsistente organisatorische und finanzielle Grundlagen bauen konnte und das vielleicht nicht nur auf Unterstützung im Lande, sondern auch von außerhalb stieß; dieses Unternehmen ist noch nicht zu Ende: wir können belegen, daß dieses Unternehmen noch im Gange ist...«

Forlani wird bestürmt, seine Informationen zu spezifizieren, aber er weigert sich. Wenige Wochen später distanziert sich Aldo Moro von der Mehrheitslinie seiner Partei und wünscht eine rasche Rückkehr zum Dialog mit dem PSI und der Koalition der linken Mitte.

Im April scheitert ein neofaschistisches Attentat auf den D-Zug Turin–Rom nur zufällig, und während einer Demonstration in Mailand werfen zwei Mitglieder der MSI Handgranaten gegen die Polizei. Ein Polizist wird getötet. Beide Attentate hätten der Linken in die Schuhe geschoben werden sollen, und es ist nicht ausgeschlossen, daß sie Bestandteil eines Planes waren, der 1974 aufgedeckt wurde. Er zielte darauf, den Einsatz des Militärs im Rahmen des Projekts »permanenter Staatsstreich« zu begünstigen, das im Zuge der Untersuchungen über die »Rosa dei Venti« aufgedeckt wurde (vgl. Kap. 6.4).

Am 17. Mai weiht Innenminister Rumor eine Gedenktafel für Kommissar Calabresi im Mailänder Polizeipräsidium ein. Als er wieder ins Freie tritt, wirft ein Mann, der sich als Anarchist ausgibt, aber dem neofaschistischen Milieu im Veneto nahesteht, eine Bombe. Sein Ziel ist, so ergibt sich später, das Auto von Rumor. Die Bombe fällt in die Menschenmenge und fordert vier Tote und zahlreiche Verletzte.

Am 11. September 1973 stirbt der chilenische Sozialist und Präsident Salvator Allende. Ob er von den Truppen Pinochets getötet wurde oder Selbstmord beging, wurde nie vollständig geklärt. Dieses Ereignis hat einen enormen Einfluß auf die politische Landschaft Italiens. Es ist nämlich die chilenische Erfahrung, die Enrico Berlinguer, den Generalsekretär des PCI, davon überzeugt, daß selbst ein parlamentarischer Sieg, der der Linken mehr als 50% brächte, keine hinreichende Grundlage darstellte, um das Land zu regieren. Aus dieser Überlegung heraus entstehen die Überlegungen, die man zusammenfassend als »Historischen Kompromiß« bezeichnet hat, also den Versuch eines breiten Konsenses zwischen den linken Kräften und den anderen demokratischen Parteien.

Am 17. Dezember wirft ein Terrorkommando der Palästinensergruppe »Schwarzer September« zwei Brandbomben auf eine Boeing der PanAm auf dem römischen Flughafen, die abflugbereit nach Beirut ist. Dabei werden 30 Passagiere getötet und 15 verletzt. Nachdem sie einen Zollbeamten getötet und fünf Polizisten sowie einen Gruppenleiter der Flughafengesellschaft als Geiseln genommen haben, bringen sie ein Flugzeug der Lufthansa in ihre Gewalt und fliegen in Richtung Athen ab und von dort nach Kuwait. Dort endet die Geiselnahme mit der Befreiung der fünf Polizisten und der Flugzeugbesatzung.

1974 ist ein entscheidendes Jahr für die Untergrundmanöver der Rechten wie auch für das Anwachsen des linken Terrorismus. Es beginnt mit Haftbefehlen gegen zwei hohe Offiziere des Heeres, die beschuldigt werden, ein Komplott zum Umsturz geschmiedet zu haben (vgl. Kap. 6.3). Ende Januar geht das Gerücht um, zahlreiche Kasernen seien in Alarmzustand versetzt worden.

Im Februar platzt der Erdölskandal. Der Ex-Präsident der Erdöl-Union, Vincenzo Cazzaniga, wird beschuldigt, über Jahre hinweg leitende Funktionäre einiger Parteien und der Enel (ente nazionale per l'energia elettrica, i.e. nationales Energieversorgungsunternehmen. U. H.) bestochen zu haben, um so zu erreichen, daß der Bau thermoelektrischer Kraftwerke gegenüber dem Bau von Atomkraftwerken bevorzugt werde. Die Richter leiten zwanzig Ermittlungsverfahren ein. Es handelt sich um den ersten großen Korruptionsfall der italienischen Republik, der sich jedoch in Luft auflöst. Die Untersuchung wird zu den Akten gelegt.

Im März wird das Datum für das Ehescheidungsreferendum festgelegt (12. Mai). Fanfani sieht in dem Referendum eine große Chance, die DC wieder als die Partei des moderaten Zentrums zu profilieren und ihre führende Rolle als ›Retterin des Vaterlandes‹ zu untermauern. Schnell nimmt seine Kampagne für die Abschaffung des Gesetzes Züge eines regelrechten Kreuzzuges an.

Mitten in die Referendumskampagne platzt am 18. April die

Entführung des Genueser Richters Mario Sossi durch die Roten Brigaden (vgl. Kap. 5.2). Es ist die Rede von einer Provokation durch Faschisten, die sich bei dieser Gelegenheit als revolutionäre Linke ausgegeben hätten, um das Abstimmungsergebnis zu beeinflussen. Drei Tage nach der Entführung trägt ein Attentat auf die Eisenbahnlinie Florenz–Bologna, zu dem sich die »Brigate popolari–Ordine Nuovo« bekennen, dazu bei, die Situation noch undurchsichtiger zu machen.

Während hitzige Debatten darüber geführt werden, welche Antwort man den Roten Brigaden geben soll, wird am Vorabend des Abstimmungstages eine Gefängnisrevolte in Alessandria mit Hilfe der Carabinieri von Carlo Alberto Dalla Chiesa unterdrückt. Bei den Auseinandersetzungen kommen zwei Gefangene, zwei Polizisten und zwei weitere Personen ums Leben. In diesem Klima begeben sich die Italiener an die Wahlurnen. Es gewinnt das Nein mit 59,1 %. Das Abstimmungsergebnis markiert eine Verschiebung der politischen Achse des Landes nach links. Aber es gibt natürlich Leute, denen das nicht gefällt. Am 28. Mai, fünf Tage nach der Freilassung des Richters Sossi, explodiert eine Bombe auf der Piazza della Loggia in Brescia, während eine antifaschistische Kundgebung abgehalten wird. Acht Personen sterben und neunzig werden verletzt. Zwei von ihnen sterben später an den schweren Verletzungen. Ordine Nero übernimmt die Verantwortung für das Attentat. Als sich die Nachricht von dem Attentat verbreitet, stürmen in Rom Hunderte von militanten Anhängern der außerparlamentarischen Linken Büros und Parteisitze rechtsradikaler Gruppen. Es kommt zu Auseinandersetzungen mit der Polizei. Zwischenfälle an diesem und den folgenden Tagen gibt es auch in Neapel und Mailand.

In den Tagen nach dem Attentat von Brescia wird die Debatte um die Rolle der Geheimdienste heftiger. Im Juni publiziert die Zeitschrift *Il Mondo* ein Interview mit Verteidigungsminister Giulio Andreotti, das den Schluß nahelegt, die Geheimdienste spielten eine Rolle in der »Strategie der Spannung«. Das Interview erregt auch deshalb großes Aufsehen, weil Andreotti enthüllt, daß laut einem Konferenzbeschluß der obersten Ebenen im Juli 1973 die Richter, die die Untersuchungen wegen des Attentats auf der Piazza Fontana leiten, darüber informiert wurden, daß Guido Giannettini, gegen den in dieser Sache ermittelt wurde, ein Informant des SID war.

Andreotti selbst läßt den Gerichten im September drei präparierte Dossiers aus dem SID zukommen, die sich auf die Subversionsversuche der letzten Jahre beziehen. Dieser Plan sah nach dem Dossier vor, den Präsidenten der Republik festzusetzen und zahlreiche politische Persönlichkeiten umzubringen. Unter ihnen Andreotti, Taviani und Berlinguer. General Vito Miceli, Chef des SID seit Oktober 1970, dessen Absetzung von Andreotti in besagtem Interview mit *Il Mondo* angekündigt wurde, beschuldigt Andreotti wenige Wochen später, der Gerichtsbarkeit unvollständige Dokumente übergeben zu haben.

Noch im Juni tritt Admiral Gino Birindelli aus Protest gegen Giorgio Almirantes Beharren auf der Linie der »Nostalgie für den Faschismus« und seine Weigerung, die Beziehungen zur subversiven Rechten klarzulegen, aus dem MSI aus. Im Juli wird General Miceli von Admiral Casardi abgesetzt. Und das Parlament stimmt der Einleitung eines Untersuchungsverfahrens gegen Almirante zu,[6] der beschuldigt wird, gegen die Verfassung konspiriert und zum bewaffneten Aufstand aufgerufen zu haben. In einer Rede hatte er nämlich erklärt:

»Unsere Jugend muß zum Angriff übergehen, bevor andere das tun. Und das muß zu ähnlichen Ergebnissen führen wie in anderen europäischen Ländern, etwa in Portugal, Griechenland oder Spanien.«

Am 4. August explodiert eine Bombe im »Italicus« auf der Strecke Florenz–Bologna am Ende eines Tunnels. Zwölf Menschen sterben. Die Zahl der Toten, so kann man aus der Einstellung des Zeitzünders erkennen, der so reguliert war, daß die Bombe mitten im Tunnel explodieren sollte, hätte nach dem Plan der Attentäter sehr viel höher sein sollen.

Im Oktober tritt die Regierung unter Ministerpräsident Mariano Rumor zurück, weil die Sozialdemokraten aus der Koalition ausscheren. Für sie ist eine weitere Zusammenarbeit mit den Sozialisten unmöglich. Im November bildet Aldo Moro eine Regierung mit den Republikanern und der Unterstützung von Sozialisten, Sozialdemokraten und Liberalen. Zu den Bedingungen der Sozialisten für ihre Unterstützung gehört die Forderung, Moro solle die Verfassungstreue der Geheimdienste sicherstellen.

Die Frage der Geheimdienste dominiert die politischen Debat-

6 Bis Ende 1993 konnten die Richter in Italien ohne Autorisierung durch das Parlament noch nicht einmal Vorermittlungen gegen Parlamentarier einleiten.

ten der letzten Monate des Jahres 1974. Am 31. Oktober wird General Miceli aufgrund eines von Richter Tamburino ausgestellten Haftbefehls festgenommen. Die Anklage lautet Verschwörung gegen den Staat im Zusammenhang mit dem Komplott der »Rosa dei Venti« (vgl. Kap. 6.3). Sofort nach der Festnahme Micelis kursieren Gerüchte über einen Staatsstreich.

Am 7. November erläßt der Untersuchungsrichter, der die Ermittlungen im Fall des Komplotts Borghese leitet, weitere Haftbefehle. Am 16. wird in der Nähe von Savona ein neuerliches Attentat nur um Haaresbreite vereitelt. Einem Bauern, der die Explosion einer Bombe mitbekommen hat, die die Schienen der Strecke Genua–Turin auf zwei Metern weggesprengt hat, gelingt es, den herannahenden Zug rechtzeitig zum Stehen zu bringen. Zu dem Anschlag bekennt sich Ordine Nuovo. Am 20. kulminiert eine ganze Serie von Gewaltaktionen der Faschisten in Savona mit der Explosion einer Bombe, die einen Menschen tötet und zwölf verletzt.

## 2. Die Attentate von 1969

Mailand, 12. Dezember 1969. In der Eingangshalle der Landwirtschaftsbank an der Piazza Fontana geht eine Bombe hoch. Sechzehn Menschen sterben, 87 werden verletzt. Wenige Minuten später findet ein Angestellter in einer anderen Bank ganz in der Nähe per Zufall eine schwarze Tasche. Sie enthält eine Bombe. Der Zeitzünder hat nicht funktioniert, die Bombe ist nicht explodiert. Am selben Tag und nur acht Minuten später explodiert in der Banca Nazionale del Lavoro an der Via Veneto in Rom eine Bombe in einem unterirdischen Verbindungsgang. Sechzehn Menschen werden verletzt. Nur wenig später gehen in Rom noch zwei Bomben auf dem zweiten Treppenabschnitt des Altars des Vaterlandes hoch.

Die Furcht greift um sich, diese Bombenanschläge könnten das Vorspiel zu einem Staatsstreich sein. Die Sorge ist berechtigt. Zum ersten Mal seit dem Ende des Krieges wurde Italien im Laufe des gesamten Jahres von einer Serie von Anschlägen erschüttert. Am 25. April explodierte ein Sprengsatz auf dem Stand der Fiat auf dem Mailänder Messegelände und verursachte 20 Verletzte; ein weiterer Sprengsatz, der nicht explodiert war, wurde im Hauptbahnhof entdeckt. Drei Bomben wurden am 12. Mai in Rom und Turin sowie am 24. Juli in Mailänder Justizpalast vor der Explosion entdeckt. In den ersten zehn Tagen im August hatten acht Attentate auf die Eisenbahn zahlreiche Verletzte und große Schäden zur Folge. Im Juli machte das Wochenmagazin *Panorama* Gerüchte über einen geplanten Staatsstreich publik.

Die Jahre 1968 und 69 waren aber auch die Jahre der Studenten- und Arbeiterproteste, die die Moderaten in Alarmstimmung versetzten. Nach dem Attentat an der Piazza Fontana sucht die Polizei die Attentäter unter den Linken. Kaum zwei Tage nach der Explosion begibt sich Kommissar Luigi Calabresi zum Anarchistenclub Ponte della Ghisolfa und fordert den jungen Anarchisten Giuseppe Pinelli auf, sich auf das Polizeipräsidium zu begeben. Es handelt sich nicht um eine Festnahme. Calabresi kennt Pinelli ganz genau, denn Pinelli war es, der auf dem Polizeipräsidium jedesmal die Genehmigungen fürs Plakatekleben und für die Demonstrationen beantragte. Er sagt zu ihm: »Wir fahren mit dem Wagen, du folgst uns mit dem Moped.«[7] Drei Tage später »stürzt« Pinelli aus dem Fenster des Raums im vierten Stock des Polizeipräsidiums, in dem ihn Calabresi und seine Mitarbeiter verhören.

Die Polizei liefert zur Klärung der Umstände immer neue, sich widersprechende Darstellungen. Zuerst ist von Selbstmord die Rede, dann von einem Unfall. Die Staatsanwaltschaft leitet ein Ermittlungsverfahren ein, das im Mai 1970 mit der Feststellung abgeschlossen wird, es habe sich um einen Unfall gehandelt. Aber damit ist die Sache nicht abgeschlossen. Lotta Continua führt eine äußerst harte Pressekampagne gegen Kommissar Calabresi, mit dem Ziel, Calabresi zu einer Anzeige gegen die Zeitung zu zwingen und so, mit Hilfe des Gerichtsverfahrens, den Fall Pinelli wieder zu eröffnen. Und in der Tat geschieht dies im Mai 1970. 1971 wird eine offizielle Ermittlung gegen Calabresi und den Mailänder Polizeichef Marcello Guida wegen Mord eingeleitet. Nur wenige Monate später, im Mai 1972, wird der Kommissar durch einen Pistolenschuß auf offener Straße umgebracht. Nach seinem Tod wird der Fall 1975 dann offiziell zu den Akten gelegt.

Der Anarchist Pietro Valpreda war ebenfalls festgenommen und nach Rom überführt worden, und am selben Tag meldet sich der Taxifahrer Cornelio Rolandi bei den Carabinieri und gibt zu Pro-

7 Interview mit Pietro Valpreda in der Fernsehsendung *Die Nacht der Republik* von Sergio Zavoli. *La notte della Repubblica*, Mailand 1992, S. 62.

tokoll, er habe Valpreda am Tag des Attentats zur Landwirtschaftsbank gefahren. Richter Occorso erhebt Anklage gegen Valpreda wegen Massenmord, und so beginnt ein Fall, der die italienische Öffentlichkeit noch Jahre beschäftigen sollte.

Im Juni 1970 wird Rolandi, der wegen einer Leberinsuffiziens und Venenentzündung im Bein im Krankenhaus liegt, von dem Richter vernommen und zum Zwecke »künftiger Beweissicherung« vereidigt. Im Jahr darauf stirbt er in seiner Wohnung in der Badewanne. Zwei weitere Zeugen der Verteidigung, zwei junge Männer, kommen zusammen mit drei weiteren Jugendlichen bei einem Verkehrsunfall auf der Autobahn ums Leben. Zu den mysteriösen Todesfällen im Umfeld des Attentats von der Piazza Fontana gehört auch der Tod des Anwalts Vittorio Ambrosini aus Mailand, eines Freundes Almirantes und anderer Persönlichkeiten aus dem rechten Spektrum wie auch des damaligen Innenministers Franco Restivo und des kommunistischen Abgeordneten Achille Stuani. An letzteren schreibt Ambrosini am 14. Dezember, er sei im Besitz einiger Kenntnisse über die Hintergründe des Attentats. Die Rede ist von Ordine Nuovo, und er führt weiter aus, die Attentäter seien in den Reihen jener »Dissidenten des MSI (zu suchen), die zur Belohnung nach Griechenland geschickt worden waren«. Im Juli 1970 widerruft er bei einer Befragung durch die Richter alles. Ein Jahr darauf jedoch bestätigt er bei einem Treffen mit Stuani erneut, er sei in Kenntnis schwerwiegender Tatsachen. Im September muß Ambrosini wegen Verdachts auf Herzinfarkt ins Krankenhaus. Am 21. Oktober stirbt er. Offiziell handelt es sich um Selbstmord. Aber die Umstände seines Todes sind keineswegs klar, und viele zweifeln an der offiziellen Todesursache.[8]

Wieso kommen die Ermittlungsbehörden dazu, bereits zwei Stunden nach dem Attentat die Anarchisten der Tat zu verdächtigen? Ist es glaubhaft, daß man in dem ganzen Durcheinander un-

8 Am Tag seines Todes scheint sich Ambrosini überhaupt nicht wie ein potentieller Selbstmörder verhalten zu haben. Er stürzte aus dem siebten und nicht aus dem sechsten Stock, in dem sein Zimmer lag. Der Leichnam wies – als sei er bereits beim Sturz ohne Bewußtsein gewesen – keine Brüche an Armen und Beinen auf, wie sie auch für Selbstmörder typisch sind (instinktiv versucht man, den Kopf zu schützen). Ein Krankenpfleger, der in der Abteilung arbeitete, in der sich Ambrosini befand, verschwindet unmittelbar nach seinem Tod, und die Krankenhausleitung bestreitet, daß jemals eine Person mit dem Namen oder dem Aussehen des vorgeblichen Krankenpflegers in jener Abteilung gearbeitet habe (vgl. *Strage di Stato, op. cit.*, S. 37).

mittelbar nach dem Geschehen zu klaren Schlüssen hinsichtlich der Verantwortlichkeit gelangt? Und wenn man schon die Linke der Tat bezichtigen wollte, warum dann ausgerechnet die Anarchisten? Die Antwort, so wurde argumentiert, liegt darin, daß die anarchistische Bewegung das schwächste Kettenglied der Linken ist, die am leichtesten zu treffende Gruppierung und vor allem auch die mit dem wenigsten Rückhalt in der Bevölkerung. Anarchie ist in den Augen des gesunden Menschenverstandes gleichbedeutend mit Gewalt, und so treffen sich bestimmte Anschuldigungen mit den Vorurteilen der Menschen. Vielleicht aber liegt die wirkliche Antwort woanders, ebenso banal, aber weniger offensichtlich: Auf die Anarchisten kam man im Ausschlußverfahren, nachdem man es vergeblich mit anderen Gruppen versucht hatte. Um diese zweite Hypothese zu untermauern, muß man zeitlich ein wenig zurückgreifen auf eine bereits erwähnte Episode, die Fahrt der Neofaschisten nach Griechenland Ostern 1968 (vgl. Kap. 4).

Jene Reise war von Stefano Delle Chiaie und Pino Rauti organisiert worden. In ihrem Verlauf waren die italienischen Neofaschisten unter anderen mit dem Journalisten Konstantin Plevris zusammengetroffen, einem Agenten des griechischen Geheimdienstes KYP, und Drahtzieher der Attentate, die 1966 und zu Beginn 1967 ein Klima der Spannung schufen, das schließlich zum Staatsstreich der Obristen führte. Mit Sicherheit erklärten die Griechen den Italienern die Techniken und die Vorteile einer anderen von ihnen angewandten Strategie, nämlich der Infiltration der linken Gruppen. In der Gruppe von Delle Chiaie und Rauti in Griechenland befand sich auch Mario Merlino, der sich in den Jahren zuvor bei vielen Gewaltaktionen von Avanguardia Nazionale, Ordine Nuovo und Giovane Italia hervorgetan hatte. Als Merlino 1969 wieder in der Öffentlichkeit auftaucht, hat er, zumindest dem Anschein nach, das Hemd gewechselt: Er steht zusammen mit Valpreda und vier weiteren Anarchisten wegen des Attentats unter Anklage. Bereits am Abend des 12. Dezember wird er festgenommen und von der Polizei verhört. Er »gesteht« sofort und beschuldigt die Anarchisten des Clubs 22. März in Rom, den auch Valpreda häufig besuchte. Bevor er schließlich bei den Anarchisten landete, hatte Merlino versucht, sich bei verschiedenen marxistisch-leninistischen Gruppen einzuschleusen, jedesmal ohne Erfolg. In allen Prozessen wegen des Attentats an der Piazza Fontana konnten die Richter zweifelsfrei seine Rolle als agent provocateur bei den Anarchisten belegen. Zudem wird er in erster Instanz wegen seiner Beteiligung an den Attentaten in Rom am 12. Dezember verurteilt.

Fünf Tage nach dem Massaker an der Piazza Fontana, am 17. Dezember also, verfaßt der SID einen Bericht, in dem Mario Merlino und Stefano Delle Chiaie sowie Yves Guerin-Serac, der Chef der Agentur Ager Interpress in Lissabon (vgl. Kap. 4), als Verantwortliche des Attentats genannt werden, »mit dem Ziel, die Verantwortlichkeit anderen Bewegungen in die Schuhe zu schieben«. Erst 1973 wird der Bericht auf hartnäckiges Drängen des Ermittlungsrichters Emilio Alessandrini den italienischen Justizbehörden übergeben. Der Bericht verschweigt, daß Guerin-Serac die Bewegung Ordre et Tradition leitet, die eng verbunden ist mit Pino Rautis Ordine Nuovo, und von Merlino heißt es, er sei ein Anarchist. 1985 räumt Feldwebel Gaetano Tanzilli vom SID in seiner Aussage beim Prozeß in Bari (vgl. weiter unten) ein, daß der Bericht ein bewußtes Konstrukt war, und bestätigt damit die Schlußfolgerungen, zu denen inzwischen auch die Richter gelangt waren, die die Untersuchungen gegen die rechtsradikalen Gruppen im Veneto führten (vgl. Kap. 6.3): Die Strategie der Spannung wurde mit Billigung, und in einigen Fällen wohl auch aktiver Hilfestellung, der Geheimdienste und des Büros für Geheimangelegenheiten beim Innenministerium in Szene gesetzt.

1969 können die Geheimdienste im übrigen gar nicht nicht informiert sein über die Tätigkeiten der Geheimdienste anderer Länder auf italienischem Boden, denn detaillierte Informationen sind bereits in der Presse erschienen. Griechenlands Mann für die »italienische Frage« ist Konstantin Plevris. Er reist 1969 mehrmals nach Italien. Anfang Dezember hält er sich in Rom und Mailand auf. Im Herbst dieses Jahres übergibt ein Vertreter der griechischen Opposition dem Ex-Korrespondenten von *The Observer*, Leslie Finer, den Microfilm eines Dokuments, das dem griechischen Premierminister, Papadopoulos, von einem Agenten des griechischen Geheimdienstes in Italien zugesandt worden war. In ihm wird über die Kontakte eines nicht näher identifizierten »Herrn P.« berichtet.

Die bedeutsamsten Abschnitte befinden sich im Kapitel mit dem Titel »Konkrete Aktion«.

»Die Aktionen, die eigentlich für einen früheren Zeitraum vorgesehen waren, konnten nicht vor dem 20. April realisiert werden. Die Modifizierung unserer Pläne wurde durch Mißgeschick notwendig, das uns den Zugang zum Fiatstand erschwerte. Beide Aktionen hatten eine beachtliche Wirkung.«

Gemeint sind hier die Attentate vom 25. April 1969 in Mailand auf den Fiatstand auf der Messe und auf den Hauptbahnhof. Der Bericht war in den ersten Tagen des Mai nach Athen geschickt worden. Experten des britischen Geheimdienstes haben die Möglichkeit ausgeschlossen, es könne sich um eine Fälschung handeln. Der Text wurde eine Woche vor dem Attentat an der Piazza Fontana in der Presse veröffentlicht. Der vollständige Bericht erschien in *L'Unità*, *Paese sera* und *L'Espresso* und wurde auszugsweise auch von anderen Zeitungen zitiert. Insgesamt aber wurde ihm nur wenig Aufmerksamkeit geschenkt. Und das, obwohl Leslie Finer gar nicht deutlicher hätte sein können. In *The Observer* schreibt er:

»Eine Gruppe von Rechtsextremen und Offizieren des Heeres plant in Italien mit Unterstützung der griechischen Regierung und ihres Ministerpräsidenten, Georgios Papadopoulos, einen Militärputsch.«

Die Anarchisten, die der Attentate beschuldigt und festgesetzt worden waren, werden nach sieben Monaten wieder freigelassen. Auch im Fall des Attentats von der Piazza Fontana verliert die These, die Anarchisten seien die Urheber, an Glaubwürdigkeit. Im Juni 1970 erscheint bei den Verlagen Samonà und Savelli *Strage di Stato*, das Resultat einer Untersuchung, die Hunderte von Aktivisten der Linken, und zwar nicht nur der außerparlamentarischen, durchgeführt hatten. Das Ganze stand unter der Oberaufsicht eines »Comitato di Controinformazione« (Komitee für Gegeninformation. U. H.), zu dem auch Anwälte und Journalisten gehörten. Nur sechs Monate nach dem Attentat an der Piazza Fontana liegt die Studie bereits in den Buchhandlungen. Erstes Ziel der Arbeit war es, den Beweis zu führen, daß die Anschuldigungen gegen die Anarchisten haltlos sind. Dabei verweist man auf die Lücken und Vorurteile, die typisch für die Vorgehensweise der Polizei waren, und man zeigt mit umfangreichen Zeugnissen und Belegen die subversive Konspiration der Rechten auf. Binnen kurzem wird *Strage di Stato* ein regelrechtes Kultbuch. Das Unterfangen ist um so bedeutungsvoller, als die Position der offiziellen Linken nach dem Attentat in der Landwirtschaftsbank nicht von der Linie der Polizei abweicht. Für die *Unità*, die Parteizeitung des PCI, ist Valpreda ein »Monster«, möglicherweise geisteskrank und die Marionette anderer Hintermänner. Auch für die Zeitung des PSI,

*L'Avanti*, ist Valpreda ganz zweifellos der Schuldige und der Club 22. März eine anarchistisch-faschistische Gruppe.

Über das Attentat vom 12. Dezember kommt es einige Zeit später noch zu einer anderen Untersuchung. In all den Jahren war von ihr kaum die Rede. Die Dokumente dieser Untersuchung, schriftliche Berichte und Tonbandaufzeichnungen, werden im Oktober 1974 bei der polizeilichen Durchsuchung einer klandestinen Wohnung der BR in Robbiano di Medaglia gefunden. Die Autoren sind aber dennoch nicht die Brigatisten, sondern Redakteure von *Controinformazione*, einer Zeitschrift, die den Roten Brigaden sehr nahesteht. Die Dokumente und Unterlagen waren den Roten Brigaden von Antonio Bellavita anvertraut worden, als der sich aus Angst vor einer Verhaftung dazu entschloß, nach Frankreich zu gehen. Die Schlußfolgerungen, zu denen Bellavita und Co. gelangten, waren reichlich »unbequem«: Die Bombe sei tatsächlich unter Mithilfe von Merlino und Pinelli von Valpreda in der Bank deponiert worden. Aber das Attentat hätte rein demonstrativer Natur sein sollen, denn die Bombe sollte nach Bankenschluß explodieren. Da aber der 12. der Vorabend des Festes des Hl. Ambrosius, des Stadtheiligen von Mailand, ist, zögert sich wegen des Andrangs die Schließung der Bank hinaus. Sprengstoff und Zeitzünder seien von der Gruppe Freda und Ventura im Veneto geliefert worden, und die ganze Aktion habe insgesamt Delle Chiaie – mittels Merlino – gesteuert.

Die Ergebnisse seien auch deshalb nicht veröffentlicht worden, so Galati, weil »sich ergeben hat, daß Pinelli in der Tat Selbstmord beging ... Auf dem Präsidium begriff Pinelli, daß er von der Rechten ferngesteuert worden war ... Wir interpretieren die Fakten als ein Attentat von Staats wegen mit dem Ziel der Destabilisierung ... Aus der Untersuchung ergab sich auch eine besondere Rolle von Giannettini ... sowie die Tatsache, daß der Taxifahrer Rolandi auch gegenüber einem von uns bestätigte, wirklich Valpreda gefahren zu haben. Rolandi hatte mit einigen Gruppen der Linken in Mailand Kontakte.« Auch die Polizei veröffentlicht die Dokumente nicht. Die Gründe dafür liegen auf der Hand: Es sind die Hinweise auf Giannettini, Merlino und Delle Chiaie.

Es vergeht mehr als ein Jahr, ehe die Ermittlungen über das Attentat an der Piazza Fontana auf die »schwarze Fährte« stoßen, und zwar bezeichnenderweise nicht die Untersuchungen in Mailand und Rom. Im Januar 1971 erhält der Trevisaner Untersuchungsrichter Giancarlo Stiz einen Aktenordner mit Aussagen eines gewissen Guido Lorenzon, eines Französischlehrers und Ortsgruppenvorsitzenden der DC in Maserada sul Piave. Die Aussagen beziehen sich auf vertrauliche Mitteilungen eines befreundeten Buchhändlers, eines gewissen Giovanni Ventura,[9] der ihm gegenüber Andeutungen über Bomben gemacht habe, die in Gebäuden in Mailand und Rom plaziert werden sollten. Nach dem 12. Dezember erinnert sich Lorenzon wieder an diese Äußerungen und geht zu einem Richter. Der Ordner gelangt schließlich zu Stiz mit der Empfehlung, den Vorgang zu den Akten zu legen. Nach einer gründlichen Lektüre jedoch lädt Stiz Lorenzon und Ventura zu einer Befragung. Den ausweichenden Antworten Venturas schenkt er keinen Glauben und leitet ein formelles Ermittlungsverfahren ein.

Stiz führt keine Ermittlungen über die Bomben von Mailand und Rom durch, was seine Kompetenzen überschreiten würde, sondern über eine neofaschistische Gruppe, zu der auch Ventura und Franco Freda, ein vereidigter Buchprüfer aus Padua, gehören und die im Verdacht steht, im Veneto zahlreiche Attentate durchgeführt zu haben. Freda ist Inhaber des Verlags AR, der unter anderem Texte von Hitler, Codreneau, Drieu La Rochelle und Evola herausbringt. Freda und Ventura werden festgenommen und dann unter Auflagen vorläufig wieder freigelassen. Die Ermittlungen gehen über an die Staatsanwaltschaft Padua, kehren aber schließlich wieder zu Stiz zurück.[10] Stiz ermittelt sehr gründlich, und er findet heraus, daß die Zeitzünder für die fraglichen Bombenattentate von Franco Freda im September 1969 in Bologna gekauft worden waren. Freda und Ventura werden wieder inhaftiert.

Im März 1972 unterzeichnen Stiz und der mit ihm gemeinsam die Untersuchung führende Richter Pietro Calogero einen Haftbefehl gegen Pino Rauti, in dem er der Mittäterschaft in der Gruppe im Veneto bezichtigt wird. Es ist noch zwei Monate bis zu den Wahlen. Und die Reaktionen lassen nicht auf sich warten. Der MSI spricht von politischem Mißbrauch, Rautis Anwälte zeigen

9 Erst Aktivist bei der »Azione Cattolica«, dann zum MSI übergetreten. Buchhändler und Verleger und in dieser Funktion auch in Kontakt mit dem linken Spektrum.

10 Bei Reparaturarbeiten an einem Haus in Castelfranco Veneto entdecken die Bauarbeiter in einem Versteck Waffen, und der Eigentümer erklärt, die Waffen gehörten Ventura.

Stiz beim Oberstaatsanwalt an, und die rechte Presse führt eine heftige Kampagne gegen die Richter von Treviso.[11] Es beginnen die ersten Manöver, um ihnen den Prozeß wegzunehmen und ihn nach Rom zu verlagern. Stiz und Calogero sind überzeugt, hinreichend Beweise nicht nur für die Attentate im Veneto, sondern auch in Mailand und Rom zusammengetragen zu haben, und beschließen, das Verfahren abzukürzen. Sie bereiten den Abschluß der Untersuchung und Beweiserhebung vor und schicken am 21. März 1972 die Akten des gesamten Verfahrens an die Staatsanwaltschaft in Mailand, die für das Verfahren zuständig ist, weil sich das schwerwiegendste Attentat dort ereignet hat.

In Mailand wird der Fall den Richtern Gerardo D'Ambrosio und Emilio Alessandrini zugewiesen. Damit nimmt die Mailänder Untersuchung über das Attentat an der Piazza Fontana ihren Anfang. Dieses Mal jedoch sind die Beschuldigten nicht mehr die Anarchisten, sondern die Faschisten. Die Richter fordern in Rom die Liste aller Attentate aus dem Jahr 1969 an: Es sind mindestens zweiundzwanzig. »Hinter all diesen Attentaten fanden wir die immer gleiche Handschrift«, erklärt D'Ambrosio. »Und Giovanni Ventura gab zu, daß sie alle von der Gruppe Franco Freda ausgeführt wurden.« Bei den Befragungen durch D'Ambrosio besteht Ventura darauf, daß er ein Linker sei, und behauptet, er habe mit Freda zusammengearbeitet, um Informationen zu erhalten, die er dem Agenten »Z« von den Geheimdiensten weitergereicht habe. Dieser Agent ist Giannettini. Der SID beruft sich bei der Befragung durch die Mailänder Richter auf das Staatsgeheimnis. Im Jahr 1974 jedoch räumt Andreotti, wie wir bereits sahen, in einem Interview ein, daß Giannettini tatsächlich ein Geheimagent war. Der ist jedoch inzwischen unauffindbar: Obwohl gesucht wegen Mordes, hat ihn der SID mit einem falschen Paß ausgestattet und ihm die Flucht ins Ausland ermöglicht.

Im März 1974 beginnt in Catanzaro, in Calabrien, der Prozeß wegen des Attentats an der Piazza Fontana,[12] der im Februar 1979 mit der Verurteilung von Freda, Ventura und Giannettini zu lebenslanger Haft abgeschlossen wird. Valpreda und Merlino werden im Anklagepunkt des Mordes aus Mangel an Beweisen frei-

11 Siehe Gianni Barbacetto, *Il Grande Vecchio*, Mailand 1993.

12 Das Ermittlungsverfahren wurde mit der Begründung nach Catanzaro verlegt, es bestünde die Gefahr von Krawallen und gewalttätigen Protesten, wenn der Prozeß in Mailand durchgeführt würde.

gesprochen, aber wegen Zugehörigkeit zu einer kriminellen Vereinigung verurteilt. Stefano Delle Chiaie und die anderen Faschisten werden freigesprochen. Im März 1981 hebt die Berufungsinstanz des Schwurgerichts Catanzaro in einem Urteil, das im ganzen Land Bestürzung auslöst, die Verurteilungen von Freda, Ventura und Giannettini auf und spricht sie mangels Beweisen frei, verurteilt aber die beiden ersteren wegen der Attentate zwischen April und August 1969 zu je fünfzehn Jahren Haft. Dieser Spruch wird von der Berufungsinstanz aufgehoben. Der nun notwendig gewordene neue Prozeß findet in Bari statt. Er endet 1985 mit dem endgültigen Freispruch sämtlicher Angeklagter aus Mangel an Beweisen. Der gerichtliche Vorgang ist abgeschlossen, Schuldige gibt es nicht.

Und dennoch, fast ein Vierteljahrhundert danach, im Jahr 1988, wird der Fall auf spektakuläre Weise durch den Mailänder Richter Guido Salvini neu aufgerollt. Am Ende der Ermittlungen übergibt Richter Salvini im März 1995 einen sechshundert Seiten starken Untersuchungsbericht. Detailliert rekonstruiert er die Geschichte der Putschversuche und der Anschläge zwischen 1969 und 1974. Insbesondere soweit es das Attentat an der Piazza Fontana betrifft, bestätigen die Schlußfolgerungen Salvinis, daß Valpreda mit der Sache nichts zu tun hat, ebenso wie die Versuche Mario Merlinos und anderer Faschisten, die Untersuchungen auf falsche Fährten zu lenken, nur dem Zweck dienten, den Anarchisten die Schuld in die Schuhe zu schieben. Aufgrund der inzwischen eingetretenen Verjährung vieler von Salvini ausgemachter Verbrechen und der Tatsache, daß Personen wie General Maletti, Guido Giannettini und Stefano Delle Chiaie nicht mehr belangt werden können, sind es nur sechs Personen, gegen die das Verfahren eröffnet werden kann. Im Eröffnungsbeschluß des Richters heißt es, daß »man ohne Einschränkung sagen kann«, daß auch gegenüber jenen Beschuldigten, die aus verschiedenen Gründen nicht mehr gerichtlich belangt werden können, »tatsächlich eine vollkommen zweifelsfreie Beweislage für die von ihnen begangenen Verbrechen besteht«.

Die Ermittlung Salvinis liefert auch die Bestätigung für die Rolle der Aginter Press von Yves Guerin Serac, die bereits im Bericht des SID auftaucht, dort aber, in Übereinstimmung mit den anderen Versuchen der Desorientierung, als anarchistisch und »mit Sicherheit in Kontakt zur Vertretung des kommunistischen

China in Bern stehend«[13] bezeichnet wird. Aus dem Bericht Salvini geht ganz unzweideutig hervor, daß die operative Verantwortung für das Attentat auf der Piazza Fontana bei den Faschisten im Veneto und den Faschisten von Ordine Nuovo (vgl. Kap. 4) der Gruppe La Fenice in Mailand liegt; und daß die späteren Ablenkungsmanöver dank der Protektion und aktiven Unterstützung durch Elemente der Geheimdienste und Offiziere des Natokommandos Norditalien Erfolg hatten.

## Tora! Tora! Kleine »Putsche« und große Attentate

In der Nacht vom 7. auf den 8. Dezember 1970 spielt sich in Rom ein Putschversuch ab, der allerdings nur wenige Stunden dauert. Sein Codewort ist »Tora! Tora!«, hergeleitet aus dem japanischen Angriff auf Pearl Harbour. Ihn einen Militärputsch zu nennen wäre unangebracht. Nur eine Abteilung Polizeischüler der Forstpolizei sollte daran teilnehmen und vielleicht noch, so scheint aus neueren Zeugenaussagen hervorzugehen, 800 Schüler der Unteroffiziersschule der Carabinieri in Florenz unter Führung des Kommandanten der Schule, General Dino Mingarelli, der später wegen des Attentats von Peteano angeklagt werden sollte. Aufgrund der Beteiligung der Forstpolizei und einiger ausgesprochen komischer Situationen (eine Gruppe, die den Polizeipräsidenten Angelo Vicari festnehmen sollte, begibt sich zu dessen Wohnung, nimmt aber einen falschen Eingang, besteigt den Lift und bleibt wegen Überschreitung des zulässigen Höchstgewichts darin die

13 Im entsprechenden Absatz der von Salvini abgefaßten Anklageschrift heißt es über die Aginter Press: »Eine bewaffnete Bande, die unter den Namen ›Ordre et Tradition‹ und ›O.A.C.I.‹ auftrat, Sitz in Lissabon und später in Madrid, spezifische Zielsetzungen sind Antikommunismus und die Herbeiführung von Veränderungen mit ungesetzlichen Mitteln in den Staaten, in denen sie auftrat... Sie wurde gebildet aus Franzosen, die Angehörige der OAS gewesen waren, von Spaniern, Portugiesen, Italienern und Amerikanern, die in den Techniken der Desinformation, der Infiltration, der psychologischen Kriegführung und der Sabotage trainiert wurden...« Die bewaffnete Bande war nicht nur in Spanien, in Portugal und in Italien aktiv geworden, sondern auch in Frankreich, Großbritannien und Deutschland (hier im Zusammenhang mit den Attentaten gegen die algerische Gesandtschaft im Frühsommer 1975) und sogar in Mittelamerika, auf den Azoren und in Angola. Das Attentat gegen die algerische Botschaft in Bonn, für das Sprengstoff vom Typ C4 verwandt wurde, schlug wegen eines elektronischen Defekts im Zündmechanismus fehl.

ganze Nacht gefangen) wurde dieser Vorfall von vielen und lange Zeit als »Operettenputsch« bezeichnet. Noch zwanzig Jahre später gibt es viele dunkle Seiten an der ganzen Geschichte. Heute kann man sie jedoch anhand von gerichtlichen Ermittlungen und vielen Zeugenaussagen rekonstruieren.

Drahtzieher und Organisator des Planes ist Fürst Valerio Borghese, der in seiner »Fronte Nazionale« (vgl. Kap. 4) das geeignete Instrument sieht, um den Sozialkommunismus abzuwehren. Die Bomben des Jahres 1969 haben es nicht vermocht, jene autoritäre Wende herbeizuführen, auf die die extreme Rechte, und nicht nur sie, hofft. »Das Land geht kaputt«, sagt Borghese zu seinen ehemaligen Offizieren des X. Mas. »Die Stunde ist gekommen, uns zu organisieren und zu reagieren.« Seine engsten Mitarbeiter sind Remo Orlandini vom X. Mas und Sandro Saccucci, ein Leutnant der Fallschirmspringer. Nicht klar ist, auf welche Unterstützung sie rechnen können oder wenigstens glaubten, rechnen zu können, ob es Politiker gab, die sie ermutigt oder ihnen wohlwollende Neutralität zugesichert haben. Orlandini zählt die Forstpolizei als sicher und die Fallschirmjäger in Pisa als wahrscheinlich auf, in Hinblick auf Luftwaffe und Marine weicht er aus. Zum Heer sagt er:

»Das Heer ist ein Fragezeichen. Bis jetzt verfügen wir über keinerlei Anhaltspunkt, wie es sich verhalten würde. Wir setzen darauf, in jedem Fall weiterzumachen, in der Hoffnung, es wird sich uns anschließen, wenn die Sache entschieden ist.«[14]

Orlandini erwähnt es nicht, aber heute wissen wir sicher, daß Orlandini auch in Mafiakreisen um Unterstützung gebeten hat. Die angesprochenen Familien lehnen die Aufforderung ab, mit voller Kraft an den Operationen in Rom teilzunehmen, aber es hat den Anschein, als sei das Kommando, das den Polizeichef Vicari ausschalten sollte, von drei bewaffneten Männern der Cosa nostra gebildet.[15]

14 Das Kommando der Carabinieri wird später behaupten, die Verlegung jener Männer von Florenz nach Rom sei im Rahmen von Sicherheitsmaßnahmen für einen bevorstehenden Besuch vom Marschall Tito erfolgt, der zwei Tage später stattfinden sollte. Vgl. A. Cipriani, G. Cipriani, *Sovranità limitata*, Rom, S. 156f. Das Zeugnis stammt von einem der Schüler. Einmal in Rom angekommen, so sagt er, »wurden wir in die Kaserne Cecchignola transferiert. Wir erhielten die Order, die Uniform anzubehalten, wir schliefen in voller Montur.«

15 Claudio Gatti, *Rimanga tra noi*, Mailand 1990, S. 102. Soweit es die Haltung des MSI anlangt, so befand sich Giorgio Pisanò unter jenen, die Borghese in Mailand

Fest steht auch, daß die Putschisten auf die Komplizenschaft des Innenministeriums vertrauen können, denn eines ihrer Kommandos räumt die Waffenkammer aus, ohne auf irgendeinen Widerstand zu stoßen. Währenddessen warten bei der Kirche Santa Croce in Gerusalemme und auf einer Baustelle in Montesacro einige Hundert Mann auf ihren Einsatzbefehl. Eine Lastwagenkolonne mit Polizeischülern der Forstpolizei aus Cittaducale bei Rieti unter Führung von Major Berti durchquert die Stadt und postiert sich in der Nähe der Studios von RAI-TV in Via Teulada. Der Plan sieht vor, unmittelbar nach Übernahme der Kontrolle über die wichtigsten Punkte der Stadt und nach Neutralisierung der Politiker und des Staatspräsidenten Borghese im Fernsehen einen Aufruf an das Land verlesen zu lassen. Kurz nach Mitternacht ergeht jedoch die Order, alles zu stoppen und nach Hause zurückzukehren.

Sicher ist, daß der amerikanische Botschafter in Rom, Graham Martin, genau informiert war über die Pläne von Borghese und sie für vollkommen voluntaristisch hielt. Nach den publizierten Dokumenten scheint es nicht so, als habe Martin sich bemüht, die italienische Regierung davon in Kenntnis zu setzen.

Hält man sich an die wahrscheinlichste der zahlreichen, mehr oder weniger plausiblen Interpretationen des Putsches Borghese, so kann man meinen, er sei von den Drahtziehern der »Strategie der Spannung« ermutigt, zumindest jedoch nicht behindert worden. Denn allein schon der Putschversuch würde, trotz des Scheiterns, jener Strategie nützen. Und nicht nur das, es paßte sogar bestens ins Konzept der Strategie der Spannung, im rechten Moment zu intervenieren, um den Putsch zu vereiteln, denn so konnte man sich der extremsten, folglich auch am wenigsten lenkbaren und politisch unbequemsten Elemente der subversiven Rechten entledigen. In diesem Szenario konnte der Rückzugsbefehl von Borghese selbst ausgegangen sein, der begriffen hatte, daß er drauf und dran war, in die Falle zu gehen.

Nach Aussage eines Freimaurers hat im Jahr 1969 »der Bruder

zusammengerufen hatte, als er in den ersten Monaten des Jahres 1970 den Putsch zu planen begann. Auf Nachfragen von Gatti kommentiert er die Ereignisse so: »Mir wurde klar, daß er sich im Kreise viertrangiger Persönlichkeiten bewegte. Da zog ich es vor, mich von der Sache fernzuhalten.« Wir wissen nicht, ob das stimmt, aber es ist wahrscheinlich, da Borghese Kontakt zu anderen MSI-Politikern aufnahm.

Oberst Gelli von der Loge P dem Bruder Salvini mitgeteilt, der Großmeister habe vierhundert hochrangige Offiziere des Heeres auf das Schwert vereidigt, um im Notfall eine ›Regierung von Obristen‹ einsetzen zu können, was in jedem Fall einem Kommunistenregime vorzuziehen ist«.[16] Borghese wird von den Seinen aufgefordert, Rechenschaft über den Rückzugsbefehl zu geben, und erwidert, »Anweisungen von oben« gehorcht zu haben. Einer der Teilnehmer des Putschversuchs wird später aussagen:

»Das politische Resultat, das derjenige erreichen wollte, der alles organisiert hatte, wurde erreicht: Die Politik Aldo Moros wurde eingefroren, die Kommunisten aus dem Umfeld der Regierung entfernt und die totale philoatlantische und philoamerikanische Treue gesichert.«[17]

Nachdem General Miceli etwa um Mitternacht offiziell über die Besetzung des Innenministeriums informiert wurde, läßt er zwei Stunden verstreichen, ehe er Verteidungsminister Tanassi und Innenminister Restivo davon in Kenntnis setzt. Erst am Morgen des 8. wird auch der Chef der obersten Heeresleitung, General Enzo Marchesi, informiert. Wer und warum die Entscheidung fällt, die öffentliche Meinung über die Vorfälle nicht zu informieren, ist unbekannt. Es ist allein schon überraschend, daß drei Monate lang nichts durchsickert, angesichts der großen Zahl an beteiligten Personen. Und es beweist, wie gefährlich dieser Putschversuch in Wirklichkeit war. Tanasse bestreitet in seiner Zeugenaussage beim Prozeß über den Putsch Borghese im Januar 1978, von Miceli informiert worden zu sein. Er behauptet, erst am 17. März 1971 in Kenntnis der Ereignisse gelangt zu sein.

Am 17. März 1971 veröffentlicht die römische Zeitung *Paese Sera* die Nachricht, daß im Dezember 1970 subversive Kräfte der Rechten den Versuch eines Staatsstreiches unternommen hätten. Am 18. März versucht Innenminister Restivo in einer Rede im Parlament, die Wogen zu glätten, und dementiert, daß es Belege für einen Putsch gebe. Zugleich aber bestätigt er, daß in ganz Italien zahlreiche Durchsuchungen von Büros und Wohnungen militanter Rechtsextremer stattgefunden haben. Die Nachricht schlägt ein wie eine Bombe. Man staunt nicht schlecht: Warum hat Restivo

16 Brief von Prisco Brillo vom Ordine del Grande Oriente d'Italia an den Logenbruder Ingenieur Simiscalchi (vgl. Kap. 7) vom 23.9.1969. Zitiert nach Giuseppe De Lutiis, *Storia dei servizi segreti*, Rom 1984, S. 103.

17 *L'Espresso*, 29. 1. 1989.

sich erst so spät geäußert, und warum erst, nachdem die Tatsachen in der Presse veröffentlicht wurden? Noch am 18. März wird bekannt, daß Orlandini, Saccucci und drei weitere Personen verhaftet wurden. Wieder stellt sich die Frage: Wenn die Anführer des Putsches bekannt waren, warum werden sie erst festgenommen, als der Skandal losbricht? Noch am selben Tag gelingt es Fürst Borghese, gegen den ebenfalls ein Haftbefehl vorliegt, das Land zu verlassen. Er findet in Spanien Zuflucht, wo er im September 1974 stirbt. Die fünf festgesetzten Personen bleiben nur ein Jahr in Haft, und das auch nur pro forma. Alle täuschen schwerwiegende gesundheitliche Probleme vor und erhalten das Zugeständnis, sich in Privatkliniken begeben zu dürfen, von wo aus sie vollkommen ungestört mit der Außenwelt kommunizieren können. In einer dieser Kliniken erhält Orlandini Besuch von General Miceli, der ihm das traditionelle sizilianische Zeichen macht: Halte den Mund – wir werden dich beschützen. Dieser Umstand ergibt sich aus der Untersuchung und ist unbestritten.[18]

Am 26. Juni 1975 gewährt das Parlament die Erlaubnis, ein Verfahren gegen Sandro Saccucci, der am Putsch Borghese teilgenommen hat und inzwischen als Abgeordneter des MSI ins Parlament gewählt worden war, einzuleiten. Mehr oder weniger zur selben Zeit wird die Ermittlung abgeschlossen, die der Mailänder Generalstaatsanwalt Luigi Bianch d'Espinosa über die subversiven Aktivitäten des MSI eingeleitet hatte. Sie mündet in dem Ersuchen, gegen 35 Abgeordnete und 5 Senatoren aus der Leitung des MSI das Verfahren zu eröffnen. In Potenza beginnt der Prozeß gegen den Senator Ciccio Franco wegen der Verbrechen im Zusammenhang mit der Revolte von Reggio Calabria (vgl. Kap. 4.3).

Am 10. Oktober 1976 gewährt das Abgeordnetenhaus die Einleitung des Verfahrens gegen Miceli, der in der Zwischenzeit ebenfalls auf der Liste des MSI ins Parlament gewählt worden war. Er wird der schweren Begünstigung eines Putschversuches und der Behinderung der Ermittlungen beschuldigt.

Im Lauf des Prozesses, der 1977 in Rom begann, behauptet Miceli, sowohl den Präsidenten Saragat als auch die Minister der Verteidigung und des Innern immer über die Aktivitäten des Fronte Nazionale von Borghese auf dem laufenden gehalten zu haben. Miceli wird freigesprochen. Remo Orlandini wird zu zehn Jahren

18 De Lutiis, *Storia dei servizi segreti*, *op. cit.*, S. 103.

Haft verurteilt, die anderen Angeklagten erhalten Strafen zwischen acht Jahren und fünf Monaten. Major Berti, der Kommandant der Abteilung der Forstpolizei und direkter Teilnehmer des Putsches, wird freigesprochen.

Im Dezember 1984, also fünfzehn Jahre nach den Ereignissen, spricht die Berufungsinstanz in Rom alle Angeklagten frei. Das Kassationsgericht bestätigt diese Urteile. In der Zwischenzeit hatten noch ganz andere und sehr viel schwerwiegendere Ereignisse Italien erschüttert. Obwohl sowohl der – angedrohte – »Piano Solo« von General De Lorenzo als auch der – versuchte oder gescheiterte – Putschversuch Borghese in der einen oder anderen Weise diejenigen Kräfte »gewarnt« hatten, die eine Verschiebung des politischen Spektrums nach links favorisierten, hielten die Verteidiger des Status quo und einer »starken« Regierung das offensichtlich noch nicht für ausreichend. Der Prozeß, der mit den Bomben von 1969 in Gang gesetzt worden war, hatte nicht die erwünschten Resultate erbracht, der Versuch, den Linken die Schuld in die Schuhe zu schieben, war gescheitert. Weiterhin fegt ein Wind der Erneuerung durch das Land und führt im Jahr 1974 zur Niederlage der DC beim Referendum über die Ehescheidung.

In diesem Moment wird ganz offensichtlich die »Strategie der Spannung« reaktiviert, die bereits in den Attentaten von 1969 Anwendung fand (vgl. Kap. 6.2). Zwischen 1970 und 1974 ereignen sich weitere schwere Attentate und Anschläge. Sie prägen das Klima alltäglicher Gewalt, das in dieser Zeit herrscht. Die Bilanz der Jahre 1970-1971 wiegt schwer: Hunderte von Angriffen mit Molotowcocktails, Briefbomben oder anderen Sprengsätzen auf Partei- und Gewerkschaftsbüros, auf öffentliche Ämter seitens der Extremisten, vor allem der Rechten; Übergriffe auf Personen; Attentate auf Bahnlinien und Züge. Sehr zahlreich sind die Fälle, in denen Sprengstoff gefunden wird, und die gewalttätigen Auseinandersetzungen zwischen Rechten und Linken oder zwischen ihnen und der Polizei.

Bei fast allen dieser Anschläge hatten die ermittelnden Richter geglaubt, die Verantwortlichen ausfindig gemacht zu haben, aber die Prozesse wurden zumeist ohne richtig Schuldige und ohne Verurteilungen abgeschlossen. Manchmal wurden die zur Last gelegten Verbrechen auch abgemildert und so leichte Strafen ausgesprochen, daß sie in keinem Verhältnis mehr zu der Schwere der Fakten standen.

Ausnahmen, und zwar in dem Sinne, daß die Schuldigen bekannt und verurteilt sind, bilden hier nur die Anschläge von Weihnachten 1984 (vgl. Kap. 8) und von Peteano am 31. Mai 1972. Letzteres ist das einzige Attentat in all den Jahren, in dem sich ein Schuldiger zu seiner Schuld bekennt. Es ist der Neofaschist Vincenzo Vinciguerra.[19] 1987 verurteilt das Schwurgericht Venedig Vinciguerra und einen seiner Komplizen zu lebenslänglicher Haft. Die Offiziere der Carabinieri, die vor Vinciguerras Geständnis versucht hatten, die Ermittlungen auf eine falsche Fährte zu lenken, zuerst gegen die Linke (Lotta Continua) und dann gegen einige unbedeutende Kriminelle, werden zu Strafen zwischen drei und zehn Jahren verurteilt. Oberst Dino Mingarelli (der schon in Zeiten des »Piano Solo« rechte Hand von General De Lorenzo war) und ein Feldwebel der Carabinieri werden zu drei Jahren und zehn Monaten wegen Falschaussage und Beweisunterschlagung verurteilt.

Der Anschlag von Brescia ereignete sich, wie bereits erwähnt, am 28. Mai 1974. Die Abstimmung über das Scheidungsreferendum liegt gerade zwei Wochen zurück. Für die Christdemokraten brachte sie eine schmerzliche Niederlage, und die konservativsten Kreise versetzte das Abstimmungsergebnis in Alarmstimmung. Eine Serie von Attentaten schürte die Spannung in der Stadt. In der

19 Ein anonymer Anruf setzt die Carabinieri von Görz davon in Kenntnis, daß in Peteano ein Fiat 500 mit zwei Durchschüssen in der Windschutzscheibe steht. Als die Carabinieri den Kofferraum des Autos öffnen, explodiert die Bombe und verursacht den Tod von drei Personen. Das Attentat von Peteano weicht in der Tat von den anderen Attentaten ab, denn es ist die Folge eines »persönlichen« Krieges von Vinciguerra gegen den Staat. Vinciguerra schreibt (in seinem Buch *Ergastolo per la libertà*), ihm sei an einem bestimmten Punkt bewußt geworden, daß seine Kameraden von Ordine Nuovo nicht »gegen« den Staat kämpften, sondern »für« ihn, d. h. für jene konservativen Kräfte, die vor allem philoatlantisch waren. Aber wie konnte ein Nationalsozialist sich derart von den Amerikanern instrumentalisieren lassen? Das Attentat von Peteano sollte die Carabinieri als Symbol des Staates treffen und mithin in seinen Augen wirklich revolutionär sein. Als sich Vinciguerra bewußt wird, daß die Carabinieri und die Geheimdienste die Untersuchungen absichtlich in eine falsche Richtung lenken und die Schuld gewöhnlichen Kriminellen in die Schuhe schieben wollen, entschließt er sich, seine Schuld einzugestehen, um damit die Wahrheit wiederherzustellen. Auch Marco Affatigato, ein mehrfach vorbestrafter Rechtsradikaler, bekräftigt in einem Interview, daß »nicht zugelassen werden kann, daß die Anschläge immer noch der revolutionären Rechten angelastet werden, wo das doch gar nicht stimmt... Wir wurden durch bestimmte Freimaurerlogen und durch die Geheimdienste manipuliert...« (*Panorama*, 13.6.1993).

Nacht vom 18. zum 19. stirbt ein junger Neofaschist, er wird von seiner eigenen Bombe zerrissen. In diesem Klima organisieren die Gewerkschaften eine gemeinsame antifaschistische Demonstration auf der Piazza della Loggia. Die Bombe, die in einem Mülleimer versteckt war, fordert acht Tote und vierundneunzig Verletzte.

Im Mai 1977 eröffnet Ermittlungsrichter Domenico Vino das Verfahren gegen sechzehn Personen. Im Juli 1979 verurteilt das Geschworenengericht Ermanno Buzzi, Kunsthändler und Kunstsachverständiger, als Ausführenden des Attentats zu lebenslänglich, sein Komplize Angiolino Papa wird zu zehn Jahren verurteilt.

Während man auf die Berufungsverhandlung wartet, schreibt Buzzi unter Pseudonym Briefe (einen an die Richter, einen anderen an sich selbst), in denen er die Mailänder Neofaschisten der Durchführung des Attentats bezichtigt. Und in einer Zeitung der Rechten, die im Gefängnis in Umlauf ist, wird Buzzi als Verräter und Spitzel vom Hauptmann der Carabinieri, Delfino, bezeichnet. Am 12. April 1981 wird Butti in das Gefängnis von Novara überstellt. Er muß irgendwelche Vorahnungen gehabt haben, denn er wehrt sich mit allen Kräften gegen die Überstellung. Am Tag danach erwürgen zwei Mitgefangene Buzzi während des Freigangs mit einem Schnürband, andere Gefangene wohnen der Szene gleichgültig bei oder spielen Tischtennis. Die beiden Mörder sind der bekannte Neofaschist Pierluigi Concutelli, der wegen der Ermordung des Richters Vittorio Occorsio verurteilt ist, und Mario Tuti, ein Neofaschist aus der Toscana, der wegen der Ermordung zweier Polizisten im Gefängnis sitzt, die ihn hatten festnehmen wollen. Wenige Monate nach diesem Anschlag sollte ihm wegen des Anschlags auf den Italicus der Prozeß gemacht werden.

Der Spruch der Berufungsinstanz des Geschworenengerichts im März 1982 spricht alle Beschuldigten frei. Der Kassationsgerichtshof hebt den Spruch für einige der Angeklagten wieder auf. Der neue Prozeß findet 1985 statt. Erneut gibt es einen Freispruch. Auch der nächste Prozeß 1987 endet mit einem in allen Instanzen bestätigten Freispruch.

Auch aus den Prozessen wegen des Anschlags auf den Italicus (12 Tote, 40 Verletzte) am 4. August 1974, also knapp zwei Monate nach Brescia, gehen keine Schuldigen hervor. Der Anschlag auf den Italicus, einen D-Zug auf der Linie München–Rom, war in gewissem Sinne einer mit »Voranmeldung«. Am 15. Juli begeben sich der Parteichef des MSI, Giorgio Almirante, und Alfredo Covelli, Anführer der untergegangenen monarchistischen Partei, zu Emilio Santillo, dem Chef des neugebildeten Antiterrorismusbüros, um ihn davon zu informieren, daß es Gründe gibt, einen Anschlag auf einen Zug in allernächster Zukunft zu befürchten. Es gibt noch eine zweite »Vorankündigung«, die nicht weniger bedeutungsvoll ist, sich aber auch auf etwas anderes als den Anschlag auf den Italicus beziehen könnte: Der Freimaurer Angelo Sambuco informiert die Richter, Großmeister Lino Salvini habe ihm in den ersten Augusttagen gesagt: »Ich gehe aus Florenz nicht weg, denn es wird einen Putsch geben.«[20]

Bei weitem am wichtigsten und beunruhigendsten jedoch ist die dritte »Vorankündigung«. Am 31. Juli spricht die Mitarbeiterin des SID Claudia Ajello bei einem Telefongespräch von einem Geschäft in Rom aus und erwähnt dabei gegenüber ihren Gesprächspartnern, daß die »Bomben parat sind«, man solle ruhig bleiben, denn »die Pässe sind ausgestellt, ihr kommt über die Grenze« (nach dem Attentat wird die Polizei von den Angestellten des Geschäfts über dieses Telefonat informiert). Claudia Ajello wird im Prozeß zu zwei Jahren wegen Falschaussage verurteilt werden. Wir werden auf diese Angelegenheit noch zurückkommen (vgl. Kap. 7), aber schon hier sei gesagt, daß es Bruchstücke von Wahrheit wie diese sind, die auch die vorsichtigsten Betrachter zu dem Schluß kommen lassen, es sei eine unwiderlegliche Wahrheit, daß bestimmte Strukturen des Staates in den subversiven Komplotten ihre Hände im Spiel hatten, die das politische Leben Italiens in den letzten zwanzig Jahren so entscheidend geprägt haben. Das Eingeständnis dieser Tatsache ist dermaßen schwerwiegend und für viele so schwer hinnehmbar, daß man den Begriff der fehlgeleiteten Geheimdienste erfunden hat, um damit die Verwicklung der Geheimdienste zu bezeichnen. Unter »fehlgeleitet« versteht man nicht nur *abgelenkt* von ihren verfassungsgemäßen Aufgaben, sondern auch, daß bei der Planung der kriminellen Aktionen *einige Elemente* der Dienste beteiligt waren, nicht aber die Institution *als ganze*.

Die Ermittlungen über das Attentat auf den »Italicus« führen die Richter auf die Spur der Zelle von Ordine Nero in der Tos-

20 Zitiert nach Sandro Provvisonato, *Misteri d'Italia*, Bari 1993, S. 146.

cana,[21] den Fronte nazionale rivoluzionario und besonders die von drei Männern, nämlich Luciano Franci, Piero Malentacchi und Mario Tuti.

Franci ist Angestellter bei der Bahn, und er gehört einer Gruppe an, die auf Anschläge auf Züge spezialisiert ist. Im Sommer 1974 haben sie die Geleise auf einer Brücke in Vaiano bei Florenz in die Luft gesprengt. Es war reiner Zufall, daß der Zug vorher auf der Strecke stehenblieb. Wäre der Zug von der Brücke gefallen, dann hätten die Folgen den »Italicus«-Anschlag bei weitem in den Schatten gestellt.[22] Wegen dieser Attentate saß Franci, der im Januar 1976 festgenommen wurde, bereits in Untersuchungshaft, ehe er auch wegen des »Italicus« angeklagt wurde. Tuti gelingt es zunächst, der Festnahme zu entgehen. Mit der Maschinenpistole ermordet er zwei Polizisten, die ihn in seiner Wohnung in Empoli festnehmen sollten, und flieht an die Côte d'Azur. Aber ein ehemaliger Kamerad, Mauro Mennucci, setzt die Ermittler der Antiterrorismusabteilung auf seine Spur, und im Juli wird Tuti in St. Raphael festgenommen. Derselbe Mennucci sagt aus, Tuti habe ihm erzählt, Urheber des (fehlgeschlagenen) Attentats auf den »Freccia del Sud« im April zu sein. 1982 wird Ordine Nero sich rächen. Mennucci wird in seiner Wohnung durch mehrere Pistolenschüsse getötet.

Der Prozeß in erster Instanz wegen des Anschlags auf den »Italicus« findet zwischen 1981 und 1983 statt. Die drei Hauptangeklagten werden aus Mangel an Beweisen freigesprochen, Licio Gelli erhält acht Jahre dafür, daß er die Gruppe finanziert hat. Ent-

21 Ordine Nero entsteht im November 1973, zeitgleich mit der Auflösung von Ordine Nuovo (vgl. Kap. 4), aber einige seiner Aktivisten kommen auch aus der Avanguardia Nazionale. Es handelt sich um eine geheime Organisation, die Mehrzahl ihrer Unterorganisationen agiert im Piemont und in der Toscana.

22 Im August und September werden nur wenige hundert Meter vom Ort des Attentats auf den »Italicus« sowie an einem weiteren Tunnel der Strecke Bologna–Florenz riesige Mengen Sprengstoff gefunden. Ebenfalls im September wird in der Gepäckannahme des Bahnhofs von La Spezia ein Koffer mit vier Kilogramm Sprengstoff entdeckt. Im Oktober findet man in der Toilette eines Wagons des Schnellzugs Genf–Mailand in der Nähe von Domodossola eine Bombe. Im selben Monat werden 10 Dynamitsprengsätze in einer Tasche an der Eisenbahnlinie Asti–Chivasso entdeckt. Am 16. November zerreißt ein Sprengsatz an der Linie Savona–Turin die Geleise. Dank eines Zeugen der Explosion, dem es gelingt, den Zug zum Halten zu veranlassen, kann eine Tragödie vermieden werden. Abgesehen von diesem Anschlag, für den Ordine Nuovo die Verantwortung übernimmt, kann man die Urheber nicht mit Sicherheit bestimmen. Auf jeden Fall waren die Eisenbahnlinien traditionell das bevorzugte Ziel der rechtsextremen Gruppen.

gegen der üblichen Praxis kehrt die Berufungsinstanz des Geschworenengerichts die Urteile um und verurteilt Tuti und Franci zu lebenslanger Haft und spricht Gelli frei. 1989 jedoch annulliert der Kassationsgerichtshof unter Corrado Carnevale diesen Urteilsspruch. Die neue Berufungsverhandlung endet mit einem vollen Freispruch. Wieder einmal bleibt ein Attentat ungesühnt, es gibt keine Verurteilten.

Die Bomben und Attentate, fehlgeschlagene wie »geglückte«, sind nicht die einzigen Ereignisse jenes Jahres 1974, die darauf abzielen, die politische Lage in Italien zu destabilisieren. Eine weitere Gefahr stellen die Putschkonzepte der Rechten dar. Im Laufe eines Gesprächs mit dem amerikanischen Botschafter in Italien, John Volpe, Ende Februar 1974 erwidert der Generalsekretär der Sozialistischen Partei Francesco De Martino auf die Besorgnisse des Botschafters, die demokratische Ordnung könne allmählich durch die Annäherung des PCI an die Regierungsverantwortung unterhöhlt werden, er halte einen Eintritt der Kommunisten in die Regierung in der näheren Zukunft für unwahrscheinlich.[23] Die wirkliche Gefahr liege in den Plänen der Rechten, Italien ein autoritäres Regime aufzuzwingen. Wer diese rechten Kräfte sind, führt er nicht aus, aber er sagt, so Volpes Bericht nach Washington, daß »Industrielle und andere konservative Kräfte dazugehören, die nicht notwendig dem Umfeld des MSI angehören«.

Bei den »Persönlichkeiten«, auf die De Martino bei seinem Gespräch mit Volpe Bezug nimmt, handelt es sich höchstwahrscheinlich um den Grafen Edgardo Sogno Rata del Vallino und den ehemaligen Verteidungsminister und Begründer der Bewegung Nuova Republica, Randolfo Pacciardi, der bereits im »Piano Solo« eine Rolle spielte. Beide sind überzeugte Anhänger eines unblutigen Staatsstreichs, der gemeinhin als »weißer Putsch« bezeichnet wird.

Sogno ist 1951 Direktor der Planning and Coordination Group der NATO in London, danach ist er in Paris beim Nato Defence College. Er ist befreundet mit Vittorio Valletta, dem Präsidenten

23 Nach dem Sturz der Mitte-Rechts-Regierung unter Andreotti gelangt Volpe zu dem Schluß, es sei notwendig, die italienischen Sozialisten wieder in die Regierung einzubinden. Aber für die Mitte-Links-Regierung unter Rumor beginnen die Schwierigkeiten praktisch mit der Konstituierung. Am 28. Februar lädt Volpe den Sozialisten De Martino ein, um dessen Absichten in Erfahrung zu bringen. Zit. nach Claudio Gatti, *Rimanga tra noi*, Mailand 1991, S. 130f.

der Fiat, der ihn finanziell großzügig unterstützt, als er 1953 nach dem Vorbild von Paix et Liberté von Paul David Pace e Libertà organisiert, eine private Bürgergesellschaft, die offiziell versucht, die antikommunistische Propaganda zu koordinieren. Nach Berichten des Sifar aus dem Oktober 1953 und dem März 1954 ist sie aber auch an praktischen Aktionen auf diesem Felde beteiligt. Dazu gehören die Aufstellung von Listen kommunistischer Aktivisten und Vorarbeiter in den Fabriken und die Bildung von Streikbrechergruppen. Das alles sind Aktivitäten, merkt der Sifar an, die Sogno in der Gewißheit unternehmen kann, daß Premierminister Scelba und Verteidigungsminister Pacciardi ihn dabei unterstützen. Das geht so weit, daß im Jahr 1960, als die Gefahr besteht, der tatsächliche Charakter der Vereinigung könnte bekannt werden, der Personaldirektor des Außenministeriums in einem Brief schreibt:

»Ist das politische Interesse, nicht publik werden zu lassen, daß hinter Pace e Libertà die Regierung Scelba, der Verteidigungsminister und relevante Teile der privaten Industrie standen, inzwischen so unwichtig geworden, daß uns das gleichgültig sein kann?«

Und im Jahr 1969 beschwert sich Sogno in einem Brief an Außenminister Aldo Moro, er habe in den Jahren 1949-50 akzeptiert, »nicht öffentliche« Aktivitäten für den damaligen Innenminister Scelba durchzuführen, und später auf Anregung des inzwischen zum Ministerpräsidenten aufgestiegenen Scelba die »psychologische Verteidigung der demokratischen Institutionen« organisiert.[24]

Als die Fiat die Mittel streicht, wendet sich Sogno an die Confindustria und die Amerikaner, und zwar direkt an den Chef der CIA, Allen Dulles (ein »alter Freund«, wie Sogno sagt), und an den USIS. Heute rechtfertigen die Amerikaner ihre Unterstützung für Sogno damit, daß sie zu jener Zeit vor allem an seinen propagandistischen Fähigkeiten interessiert waren; seine politischen Ziele hingegen hätten sie immer mit Skepsis betrachtet.[25]

Auf Sogno als Protagonisten stoßen wir wieder zu Beginn der siebziger Jahre. Inzwischen hat er seine diplomatische Karriere aufgegeben. Jetzt gründet er die Komitees des demokratischen Widerstands, wiederum gemeinsam mit Pacciardi und unter aktiver

24 Aus den Ermittlungsakten von Richter L. Violante.
25 *Rimanga tra noi*, *op. cit.*, S. 37.

Mithilfe von Luigi Cavallo. Cavallo ist eine zwielichtige Gestalt im Umfeld der Intrigen im Nachkriegsitalien. Geboren 1920, hält er sich zwischen 1939 und 1942 in Deutschland auf, wo er die Tochter eines leitenden Geheimdienstlers der Nazis heiratet. Nach der Rückkehr mit seiner Frau nach Italien arbeitet er beim Eisenbahnkommando der Wehrmacht und unterhält gleichzeitig Kontakte zu Partisanengruppen. 1945 beginnt er, Artikel in der kommunistischen Tageszeitung *L'Unità* zu publizieren. Im Dezember 1949 wird der PCI seiner nazistischen Vergangenheit gewahr und warnt »die Genossen und die Parteiorganisation davor, ... Kontakte zu ihm zu unterhalten«. Von Ende 1949 bis zum Ende 1953 arbeitet Cavallo als Amerikakorrespondent der *Gazzetta del Popolo* aus Turin, eine Zeitung, die der DC nahesteht. Dabei bezieht er ein außergewöhnlich hohes Gehalt. Im Januar 1954 kehrt er nach Italien zurück und unterstützt Sogno in Pace e Libertà. Im November beendet Cavallo diese Zusammenarbeit und beginnt die mit Oberst Rocca vom Büro Rei des Sifar (vgl. Kap. 3). Er geht wieder nach Turin, wo er eine intensive verlegerische Arbeit für die Fiat anfängt. Dazu gehören Zeitungen und andere Publikationen, die Front machen gegen führende Funktionäre des PCI und der Gewerkschaften. Und er arbeitet mit bei der Säuberung der Fiat von kommunistischen Arbeitern sowie bei deren Erfassung durch SID und Polizei. Diese Aktivität wird 1966 unterbrochen, als Valletta bei Fiat ausscheidet. Cavallo schreibt sich beim PSI ein, aber bereits Ende 1968 oder zu Beginn des Jahres 69 arbeitet er wieder für Fiat. Er knüpft Kontakte zu unterschiedlichen politischen Lagern – von den Sozialisten bis hin zum neofaschistischen Milieu von Ordine Nuovo.

1971 nun finden wir ihn wieder an der Seite Sognos, aktiv engagiert bei der Organisation der Komitees des demokratischen Widerstands. Zwischen Juni 1971 und Juli 1974 überweist, laut Ermittlungen des Richters Luciano Violante, die Fiat mindestens 187 Millionen Lire an die Komitees (nach damaligem Wechselkurs ca. 10 Mill. DM. U. H.). Man muß unterstellen, daß der Firma die wahren Absichten der Gruppierung des Ex-Botschafters nicht bekannt waren. Nach außen hin wollte sie Bürger zur Propaganda gegen den Regierungseintritt der Kommunisten gewinnen. In Wirklichkeit jedoch waren Sogno, Pacciardi und Cavallo dabei, einen »weißen Putsch« zu organisieren, der, wie Cavallo später beschrieb, »ein Rechtsputsch mit einem prononciert linken Programm (sein sollte), um so die antifaschistische Front zu spalten und die Faschisten aus dem Spiel lassen zu können«. »Der Putsch«, so Cavallo weiter, »sollte nach dem Muster des Blitzkrieges organisiert werden: samstags, während der Ferien, wenn die Fabriken noch zwei Wochen geschlossen und die Massen in ihren Ferienorten zerstreut sind«: also in einem Zeitraum zwischen dem 10. und dem 15. August. Der Putschplan sieht die Besetzung des Quirinal (des Präsidentenpalastes U. H.) vor, wo von Leone die Auflösung des Parlaments und die Nominierung Pacciardis als Premier eines vom Militär unterstützten Kabinetts parteiloser Minister verlangt werden sollte. Das Programm der neuen Regierung sollte der »Erneuerung und sozialen Rekonstruktion des Landes« dienen, sah eine Reform der Verfassung in Richtung Präsidentialismus, über die in einem Referendum abgestimmt werden sollte, die zwangsweise Herstellung einer Einheitsgewerkschaft und die Durchführung einer avancierten Sozialpolitik, die zugleich die Ankurbelung der Wirtschaft erlauben sollte, vor. Die Übereinstimmungen mit Licio Gellis Plan der demokratischen Wiedergeburt (vgl. Kap. 7) fallen ins Auge.

Zu Beginn des Sommers entschließt sich Sogno, die Amerikaner über seine Absichten zu informieren. Er verlangt in der Botschaft ein Zusammentreffen mit einem Vertreter der CIA und teilt ihm mit, »wenn die Situation sich zuspitzt, werden wir eingreifen«, er solle Washington informieren. Ebenso wie im Fall Borghese halten es die Amerikaner auch dieses Mal nicht für nötig, die Regierung in Rom zu informieren.

In Wirklichkeit allerdings wissen die italienischen Geheimdienste bereits alles, oder doch fast alles. Im Bericht von General Maletti für den SID fehlen die Bezugnahmen auf den geplanten Putsch keineswegs. Im Rahmen der jeweiligen Zuständigkeiten werden alle Stellen angewiesen, geeignete Präventivmaßnahmen zu ergreifen und auf jeden Fall zu vermeiden, daß es im August zu unnötigen Beurlaubungen kommt. Dem Generalstab des Heeres kommt die Aufgabe zu, »herauszufinden, ob es bei oberen Offiziersrängen des Heeres Anhänger der sogenannten ›Idee Ricci‹ gibt«.[26] Analog soll General Mino für die Carabinieri vorgehen.

26 So, nämlich »Idea Ricci«, wird der Putschplan genannt, dem General Ricci anhing. Eine Zusammenfassung dieser Besprechung der Spitzen des Militärs ergibt sich aus den Akten Violante. Zit. nach Gianni Flamini, *Il partito del golpe*, Bd. 3, 2. Buch, S. 602.

Am 9. August, weniger als 24 Stunden vor der Stunde X, beschließen die Putschisten, die Operation auf unbestimmte Zeit zu vertagen. Was war geschehen? Sogno führt zwei Gründe an: den Rücktritt Nixons wegen des Watergate-Skandals am 8. August und die Ermittlungen von Richter Violante gegen die Komitees des demokratischen Widerstandes und die Putschpläne von Sogno und Cavallo. Beide sind wenig glaubwürdig. In Wirklichkeit haben die Amerikaner niemals irgendwelche Garantien geleistet, wie man schon aus dem Bericht des CIA-Vertreters ersehen kann. Soweit es die Ermittlungen von Violante betrifft, so hätten diese Sogno eher dazu treiben müssen, sofort zuzuschlagen, denn inzwischen war ja alles vorbereitet.

Es kann sein, daß im letzten Moment irgendein Sponsor der Aktion abgesprungen ist. So könnte das Attentat auf den Italicus Desorientierungen und neue Schwierigkeiten geschaffen haben. Beispielsweise wurden sofort nach dem Attentat vom 4. August die Wachen am Quirinal und anderen zentralen politischen Institutionen verstärkt. Es ist auch möglich, daß jene Kreise des Militärs, die eigentlich den Putsch unterstützen sollten, von der Realisierung des Planes Abstand genommen haben, als sie von den verstärkten Sicherheitsmaßnahmen vom 14. Juli und nach dem Anschlag auf den Italicus erfuhren. Das ist eine der Hypothesen von Richter Violante. Darüber hinaus, so merkt Violante an, »war der August 1974, ganz im Unterschied zu anderen Jahren, gekennzeichnet durch eine intensive politische Aktivität und die Verschiebung der Parlamentsferien auf den 14., um noch wichtige Fragen der Wirtschaftspolitik zu diskutieren. (...) Damit aber wurde eine der fundamentalen Bedingungen für die Realisierung der subversiven Absichten hinfällig, nämlich eine verspätete und unkoordinierte Reaktion der politischen Opposition.«

Am 5. Mai 1976 erläßt Violante einen Haftbefehl gegen Sogno und Cavallo, aber noch am selben Tag beschließt der Kassationsgerichtshof auf Antrag eines Nebenangeklagten die Verlegung des Verfahrens nach Rom. Auch die römischen Richter erlassen Haftbefehle gegen Sogno und Cavallo, die jedoch sofort wieder gegen Kaution auf freien Fuß gesetzt werden. 1977 beschließt der Staatsanwalt die Einstellung des Verfahrens aus Mangel an Beweisen. Am 12. September 1978 schließt der Untersuchungsrichter Francesco Amato das Verfahren gegen alle Beschuldigten definitiv, weil sie die ihnen zur Last gelegten Taten nicht begangen haben.

In einem Interview mit *Panorama* vom 16. Dezember 1990 sagt Sogno über das Jahr 1974:

»Es herrschte ein Klima, in dem alles aus den Fugen geraten war. Ganz unmerklich rutschte das Land Berlinguer in die Hände. Ich hatte mit Pacciardi ein politisches Programm entworfen, das bei Erreichen eines gewissen kritischen Punktes die Einsetzung einer neuen Regierung vorsah. Falls der PCI an die Macht gelangt wäre, und dies gilt auch für eine Koalitionsregierung, hätte dies eine militärische Reaktion ausgelöst. Alles war bereit, einschließlich der Carabinieri. Ich hatte Kontakt zu General Li Gobbi und dem Kommandanten der Kriegsschule Ardizzi Zavattaro. Viele andere waren mit den Genannten auf einer Linie.«

In einer weiteren Äußerung, ebenfalls aus dem Jahr 1990, zitierte Sogno ca. 2000 Namen der Anhänger der Komitees, darunter bekannte Intellektuelle und Journalisten sowie den Präsidenten der Eni, Enrico Mattei, und Politiker. Just in diesem Moment, in dem Sogno ganz offen zu seiner Vergangenheit steht, lobt ihn der Präsident der Republik, Francesco Cossiga, öffentlich in Turin (im November 1990) und bezeichnet ihn als »Patrioten und Kämpfer«.

## 4. La Rosa dei Venti

Diese Anschläge und Attentate sind nicht das Produkt zufälliger Übereinstimmungen in den wahnhaften Konzepten einzelner Gruppen. Aber welche Komplizen hatten sie? Auf welche Organisation, welche Ressourcen und welche Unterstützung konnten die Urheber besagter Anschläge zählen?

Bereits im Jahr 1973-74 führen die Untersuchungen eines jungen Richters aus Padua, Giovanni Tamburino, zumindest teilweise zu einer Antwort und bringen ein wenig Licht in das Dunkel, das sich über die italienische Demokratie gelegt hat.

Tamburinos Untersuchungen haben ihren Ausgangspunkt in einer zufälligen Begebenheit. Im Jahr 1973 hört Giampaolo Porta Casucci, ein Arzt aus La Spezia und Mitglied rechtsextremer Gruppen, seine Kameraden wollten von Worten zur Tat schreiten. Er erschrickt und übergibt der Polizei eine Tasche, die ihm von einem ehemaligen Offizier der Fallschirmspringer und Anhänger der Republik von Salò übergeben worden war. Dieser Ex-Offizier heißt Sandro Rampazzo und leitet eine Organisation mit Namen »Libera Confederazione Mondiale del Commercio e del Turismo«

(Freie weltweite Konföderation für Handel und Tourismus. U. H.) mit Sitz in Brüssel. Präsident ist Fürst Giovanni Francesco Alliata di Montereale, gegen den von Gaspare Pisciotta wegen des Verdachts, einer der Drahtzieher des Attentats von Portella delle Ginestre (vgl. Kap. 1) zu sein, ermittelt worden war. Die Tasche enthält den Plan für einen Aufstand, eine Liste von Personen (über 1700), die zu »neutralisieren« sind, unausgefüllte Vordrucke für Todesstrafen sowie unter anderem Flugblätter, die von verschiedenen Organisationen gezeichnet sind, u. a. von den »Giustizieri d'Italia« und einer mysteriösen »Rosa dei Venti«. Die Polizei in La Spezia nimmt zahlreiche Personen fest. Im Gefängnis landen auch ein selbsternannter Militärrichter, Roberto Cavallaro, und ein Ex-Funktionär der Republik von Salò, Eugenio Rizzato. Im Oktober gehen die Ermittlungen an die Staatsanwaltschaft Padua über, nachdem festgestellt wurde, daß die subversive Organisation dort ihren Sitz hatte.

Tamburino beginnt seine Ermittlungen[27] mit der Befragung eines jungen Mannes aus Verona, der Mitglied der Organisation ist, und trifft sofort auf die ersten Schwierigkeiten: Die Richter in Verona arbeiten nicht mit ihm zusammen, ja sie verhalten sich offen feindselig. Im Haus des Chauffeurs eines Unternehmers, Dario Zagolin, bei dem Tamburino eine Durchsuchung angeordnet hatte, wird die umfangreiche Dokumentation intensiver Informantentätigkeit gefunden. Im Verhör gibt der Chauffeur zu, daß die Dokumentation Zagolin gehört, und bestätigt, daß Zagolin als Informant für den Kommandanten der Carabinieri Padua, Manlio Del Gaudio, und für das amerikanische Natokommando in Vicenza gearbeitet hat. Bei den Unterlagen findet Tamburino auch einen Brief, in dem Zagolin aufgefordert wird, »schneller zu machen« und »voranzuschreiten«. Tamburino erläßt einen Haftbefehl. »Aber hier«, so räumt er später ein, »beging ich meinen ersten Fehler.« Er hätte den Haftbefehl nicht ausgerechnet den Carabinieri von Del Gaudio aushändigen dürfen. Zagolin taucht unter. Im November 1973 läßt Tamburino Cavallaro festnehmen.

Eines der Dokumente jener berühmten Tasche ist ein Geheimcode des Militärs, der nicht mehr verwendet wird, hier aber offensichtlich für verschlüsselte Mitteilungen der subversiven Organi-

27 Die Rekonstruktion der Ermittlungen über die Rosa dei Venti geht in weiten Teilen auf ein Gespräch von Richter Tamburino mit Gianni Barbacetto zurück. In: G. Barbacetto, *Il Grande Vecchio*, Mailand 1993, S. 61 ff.

sation gebraucht wurde. Woher hatte die Organisation diesen Code? Tamburinos Nachforschungen ergeben, daß alle militärischen Strukturen, die ihn verwendet hatten, ihn anschließend vernichtet oder an das Oberkommando zurückgegeben hatten. Es gibt nur eine Ausnahme: das Artilleriebataillon der Nato in Verona. Der Offizier »I« (Informationen) dieser Abteilung ist Oberstleutnant Amos Spiazzi, ein vierzigjähriger Mann. Seine militärische Laufbahn ist brillant, und er hat Zugang zu den höchsten Geheimnissen. Hier befinden wir uns am Wendepunkt in Tamburinos Ermittlungen. Die Durchsuchung der Wohnung Spiazzis führt zur Entdeckung eines regelrechten Waffenlagers und zahlreicher Reliquien des Nazismus und des Faschismus. Tamburino kann aufdecken, daß Spiazzi in regelmäßigem Kontakt mit Clemente Graziani, Elio Massarande und anderen führenden Mitgliedern von Ordine Nuovo steht. Darüber hinaus ist er in dem von Fürst Alliata und dem Sekretär Francesco Nardella geleiteten »Movimento nazionale di opinione pubblica« sehr aktiv. Am Ende einer Befragung, in deren Verlauf Spiazzi alles abstreitet, am 13. Januar 1974, erklärt Tamburino ihn für verhaftet.

Damit wird die Untersuchung über die Rosa dei Venti zu einer nationalen Angelegenheit. Die konservative Presse diffamiert den Richter als »dreißigjährigen Savonarola«, der es gewagt habe, einen außerordentlich verdienstvollen Soldaten zu beschuldigen. Im Februar 1974 kommt es zu einer zweiten Wende in diesem Verfahren. Tamburino hat Cavallaro nach Benevent in Einzelhaft überstellen lassen. In der Zwischenzeit hatte er festgestellt, daß die Militärkarriere des ganz jungen »Militärrichters« (er ist gerade einmal 25 Jahre alt) gelinde gesagt merkwürdig ist. Seine Ernennungen zum Unterleutnant der Infanterie, dann zum Leutnant beim Militärkommissariat und schließlich zum Militärrichter kommen nicht aus den Reihen der offiziellen Hierarchie des Heeres. Aber seine Dokumente sind dennoch in Ordnung, er ist im Besitz von Ausweisen, die ihm den Zugang zu allen Kasernen und Militärbasen gestatten. Von wem hat er diese Dokumente bekommen?

Ende Februar wird Cavallaro erneut von Tamburino verhört, und endlich wird er weich. Er spricht von einer »Organisation X«, die »den Machtwechsel in Italien« organisiere. Von Staatsstreich könne aber nicht die Rede sein, präzisiert er. Vielleicht könne man von einem Schlag des Staates sprechen, denn die Organisation sei legitimiert, sie habe einen »planenden Kopf in den Institutionen«

und sei auch durch internationale Absprachen abgesichert. Sie sei im Jahr 1965 anläßlich einer Tagung des Instituts Pollio entstanden (vgl. Kap. 7.1). Der Subversionsplan, wie er aus den Unterlagen der Tasche von Rampazzo hervorging, hätte 1973 im Frühjahr über die Bühne gehen sollen. Cavallaro berichtet, daß alles zum Losschlagen bereit war, das Heer war in Alarmbereitschaft versetzt, und an den operativen Besprechungen nahmen auch amerikanische Offiziere aus dem Generalstab der Nato teil, die ihrerseits zugestimmt haben. Aber aufgrund eines »Zwischenfalls« wurde der Putsch verschoben. Cavallaro weiß nicht, worum es sich dabei gehandelt hat. Aber er weiß, daß die »Organisation X« eine Strategie der Spannung verfolgt, die die Voraussetzungen für eine »starke« Regierung schaffen soll. Um diese Strategie in die Praxis umzusetzen, bedient sich die »Organisation X« parallel agierender Gruppen: Neben der Rosa dei Venti, Ordine Nuovo, La Fenice, I Giustizieri d'Italia, den MAR und anderen gehören, worauf Cavallaro besonderen Wert legt, auch einige linksextreme Gruppen dazu. Die Rosa dei Venti, so erklärt er, ist die Windrose, die angibt, woher die Winde wehen, und die zugleich das Symbol der Nato ist. Für ihre Mitglieder jedoch bedeutet der Name vor allem die Notwendigkeit, »gnadenlos von allen Seiten zugleich zuzuschlagen«.

Und zugleich bedeutet der Name in der Tat, daß sie ein Zusammenschluß von etwa zwanzig (venti – zwanzig oder die Winde. U. H.) klandestin operierenden Gruppen geworden ist, die unter dem Kommando eines gemischten, zivilen wie militärischen Organismus aus Mitgliedern inländischer und ausländischer Geheimdienste steht. Die Versammlungen finden in Brüssel statt. Für die italienische Seite nehmen daran die Spitzen des Büros »I« der Streitkräfte teil, vor allem des SID.

Tamburino ordnet eine Gegenüberstellung von Cavallaro und Spiazzi an. Stundenlang leugnet Spiazzi alles, am Ende jedoch gesteht er einiges zu: Ja, jene gemischte Organisation aus Militärs und Zivilpersonen, die noch geheimer als die Geheimdienste ist und die sich um Destabilisierung und Stabilisierung kümmert, diese Organisation gibt es wirklich.

Bei einem Interview mit Sergio Zavoli für die Fernsehsendung *Die Nacht der Republik* im Jahre 1990 erinnert Spiazzi zunächst daran, daß die Organisation »eine ganz legale Vorsichtsmaßnahme aller Nato-Länder« ist, deren Aufgabe es ist, Menschen und Mittel bereitzustellen für den Fall einer eventuellen Invasion des Feindes. Und dann sagt er:

»Nun, ob diese Organisation verfassungskonform ist oder nicht, diese Frage betrifft mich nicht. Ich bin Militär, und über die Frage der Verfassungskonformität müssen die Politiker entscheiden. Ganz gewiß kann das nicht öffentlich gemacht werden... ganz bestimmt ist das in internationalen Abkommen geregelt, über die die zuständigen Personen Bescheid wissen, auf welcher Ebene, das ist mir aber nicht bekannt. Aber diese Organisation existiert, das ist sicher. Meiner Meinung nach bestand das Problem darin: Als man uns festnahm, hätte man uns nachweisen müssen, daß wir diese legitime Struktur gegen den Staat einsetzen wollten. Und nicht, daß wir diese legitime Struktur erfunden hatten.«

An der Tatsache, daß es diese Organisation wirklich gibt, kann der Richter 1974 keinerlei Zweifel mehr hegen. Ebenso ist sicher, daß von vielen Seiten versucht wird, seine Ermittlungen zu behindern.

Aber Tamburino läßt nicht locker. Er stößt auf weitere Zeugen. So etwa den Aktivisten von Ordine Nuovo, Marcello Soffiati, der bekräftigt, was Vinciguerra und Affatigato aussagten.

Als er seine Untersuchungen auf die Finanzquellen jener Geheimorganisationen ausdehnt, macht Tamburino neue Entdekkungen. Einiges kann er überhaupt nicht glauben, denn inzwischen läßt sich der Gedanke nicht mehr von der Hand weisen, daß einige der Enthüllungen seitens der Angeschuldigten keinem anderen Zweck dienen als dem, die Untersuchungen zu stören. Cavallaro sagt ihm gegenüber aus, der Bankier Michele Sindona (vgl. Kap. 10) hätte die Organisation mit vielen Milliarden unterstützt, und erwähnt auch Giulio Andreotti, der sich im Frühjahr 1973 mit Sindona in der Nähe von Vicenza getroffen habe, sowie einen gewissen General Johnston von der Nato. Andreotti, so führt Cavallaro weiter aus, sei der Nutznießer der subversiven Aktivitäten. Tamburino gelingt es jedoch nicht, den General zu identifizieren, und ihm fehlt auch ein schlüssiger Beweis für das Treffen, von dem Cavallaro sprach. Als er die Finanzpolizei auffordert, Untersuchungen über Sindona anzustellen, wird ihm geantwortet, das sei unmöglich, denn »Ermittlungen über Sindona anzustellen hieße, Ermittlungen gegen den Vatikan zu führen«! Also verzichtet er darauf. Heute räumt er ein, daß das ein Fehler war – er hätte insistieren sollen.

Andere Ermittlungen über die Finanziers der Geheimorganisation führen zu handfesteren Resultaten. Tamburino entdeckt einen komplexen Kreislauf von Geldanweisungen über insgesamt mehr als eine Milliarde Lire, die an erfundene Empfänger gerichtet sind und die letztlich dem Fronte Nazionale des Fürsten Borghese und der Rosa dei Venti zugute kommen. Diese Finanztransaktionen gehen auf die Zeit vor 1973 zurück und wurden durch die Finbank in Lugano vermittelt. Einer der Finanziers ist ein amerikanischer Industrieller, dessen Identität jedoch im dunkeln bleibt. Ein Teil der Mittel stammt aus Bauspekulationen in Spanien, der Rest kommt von einer Industriellengruppe in Italien, zu der auch Attilio Lercari von der Gaiana gehört, einer Tochterfirma der Piaggio-Gruppe. Tamburino findet heraus, daß Lercari Hirn und Organisator der gesamten Finanzoperation ist, und ordnet seine Festnahme an. Aber Lercari wird informiert und taucht unter.[28] Jetzt ist Andrea Maria Piaggio an der Reihe. Er kommt in Untersuchungshaft nach Trient. Piaggio ist bekannt, steinreich, und man weiß, daß er Sympathien für die extreme Rechte hegt. Seine Festnahme erregt großes Aufsehen.

Jetzt sieht sich Tamburino schwierigen Zeiten gegenüber. Er begreift, daß er sich beeilen muß. Aber der SID streitet in seinen Berichten an den Richter, die der zur Klärung einiger Fragen angefordert hatte, alles ab: Es gibt keine geheimen Organisationsstrukturen, keine verdeckten Finanzierungen und keine Beziehungen zur extremen Rechten. Nach seinen ersten Aussagen wird Spiazzi widerspenstig. Er räumt ein, im April an einem Abendessen mit Lercari und anderen Industriellen sowie zwei hohen Offizieren, General Francesco Nardella, dem militärischen Oberkommandierenden des Bereichs Verona, und Oberst Rolando Dominioni, seit 1971 Leiter des Büros der Nato für psychologische Kriegsführung, teilgenommen zu haben. Die Anordnung, an jenem Treffen teilzunehmen, sei ihm in dem Geheimcode der Nato für verdeckte Aktionen mitgeteilt worden. »Ich werde aussagen«, räumt Spiazzi gegenüber Tamburino ein, »aber nur dann, wenn ein Offizier der Carabinieri, der in einem höheren Rang als ich steht, mich von meiner Geheimnispflicht als Offizier entbindet.«

28 Bevor er verschwindet, läßt er in seiner Wohnung eine Tasche mit Quittungen von Zahlungen, die von einigen Zuckerfabriken an die DC und den PSI geleistet wurden, um damit die Änderung eines Regierungsdekrets zu erreichen, das die Erhöhung des Zuckerpreises vorsah. Es ist eine »Botschaft« für die Richter, die ihnen mitteilen soll, daß er in Rom auf die Unterstützung höchster Kreise rechnen kann. Die Episode enthüllt, wie weit die Wurzeln von »Tangentopoli« (vgl. Kap. 10.3) zurückreichen.

Natürlich gelingt es Tamburino trotz etlicher Versuche nicht, diese Bedingung zu erfüllen. Im Juni begeben sich Tamburino und der zuständige Staatsanwalt, Richter Luigi Nunziante, nach Rom. Überraschenderweise werden sie vom Chef des SID, General Miceli, empfangen. Der erteilt General Antonio Alemanno den Auftrag, sich mit Spiazzi zu treffen. Das Treffen findet in einem Zimmer des Polizeipräsidiums in Rom statt. Es gab keinen Befehl, was Spiazzi getan hat, betraf die Geheimdienste in keinster Weise, so führt Alemanno aus und wendet sich dabei mehr an Spiazzi als an die beiden Richter. Und dann macht er eine rasche Geste, die Tamburino jedoch nicht entgeht: Er führt den Zeigefinger an die Lippen und macht anschließend das Zeichen für das Abschneiden des Kopfes.[29] Das ist unmißverständlich. Spiazzi wird nichts mehr sagen.

Im Juli wird Miceli seines Amtes enthoben; ein Konflikt zwischen Miceli und General Maletti bahnt sich an. Bei einer Gegenüberstellung in Anwesenheit von Tamburino kritisieren und widersprechen sich beide gegenseitig. Am 31. Oktober erläßt Tamburino einen Haftbefehl gegen Miceli (vgl. Kap. 6.1). Die Anklage lautet auf politische Verschwörung. Die Festnahme erfolgt unter dramatischen Umständen. Es ist der letzte Akt der unvollendeten Anstrengungen von Richter Tamburino. Ende Dezember nimmt das Kassationsgericht ihm auf Antrag der römischen Richter, die auf ihrer Zuständigkeit beharrten, die Untersuchung ab und führt sie zusammen mit den Ermittlungen über den Putschversuch Borghese in Rom. Die formale Begründung für diese Entscheidung ist ausgesprochen fragwürdig.

Zur gleichen Zeit werden auch die Untersuchungen der Mailänder Richter über die Piazza Fontana und über den »weißen Putsch« von Edgardo Sogno durch den Turiner Richter Luciano Violante nach Rom gezogen. Auch in den Augen jener, die keine Anhänger von Verschwörungstheorien sind, kann es sich bei all diesen Entscheidungen kaum um Zufälle handeln. Aber mehr noch als die im engen Sinne als bewiesen anzusehenden Fakten, Umstände und Zeugnisse, die in den Ermittlungen zutage traten, beeindruckt das sichere Gefühl, hier sei man ganz nah, ja vielleicht schon allzu nah an gefährliche Wahrheiten herangekommen. Francesca Tamburino sagte zu ihrem Mann später, nachdem ihm das

29 Die Episode wird von dem Richter persönlich im bereits zitierten Gespräch mit Barbacetto, *op. cit.*, S. 78, berichtet. Sie gleicht einem Besuch von Miceli im Krankenzimmer Remo Orlandinis in einer römischen Klinik (vgl. Kap. 6.2).

Verfahren entzogen worden war: »Giovanni, es sind Verbrecher, aber sie haben dir das Leben gerettet.«

Im Juli 1978 spricht das Geschworenengericht Rom Miceli wegen erwiesener Unschuld von der Anklage der Begünstigung frei; die Anklage wegen politischer Verschwörung gegen die Verfassung hatte man bereits während der Ermittlungen fallengelassen. In der Zwischenzeit war Miceli auf der Liste des MSI ins Parlament gewählt worden. Lercari, De Marchi, Cavallaro, Spiazzi und Rampazzo werden hingegen zu fünf Jahren wegen Verschwörung verurteilt, zu vier Jahren die Generäle Nardella und Rampazzo. Für die übrigen Angeklagten gibt es geringere Strafen. Im Dezember 1984 wird das Berufungsgericht alle Angeklagten freisprechen.

Heute erinnert sich Richter Tamburino daran, wie sich seine Ermittlungsergebnisse nacheinander in Luft auflösten und die Angst wuchs, die Darstellung der Macht, die Cavallaro gegeben hatte, könnte richtig sein. Und er erinnert sich an seine Bestürzung:

»In jenen Monaten des Jahres 1974 erlebte ich einen psychologischen Schock: Ich hatte durch einen Spalt die Hölle erblickt, und was ich sah, das erschütterte mich zutiefst.«[30]

In jüngster Zeit ist dieser »Spalt« etwas breiter geworden. Die Ermittlungen des Richters Guido Salvini (vgl. Kap. 6.2), deren Ergebnisse teilweise im März 1995 publik wurden, bestätigen, daß Tamburino und die anderen Richter bereits in den siebziger Jahren auf dem richtigen Weg waren. Hauptmann Labruna, der bereits damals beim SID war, hat mit Salvini zusammengearbeitet und zu vielen Umständen jener Zeit, in die er selbst verwickelt war, Aussagen gemacht. Insbesondere konnte er die Rolle Licio Gellis beim Putsch Borghese bestätigen.[31] Ebenso die Ablenkungsmanöver seitens der Spitzen des SID, besonders von General Maletti und seinen Mitarbeitern. Laut Salvini steht fest, daß ein neuer, mehr oder weniger »weicher« oder auch gewalttätiger[32] – auf jeden Fall

30 Zitiert nach *Il Grande Vecchio*, *op. cit.*, S. 73.

31 Nach Aussage von Labruna hätte Gelli (vgl. Kap. 6.3 u. 7) zwischen 1971 und 1974 für den SID (bei einer Gelegenheit aber auch ohne das Wissen seines Vorgesetzten) in den Quirinal gehen, zu dem er freien Zugang hatte, und den Präsidenten der Republik, Giuseppe Saragat, an Valerio Borghese ausliefern sollen (vgl. Kap. 6.3).

32 Damals war Giovanni Leone Präsident der Republik. Die Verschwörer waren sich sicher, daß er hätte »überzeugt« werden können, sich nicht querzustellen, das Parlament aufzulösen und mehr oder weniger spontan im Fernsehen aufzutreten

aber das Ziel einer autoritären Wende verfolgender – Staatsstreich für das Jahr 73 oder 74 geplant war, dann aber wieder fallengelassen wurde.

In der »Vorbemerkung« zu seinem Untersuchungsbericht spricht Salvini von einem »parallelen Staat«, der durch klare Beweise belegt sei. Unter den Beschuldigten hat Salvini auch Amos Spiazzi vernommen, der bereits im Prozeß wegen der Rosa dei Venti angeklagt war. Der bestätigt seine gegenüber Richter Tamburino gemachten Aussagen, und in einem späteren Fernsehinterview mit Sergio Zavoli liefert er bisher unbekannte Details nach: Jene militärische und zivile Geheimorganisation, die formal zwar illegal war, in der Substanz aber legitim und die mit Kreisen der NATO eng verzahnt war, hieß »Kern zur Verteidigung des Staates«. Spiazzi spielte in ihr die Rolle eines Kommandanten der »Legion« Verona. Diese Struktur unterstand, nach Aussage von Spiazzi, dem Stab der Heeresleitung, war also eine Struktur des italienischen Militärs, faktisch ein zweites, supergeheimes »Gladio« (vgl. Kap. 3.2 u. 12.3).

und die Veränderungen der Republik zu verkünden. Damit hätte die Operation, zumindest in den Augen der Öffentlichkeit, eine gewisse Legitimation erhalten.

# *7. Kapitel*
# Der andere Staat

## 1. Geheimkriege der Geheimdienste

Die Ereignisse im Zusammenhang mit den Putschversuchen des Jahres 1970 und 1973-74 sowie die Resultate des Untersuchungsverfahrens von Richter Tamburino über die Rosa dei Venti und die Ermittlungen von Richter Guido Salvini (vgl. Kap. 6.2 u. 6.4) belegen, in welchem Maße die Geheimdienste in verschiedene Subversionsversuche verstrickt waren. Das geht so weit, daß heute, wenn die Urheberschaft eines Attentats unklar oder zweifelhaft ist, wie beispielsweise bei den Anschlägen des Jahres 1993, von allen möglichen Seiten der Verdacht geäußert wird, die Schuldigen seien in Geheimdienstkreisen zu suchen. Die noch wohlwollendste Hypothese in diesen Fällen lautet, daß die Geheimdienste die wahren Schuldigen decken.

Wir beschrieben bereits in den vorherigen Kapiteln zahlreiche Fälle illegalen oder wenigstens nicht durch das Gesetz gedeckten Verhaltens seitens der Geheimdienste. Fast immer blieb dieses Verhalten ungeahndet, was allerdings nicht bedeutet, daß die Tatsachen als solche bestritten werden könnten. Im Gefolge der Geschehnisse des im Umfeld von »Tangentopoli« (vgl. Kap. 12) verursachten Sturzes fast aller ehemals Mächtiger könnten durchaus noch weitere Fälle ans Tageslicht kommen, und es könnte auch durchaus sein, daß einige der Verantwortlichen strafrechtlich verfolgt oder – wenn das nicht mehr möglich sein sollte, weil die zur Last gelegten Verbrechen inzwischen verjährt sind – zumindest öffentlich beschuldigt werden könnten. General Adelio Maletti, Leiter der Abteilung »D« des SID, wird in der Anklageschrift von Richter Salvini (vgl. Kap. 6.2) beschuldigt, in Zusammenarbeit mit dem Kommando der Division Pastrengo der Carabinieri die Urheber der Attentate in Mailand und Rom aus dem Jahr 1969, auch des Anschlags an der Piazza Fontana, dem strafrechtlichen Zugriff entzogen zu haben. Darüber hinaus haben Maletti und sein Mitarbeiter Sandro Romagnoli (der später zum General befördert und zum Kommandeur der Streitkräfte für den Bezirk Mittelitalien ernannt wurde) Informationen über den Putschversuch Borghese und andere subversive Aktivitäten verheimlicht, und zwar speziell über die Verwicklung hoher Offiziere des Heeres. Außerdem soll Maletti laut Anklageschrift Beweismittel hinsichtlich der Versuche, die Institutionen und die Staatssicherheit zu untergraben und umzufunktionieren, unterschlagen und manipuliert haben.

Angesichts der Häufigkeit dieser Ereignisse lautet die Schlußfolgerung, daß man in der Tat von einer »kontrollierten« oder überwachten Demokratie sprechen kann.

Im November 1974 schrieb Pier Paolo Pasolini mit Blick auf die Attentate und Anschläge jenes Jahres einen leidenschaftlichen Text: *Ich weiß*.

> »Ich kenne alle Namen, und ich weiß Bescheid über die Tatsachen. Aber ich habe keine Beweise. Ich habe noch nicht einmal Indizien.«

Heute verfügen wir über Indizien zur Genüge. Auch gibt es Beweise für die Verantwortlichkeiten einzelner Personen, einige sind sogar rechtskräftig verurteilt. Aber immer handelt es sich dabei um nebenrangige Figuren. Und es ist nicht klar, ob und bis zu welchem Punkt verschiedene Ereignisse und verschiedene Subversionspläne miteinander zusammenhängen und folglich Bestandteile eines einzigen, die gesamte Zeit hindurch verfolgten Projekts darstellen. Festzuhalten bleiben wesentliche Übereinstimmungen zwischen den verschiedenen Umsturzplänen, die zu unterschiedlichen Zeitpunkten von verschiedenen subversiven Gruppen verfolgt wurden (z. B. das Projekt Cavallo-Sogno und der »Plan einer demokratischen Wiedergeburt« von Licio Gelli, worauf bereits hingewiesen wurde), sowie eine grundlegende Kontinuität der Strategien und der eingesetzten Mittel. Und nicht nur das. Es verblüfft, daß subversive Projekte, die es zumindest auf die Störung der öffentlichen Ordnung abgesehen haben, immer dann wieder auftauchen, wenn eine Veränderung der politischen Gleichgewichte möglich scheint. Hier kann man als Beispiele den »Piano Solo« aus dem Jahr 1964, die Attentate von 1969 und vielleicht auch (wobei man die Anomalien des Falles und die untypische Tätergruppe im Auge behalten muß) die Entführung und Ermordung von Aldo Moro im Jahr 1978 sowie die Bombenanschläge des Jahres 1993 anführen.

Beeindruckend sind die Komplizenschaften und der Schutz, den die Akteure dieser Subversion von zahlreichen Stellen der öffentlichen Institutionen erhielten; aber auch, wie oft sich die Gerichte mit den harmlosesten Interpretationen der Fakten zufriedengaben und zu Freisprüchen für die Angeklagten kamen. Macht man sich schließlich klar, daß der »permanente Staatsstreich«, also die Strukturen und Mittel, deren sich die verschiedenen Subversionsversuche immer wieder haben bedienen können, diesen ganzen Zeitraum überdauern konnte und offensichtlich eine so einflußreiche Unterstützung genoß, daß alles, was damit zusammenhing, praktisch der Strafbarkeit entzogen war – dann kann man eigentlich nur zu einem Schluß kommen: All dies war nur möglich, weil es in der herrschenden Klasse niemals einen Machtwechsel gegeben hat, d. h., weil in Italien seit über vierzig Jahren im wesentlichen derselbe Personenkreis an den Schalthebeln der Macht gesessen hatte.[1]

Im Februar 1993 soll der christdemokratische Ex-Präsident der Republik Cossiga in einer eigentlich nichtöffentlichen Sitzung, deren Inhalte einige Monate später dann doch der Presse wenigstens teilweise bekannt wurden, zur Frage der Kontrolle der Regierung über die Geheimdienste gesagt haben:

»Sie (die Kontrolle) ist nur sehr begrenzt möglich. Würde ich behaupten, ich wäre als Ministerpräsident in der Lage gewesen, den SISMI (Servizio Segreto Militare, vgl. unten) zu kontrollieren, so wäre das eine Falschaussage.«

Und zur Rolle der Amerikaner:

»Die Amerikaner haben sich immer in Geheimdienstfragen eingemischt. Sie ziehen den Kontakt mit Militärs vor... Seien wir ehrlich. Auch unserem Land wurden Grenzen gesetzt. Weniger als Ungarn etwa, aber auch wir waren ein Land mit begrenzter Souveränität.«

Und zur Frage nach der vorrangigen Aufgabe der Geheimdienste heißt es:

»Soweit sie im Ausland tätig waren, sollten sie gegen die Länder des Ostblocks agieren. Während sie, wie wir ehrlicherweise einräumen müssen, nach innen gegen den PCI gerichtet waren.«

Keine dieser Aussagen enthält etwas Neues. Die Neuigkeit besteht einzig darin, daß hier mit Cossiga ein Politiker das bestätigt, der

1 Zu einer detaillierten Darstellung vgl. Giuseppe De Lutiis, *Storia dei servizi segreti in Italia*, Rom 1984.

bereits als junger Mann Unterstaatssekretär des Verteidigungsministeriums war und der später alle Ämter bekleidete, die in diesem Staat zu vergeben waren: Innenminister, Ministerpräsident, Präsident des Senats und schließlich Präsident der Republik.

Wir sahen auch, wie obsessiv und hartnäckig sich die Amerikaner über all die Jahre hinweg Sorgen machten wegen der »kommunistischen Gefahr«. Und wir sahen, mit welcher Sorgfalt interessierte italienische Kreise diese Befürchtungen wachhielten. Da die Verbindungen zwischen den italienischen Geheimdiensten und der CIA sehr eng waren und da sie die Besorgnisse der Amerikaner teilten und aktiv am Kampf gegen die Kommunisten teilnahmen, kann man nicht ausschließen, daß die Einmischung der CIA in einigen Fällen die Unterstützung, wenn nicht gar die Initiierung illegaler und subversiver Aktivitäten in Italien mit einschloß.[2]

Und schließlich ist da noch die Frage nach den Finanzen. Zwischen 1948 und 1966 fließen 65 Mio. Dollar in die Kassen der Parteien. 1967 werden die Geldanweisungen vorübergehend unterbrochen, dann aber 1971 auf Initiative des amerikanischen Botschafters in Rom, Graham Martin, wieder aufgenommen. Ein Programm über 11,8 Mio. Dollar zur geheimen Finanzierung wird beschlossen. Martin delegiert die Durchführung dieses Finanzierungsprogramms an den Chef des SID, Miceli, zu dem er engen Kontakt hält. Auch der Protest des Vertreters der CIA in Italien, der kein Vertrauen zu Miceli hat und darüber hinaus verärgert ist, daß die übliche Praxis nicht eingehalten wird, nach der es die CIA ist, die solche Hilfen organisiert, kann daran nichts ändern. Micelis Position wird dadurch natürlich sehr viel gewichtiger, insbesondere auch als Stimme der amerikanischen Interessen in Italien.

Nach den Ermittlungen der Kommission des US-Senats unter Vorsitz von Otis Pike, die im Jahre 1975 eingerichtet wurde und die die Aktivitäten der CIA und der anderen amerikanischen Geheimdienste untersuchen sollte, wurden von den genehmigten 11,8 Mio. Dollar 9,9 Mio. bereits im ersten Jahr ausgegeben: davon 3,4 Mio. an eine »wichtige politische Partei«, 1,3 Mio. an andere

2 Andererseits ist bekannt, daß mehrmals im Konzert der vielen Kommentare aus Washington ausgerechnet die CIA zur Mäßigung aufrief. (Vgl. Kap. 3.) Es trifft aber auch zu, daß der Büroleiter der CIA in Rom sehr oft, ausgehend von Einschätzungen, die nicht mit der Linie der Washingtoner Zentrale übereinstimmten, auf eigene Faust handelte. Dies ist nur ein Beispiel für die zahllosen Schwierigkeiten, mit denen man es zu tun hat, wenn man den Versuch macht, der Wahrheit auf die Spur zu kommen.

Parteien und Organisationen, wozu mit Sicherheit auch der MSI gehörte. Der Kommission Pike gelingt es nicht, sämtliche Nutznießer der Finanzierungen ausfindig zu machen, aber in dem Bericht heißt es an einer Stelle, weitere 3,4 Mio. seien »an eine von der CIA *gegründete* und unterstützte politische Organisation« gegangen. Um welche Organisation handelt es sich? Um die von Sogno und Cavallo, die 1971 ihre Komitees des demokratischen Widerstands gründeten? Könnte ein Teil dieser Mittel in Händen von Gruppen der extremen Rechten gelandet sein, die auf die eine oder andere Weise an der Rosa dei Venti und anderen Verschwörungen teilnahmen?

Aber kommen wir auf den Kernpunkt der Frage: Was waren die wirkliche Rolle der Geheimdienste, ihre Ziele und das Ausmaß ihrer Verstrickung in den Verschwörungen der sechziger und siebziger Jahre?

Gemeinhin wird die Geburt der »Strategie der Spannung« auf den 3.-5. Mai 1965 datiert, als in Rom ein vom neuentstandenen Institut für Militärgeschichte Alberto Pollio organisierter Kongreß zum Thema »Der revolutionäre Krieg« stattfindet. Finanziert wurde das Institut unter anderem durch das von Oberst Rocca geleitete Büro Rei des Sifar (vgl. Kap. 3.2). Geleitet wird der Kongreß von einem Richter und zwei hohen Offizieren des Heeres. Unter den Rednern ragen Guido Giannettini und Pino Rauti sowie ein Mitarbeiter von Pacciardi, Giano Accame, heraus. Letzterer hält einen Vortrag mit dem prophetischen Titel *Die Gegenrevolution der griechischen Offiziere* (der Putsch in Griechenland sollte erst 1967 stattfinden). Unter den Teilnehmern des Kongresses finden sich viele Unternehmer, unter den als Zuschauern geladenen Gästen sind Stefano Delle Chiaie und Mario Merlino. Der Vortrag von Rauti behandelt *Die kommunistische Unterwanderung Italiens*, der von Giannettini *Verschiedene Techniken im revolutionären Krieg*. Rauti und Giannettini hatten inzwischen die Agentur »D« gegründet. Bei der Bewertung der »Tapferkeitskurse«, die in der Infanterieschule Cesano bei Rom von General Giuseppe Aloja, einem Promoter besagten Kongresses, Chef des Generalstabs des Heeres und späterem Generalstabschef der Streitkräfte, durchgeführt wurden, äußert sich diese Agentur so:

»Die Tapferkeitskurse wollen ein ganz besonderes psychologisches und ethisches Klima schaffen ... Der Generalstab hat mir ihrer Hilfe Tausende von Männern im Geiste einer speziellen Ausbildung gegen den ›subversiven‹ Krieg geformt, um besonderen Herausforderungen gerecht werden zu können ...«

Aloja war es auch, der bei Rauti, Giannettini und Edgardo Beltrametti, ebenfalls neofaschistischer Journalist, den Band *Le mani rosse sulle forze armate* in Auftrag gab. In einem anderen Buch, das im Jahr 1971 erscheint, läßt sich Beltrametti über »einen parallelen Generalstab aus, der sich aus Militärs und Zivilpersonen zusammensetzt und dessen verdeckte Aufgabe darin besteht, einen vorstrukturierten Apparat zu mobilisieren, den verläßliche Bürger mit festen Gewißheiten bilden, unter ihnen einige, die für den Bürgerkrieg trainiert wurden«. Dieses Schema ähnelt dem von Roberto Cavallaro im Zusammenhang mit der Rosa dei Venti bei seinen Vernehmungen durch Richter Tamburino beschriebenen. Das Vorwort zum Buch von Beltrametti stammt von General Giorgio Liuzzi, Ex-Chef des Generalstabs des Heeres.

Einige interpretieren aufgrund der starken Rivalität zwischen De Lorenzo und Aloja den Kongreß aus dem Frühjahr 1965 als den Übergang von einer Linie eines »weichen« Militärputsches zu einer aggressiveren und skrupelloseren Taktik, die unter anderem auch die Ausbildung in Attentatstechniken einschloß. Tatsächlich jedoch bleibt die Strategie, ganz unabhängig von den konkurrierenden Personen, immer die Verteidigung des politisches Gleichgewichts, wie es nach den Wahlen vom April 1948 entstanden war, und die Blockade gegenüber einem Regierungseintritt der Linken, wenn nötig mit Gewalt. Während der »Piano Solo« das Projekt einiger weniger war, nämlich von De Lorenzo, seinem Sifar und seinen Carabinieri sowie einer Handvoll Politiker, stellt der Kongreß den Moment eines breiteren Bündnisses dar.

Ebensowenig kann man ernstlich behaupten, Guerilla und Attentate seien neue, von den Teilnehmern des Kongresses im Institut Pollio erfundene oder wiederentdeckte Taktiken. Bereits seit 1961 hat der Sifar von De Lorenzo in Südtirol den »nicht orthodoxen« Krieg praktisch erprobt. Es ist nicht ganz klar, ob der Sifar die Südtiroler Unabhängigkeitskämpfer nur in den Terrorismus getrieben hat, um repressive Aktionen rechtfertigen zu können, oder ob er selbst den einen oder anderen Gewaltanschlag organisiert hat.

Zeugenaussagen sowie zahlreiche Indizien belegen, daß bei Sabotageakten und Attentaten auch Angehörige von Gladio aus der

Region zum Einsatz kamen. Da der Südtiroler Terrorismus den Verhandlungen zwischen Österreich und Italien über die Südtirolfrage nur schaden kann, muß man zu dem Schluß kommen, daß nur die faschistische Rechte ein echtes Interesse an einer gewaltsamen Strategie haben konnte. Und gewiß nicht zufällig werden immer wieder Neofaschisten zur Mitarbeit bei der praktischen Umsetzung dieser Strategie herangezogen. Der Fall Südtirol ist deshalb von Bedeutung, weil hier der Sifar und später der SID in keinem Fall, so wie sie es später getan haben, Probleme der inneren Sicherheit oder Verpflichtungen der Nato gegenüber zur Rechtfertigung anführen können.

Im November 1965 wird der Sifar in den SID überführt. Dabei handelt es sich mehr um eine Umbenennung als um eine reale Transformation, denn fast alle wichtigen Leute des Dienstes behalten ihre vorherigen Positionen. Als Leiter des SID wird Admiral Eugenio Henke berufen, ein Vertrauter des Ministers Taviani. Henke bleibt bis zum Oktober 1970 im Amt, dann übernimmt General Miceli seine Position. Zum Chef der Abteilung »D« – für die innere Sicherheit – wird im Jahr 1971 General Gian Adelio Maletti ernannt, der dieses Amt bis 1975 bekleidet. Es sind also Miceli und Maletti, die den Geheimdiensten in den heißesten Zeiten nach dem Attentat an der Piazzo Fontana vorstehen. Eine Antwort auf einige der offenen Fragen und Mysterien dieser Zeit kann man auch in der Rivalität zwischen diesen beiden Männern suchen. Bei dieser Rivalität spielt Giulio Andreotti eine gewichtige Rolle. Er war ein Gönner von Maletti und ein Feind von Miceli, der als Mann Aldo Moros galt.

Auch das Büro für verdeckte Operationen beim Innenministerium taucht wie der SID immer wieder bei den Ermittlungen über die Anschläge und Putschversuche auf, ganz besonders im Zusammenhang mit der Piazza Fontana. Meistens dient die Einmischung des SID und des Büros für verdeckte Operationen anscheinend dazu, die Untersuchungen auf eine falsche Fährte zu setzen, Beweise und Zeugen zu unterschlagen sowie Personen das Untertauchen zu ermöglichen und mit falschen Pässen auszustatten. Sie spielen die Rolle einer Gegenmacht, die darauf abzielt, die Aktionen von Polizei, Carabinieri und Richtern zu behindern und/oder zu kontrollieren, um so zu verhindern, daß bestimmte Ermittlungen erfolgreich abgeschlossen werden. Noch weitergehende Verantwortlichkeiten können allerdings keineswegs ausgeschlossen werden. Die Nähe zwischen den Geheimdiensten und Elementen der extremsten Rechten sowie die Zugehörigkeit der Spitzen der Geheimdienste zur Geheimloge P2 (vgl. Kap. 7.3) tragen nicht dazu bei, Zweifel und Verdachtsmomente zu zerstreuen.

In den vorigen Kapiteln haben wir bereits Gelegenheit gehabt, zahlreiche Fälle aufzuführen, die, ganz im Gegenteil, diese Verdachtsmomente bestätigen. Einige davon verraten sehr viel mehr als jedes polizeiliche oder richterliche Dokument – wie beispielsweise die Geste von General Alemanno, der Spiazzi zu verstehen gibt, daß er zu schweigen habe (vgl. Kap. 6.4). Der Fall der Claudia Ajello wurde bereits erwähnt.

Auffällig sind auch bestimmte Übereinstimmungen, wenn man auf die Umstände und die Nebendarsteller bestimmter Untersuchungen schaut. Einer davon ist Marco Morin, ein Waffenexperte und Ballistiker, der öfters für die Richter in Venedig tätig wurde. Dank seiner Gutachten werden Faschisten wieder freigelassen, die in Waffenhandel und andere Verbrechen verstrickt waren, darunter auch Carlo Maria Maggi, Führungsmitglied von Ordine Nuovo (sowie Freund und Hausarzt von Morin). Morin schmückt sich mit akademischen Titeln, die er niemals erworben hat, und gibt sich als Mitglied einer Britischen Kriminalistischen Gesellschaft aus, die es gar nicht gibt. Ende der sechziger Jahre wird er wegen illegalen Waffenbesitzes verurteilt. Der SID macht sich für ihn stark, um, wie der Verantwortliche des SID in Verona selber zugibt, »mögliche, für die Geheimdienste schädliche und gefährliche Aussagen zu verhindern, die Auskunft über seine Kontakte und, ganz allgemein, über Kontakte zwischen dem Militär und subversiven Kreisen geben könnten«. Trotz alledem tritt Morin als Ballistiker und vereidigter Gutachter in Prozessen auf, in denen – vergebens – versucht wurde, die Schuldigen von Mordanschlägen zu ermitteln, die dramatische Konsequenzen für die jüngste Geschichte hatten: nämlich in den Prozessen wegen der Anschläge auf Kommissar Calabresi, die Ermordung von Aldo Moro, die Anschläge auf den Präsidenten der Region Sizilien Piersanti Mattarella und auf General Carlo Alberto Dalla Chiesa (vgl. Kap. 9 u. 11).

Vom Attentat in Peteano war bereits die Rede (vgl. Kap. 6.3). An dieser Stelle jedoch ist in diesem Zusammenhang die Rolle von Oberst Dino Mingarelli und anderen Offizieren der Carabinieri von Bedeutung, die bei ihren systematischen Versuchen, die Ermittlungen irrezuführen, auf die Mithilfe des Staatsanwalts von

Görz, Bruno Pascoli, zählen konnten. Die Carabinieri manipulieren Beweisstücke, die zur Untersuchung des bei dem Attentat benutzten Sprengstoffs dienen sollten.[3] Jahre später, im Oktober 1993, verurteilt das Schwurgericht Venedig Marco Morin zu drei Jahren und vier Monaten Haft wegen Amtsunterschlagung. Laut Anklage soll er einige Beweisstücke entwendet haben, darunter auch den Sprengstoff Semtex, der bei den Roten Brigaden beschlagnahmt worden war und den er dann benutzte, um den in Peteano verwendeten Sprengstoff zu manipulieren und so die Ermittlungen in die Irre zu führen. Auch drei Offiziere der Carabinieri wurden der Begünstigung von Neofaschisten für schuldig befunden, die wegen desselben Attentats bereits zu lebenslanger Haft verurteilt waren. Die Zahl der Offiziere der Carabinieri, die wegen Irreführung von Ermittlungen verurteilt wurden, erhöht sich damit auf fünf.

Das Attentat von der Piazza Fontana bleibt einer der offensichtlichsten Fälle von Irreführung der gerichtlichen Ermittlungen. Im Mai 1969 übermittelt Guido Giannettini dem SID, in dem er selbst als Agent tätig ist, einen Bericht, der die Ausführung von »Attentaten in geschlossenen Räumen« seitens »autonom operierender neofaschistischer Banden« vorhersieht. Dieser Bericht bildet das erste Glied einer Kette von schwer zu interpretierenden Ereignissen. Man könnte annehmen, daß Giannettini der Plan nicht bekannt war, die Verantwortlichkeit für die Attentate der Linken anzulasten; oder daß seine Informationen für nicht glaubwürdig erachtet wurden; oder schließlich auch, daß der SID sich bereits im Vorfeld ein »Alibi« verschaffen wollte. Aber wie dem auch sei, der SID übermittelt diesen Bericht den Justizbehörden nicht und hält es, soweit bekannt, nicht für nötig, die Nachforschungen zu vertiefen.

Wer nun ist dieser Giannettini? Geboren 1930, Sohn eines Oberst der Marineinfanterie, interessierte er sich von Jugend auf für militärische Fragen. 1961 hält er sich in Annapolis in den Vereinigten Staaten auf, wo er an der Marineschule ein Seminar zum Thema »Möglichkeiten und Techniken eines Staatsstreiches in Europa« abhält, 1963 wird er Mitarbeiter der *Rivista militare* des Ge-

3 Auch die Aufzeichnungen der Telefongespräche einiger militanter Faschisten werden unbrauchbar gemacht. Diese Fakten sind gerichtlich festgehalten. Soweit es Marco Morin und das Attentat von Peteano anbelangt, vgl. das Gespräch mit Richter Casson in *Il Grande Vecchio, op. cit.*, S. 193ff.

neralstabs des Heeres. In den folgenden Jahren bewegt er sich im Umfeld von General Aloja. 1966 tritt er in das Büro »R« des SID ein, das sich mit der Auslandsspionage befaßt. In Wirklichkeit jedoch arbeitet er für das Büro »D« (innere Sicherheit), wie man den Berichten der Leiter dieses Büros entnehmen kann, die sich im übrigen auch darüber beklagen, wie wenig verwertbare Informationen er liefert. Später werden sie vor Gericht sagen, Giannettinis Rolle sei ganz und gar zweitrangig gewesen. Aber warum, so ist zu Recht gefragt worden, hielten sie es dann für angebracht, ihn jeweils persönlich ihrem Nachfolger zu empfehlen? Denn das ist ja wohl nicht der Regelfall bei den ca. 15 000 Informanten, die für den SID arbeiten. Und wieso wird dann, folgt man den Aussagen, die Andreotti in seinem berühmten Interview mit *Il Mondo* macht, ein Treffen auf höchster Ebene abgehalten, um darüber zu entscheiden, ob man Giannettini gegenüber den Richtern decken solle, die in Sachen Piazza Fontana ermitteln?

Als jenes Treffen stattfindet, hat Giannettini Italien bereits verlassen. Der SID hat ihm einen falschen Paß besorgt und ihm die Ausreise ermöglicht. Das wäre gewiß nicht geschehen, wäre Giannettini nicht im Besitz von Informationen, die der SID vor den Richtern verbergen möchte. Die gleiche Strategie wendet der SID auch bei Marco Pozzan an, dem Hausmeister einer Schule in Padua, der in neofaschistischen Kreisen verkehrte und der vermutlich durch Zufall Kenntnis von Geheimnissen erhielt, die seine Rolle bei weitem überstiegen. Bei einer Befragung durch Richter Giancarlo Stiz aus Padua zitiert er Umstände und Namen, unter anderem auch Pino Rauti. Im Juni 1972 unterzeichnet Richter D'Ambrosio einen Haftbefehl gegen ihn. Im Januar 1973 verschafft ihm der SID einen falschen Paß und organisiert seine Ausreise. Diese Fälle werden direkt von General Maletti verantwortet, dem Chef des Büros »D«. Er beauftragt Hauptmann Labruna mit der Durchführung der beiden Operationen. Das Spitzentreffen im Juni 1973, in dem entschieden wird, es sei opportun, Giannettini auch weiterhin »zu beschützen«, findet statt, nachdem D'Ambrosio General Miceli nach Mailand zitiert hat, um ihn nach Giannettini alias »Agent Z« zu befragen. Im Januar 1974 erläßt das Gericht auch gegen Giannettini einen Haftbefehl wegen Mittäterschaft bei einem Attentat. Der SID hütet sich nicht nur, den Richtern den Agenten Z zu überstellen, er überweist ihm auch noch regelmäßig ein Gehalt, zumindest bis einschließlich April. Giannettini stellt sich dann in der italienischen Botschaft in Buenos Aires im August 1974, nachdem Andreotti seine Rolle als Agent des SID offengelegt und die Entscheidung kritisiert hatte, ihn nicht der Justiz zu übergeben.

Zeitgleich mit seiner Entscheidung, sich den Justizbehörden zu stellen, gibt Giannettini *L'Europeo* ein Interview, in dem er erklärt, er sei ein Nazifaschist und arbeite dafür, »daß es in Italien zu einem Staatsstreich des Militärs komme. Oder zum Bürgerkrieg«. 1974 wird in Portugal der Diktator Caetano, der Nachfolger Salazars, gestürzt. Dadurch gelangt das Archiv der Presseagentur Aginter Press, ein Knotenpunkt der extremen Rechten aus ganz Europa (vgl. Kap. 4.2 u. 6.2), in die Hände von Antifaschisten, und man entdeckt, daß Giannettini mit der Aginter Press seit 1961-62 zusammengearbeitet hat. Unter den Dokumenten des Archivs findet sich auch eines mit dem Titel *Unser politisches Handeln*, das von den italienischen Mitarbeitern der Agentur verfaßt wurde. Hierin wird die Strategie der Infiltration der linken Gruppierungen propagiert, um sie zu provokativen Gewaltaktionen zu verleiten, die einen Staatstreich der Rechten begünstigen sollen. Das Dokument erwähnt auch ausdrücklich als empfehlenswerte Aktionsform, »die Gruppen, die uns nützlich sein können, zu korrumpieren oder zu finanzieren«. Datiert ist es auf das Jahr 1968, also genau die Zeit, in der die Strategie der Spannung ausgearbeitet wird.

Mit Sicherheit ist Giannettini im Spiel der Geheimdienste nur ein Bauer, wichtiger und nützlicher wohl, als seine Mentoren jemals haben zugestehen wollen, aber eben doch nur ein Bauer, der schlußendlich geopfert werden kann. Die Äußerung Andreottis vom Juni 1974, die den Agenten Z öffentlich enttarnt, wurde allgemein als ein Zug im Schachspiel zwischen den schon lange verfeindeten Miceli und Maletti, d. h. in Wirklichkeit zwischen Andreotti und Moro, interpretiert, denn in demselben Interview kündigt Andreotti auch noch die unmittelbar bevorstehende Absetzung Micelis an, die in der Tat im Juli Wirklichkeit wird.

Im September übermittelt Andreotti aus eigener Initiative und zur Verwirrung seiner Parteifreunde, ohne vorher die Regierung informiert zu haben, der römischen Justiz ein Dossier über den Putschversuch Borghese, das Hauptmann Labruna im Auftrag von General Maletti verfaßt hat (vgl. Kap. 6.3).

Miceli verteidigt sich durch einen Gegenangriff, nachdem die römische Justiz am 10. Oktober auf der Basis des von Andreotti übergebenen Berichts 20 Haftbefehle wegen politischer Verschwörung und bewaffnetem Aufstand unterzeichnet. Er läßt die Öffentlichkeit wissen, Andreotti habe seinem Wunsch nicht entsprochen, von der Geheimhaltungspflicht entbunden zu werden, er werde diesen Wunsch aber noch einmal vorbringen, und sollte er »wieder negativ beschieden werden«, dann werde er sich »nicht mehr durch die Regeln der Geheimhaltung gebunden fühlen«. Klarer konnte die Drohung nicht sein, und Andreotti ist sich bewußt, daß sie vor allem Gladio betrifft, zumal Miceli vor seinem Ausscheiden aus dem SID dem Büro »R« den Auftrag gegeben hatte, die Listen der Verschwörer der Rosa dei Venti und von Ordine Nuovo mit denen von Gladio zu vergleichen. Darüber hinaus beschuldigt Miceli Andreotti, den Richtern nur einen Teil der Informationen übermittelt zu haben, die er vom SID erhalten hatte:

»Wenn der Richter den vollständigen Bericht des SID vorliegen hat und nicht nur Auszüge davon, wird er unschwer feststellen können, daß ich niemals irgendwelche Amtspflichten nicht wahrgenommen oder verletzt habe.«[4]

Micelis Gegenoffensive erzielt Wirkung. Im September 1975 hält der Staatsanwalt Claudio Vitalone (der politisch Andreotti sehr nahe steht) sein Plädoyer in Sachen Putschversuch Borghese und damit im Zusammenhang stehende subversive Aktionen. Er bezeichnet die Version der Fakten, die Miceli gegeben hat, als »zurechtgeschneidert« und fährt abschließend fort:

»Entweder hat er seine Vorgesetzten kunstvoll hinters Licht geführt, oder ihm fehlten die grundlegenden Voraussetzungen, um seine delikate Aufgabe zu erfüllen.«

Im Kern der Sache aber spricht er Miceli von den schwersten Vorwürfen frei und hält ihn nur der Begünstigung für schuldig.

Einige jener obskuren Verschwörungen und Aktionen sind ohne jeden Zweifel wegen der internen Rivalitäten zwischen den Geheimdiensten und dem Konflikt zwischen Andreotti und Miceli ans Licht gekommen.

Die zweideutige Rolle Andreottis wird während seiner Amtszeit als Verteidigungsminister immer wieder erkennbar. Aus der

4 Miceli läßt seine Gegendarstellung nicht nur den Richtern zukommen, sondern auch der Presse. *L'Unità*, 15. 10. 1974. Über den ganzen Zusammenhang vgl. Gianni Flamini, *Il partito del golpe*, Bd. 3, Abschn. 2, S. 682ff.

Rekonstruktion der Ereignisse um den Putschversuch Borghese im Verlauf der Ermittlungen von Richter Salvini ergibt sich, daß Ende Juli 1974 in Andreottis Privatbüro ein Treffen stattfand, an dem unter anderen Admiral Casardi, der Chef des SID, General Mino, der Kommandeur der Carabinieri, Oberst Romagnoli und Hauptmann Labruna teilnahmen. Labruna hatte Bänder mit aufgezeichneten Geständnissen einiger am Putsch Borghese Beteiligten dabei. Auf dem Treffen sollte der Inhalt des Berichts über die Ereignisse vom Dezember 1970 besprochen werden, den der SID dann den Richtern übergeben sollte. Salvini betont, daß der Bericht den Richtern in einer »abgeschwächten« Version übergeben wurde. »Die Figur Gellis«, schreibt Salvini in seinem Bericht, »wurde bewußt in den Berichten des SID ausgelassen« – und ebenso eine ganze Reihe von hohen Offizieren. Laut Zeugenaussagen von Oberst Antonio Viezzer war es Andreotti, der den Rat gab, »die Beute ein wenig auszudünnen«. In einem Interview mit dem *Corriere della sera* vom 14. April 1995 hat Andreotti dies entschieden bestritten. Jenes Treffen fand statt, so Andreotti, weil Maletti ihm gesagt hatte, er habe entdeckt, daß es Kontakte zwischen seinem direkten Vorgesetzten, General Miceli, und Borghese gegeben habe:

»Ich sagte ihm, alles Miceli zu sagen, und daß ich, wenn der mir darüber nichts sagen würde, gegen ihn vorgehen würde. Aber Miceli erstattete mir Bericht. Ich entschied, ein auf die gesamte Führung der Streitkräfte erweitertes Treffen abzuhalten, in dem wir uns einige der Aufzeichnungen anhörten und sie dann der Staatsanwaltschaft weitergaben. Die Bänder enthielten keine sensationellen Namen, und schon gar nicht den von Gelli. Also gab ich Miceli den Rat, den Untersuchungsbehörden alles zu sagen, ohne sich auf das Militärgeheimnis zu berufen.«

An der Durchschlagskraft dieser Empfehlung mag man mit Recht zweifeln, wenn die Person, an die sie gerichtet war, selbst unter dem Verdacht stand, in die Vorkommnisse verwickelt zu sein. Andreotti fügt noch hinzu, wobei er sich offensichtlich auf Hauptmann Labruna bezieht, daß, wenn die Bänder (die Labruna Richter Salvini ausgehändigt hat) echt wären, man »diejenigen verfolgen muß, die sie solange verheimlicht haben«. Wer aber könnte ein Interesse haben, sie zu verheimlichen? fragt der Interviewpartner. Die Antwort Andreottis ist entlarvend, sie klingt wie eine Bestätigung des keineswegs nur zufälligen, illegalen Verhaltens der Geheimnisse von höchster Stelle:

»Die Welt der Geheimdienste ist eine merkwürdige Welt, viele Fraktionen und Gruppierungen verfolgen ganz eigene politische Ziele im Glauben, sie könnten unter dem Schutzmantel des Staatsgeheimnisses weiter ihre eigene Suppe kochen. Und viele haben deswegen einen Haufen Schwierigkeiten gehabt. Es wundert mich gar nicht, wenn sie jetzt versuchen, sich zu rächen.«

Interessant ist auch der Hinweis, daß Andreottis Vorstoß im Jahr 1974 eine heftige Reaktion seitens der rechten Presse auslöste. *Il Borghese* attackierte den Verteidigungsminister mit der Schlagzeile *»Ein Judas unter uns«*, und *Il Secolo d'Italia*, die Tageszeitung des MSI, zitierte in großer Aufmachung die Attacke des *Borghese* und setzte dann noch eins darauf, indem er Andreotti vorwarf, den Richtern und der Öffentlichkeit »ein dickes Dossier des SID über die Gruppierungen der extremen Linken und ihre Financiers, darunter auch der PCI« vorenthalten und »seine ursprüngliche politische Position, den Antikommunismus und die Loyalität mit den Streitkräften verraten« zu haben.

## 2. Licio Gelli. Ein ehrenwertes Leben voller Intrigen Von der Republik von Salò zur Geheimloge P2[5]

Licio Gelli wird im April 1919 in Pistoia (Toscana) als Sohn einer Müllersfamilie geboren. Die Schule besucht er nur bis zur 6. Klasse. Mit 17 Jahren wird er Freiwilliger bei Mussolinis Truppen, die im spanischen Bürgerkrieg General Franco unterstützen. Nach seiner Rückkehr nach Italien schreibt er sich in die Faschistische Partei ein und arbeitet in verschiedenen Funktionen mittlerer Ebene für sie in der Provinz Pistoia. Im Juni 1940 wird er eingezogen. Bei der Ausbildung zum Fallschirmspringer in Viterbo wird er bei einer Übung verletzt und wieder entlassen. 1942-43 hält er sich in Cattaro in Albanien auf, wo er sich das Vertrauen von Parini, dem Parteisekretär der italienischen Auslandsfaschi-

5 Weil dieses ganze Thema juristisch noch nicht abgeschlossen ist, haben wir uns vor allem an den Bericht der Abgeordneten Tina Anselmi (vom 9. Mai 1984), der Vorsitzenden der parlamentarischen Untersuchungskommission über die P2, sowie teilweise an den Bericht 224/B/9054 des Innenministeriums vom Juni 1986, der den Polizei- und Justizbehörden übergeben wurde, gehalten. Andere Quellen werden, soweit verwendet, jeweils einzeln ausgewiesen.

sten, erwirbt.[6] Aus dieser Zeit datieren vermutlich auch seine ersten Kontakte mit den Geheimdiensten,[7] nämlich dem SIM des faschistischen Regimes. Nach dem 8. September 1943 stellt er in Pistoia Kontakte zu Vertretern der Republik Salò her und spielt die Rolle eines Verbindungsoffiziers mit dem deutschen Heereskommando. Aber er ist klug genug, zu begreifen, woher der Wind weht. Über seine Schwester, die im PCI aktiv ist, stellt er Kontakte zum Comitato di Liberazione Nazionale, und hier insbesondere den Kommunisten, her. Dabei macht er sich seine Position bei den Deutschen zunutze und ist in vielerlei Hinsicht hilfreich, z. B. wenn es darum geht, Partisanen rechtzeitig zu warnen, damit sie den Razzien der Nazifaschisten entgehen können. Das hindert ihn andererseits aber nicht daran, auch persönlich an Aktionen gegen die Partisanen teilzunehmen. Gellis Version dieser Zeit ist, daß er nach seiner Festnahme durch die Deutschen als Leutnant der Fallschirmjäger in Viterbo im September 1943 vor die Alternative gestellt wurde, sich entweder zur Republik von Salò zu bekennen oder nach Deutschland deportiert zu werden, und daß er sich eben für die erstere Möglichkeit entschieden habe. In Pistoia gibt sich Gelli selbst die Bezeichnung »Verbindungsoffizier« und baut sich ein dichtes Netz von Beziehungen zu allen wichtigen, militärischen und zivilen Stellen auf: zu den Deutschen, zu den Italienern wie auch zum Erzbischof. Überall stößt man auf ihn, überall macht er sich nützlich. Er ist die richtige Person, wenn es gilt, Benzin oder Lebensmittel aufzutreiben; ununterbrochen ist er unterwegs, jedesmal, wenn er nach Pistoia zurückkehrt, bringt er etwas mit: Lebensmittel, Kleidungsstücke, die er sofort verteilt, einmal kommt er sogar mit 5000 Paar Schuhen. Mit seinem Schwiegervater führt er einen Stand auf dem Domplatz. Schon hier sind seine Charakterzüge ersichtlich: Er ist der geborene Geschäftsmann, und er hat es gelernt, sich vor allem um seine eigenen Interessen zu kümmern, wobei er es mit großem Geschick versteht, sich Personen und Umstände nutzbar zu machen.

Als Pistoia im Jahr 1944 befreit wird, wird Gelli von den Partisanen erkannt und läuft Gefahr, hingerichtet zu werden. Seine Rettung sind die örtlichen Vertreter des PCI in den CLN, die ihm

6 In Cattaro wird der Staatsschatz der jugoslawischen Nationalbank aufbewahrt, und es ist eine der vielen Legenden, die sich um die Macht und den Reichtum Gellis rankt, daß er sich aus jenem Schatz bereichert habe.

7 Vgl. De Lutiis, *op. cit.*, S. 179ff.

ein Zeugnis ausstellen, das seine Sympathien für die Partisanen bescheinigt.[8] In dieser Zeit knüpft Gelli seine Kontakte zum CIC, zum Council Intelligence Corps, der 5. amerikanischen Armee, noch bevor er zu seiner Schwester nach Sardinien zieht. Im September 1945 wird er wegen Verbrechen im Zusammenhang mit seiner Vergangenheit als Faschist verhaftet (und in erster Instanz verurteilt, im Berufungsverfahren aber freigesprochen).

Nach einem kurzen Aufenthalt in Argentinien kehrt Gelli nach Pistoia zurück und wird dort Vertreter von Remington. Außerdem eröffnet er eine Buchhandlung und nimmt den Kleinhandel wieder auf, den er bereits vor der Befreiung praktiziert hatte. Wie viele andere betreibt er den Schmuggel von Zigaretten und kassiert dafür im Jahr 1950 auch eine Verurteilung. In der Zwischenzeit hat er Freundschaft mit dem Christdemokraten Romolo Diecidue geschlossen. 1948 wird er Mitarbeiter von Diecidue und folgt diesem nach Rom. Das ist die Wende. Über diese Zeit gibt es nur wenige Informationen, aber auf jeden Fall schließt Gelli seine Buchhandlung und nimmt eine Beschäftigung bei einer Matratzenfabrik an.

Und die Permaflex ist auch der Ausgangspunkt für Gellis Aufstieg in die Geschäftswelt und für seine Verbindungen zur großen Politik. Der Grundsteinlegung für die neue Niederlassung in Frosinone im Oktober 1960 wohnen nicht nur die örtlichen Vertreter der Politik bei, sondern auch Kardinal Alfredo Ottaviani und Giulio Andreotti, der damalige Verteidigungsminister. Bei der Einweihung im März 1965 ist die Lokalpolitik vollständig vertreten, außerdem Militärs und der Minister für Industrie und Handel, Lami Starnuti. Nur wenige Tage zuvor war Gelli mit 150 Beschäftigten der Permaflex in einer Privataudienz von Papst Paul VI. empfangen worden. Die Arbeiten zur Errichtung jener Niederlassung in Frosinone wurden von der Firma eines Schwiegersohns

8 Diese Zeugnisse werden nachfolgend immer wieder erneuert. Auch noch 1976, als die Verbindungen Gellis mit der subversiven Rechten bereits zahlreiche Kritiken und Besorgnisse auch unter Freimaurern auslösten. In der auf den 2. Oktober datierten und auf offiziellem Papier der CLN der Provinz Pistoia ausgestellten Bescheinigung von 1944 heißt es: »Dieses Komitee erklärt, daß Licio Gelli, Sohn des Ettore Gelli, sich trotz seiner Funktion im Dienste der Faschisten und der Deutschen um die Sache der Patrioten in Pistoia verdient gemacht hat. Er hat Partisanen, die verhaftet werden sollten, gewarnt..., teilgenommen an der Befreiung von politischen Gefangenen oder sie möglich gemacht ... Dies vorbehaltlich einer gründlicheren Überprüfung der Aktivitäten von Licio Gelli, um seine Haltung definitiv beurteilen zu können.«

von De Gaspari durchgeführt, der seinerseits der Mentor von Giulio Andreottis politischer Karriere war.

Im November 1963 ersucht Gelli um die Mitgliedschaft bei den Freimaurern, aber 1965, bei der Einweihung der Fabrik in Frosinone, ist er noch immer ein »Lehrling« (das heißt auf der ersten der 33 Stufen des Freimaurertums) der Loge Romagnosi, bei der er nicht ohne Widerstände seitens einiger wichtiger, traditionell antifaschistischer Mitglieder aufgenommen wurde. 1966 wird Gelli in die Geheimlage Hod aufgenommen, deren Vorsitzender Roberto Ascarelli ist, ein Großmeister des Grande Oriente d'Italia (GOI). Ascarelli hatte Gelli dem Großmeister Giordano Gamberini als ein Mitglied empfohlen, das weitere wichtige und einflußreiche Persönlichkeiten für die Loge werben könnte. Die Karriere Gellis bei den Freimaurern vollzieht sich rasend schnell. 1969 wird Gelli, der keine offizielle Funktion in der Leitung des GOI bekleidet, damit beauftragt, sich um die Vereinigung der verschiedenen Freimaurergemeinden zu kümmern. 1971 ernennt der Großmeister, Lino Salvini, Licio Gelli zum Sekretär für organisatorische Fragen der verdeckt arbeitenden Loge »Propaganda 2« und beauftragt ihn damit, neue Mitglieder zu initiieren, eine Aufgabe, die normalerweise den Großmeistern vorbehalten ist.

Die beiden Haupt»familien« der Freimaurer in Italien sind die des Palazzo Giustiniani,[9] Grande Oriente d'Italia (GOI), mit ca. 15 bis 20 Tausend Mitgliedern, und die der Piazza del Gesù mit ca. 5 bis 10 Tausend Mitgliedern. Drahtzieher der Anerkennung des GOI durch die angesehene Vereinigung des Nordens der USA im Jahr 1947 ist Frank Gigliotti. Er ist zwischen 1941 und 1945 Agent der für Italien zuständigen Sektion des OSS (des späteren CIA) und stand wahrscheinlich schon in dieser Zeit mit Gelli wegen dessen Arbeit für den Counter Intelligence Corps (CIC) in Beziehung. In den fünfziger Jahren war Gigliotti Präsident des Komitees der amerikanischen Logen, das sich die Bitte des GOI zu eigen macht, ihren angestammten Sitz, eben Palazzo Giustiniani, zurückzuerhalten, der vom faschistischen Regime nach dem Verbot des Freimaurertums konfisziert worden war. Die Operation gelingt, und im Juli 1960 unterzeichnen der italienische Staat und der GOI in Anwesenheit von Gigliotti und des amerikanischen Botschafters in Rom, J. Zellerbach, ein dementsprechendes Abkommen.

9 Die Bezeichnungen kommen von den historisch benutzten Sitzen der Logen, eben Palazzo Giustiniani, und an der Piazza del Gesù, beide in Rom.

Kaum hat Gelli die Leitung der Loge P2 übernommen, vergrößert er deren Führungsstab[10] und rekrutiert Personen, die in ihrem jeweiligen Bereich Schlüsselpositionen einnehmen. Gleichzeitig leitet er eine starke Politisierung der Loge ein. »Wie Du sehen wirst«, so schreibt er den Mitgliedern, an die er das Protokoll einer Sitzung im März 1971 versendet, »haben wir die Philosophie beiseite gelegt, weil wir es für nötig hielten und immer noch halten, uns mit handfesten und konkreten Argumenten zu befassen, die für das gesamte Leben der Nation von Interesse sind.« Aus dem erwähnten Protokoll ergeben sich die folgenden Themen der Tagesordnung: »... die Bedrohung durch den von Teilen des Klerus unterstützten Kommunismus, die letztlich auf die Übernahme der Macht abzielen, das Machtvakuum, das die Ordnungskräfte ließen, der überhandnehmende Sittenverfall ... sowie unsere Haltung im Falle einer Übernahme der Macht durch den Klerikal-Kommunismus.«

Die Geschichte der P2 ist charakterisiert durch die beständig zwischen Komplizenschaft und zuweilen auch schroffen Gegensätzen schwankende Beziehung zwischen dem Großmeister Lino Salvini und Licio Gelli. Im Juli 1971 erklärt Salvini auf der Sitzung des Exekutivkomitees des GOI, er sei beunruhigt wegen der großen Zahl von Militärs, die Gelli in der P2 rekrutiere, und er äußert den Verdacht, Gelli bereite einen Staatsstreich vor. Und doch ist es ausgerechnet Salvini, der im Dezember 1971 Gelli im Rahmen einer Umstrukturierung, die unter anderem auch »die Verbesserung der Geheimhaltung« erlauben soll, zum Sekretär für organisatorische Fragen der P2 ernennt. Gelli ist im Besitz von Dokumenten, die angebliche illegale Finanztransaktionen von Salvini belegen, derentwegen später auch ein Prozeß gegen Salvini angestrengt wird und mit deren Hilfe Gelli den Großmeister erpressen kann.

Im April 1972 legt Ferdinando Accornero, ein Mitglied des Exekutivkomitees des GOI, Salvini ein Dossier über Gelli vor und beschuldigt ihn darin, den Großmeister zu diffamieren sowie einer faschistischen Organisation angehört und während des Befreiungskampfes gegen die Partisanen agiert zu haben. Salvini jedoch entscheidet, daß gegen Gelli nicht vorgegangen wird, weil die Vorwürfe gegen ihn »keine Schuld im Sinne des Freimaurertums« darstellen. 1974 sorgen die Gerüchte um eine mögliche Verwicklung

10 Zum Zeitpunkt, da Gelli die Kontrolle über die P2 übernimmt, hat sie 573 Logenbrüder. Die erste Aufnahme datiert aus dem Jahr 1952.

der P2 in die Putschversuche für Aufregung bei den Freimaurern. Im Dezember desselben Jahres ordnet die in Neapel abgehaltene Versammlung der Ehrwürdigen Meister die »Auflösung« der P2 an.

Doch diese Entscheidung führt zum genauen Gegenteil. 1975 ordnet Salvini die Wiederherstellung der Loge P2 an, legt aber fest, daß sie keinem Bezirkskollegium der Ehrwürdigen Meister zugehört und nur vom Großmeister selbst oder von einer von ihm beauftragten Person beaufsichtigt werden kann. Außerdem sollen die Logenbrüder nicht in die Mitgliedsliste des GOI eingetragen werden. Wenige Tage später ernennt Salvini in einem ungewöhnlichen Verfahren Licio Gelli zum Ehrwürdigen Meister. Die Auflösung hat sich also in Wirklichkeit in eine Reorganisation verwandelt, die die P2 noch verdeckter werden ließ. Inzwischen mehren sich in der Presse die Hinweise auf Verbindungen zwischen der P2 und extremistischen Kreisen, die Gelli dementiert, indem er ein drittes Zeugnis über seine Verdienste für die Partisanen vorweist, das wiederum von den Kommunisten in Pistoia ausgestellt wurde. Francesco Siniscalchi, ein »demokratischer Freimaurer«, erklärt bei einer Befragung durch Richter Angelo Vella, der die Untersuchungen über das Attentat auf den »Italicus« führt, die P2 sei eine »äußerst klandestine und von putschfreundlichen Elementen durchsetzte« Loge.

Gelli und seine Loge stellen inzwischen ein Problem dar, das der Grande Oriente d'Italia nicht mehr ignorieren kann. Die Art und Weise, wie Salvini und Gelli damit fertig werden, ist ein Meisterstück aus dem Repertoire der Kunst der Vertuschung. Gelli selbst beantragt, die Arbeit der Loge auf unbestimmte Zeit einzustellen, und sein Antrag wird angenommen. In diesem Zusammenhang wird Gelli mit einer dreijährigen Suspendierung von den Aktivitäten der Freimaurer »bestraft«. Damit gelingt es Salvini, die Spitze des GOI zu beruhigen. Außerdem wird ein Verfahren gegen Gelli wegen seiner schweren Vorwürfe auf der Versammlung der Großloge gegen Salvini eröffnet. Diese Versammlung hatte, wohlgemerkt, bereits zu Beginn des Jahres 1975 im Hilton-Hotel in Rom stattgefunden. Warum ein Verfahren jetzt, eineinhalb Jahre danach? Weil es dem Großmeister erlaubt, das Verfahren des Kollegs Latium-Abruzzen wegen der vermuteten Zusammenarbeit zwischen der P2 und den rechten Putschversuchen mit den Prozessen gegen die sogenannten demokratischen Freimaurer zusammenzulegen und selbst in die Hand zu nehmen. Resultat: Wegen der Vorfälle im Hilton wird Gelli feierlich ermahnt (aber Salvini vergibt Gelli in einer nichtöffentlichen internen Erklärung gleich danach), die Vorkommnisse, die Anlaß für das Verfahren des Kollegs Latium-Abruzzen waren, werden in dem Urteilsspruch nicht einmal erwähnt, und die »Demokratischen Freimaurer« werden ausgeschlossen.

Der Bericht der Kommission Anselmi äußert sich dazu wie folgt:

»Es gibt Gründe anzunehmen, daß die Suspendierung des Jahres 1976 nur eine Form noch besserer Abschirmung war, die deshalb vonnöten war, weil Gelli und seine Loge inzwischen für die Institution nicht mehr einfach hinnehmbar waren. So erreichte man das doppelte Resultat, formal die Position des Grande Oriente zu wahren und zugleich Gelli zu ermöglichen, seine Arbeit in einer so verdeckten Form weiterzuführen, daß sie weder von außerhalb der Organisation noch – und das vor allem ist von Bedeutung – von Elementen innerhalb derselben kontrolliert werden konnte.«

Daher kann die P2 »nicht einmal mehr euphemistisch als verdeckte Loge bezeichnet werden; es handelt sich inzwischen um eine regelrechte Geheimgesellschaft, und zwar eine Geheimgesellschaft nicht nur gegenüber ... der bürgerlichen Öffentlichkeit, sondern auch gegenüber der Organisation, aus der sie hervorgegangen war«.

Die P2 gerät Ende der siebziger Jahre in die Krise. 1979 beendet Salvini sein Mandat als Großmeister vorzeitig, und die amerikanischen Freimaurer leiten gegen ihn ein Verfahren ein, weil er sich zu sehr mit Gelli kompromittiert habe.[11] Ebenfalls im Jahr 1979 spielen die Geheimdienste dem Journalisten Carmine Pecorelli einen Bericht des Sifar aus dem Jahr 1950 zu, um auf diesem Weg den Inhalt der Öffentlichkeit bekannt werden zu lassen. In dem Bericht geht es um Gellis Beziehungen zu osteuropäischen Ländern, und er enthält auch eine Liste von Personen, die seinerzeit mit den Faschisten und den Deutschen kollaborierten. Das macht ihn zu einem gefährlichen Instrument möglicher Erpressungen. Ebenfalls 1979 taucht Francesco Pazienza in der Szene auf; er ist im Sismi die rechte Hand von General Santovito und hat engen Kontakt mit den Amerikanern.

11 Bericht der Kommission Anselmi, Kap. 2, Abschn. 2.

In den Affären dieser Jahre sind Pazienza und Pecorelli zwei minder bedeutende Personen. Aber beide treten oft an Knotenpunkten der vielen »Mysterien« und dramatischen Geschehnissen in Erscheinung. Carmine Pecorelli ist bereits mit sechzehn Partisan im Widerstand gewesen; 1967 beginnt er eine Karriere als Journalist bei *Mondo d'Oggi*, für die auch Edgardo Beltrametti arbeitet, der General Aloja nahesteht (vgl. Kap. 7.1). Von Anfang an gehört der SID zu den bevorzugten Quellen, wenn er nicht gar die Ideen zu den Kampagnen gibt, mit denen *Mondo d'Oggi* Skandale offenlegt, in die Personen aus der Politik verwickelt sind.[12] Ende 1968 gründet Pecorelli *OP*, Osservatorio politico internazionale, einen täglich erscheinenden Pressedienst, der im März 1978 in eine Wochenzeitung umgewandelt wird. Pecorelli verfügt ganz offensichtlich über zahlreiche, auch der allgemeinen Öffentlichkeit nicht zugängliche Quellen. Über Pecorelli wurde viel Gegensätzliches gesagt: Er habe *OP* benutzt, um einige Persönlichkeiten zu erpressen, und zugleich die Laster des Regimes gegeißelt. Wenn er ein Erpresser war, dann hat er daraus nicht gerade viel Profit gezogen: Als er vor seiner Haustür im März 1979 ermordet wird, da hinterließ er vor allem Schulden und ein Bankkonto mit wenig mehr als 20 Mio. Lire darauf. Er lebte gefährlich, denn er schlug sich auf die Seite von Miceli und inszenierte – im Krieg der Geheimdienste – schwere Angriffe gegen Maletti. Anfänglich war er in die P2 eingeschrieben, 1977 aber brach er auf spektakuläre Weise mit Gelli.

Francesco Pazienza ist Anlageberater und Firmenkonsulent auf international höchstem Niveau. An der Universität Rom hat er ein Examen als Chirurg abgelegt, praktiziert aber nicht; er spricht perfekt Englisch, Französisch, Spanisch und Arabisch. Im Jahr 1973 beginnt er in Italien seine Tätigkeit als Anlageberater bei Bob Kooperman, dem Leiter des Internationalen Zentrums für Strategische Studien der Georgetown University, der später Mitglied des Beraterstabes von Ronald Reagan wird. In New York wird Pazienza Präsident der Vereinigung Grande Italia, die er selbst gegründet hat. Laut einem Bericht der Finanzpolizei soll er in dieser Zeit mit der CIA zusammengearbeitet haben. Schließlich taucht sein Name im Zusammenhang mit dem sogenannten »Billygate« auf,

12 Über Mino Pecorelli siehe G. De Lutiis, *op. cit.*, S. 173 ff; den Bericht Anselmi sowie Vincenzo Iacopino, *Pecorelli OP. Storia di una agenzia giornalistica*, Genua 1981, ein Nachdruck zahlreicher Artikel von *OP*.

als nämlich 1980 mit Hilfe des Sismi Informationen in Umlauf gebracht werden, der Bruder des Präsidenten Carter habe enge Kontakte zu Ghaddafi gepflegt – was ihm in den Augen der Republikaner als Verdienst angerechnet wurde.

Anfang 1980 kehrt Pazienza nach Italien zurück, und zwar nach Rom, wo er, wie bereits angedeutet, mit dem Sismi zusammenarbeitet, als der unter Leitung von General Santovito steht. Und er wird Mitglied bei der P2. Er stellt einen engen Kontakt zu Kardinal Paul Marcinkus, dem Präsidenten des IOR (Istituto per le opere religiose, Institut für religiöse Werke, i. e. die Bank des Vatikans. U. H.) her. Über Marcinkus lernt er Roberto Calvi kennen, den Präsidenten des Banco Ambrosiano, und übernimmt die Öffentlichkeitsarbeit für diese Bank, insbesondere in Lateinamerika, wo Calvi verschiedene Banken kontrolliert. Im März 1981 beendet Pazienza die Zusammenarbeit mit General Santovito. Ende 1984 wird gegen Pazienza ein Gerichtsverfahren wegen Bildung einer kriminellen Vereinigung und Verletzung von Staatsgeheimnissen eingeleitet. Der Prozeß gegen ihn wird geführt, während er in den USA in Auslieferungshaft sitzt, aber am Ende wird er nur wegen Mißbrauchs der Flugzeuge des Sismi für Privatreisen in Europa und im Ausland verurteilt.

Nicht klar ist, ob Pazienzas Rolle die eines Stellvertreters oder die des Nachfolgers von Gelli war. Das Interview von Gelli vom 5. Oktober 1980, das angesichts der üblichen Zurückhaltung Gellis außergewöhnlich ist, kann als ein Anzeichen für seine Schwierigkeiten gelesen werden. In dem Interview gibt er in der Tat sein politisches Programm preis und lüftet zugleich einen Vorhang, hinter dem sich seine Organisation verbarg. Das Interview nimmt fast eine ganze Seite im *Corriere della sera* ein, der damals von Franco Di Bella geleitet wurde, einem eingeschriebenen Mitglied der P2. Auch die Eigentümer des *Corriere* bewegten sich seit 1977 im Umkreis der Loge. Die Fragen stellte Gelli der Journalist Maurizio Costanzo, ebenfalls eingeschriebenes Mitglied der P2.

Am 17. März 1981 führt die Finanzpolizei auf Anordnung der Mailänder Richter, die die Untersuchungen über die Pleite von Michele Sindona leiten, eine Hausdurchsuchung in Gellis privatem Wohnsitz und in seinem Büro in der Textilfabrik Giole in Castiglion Fibocchi bei Arezzo durch. In seinem Büro wird neben anderen belastenden Unterlagen in einem Koffer eine Aufstellung der 962 Mitglieder der P2 gefunden. Darunter befinden sich drei Minister, die noch im Amt sind, zwei Ex-Minister, ein Parteisekretär, 38 Abgeordnete, 52 hohe Offiziere der Carabinieri, 79 Offiziere der Streitkräfte, 37 Offiziere der Finanzpolizei, 11 Polizeipräsidenten, fünf Präfekten, zehn Bankpräsidenten, sieben Chefredakteure von Tageszeitungen, 16 Richter sowie Unternehmer, Banker, Anwälte und hohe Verwaltungsbeamte. Unter den Militärs ist fast die komplette Spitze der Geheimdienste eingeschriebenes Mitglied der P2.

Es ist von der parlamentarischen Untersuchungskommission eingehend geprüft worden, ob die Liste glaubwürdig und vollständig ist. Die Liste ist glaubwürdig, wobei man allerdings zu unterscheiden habe zwischen einem engeren Kreis der Mitglieder, die in jedem Fall Mitwisser von Gellis politischen Plänen waren, und anderen, die aus Karrieregründen oder weil sie sich finanzielle Vorteile versprachen oder sich einfach durch den »exklusiven Club« von wichtigen Leuten angezogen fühlten, Mitglied der Loge wurden, ohne von den weitergehenden Zielen Gellis eine Ahnung zu haben.

Was die Vollständigkeit der Liste anlangt, so hat die parlamentarische Untersuchungskommission einen Brief zur Kenntnis genommen, in dem Namen von Personen erwähnt werden, die mit Sicherheit in der Loge waren, die aber in der in Castiglion Fibocchi gefundenen Liste nicht auftauchen. Darüber hinaus hatte Gelli in einem Interview mit *L'Espresso* aus dem Jahr 1976 von 2400 Mitgliedern gesprochen. Die Unvollständigkeit der Listen von Castiglion Fibocchi ist ein Anhaltspunkt für den Verdacht, daß sie nicht zufällig gefunden wurde, sondern daß es von Gelli so arrangiert wurde, da er bereits den Verdacht gehegt habe, man betreibe seine Absetzung. Auf diese Weise könnte er versucht haben, sich zu verteidigen (wenn er der Öffentlichkeit einen Teil der Namen preisgibt, so ist das natürlich auch eine implizite Drohung, die anderen Namen ebenfalls bekannt zu machen). Die parlamentarische Untersuchungskommission hat die andere Hypothese geäußert, daß der nicht von Gelli inszeniert worden sei, sondern von seinen Mentoren, die ihn auf diese Weise zum Rücktritt haben zwingen wollen.

Eine Einschätzung der Person Licio Gellis und seiner Rolle in der italienischen Politik kann nicht ohne eine genauere Untersuchung seiner Beziehung zu den Geheimdiensten erfolgen. Mit der P2 ändert sich der Charakter dieser Beziehung, auch die Kräfteverhältnisse zwischen den beiden Seiten: Wenn es zuerst Gelli war, der sich für die Geheimdienste nützlich machte und dafür als Gegenleistung Hilfe beim Aufbau einer Position in Italien erhielt, dann werden mit Gellis Aufstieg bei den Freimaurern die Geheimdienste und die P2 Partner in einem einheitlichen politischen Projekt. Gelli hört nicht auf, sich für die Geheimdienste nützlich zu machen, vor allem wegen seiner Beziehungen; um das Augenmerk der Justiz und anderer unerwünschter Beobachter von seinen Aktivitäten abzulenken, könnte er auf die Protektion durch den Geheimdienst auch gar nicht verzichten.

Erst im Juni 1981, nachdem die Listen der P2 entdeckt wurden und der Skandal offenkundig ist, übergibt der Chef des zivilen Geheimdienstes, des Sisde, General Giulio Grassini dem Innenminister einen detaillierten Bericht über Gelli.[13] Darin wird unter anderem behauptet, Gelli habe den internationalen Goldschmuggel organisiert, er habe sich mit Hilfe seiner Kontakte in der arabischen Welt für die Freilassung der amerikanischen Geiseln in Teheran eingesetzt und er sei von Giscard D'Estaing aufgefordert worden, dessen Wahlkampagne tatkräftig zu unterstützen. Zur Vermutung, Gelli unterhalte Beziehungen nach Osteuropa, merkt der Bericht an, es gebe keine Anhaltspunkte, die das belegten. Zum Beleg für die guten Beziehungen Gellis mit den Amerikanern zitiert der Bericht, daß Gelli von den amerikanischen Präsidenten Ford, Carter und Reagan zu den jeweiligen Festivitäten aus Anlaß der Amtseinführung eingeladen worden sei.

»Wir können als vollkommen gesichert festhalten«, heißt es im Bericht Anselmi, »daß die Geheimdienste Gelli gewissermaßen durch einen Cordon sanitaire abgeschirmt haben, und zwar nicht nur in jener Zeit, als Gelli den Höhepunkt seiner Karriere erlebte – da wäre das noch durchaus erklärlich durch den inzwischen innerhalb und außerhalb der Dienste erlangten Einfluß –, sondern bereits seit 1950, als Gelli noch eine eher zweitrangige Figur ist, die gewiß keinen Druck auf die Geheimdienste ausüben kann... Es bleibt also kein anderer Schluß als der, daß Gelli selbst zu den Geheimdiensten gehört, denn nur wenn man von dieser Hypothese ausgeht, findet die Tatsache eine logische Erklärung, daß diese Dienste Gelli

13 Grassini wird durch einen Agenten des Sisde dementiert, der vor der parlamentarischen Untersuchungskommission aussagt, Gelli sei seit 1978 Informant des Dienstes gewesen. Im Jahr 1983 gibt Grassini dann vor der Kommission zu, er habe es als Chef eines Informationsdienstes für unbedingt notwendig gehalten, Kontakte zu Personen wie Gelli zu halten, der wegen seiner Beziehungen sehr nützlich hätte sein können.

einerseits passiv schützten, indem sie keine Informationen über ihn sammelten, und andererseits aktiv unterstützten, indem sie der Polizei die gewünschten Informationen verweigern.«

Die Position Gellis, so lautet die Schlußfolgerung, war nicht die eines einfachen Agenten, sondern die einer Person, die für die Spitzen der Geheimdienste interessant ist und zu ihnen in enger Beziehung steht.

An dieser Stelle muß man sich die Frage stellen, welche Bedeutung eine Mitteilung des SID hat, die sich mit den Beziehungen Gellis nach Osteuropa befaßt. Sie entwirft ein Bild des kommenden Chefs der P2, der als Agent der Kommunisten bezeichnet wird, das ganz im Gegensatz zu den üblichen Einschätzungen steht. Verfaßt wurde jene Mitteilung 1950, also zu Beginn der Kontakte Gellis mit den Geheimdiensten, und mehr als dreißig Jahre lang wird sie unter Verschluß gehalten, bis schließlich aus den Geheimdiensten selbst heraus dem Journalisten Mino Pecorelli eine Kopie zugespielt wird. Der gebraucht die Informationen und veröffentlicht sie nach und nach. Wie bereits angedeutet, bildet diese Aktion der Geheimdienste mit *OP* vermutlich einen Baustein in einer Strategie, Gelli auszuschalten. Aber die Aktion wird nicht zu Ende geführt. Wenige Tage nach Pecorellis Ankündigung, den vollständigen Text des Dokuments, den er aus Geheimdienstkreisen erhalten habe, zu veröffentlichen, wird der Journalist ermordet.

Über die Motive des Geheimdienstes, diesen Bericht 1950 abzufassen und ihn so lange geheimzuhalten, äußert sich der Bericht Anselmi in der Richtung, »daß er ein Instrument in ihren Händen war, um die Person unter Kontrolle zu halten ... und sie in der Weise zu lenken, wie das dann in den dreißig Jahren auch geschah«. Das wirft Fragen auf, die mit einer kohärenten Hypothese zu beantworten die Kommission sich außerstande sieht.

»In einer so komplexen Materie und bei einem so unscharfen Profil der Persönlichkeit ist abstrakt gesehen jede Hypothese möglich, und keine Schlußfolgerung kann von vornherein für absurd erklärt werden.«

Insbesondere muß man sich fragen, ob die allgemeine Interpretation, die P2 habe die Geheimdienste unterwandert, um sie für ihre Zwecke zu nutzen, nicht aufgegeben und, genau im Gegenteil, davon ausgegangen werden sollte, daß die Geheimdienste die P2 für ihre Zwecke einsetzten.

Gelli verließ Italien, nachdem die Liste mit den Mitgliedern der

P2 gefunden wurde. 1985 erklärt er, die Schlußfolgerungen der parlamentarischen Untersuchungskommission seien nichts weiter als »ein Luftschloß von Hypothesen, gestützt auf die absolute Leere«. Am 13. September 1982 war Gelli in Genf verhaftet worden. Ein Jahr später, im August 1983, gelang ihm dank der Hilfe eines Wächters, der dafür fürstlich entlohnt wurde, die Flucht aus dem Gefängnis Champs Dollon. Vier Jahre später, im September 1987, stellt er sich den Schweizer Behörden. Und im Dezember wird er wegen Bestechung eines Gefängniswärters zu 16 Monaten Haft verurteilt. Zuvor, im November, hatte die Schweizer Regierung den Auslieferungsantrag wegen Bildung einer kriminellen Vereinigung abgelehnt, denn das Verbrechen wird als politisches erachtet und fällt daher nicht unter die Regelungen des Auslieferungsabkommens. Gelli kommt am 17. Februar 1988 wieder nach Italien. Zuvor hat er persönlich die Bedingungen seiner Rückkehr ausgehandelt, und zudem kann er wegen der »politischen« Verbrechen nicht belangt werden. Er kommt, um sich wegen des Verbrechens der Beleidigung der Mailänder Richter und wegen der vermuteten Beteiligung am betrügerischen Bankrott des Banco Ambrosiano zu verantworten (vgl. Kap. 10.4). In Italien verbringt er gerade einmal sieben Wochen im Gefängnis, ehe er aus Gesundheitsgründen wieder auf freien Fuß gesetzt wird.

Sowohl Licio Gelli als auch andere Mitglieder seiner Loge standen im Mittelpunkt zahlreicher Ermittlungsverfahren. Im Urteilsspruch des Schwurgerichts Bologna, das über das Attentat auf den »Italicus« zu verhandeln hatte, heißt es, daß »die hier Angeklagten, Mitglieder von Ordine Nero, den Anschlag ausführten, weil sie dazu von den Freimaurern angestiftet, bewaffnet und finanziert wurden ... Die obige These hat tatsächlich im Verlauf des Prozesses, vor allem soweit es die einschlägig bekannte Loge P2 betrifft, schwerwiegende und bestürzende Belege erhalten. Gleichwohl muß eingeräumt werden, daß in der Substanz die vorgebrachten Beweise nicht hinreichen, ... eine direkte Verwicklung von Elementen der Freimaurer in das Verbrechen zu belegen.« Das Gericht verurteilt Gelli zu acht Jahren wegen Finanzierung einer subversiven Gruppe. Die Richter in Florenz führten in ihren Urteilsspruch über Gelli unter anderem aus:

»Gelli hat wissentlich ... eine Vereinigung finanziert, die Personen ... an Waffen und Sprengstoff ausbildete, die dann ... nach dem Referendum (über die Ehescheidung im Jahr 1974) ganz offenkundig gesetzeswidrige

›Initiativen‹ ergreifen sollten, um ... zu verhindern, daß sich die politische Achse des Landes unwiederbringlich nach links verschiebt.«

Da wir es nicht mit einem isolierten Fall zu tun haben, sondern verschiedene Richter an verschiedenen Gerichten der Ansicht waren, genügend Beweismaterial zur Komplizenschaft der P2 mit subversiven Aktivitäten gesammelt zu haben, macht die Unterstellung wenig Sinn, es handle sich schlichtweg um voreingenommene Richter und/oder grobe Fehler in der Bewertung des gesammelten Beweismaterials und der Zeugenaussagen. Auch kann man den Umstand nicht außer acht lassen, daß die beiden leitenden Polizeibeamten aus Arezzo, die die Ermittlungen wegen der Anschläge auf Züge in der Toskana führten, beide der P2 angehörten. Die Kommission Anselmi spricht im Zusammenhang mit dem sogenannten Putsch Borghese von einer »bedeutenden Verwicklung« Gellis und seiner Loge, die »verläßlich belegt« sei.

Im Dezember 1985 erläßt das Gericht in Bologna einen neuen Haftbefehl, in dem der Chef der P2 neben Musumeci, Belmonte, Delle Chiaie und anderen im Zusammenhang mit dem Attentat auf den Hauptbahnhof Bologna der subversiven Verschwörung mit dem Ziel terroristischer Anschläge beschuldigt wird. In seinem Antrag auf Prozeßeröffnung macht der stellvertretende Staatsanwalt von Bologna, Libero Mancuso, auch vor Giulio Andreotti nicht halt:

»Über die Unterstützung, die jene Operation möglich machte, gibt es nur bruchstückhafte Hinweise, aber auch die sind schon von höchstem Interesse. Vor allem die Beziehungen zwischen Gelli und Andreotti, der über Jahre Verteidigungsminister gewesen war; sodann die dadurch möglicherweise geförderten Kontakte Gellis zu Kreisen der Nato und die beachtlichen Einkünfte, die ihm dadurch möglich wurden ... Pazienza trat nicht in den Sisde unter Grassini ein, sondern in den Sismi unter Santovito. Es erscheint offensichtlich, daß die Eingliederung Pazienzas in unseren militärischen Geheimdienst auf direktes Interesse des damaligen Ministerpräsidenten (Andreotti) zurückgeht.«

Zu Recht wurde darauf hingewiesen, wie unsicher diese Anklageführung ist, die auf Fragen der politischen Verantwortung hinwies, welche jedoch in strafrechtlicher Hinsicht irrelevant sind. Aber dieser und andere Prozesse lassen keinerlei Zweifel an den operativen Beziehungen zwischen P2 und den Geheimdiensten.

Wann sämtliche Prozesse und Ermittlungsverfahren abgeschlossen sein werden, das läßt sich noch nicht absehen. Eher schon, daß ein solcher Abschluß nicht zu einer abschließenden rechtsgültigen Verurteilung Gellis führen wird. Die jüngsten Geschehnisse, die den Zusammenbruch des italienischen Parteiensystems mit sich brachten und damit auch zum Ende der alten Allianzen und Komplizenschaften führten, veranlaßten viele dazu, bis vor kurzem noch wohlbehütete Geheimnisse preiszugeben. Vielleicht könnte das den Richtern zu jenen unwiderleglichen Beweisen verhelfen oder sie dazu veranlassen, dort Nachforschungen anzustellen, wo man bisher nicht ermittelte.

## 3. Das politische Projekt

Zu Beginn der siebziger Jahre hatte Gelli Briefe an alle hochrangigen Offiziere in der P2 verfaßt und sie darin aufgefordert, die Möglichkeit ins Auge zu fassen, ein Militärregime zu bilden. 1972 ist in wenigstens zwei Rundschreiben der P2 die Rede davon, daß die Freimaurer eingreifen müßten, um Gefahren von der Demokratie abzuwenden. General Siro Rosseti und andere Logenbrüder sprachen bei ihren Anhörungen durch die parlamentarische Untersuchungskommission davon, die P2 sei an einem Plan zur Destabilisierung des Landes beteiligt und Gelli in ein Putschprojekt verwickelt gewesen. Dabei erwähnten sie auch internationale Unterstützung. Laut einer weiteren Zeugenaussage soll Oberst Nicola Falde, Agent des SID und Mitarbeiter bei Pecorellis Agentur OP, bei einem Treffen ausgewählter Mitarbeiter der P2 geäußert haben, ein Militärregime müsse die Macht übernehmen.

Im März 1973 beruft Gelli in seiner Villa in Castiglion Fibocchi eine Versammlung ein, an der ausgewählte hohe Offiziere der Carabinieri, fast ausschließlich Generäle, sowie der Generalstaatsanwalt von Rom, Carmelo Spagnuolo, teilnehmen. Auf dem Treffen wird davon gesprochen, ob jenem Spagnuolo die Leitung der Regierung übertragen werden solle. Gelli bekräftigt, daß die politische Situation sehr unsicher ist. Die Freimaurer, so führt er aus, sind gegen jede Diktatur, ob von rechts oder links, und die Mitglieder der P2 müssen in jeder Situation eine Regierung der Mitte unterstützen. Daher sollten sie ihren Brigadechefs und Untergebenen das berichten, was er ihnen gerade ausgeführt habe, und die sollten das nach unten weitergeben. »Es ist in der Tat ein unerhörter Vorgang«, kommentiert der Bericht der Kommission Anselmi mit Blick auf die Anwesenheit der Generäle an dieser Versammlung, »die eine so zwielichtige Gestalt wie Licio Gelli« einberufen hat, daß die Offiziere »sich von diesem Ansprachen über die Ausführung ihrer delikaten Aufgaben anhören, als sei er der Chef eines Schattengeneralstabs, und sich bereit erklären, diese Anordnungen ihren Untergebenen weiterzuvermitteln«.

Zieht man in Betracht, daß Gelli sein Netz von Freundschaften benutzt, um die Ernennung bestimmter Offiziere in hohe Ämter zu begünstigen, und daß, wie bereits erwähnt, eine beträchtliche Zahl hoher Offiziere Mitglieder in der P2 sind, dann ist der Einfluß – wenn nicht gar die Kontrolle – offenkundig, den bzw. die Gelli auf die Streitkräfte ausüben kann. Der Bericht Anselmi betont die »außergewöhnliche Sterilität« der politischen Situationen der italienischen Nachkriegsgesellschaft, mit der es die Militärs zu tun hatten, um zu erklären, warum die Aufmerksamkeit, die die Freimaurer ihnen schenkten, ihr Interesse geweckt haben könnte. »Das Neue in der P2«, heißt es in dem Bericht, »besteht in der seit Beginn der sechziger Jahre allmählich gemachten ... Wiederentdeckung der Rolle und Bedeutung, die die Militärs im Leben der Gesellschaft haben können oder tatsächlich haben.«

Und dennoch ist klar, daß sich die Strategie der P2 nicht so interpretieren läßt, als ziele sie, gestützt auf die starke Anhängerschaft seitens der Militärs, einzig auf eine Lösung nach dem Vorbild des griechischen Offiziersputsches. Die Strategie der Gruppe von Mächtigen, mit denen Gelli übereinstimmt, verändert sich immer wieder, je nach den nationalen oder internationalen Konstellationen, und sie beinhaltet auch Alternativen zu einer militärischen Lösung.

Mitte der siebziger Jahre ist die Situation Italiens nicht mehr dieselbe wie zu Beginn des Aufstiegs der P2. Die Strategie der Spannung hat nicht zu jenem Schulterschluß der konservativen Kräfte geführt, die eventuellen Putschunternehmen zumindest einen Schein von Legitimität hätte verleihen können, und die subversiven Gruppen der Rechten hatten sich als wenig zuverlässig erwiesen. Außerdem hatte inzwischen die Kommunistische Partei an Bedeutung gewonnen: 1976 erreicht sie bei den Parlamentswahlen 34,4 % der abgegebenen Stimmen, ein historisches Rekordergebnis. Und es nimmt der Linksextremismus zu, der nur scheinbar und auch nur für kurze Zeit Wasser auf die Mühlen jener

Strategen der Spannung leitet. All das macht ganz zwangsläufig auch den Subversionsabsichten von rechts das Leben schwerer. Und schließlich beginnen Mitte der siebziger Jahre – wir sahen das bereits – einige Richter die Beziehungen zwischen der subversiven Rechten und der P2 genauer zu untersuchen, was zusätzlich die Risiken künftiger Operationen dieser Art vermehrte.

Die Änderung der Strategie besteht in dem Verzicht auf Pläne, mit einer äußeren Gefahr (wie Attentate oder mehr oder weniger ernstzunehmende Staatsstreiche) zu drohen, um autoritäre Reformen der Institutionen durchzusetzen. Die neue Strategie optiert für Maßnahmen (finanzieller, gesetzestechnischer und bürokratischer Art auf den höchsten Ebenen des Staates) innerhalb der Institutionen und bedingt folglich den formalen Respekt vor der Legalität des demokratischen Staates, auch wenn das Ziel darin besteht, ihren Geist und ihren Gehalt ebenso wie die Wirtschafts- und Sozialpolitik des Landes auf den Kopf zu stellen.

Diese neue Strategie nimmt in einem Dokument mit dem Titel *Plan zur demokratischen Erneuerung* Gestalt an. Die Abfassung fand vermutlich in den ersten Monaten des Jahres 1976 statt. In der »Vorbemerkung« wird unter Punkt 1 gesagt, »das Adjektiv demokratisch bedeutet, daß dem vorliegenden Plan jede auch noch so versteckte Motivation oder Zielsetzung eines Umsturzes des Systems abgeht«. Diese Formulierung nährte den Verdacht, es sei vielleicht kein Zufall gewesen, daß dieses Dokument gefunden wurde, sondern Teil einer Inszenierung Gellis, um sich gegen die Anschuldigungen wegen putschistischer Aktivitäten zu schützen. In Wirklichkeit jedoch muß man jenen Satz beim Wort nehmen: Man braucht das System nicht »umzustürzen«, es reicht, die Institutionen zu infiltrieren und von innen her umzubilden. Zusammen mit dem Plan fand man auch ein *Memorandum zur politischen Situation Italiens*, in dem die Methoden erläutert werden, mit deren Hilfe man die Kontrolle über Parteien und Presse erlangen will, wie die Gewerkschaften neutralisiert werden sollen und wie man die Entscheidungszentren infiltrieren will. Es ist schwer vorstellbar, wie die Veröffentlichung dieser Dokumente der Sache Gellis hätte nützen können.[14] *Plan* und *Memorandum* ergänzen

14 Eine andere Hypothese von seiten derer, die glauben, der Fund sei von Gelli gesteuert, besagt, das habe als »Warnung« für die Personen dienen sollen, die den Text verfaßt und gebilligt hatten. Es bleibt dann aber unverständlich, welches Interesse Gelli daran gehabt haben könnte, seine Absichten hinsichtlich der Investi-

sich in Wirklichkeit; liest man sie zusammen, dann erlaubt das eine Bewertung der wirklichen Ziele der P2.

Der *Plan* beschränkt sich nicht auf Allgemeinplätze, ist also nicht einfach das »Manifest« der P2. Er ist, wie der Bericht Anselmi vermerkt, ein »Aktionsplan, der nicht nur Ziele vorgibt, sondern auch detailliert die entsprechenden Interventionslinien beschreibt«. Es liegt auf der Hand, so weiter der Bericht, daß der Plan nicht von Gelli verfaßt sein kann, sondern daß der anonyme Verfasser eine Person sein muß, die »in der Lage ist, politisch feinausgesponnene Analysen zu formulieren ..., und dabei über eine ausgezeichnete Kenntnis des parlamentarischen Milieus verfügt« und auch, so möchten wir hinzufügen, der staatlichen Verwaltung und der Expertenkreise in Wirtschaft und Justiz.

In einigen Punkten des Plans werden die Details nicht ausgeführt, sondern grundlegende Orientierungen angegeben, wobei man ausländische »Modelle« anführt, denen es nachzueifern gilt: für die Antimonopolgesetzgebung sind das die USA, für die Kapitalbildung in Arbeitnehmerhand und die Mitbestimmung sowie die Gesundheitsreform ist Deutschland das Vorbild, Frankreich hingegen für die Bankengesetze und für die Schulreform.

Der Plan betont die Notwendigkeit, durch institutionelle Reformen die Handlungsfähigkeit der Regierung zu verbessern. Dazu gehören: Neuverteilung der Kompetenzen zwischen den beiden Kammern des Parlaments (die politischen Aufgaben an die Abgeordnetenkammer, die wirtschaftlichen an den Senat), Modifikation der jeweiligen Geschäftsordnungen, Einführung zeitlich gebundener Sessionen in Abhängigkeit vom Programm der Regierung, Wahl des Ministerpräsidenten durch die Abgeordnetenkammer, Beschneidung der Kompetenzen des Präsidenten der Republik, Verringerung der Minister und vor allem der Staatssekretäre sowie das Verbot für das Verfassungsgericht, gesetzgebende Entscheidungen zu erlassen.

Es stimmt durchaus nachdenklich, daß einige dieser Maßnahmen, die sämtlich konservativen Zuschnitt haben, aber unter dem Gesichtspunkt eines funktionierenden Gemeinwesens durchaus »diskutabel« sind, von den Koalitionsregierungen der letzten Jahre verwirklicht oder doch zumindest ernstlich erwogen wur-

tion vieler Milliarden Lire in die Korruption von Politikern, Gewerkschaftern und Presseleuten publik werden zu lassen. Vor allem deswegen ist es wohl logischer, davon auszugehen, daß dieser Fund zufällig war.

den. Aber es geht nicht einfach um konservative Politik, sondern um die Kontrolle über das bestehende System, um es für die eigenen Interessen einsetzen zu können.

Die konkreten Schritte ergeben sich aus einer Analyse der italienischen Situation, die für hochgradig instabil erachtet wird. Die Gründe dafür liegen in einer »durch überzogene Lohnforderungen ausgelösten Wirtschaftskrise«, einer »tiefgreifenden Krise der moralischen Grundwerte«, die laizistische und radikale Kräfte dadurch verursacht haben, daß sie den Fehler begingen, Italien auf das Niveau eines nordeuropäischen Landes heben zu wollen, und schließlich in der Krise des Parteiensystems, das unfähig war, sich »der Veränderung der sozialen Struktur hin zu einer tendenziell alles umfassenden großen Mittelschicht« anzupassen. Die Konsequenzen lassen sich an der Unregierbarkeit der korporatistischen Verstöße, an einem »sich ausbreitenden Anarchismus« und an den »Ermüdungserscheinungen der staatlichen Institutionen« ablesen.

In anderen Ländern und in allen Epochen führte das Zusammenfallen einer Wirtschaftskrise mit einer moralischen und politischen Krise zur Machtübernahme durch autoritäre Regime. Es ist nicht abzusehen, so wird gesagt, wie Italien diesem unausweichlichen Schicksal entrinnen sollte, denn die Auflösungserscheinungen der demokratischen Kräfte überläßt Millionen von konservativen und gemäßigten Wählern sich selbst. Und nicht nur das. Es spielt auch dem PCI in die Hände, der einzigen Partei, die in der Lage ist, sich zum »Interpreten und Protagonisten der Veränderungen der Gesellschaft zu machen«. Ein PCI, der hinter »einer Maske aus Wohlanständigkeit und neoliberaler Aufgeklärtheit... nur sein wahres tschechoslowakisches oder ungarisches Gesicht verbirgt«. Fast zwanzig Jahre gingen seither ins Land, und wir finden mit etlichen wortgleichen Formulierungen exakt dieselbe Charakterisierung der »alten kommunistischen Apparate, auch wenn sie sich einen neuen Anstrich gegeben haben«, beim Fernsehauftritt Silivio Berlusconis vom 26. Januar 1994, mit dem er seinen Eintritt in die Politik erklärt.[15]

Unter diesen Umständen »könnte eine ›Militarikratie‹ à l'Italiana als einzige Alternative zu einem kommunistischen Regime

15 »Unsere Linke«, sagt Berlusconi, »behauptet, sie habe sich geändert. Sie sagen, sie seien freiheitliche Demokraten geworden. Das ist gelogen... Ihre Mentalität, ihre Kultur, ihre innersten Überzeugungen und ihr Verhalten sind immer noch dieselben.«

als nicht vollkommen abwegige Lösung erscheinen«, und dies um so mehr, da die internationale politische Situation Verschiebungen des Jalta-Systems noch nicht zuzulassen scheint. An diesem Punkt zaubern Gelli und der anonyme Verfasser des Textes ihre »demokratischen« Glaubenssätze aus dem Hut. Eine militärische Lösung ist vielleicht doch nicht unumgänglich, es besteht ein wenn auch »schwacher Faden, der in der nächsten Zukunft die Geschicke des Landes an ein demokratisches Regime« binden könnte:

»In den Grenzen, in denen es zulässig ist, dem Pessimismus, zu dem die Vernunft Anlaß gibt, den Optimismus des Willens entgegenzusetzen, scheint es... geboten, sich nicht der Resignation und dem Skeptizismus hinzugeben.«

Eine »demokratische Erneuerung« ist »im Rahmen des Systems« möglich. Wie kann man sie ermöglichen?

Zunächst, so lautet die Antwort, indem man Parteien und Presse erobert, die Richter auf gemäßigte Positionen zurückdrängt und die Gewerkschaften zügelt.

»Eine Summe von 30 bis 40 Milliarden (Lire. U. H.) scheint hinreichend, gut ausgewählte Personen mit festen Überzeugungen in jene Schlüsselpositionen zu bringen, von denen aus eine Kontrolle möglich ist.«

»Die Gewerkschaftseinheit, die sich gerade herstellt, ist der schlimmste Feind einer gehaltvollen Demokratie, die man wiederherstellen will.« Die eigentliche Rolle der Gewerkschaft als Teil des Produktionsprozesses muß wieder eingeführt werden und an die Stelle der angemaßten Position als Gesprächspartner der Regierung treten. Das Streikrecht muß eingeschränkt und die Freiheit der Arbeit gesichert werden. Zu diesem Zweck könnte man die solchen Gedanken geneigteren Gewerkschafter kaufen, um die Mehrheitsverhältnisse zu verschieben oder Abspaltungen und nachfolgende Gründungen autonomer Gewerkschaften zu begünstigen. »Jede Ausgabe, die eine Abspaltung und die Entstehung eines freien Gewerkschaftsverbandes fördert, in dem sich die Autonomen zusammenschließen«, so kann man in dem Dokument lesen, »scheint absolut notwendig, wenn nicht gar die Voraussetzung (für die politischen Aktionen in den Parteien. A. S.). Auch zusätzliche Kosten von 5 bis 10 Milliarden Lire wären gemessen an dem angestrebten Ergebnis nicht zuviel.«

Soweit es die Parteien betrifft, sollte man innerhalb jeder Organisation »die Personen auswählen«, denen man die Aufgabe anvertrauen will, sie zu erneuern, und »diesen ausgewählten Personen ausreichende Finanzmittel, natürlich mit der notwendigen Kontrolle, zur Verfügung stellen, damit sie in den jeweiligen Parteien die Vorherrschaft erlangen können«. Das *Memorandum* fährt dann mit einer Analyse der Krise der DC fort, die in vieler Hinsicht die Kritiken vorwegnimmt, die später ihren Zusammenbruch im Jahr 1993 begleiteten.

Falls die ausgewählten Personen in den verschiedenen Parteien nicht mitmachen sollten, dann sollten die ihnen zugedachten Finanzmittel dazu verwandt werden, sofort zwei Bewegungen ins Leben zu rufen: eine labourorientierte und eine gemäßigt liberale oder konservative. Kurzfristig sollte aber auf jeden Fall der erste Weg verfolgt werden, nämlich die traditionellen Parteien zu bearbeiten.

Von grundlegender Bedeutung für den Erfolg der ganzen Operation ist die Kontrolle über die Medien. Die RAI sei im Namen der Freiheit der Medien nach Artikel 21 der Verfassung aufzulösen. Vielmehr gilt es, die Presse (»oder genauer, die Journalisten«) zu beeinflussen.

Die Verfasser des *Plans* stellten sich natürlich das Problem, wie man Kontrolle und Koordinierung angesichts der Vielfalt von Initiativen in praktisch allen Sektoren des gesellschaftlichen Lebens beibehalten könne.[16] Zu diesem Zweck sollte ein »Komitee von Garanten« gebildet werden, die gegenüber den Politikern die Aufgabe haben, die Durchführung des *Plans* zu überwachen. In diesem Komitee sollten, »auf höchster Ebene«, Freiberufler, Beamte der öffentlichen Verwaltung, Richter sowie »einige wenige ausgewählte« Politiker vertreten sein. Die Beschreibung dieses Komitees entspricht in etwa der P2. Und um alle Zweifel zu beseitigen, wird gesagt, »wichtig ist es, sofort eine stabile Beziehung zum internationalen Freimaurertum herzustellen«.

16 Über die erwähnten Sektoren hinaus behandelt der *Plan* auch das Bauwesen, das Postsparen, den Tourismus, die akademischen Titel sowie die Einführung gestaffelter Ferien (um die Lahmlegung des produktiven Lebens im August zu verhindern), die Energiefrage, die Landwirtschaft, die chemische Industrie und die öffentliche Ordnung: Das Land muß von »gewöhnlichen und angeblich politischen Krawallmachern gesäubert« werden, die Richter sollen ihnen »den Prozeß machen und sie im Schnellverfahren ins Gefängnis stecken, wo sie ihre Strafen absitzen und keine neuen Revolten mehr schüren« – und vor allem »kein bequemes Leben führen«.

Auffällig ist die Bedeutung, die an verschiedenen Stellen des »Plans« den »Finanzmitteln« für diese komplexe Operation beigemessen wird. Es handelt sich immer um Milliardenbeträge, die für die Erreichung der Ziele als notwendig erachtet werden.

Es ist kein Zufall, daß der *Plan zur demokratischen Erneuerung* Mitte der siebziger Jahre mit dem Auftauchen von Personen wie dem Bankier Roberto Calvi und vor allem Umberto Ortolani im Kreise Gellis zusammenfällt. Ortolani ist Rechtsanwalt und Geschäftsmann mit viel Erfahrung bei Finanztransaktionen. Er macht der P2 (deren Mitglied er 1974 wird) das beachtliche Netz seiner persönlichen Beziehungen in der Welt der Politik und des Vatikans zugänglich.

Gelli seinerseits hat im Lauf der Jahre auch beachtliche Erfahrung in der Geschäftswelt gesammelt. Das Beziehungsnetz, das Gelli sich dank der P2 aufbaut, dient ihm auch dazu, seine kommerziellen Ziele zu erreichen oder Politikern und anderen Personen aus seinem engeren und weiteren Umfeld wirtschaftliche Vorteile zu verschaffen. Die P2 ist bei der Finanzpolitik, im Finanzministerium und im Außenhandelsministerium stark vertreten. Ein weiteres Ministerium, bei dem Gelli auf tatkräftige Unterstützung rechnen kann, ist das Außenministerium. Francesco Malfatti, Generalsekretär des Ministeriums, gehört zu den Mitgliedern der P2, und aus dem Bericht Anselmi ergibt sich, daß »man aus den der Untersuchungskommission vorliegenden Akten ersehen kann, daß von zentralen und peripheren Abteilungen des Außenministeriums ein dichter Schutzwall um Gelli und seine Aktivitäten im Ausland gezogen wurde«. Laut einer Mitteilung des Sisde vom Februar 1982 hat man Gelli einen Diplomatenpaß mit der Nr. P. D. 204 ausgestellt. Das wird seitens des Ministeriums auf Nachfrage der Untersuchungskommission zwar bestritten, es wird aber eingeräumt, daß man Gelli 1974 einen Personalausweis ausgestellt habe.

Die Beziehungen zum Ausland, vor nach allem Lateinamerika, spielten für Gellis Geschäfte eine wichtige Rolle. Von vielen Seiten wurden Gellis »Mittelmäßigkeit« und seine fehlende Bildung betont, um zu begründen, daß er nur die Rolle eines Vermittlers und Sprechers für andere, bisher Unbekannte, gehabt haben könnte. Aber andererseits ist Gelli mit Sicherheit ein Mann mit besonderem Instinkt fürs Geschäft, einer, der es versteht, seine Chancen zu nutzen. Und schließlich kennt er die Probleme, Nöte und Schwächen der Politiker, und zwar nicht nur der italienischen.

Gelli hat Roberto Calvi in Italien zum Verantwortlichen für die finanzielle Seite seines politischen Projekts gemacht. Calvi tritt damit an die Stelle von Michele Sindona, der seit 1972 Finanzstratege und Bankier der P2 war. Sindona ist mittlerweile jedoch am Ende und von Skandalen geplagt (vgl. Kap. 10.4). 1977 bittet Gelli Calvi um einen persönlichen Kredit für die Familie Rizzoli, die Besitzer des *Corriere della sera*, um ihr Kapital von 5 auf 25 Millionen Dollar zu erhöhen. Mit dieser Operation gelangt die P2 in den Besitz eines wichtigen Informationsinstruments zur Beeinflussung der öffentlichen Meinung, denn der *Corriere* ist die meist gelesene italienische Tageszeitung. Nun erhält die P2 Zugang zu einer Gruppe, die es ihr aufgrund des Ansehens, das sie genießt, und ihrer weitverzweigten Aktivitäten im Verlagswesen erlaubt, eine eigene Informationspolitik zu verfolgen. In der Tat – dank der Finanzspritzen des Banco Ambrosiano – beginnt der Verlag Rizzoli von 1977 an das, was der Bericht Anselmi beschreibt als »breit angelegte Initiative zum Aufkauf von Zeitungen, die in der Geschichte des italienischen Verlagswesens ohne Beispiel ist und die ganz offensichtlich darauf abzielt, einen Mehrheitsblock der gemäßigt orientierten Tageszeitungen zu bilden«. Allein die Aussicht auf politische Vorteile, so kann man in demselben Bericht lesen, macht die »wirtschaftlich problematischen« Investitionen verständlich, mit denen sich Rizzoli die Kontrolle über bestimmte Zeitungen zu sichern versuchte und die von einem rein ökonomischen Standpunkt aus nicht zu rechtfertigen wären. Ein Dokument der Redaktion der Zeitung, das der parlamentarischen Untersuchungskommission übergeben wurde, liefert ein gutes Bild »der penetranten Beeinflussung selbst des einfachen Nachrichtenjournalismus, die in der Zeitung praktiziert wurde« – sowie in anderen Zeitungen der Gruppe. Dennoch scheint die redaktionelle Linie der Zeitung als Ganze keinen Schaden zu nehmen.[17] Auf jeden Fall stellt die Kontrolle über die Gruppe Rizzoli einen

17 Gianfranco Piazzesi, ein Leitartikler des *Corriere*, der in seinen Artikeln immer die Position Moros unterstützte, hat erklärt, daß seine Artikel niemals zensiert wurden. Gianpaolo Pansa berichtet in *Carte false* (Rizzoli, Mailand 1986) von seinen Jahren beim *Corriere* unter der Leitung von Piero Ottone und schreibt: »Ich habe beim *Corriere* unter der Regentschaft Gellis gearbeitet und ... wußte noch nicht einmal, daß es ihn gab. Auch Ottone wußte es nicht.«

Meilenstein in der Realisierung des *Plans zur demokratischen Wiedergeburt* in einem Feld dar, das in dem Plan als vorrangig erachtet wird.

Der andere wichtige Bereich sind die Parteien, und hier verfügt Gelli über mehr als nur ein Instrument. Und er zögert nicht, diese, wenn nötig, skrupellos einzusetzen. In den Mitgliedslisten, die man in Castiglion Fibocchi fand, stehen die Namen von 36 Parlamentariern und zahlreichen Ex-Parlamentariern, Ex-Ministern, eines Ministers im Amt, eines Parteisekretärs, des Sekretärs des Abgeordnetenhauses und des Staatssekretärs des Außenministers sowie zahlreicher persönlicher Sekretäre und Büroleiter wichtiger Politiker, des Generalstaatsanwalts in Rom und noch anderer einflußreicher Persönlichkeiten. Insgesamt kommen mehr als hundert Namen zusammen, zu denen wir, um einen realistischen Eindruck der Kraft der P2 zu erlangen, noch diejenigen dazuzählen müssen, die in den gefundenen Mitgliedslisten nicht auftauchen, aber dennoch Mitglieder der P2 sind. Gelli ist sich der außergewöhnlichen Machtstellung aufgrund seines Netzes von Kontakten und Freundschaften sehr wohl bewußt. Bettino Craxi hat vor der Untersuchungskommission Anselmi ausgesagt, bei einem von Licio Gelli einberufenen Treffen Anfang der achtziger Jahre habe der sich gerühmt, seine P2 sei in der Lage, Einfluß auf die Geschicke des Präsidenten der Republik zu nehmen, wenn sie das wolle.

Die Finanzspritzen für Parteien mittels Krediten der Rizzoli-Gruppe oder direkt durch den Banco Ambrosiano sind beachtlich. Praktisch alle Parteien sind Nutznießer, sogar der PCI, der sie aber wie einen normalen Bankkredit zurückzahlt. Der 22-Milliarden-Lire-Kredit für den angeschlagenen *Paese sera*, eine kommunistische Tageszeitung in Rom, wird hingegen, soweit bekannt ist, nicht zurückgezahlt. 30 Milliarden Lire soll der PSO erhalten haben, Gelder, die auf ein Nummernkonto beim Schweizerischen Bankverein überwiesen wurden.

Die Schulden der Christdemokraten bei der Gruppe Rizzoli beliefen sich im Jahr 1979 auf 10,6 Milliarden Lire. In einer Übereinkunft vom April 1979, die für die DC von ihrem damaligen Vorsitzenden, Flaminio Piccoli, unterzeichnet wurde, werden die Modalitäten für die Rückzahlung »in einem für beide Seiten erträglichen Zeitrahmen« vereinbart. Insbesondere nimmt Piccoli die strategischen Investitionsabsichten der Gruppe Rizzoli zur Kenntnis und verpflichtet sich, diese zu begünstigen:

»Die Democrazia Cristiana ... kann der Gruppe ihre Unterstützung und Vermittlung anbieten, um für die Gruppe zu vorteilhaften Lösungen zu kommen, und sie versichert ihr vom jetzigen Zeitpunkt an ihr Engagement, um zum beiderseitigen Vorteil die angestrebten Ziele zu erreichen.«[18]

Es wird keine Rückzahlungen geben. Die Schulden der DC werden getilgt, wenn sie sich bei passender Gelegenheit dafür einsetzt, die Operationen der Gruppe Rizzoli zu unterstützen. Mit anderen Worten, die 10,6 Milliarden Lire sind ein Schmiergeld als Gegenleistung für bestimmte Aktivitäten. Die Verflechtung zwischen P2 und Parteien wird hier in ihrer schlimmsten Form sichtbar. Später behauptet Piccoli, er habe Gelli nie kennengelernt. Aber man kann sich schlechthin nicht vorstellen, daß dem Vorsitzenden der DC im Jahr 1979 die Rolle des Chefs der P2 und die von Roberto Calvi bei der Finanzierung der Gruppe Rizzoli nicht bekannt gewesen sein soll und daß er so ahnungslos gewesen sein könnte, daß er den Sinn der Verpflichtung, die er eigenhändig unterzeichnete, nicht begriffen haben soll.

Gellis Präsenz in der italienischen Politik im weiteren Sinn war auf allen Ebenen außerordentlich verästelt. Die unterschiedlichsten Personen, Mitarbeiter von Politikern, Geschäftsleute, Richter, Beamte, Bischöfe und Kardinäle, wenden sich in Hunderten von Briefen im Wissen um seine Beziehungen zu höchsten Stellen an ihn mit der Bitte, er möge sich für ihre Dinge interessieren und ihre Probleme lösen. Oft geht es dabei um Kleinigkeiten, wie die Einstellung einer Sekretärin oder eine Beförderung. Aber auch die Glückwünsche und Briefe, in denen Gelli die Dankbarkeit jener, denen er einen Gefallen getan hat, erwidert, sind Ausdruck für Gellis breit gefächertes Wirken.

Und vielleicht war es gerade das, was letztendlich seine Niederlage besiegelte. Wenn es zutrifft, daß zu einem bestimmten Zeitpunkt irgendeiner seiner Verbündeten oder Mentoren zum Schluß gekommen war, daß Gelli nicht mehr »nützte«, ja daß er vielleicht sogar ein Risiko darstellte, dann ist es durchaus denkbar, daß Gellis Hauptschuld darin bestand, allzu sichtbar zu sein: sein stetes Bemühen, Hauptakteur sein zu wollen und in tausend kompliziert austarierten Beziehungen den Ausschlag zu geben, sowie seine Überzeugung, in Italien wichtiger als alle anderen zu sein. Am Ende verleitet ihn diese Haltung zu Fehlern.

18 Unterlagen der parlamentarischen Untersuchungskommission über die P2. Minderheitsbericht von Senator Attilio Bastianini von der Liberalen Partei.

Im März 1978 bietet die Entführung Moros der P2 (vgl. Kap. 9) die Gelegenheit zu einer Leitung der Maßnahmen gegen die Roten Brigaden parallel zu den höchsten Ebenen des Staates. Damit hatte sie letztlich auch das Schicksal des führenden Kopfes der DC mit in der Hand, der aufgrund seiner Option für ein Zugehen auf den PCI bei der P2 der Politiker mit dem schlechtesten Ruf war. Nicht zufällig ist im Bericht Anselmi die Rede von »der absoluten Bedeutung, die die Loge P2 in den Geschehnissen des Landes hatte ..., (und in denen) man eine umfassende Strategie von unbestreitbar politischem Charakter erkennen kann«.

Es sei darauf hingewiesen, daß die Tatsachen und die Kommentare, die hier ausgebreitet wurden, in weiten Teilen auf den Bericht der Mehrheit in der parlamentarischen Untersuchungskommission unter Tina Anselmi zurückgehen. Es existieren aber etliche Minderheitsvoten, die zum Teil (so jenes des Abgeordneten Massimo Teodori von der Radikalen Partei) sehr viel härtere Urteile zum Ausdruck bringen. Nach Teodori war die P2 keine autonome Macht, sondern »integrierter Bestandteil des politischen Systems«, so sehr integriert, daß »sie Andreotti als Chef verdient«. Der Bericht Teodori unterstreicht, daß dieselben Offiziere, die in die Ereignisse vom Juli 1964 (vgl. Kap. 3.3) verwickelt waren, später in der P2 auftauchen, und stellt die These auf, daß letztere »das Instrument einer funktionalen Verknüpfung zwischen den verschiedenen Ebenen der Subversion und ihrer politischen Instrumentalisierung war«.

Noch expliziter drückt sich Senator Giovanni Spadolini in einem Interview mit dem *Espresso* am 4. Dezember 1988 aus. Zur P2 sagt er:

»Es besteht kein Zweifel, daß es sich um eine Macht gehandelt hat, oder besser um eine okkulte Gegenmacht, eine parallele Macht zur legalen. Eine Gegenmacht ..., die es auf einige Ziele abgesehen hatte – einschließlich einer radikalen Transformation der Strukturen des Staates – und die dazu Positionen innerhalb der Institutionen besetzte, sie von ihren eigentlichen Zielen abbrachte und korrumpierte, und zwar ausgehend von den Zentren nicht nur der formellen Regierung, sondern auch der tatsächlichen Leitung des Staates ... In Wirklichkeit ging das Projekt Gellis weit über den Plan zur demokratischen Wiedergeburt hinaus. Jenes Projekt zielte auch mit Hilfe von Kontakten zum Umfeld des Terrorismus, die heute noch Gegenstand juristischer Ermittlungen sind, auf den Umsturz unseres Systems durch die Übernahme der Kontrolle von innen ...«

In ihren Schlußbemerkungen weist die Kommission Anselmi darauf hin, daß es nicht vernünftig sei, »sich zu fragen, ob es nicht ein Mißverhältnis zwischen der ganzen Operation und der Statur der Person gebe, die in ihr die zentrale Rolle zu haben schien.« Das Problem geht nach Ansicht der Kommission weit über die Person Gelli hinaus, wie auch immer man sie einschätzt: Kann überhaupt eine einzige Person einen so komplexen Plan entwerfen und in die Tat umsetzen?

»Wir können an eine Pyramide denken, deren Spitze Gelli bildete. Will man jedoch dieser Pyramide eine Bedeutung geben, so muß man zwangsläufig einräumen, daß, um bei dem Bild zu bleiben, über ihr eine weitere, gewissermaßen auf den Kopf gestellte Pyramide steht, deren untere Spitze nun Licio Gelli ist...«

Gelli, so wird hinzugefügt, ist eine vorzüglich geeignete Person, um diese »Funktion der Verbindung zwischen zwei Strukturen« zu gewährleisten.

Die parlamentarische Untersuchungskommission hätte das Problem der politischen Bezugspunkte für Gelli nicht klarer formulieren können. Die Kommission, oder zumindest die Mehrheit und ihre Vorsitzende Tina Anselmi, sind zu dem Schluß gekommen, daß es sie gegeben haben muß. Aber über diese Feststellung geht sie nicht hinaus.

»Welche Kräfte in der übergeordneten Struktur am Werke waren, das wissen wir über die Beziehungen zwischen Gelli und den Geheimdiensten hinaus noch nicht einmal ansatzweise.«

Dennoch eröffnet der Bericht Anselmi eine Lesart der Wirklichkeit, »die sich nicht auf den Horizont von Heim und Herd beschränkt«. Man muß »die Probleme unserer Epoche und die Rolle unseres Landes darin realistisch betrachten«. Die Anspielungen sind eindeutig. Man kann, so sagt der Bericht im Kern, nicht ausschließen, daß Gelli vielleicht auch ein Instrument ausländischer Interessen war, unter Berücksichtigung der internationalen Situation kämen dann nur die Amerikaner in Frage.

Diese abschließende Hypothese ist gewagt, insbesondere dann, wenn sie von einer parlamentarischen Untersuchungskommission kommt, die zugleich sehr zurückhaltend und in jedem Fall einschränkend agierte. In der Tag kann sich dieser Hinweis nicht allein auf die Rolle von Personen wie Frank Gigliotti in der Anfangsphase der P2 gründen oder auf Francesco Pazienza später, und auch nicht auf die engen Beziehungen von Gelli mit Personen aus der amerikanischen Administration, die durch die Akten der Untersuchungskommission belegt werden. Ohne präzise Fakten reichen die Elemente nicht aus, um überzeugende Antworten zu finden, und dies um so mehr, als es sich um ein bekanntes italienisches Laster handelt, immer gleich auf »ausländische Spuren« zu verweisen, wenn man die nationalen Wurzeln irgendwelcher krimineller Ereignisse nicht erforschen will.

Die Fragen hinsichtlich der Kräfte in der übergeordneten Struktur, die am Ende des Berichts Anselmi aufgeworfen wurden, bleiben also offen. Fest steht aber, daß es auf keinen Fall nur ausländische Kräfte gewesen sein können. Also fragt sich, wer unter den italienischen Politikern könnte an Gelli bestimmte Aufgaben delegiert haben, wem erstattete Gelli Bericht und von wem empfing er seine Direktiven? Das ist die eigentliche Frage, auf die es bis heute keine Antwort gegeben hat. Oder, um einen Begriff aufzugreifen, der dem italienischen Journalismus inzwischen ans Herz gewachsen ist: Wer war der Große Alte?

Es ist bekannt, daß die Witwe von Roberto Calvi nach dem Tod ihres Mannes behauptete, der wahre Chef der P2 sei Andreotti, und direkt nach ihm kämen in der Hierarchie der Geheimloge Cosentino, der Generalsekretär des Abgeordnetenhauses, und Umberto Ortolani. In dieser Hierarchie der Loge fungierte Gelli, immer laut Aussage der Witwe Calvi, nur an vierter Stelle. Daraufhin von einem Journalisten befragt, erklärt Gelli:

„Tatsächlich? Der Ehrwürdige Meister war ich, wenn also die anderen Mitglieder der Loge waren, wozu ich nichts sagen darf, dann waren sie nur einfache Mitglieder.«

Der Journalist kommentiert diese Äußerung so:

„Hier handelt es sich um einen merkwürdigen Lapsus Gellis. Die Namen von Ortolani und Cosentino erschienen in den Listen von Castiglion Fibocchi, aber der von Andreotti nicht, und man würde ja zumindest erwarten, daß Gelli darauf aufmerksam machte.«[19]

Aber vielleicht war die Unterlassung auch beabsichtigt. Nach dem Skandal von Castiglion Fibocchi und den juristischen Ermittlun-

19 Philip Willan, *Puppet Masters – The Political Use of Terrorism in Italy*, London 1991, S. 57.

gen gegen seine Person wegen schwerster Anschuldigungen hat Gelli alles Interesse daran, die Stimmen nicht zu dementieren, die in ihm nur das ausführende Organ von jemandem sehen, der weit über ihm steht.

Alle Überlegungen führen zu dem Schluß, daß Gelli politische Verbündete gehabt haben muß. Mehr noch: Die Tatsache, daß er sich noch heute auf freiem Fuß bewegen kann, trotz aller Anklagen, Prozesse und juristischer Verfahren, verdankt er das nur seinem Glück oder seinem Geschick? Oder hat Gelli Schutz von bedeutenden Personen genossen und genießt ihn noch heute? Im übrigen kann man auch nicht ausschließen, daß jene politische Vereinigung, die früher den Namen P2 trug, heute weiterbesteht. Bei der ersten Abfassung dieses Abschnitts schloß ich die Möglichkeit nicht aus, daß die durch die Ermittlungen der Richter nicht nur im Zusammenhang von »Tangentopoli« ausgelösten Erschütterungen und die Auflösung vieler Allianzen eines Tages Namen zutage fördern würden, die jener übergeordneten Pyramide ein Gesicht geben würden, von der im Bericht der parlamentarischen Untersuchungskommission die Rede war. Nach den Resultaten der Wahlen vom März 1994, in denen die konservativen Kräfte mit einem Programm siegten, das in mehr als einem Punkt dem *Plan zur demokratischen Wiedergeburt* sehr ähnelt, wäre jeder Optimismus zumindest verfrüht.

# *8. Kapitel*
# Terrorismus und Politik

## 1. Autonomia, Rote Brigaden und die Diaspora des Terrorismus

Am 17. März 1975 eröffnet der Generalsekretär des PCI, Enrico Berlinguer, den 14. Parteikongreß mit einem Bericht, in dem zunächst bekräftigt wird, daß die italienischen Kommunisten nicht unter allen Umständen einen Austritt aus der NATO verlangen, und der sich sodann mit dem Problem einer kommunistischen Regierungsbeteiligung befaßt.

Im Juli 1975 stellt Aldo Moro seine Position auf einer Präsidiumssitzung der DC vor. Die DC solle gegenüber dem PCI eine »Strategie der Aufmerksamkeit« praktizieren. Die »stärkste Oppositionspartei« genau zu beobachten ist schon ein physiologisches Problem, denn die DC ist »durch dreißig Jahre Machtausübung verschlissen«. Viele Jungwähler in Italien wählen PCI, obwohl sie deren Ideologie nicht teilen, und die historischen Erfahrungen mit dem Kommunismus auf der Welt nehmen sie nicht zur Kenntnis. »So ist für viele«, fährt Moro fort, und nimmt prophetisch vorweg, was fünfzehn Jahre später durch den Mauerfall definitiv zum Ausbruch kam, »eine moralische und politische Barriere weggefallen, die auch innerhalb der demokratischen Entwicklung für einige Jahrzehnte Bestand gehabt hatte.« Der »große Entwurf« einer Zusammenarbeit von Katholiken und Sozialisten ist, »wenn nicht vereitelt, so doch hart getroffen«. »Die Zukunft«, so mahnt er, »ist nicht mehr in unseren Händen... Zwei Abschnitte unserer Geschichte sind vergangen, ein neues Kapitel wird aufgeschlagen. Eine dritte, schwierige Phase unserer Erfahrungen hat begonnen.«

Die beiden Regierungen unter Moro aus dieser Zeit sind weit von seinen Absichtserklärungen entfernt. Auch der PCI scheint an einer Beschleunigung der Entwicklung kein Interesse zu haben, obwohl die Christdemokraten große Schwierigkeiten wegen des Lockheed-Skandals haben. Lockheed, ein amerikanischer Flugzeughersteller, hatte mit der Zahlung von Schmiergeldern den Verkauf seiner Flugzeugs ein Italien sicherzustellen versucht. Darin verwickelt sind der Sozialdemokrat Mario Tanassi, der zu jener Zeit Verteidigungsminister war, sowie die christdemokratischen Minister Luigi Gui und Mariano Rumor, die beschuldigt werden, die Vermittlungstätigkeit des Anwalts Antonio Lefebvre begünstigt zu haben, der seinerseits ein alter Freund des Präsidenten der Republik, Giovanni Leone, ist.[1] Vielleicht ist sich der PCI bewußt, daß er noch nicht die Kraft hat, eine Regierungsbeteiligung durchzusetzen, und begnügt sich mit den Erfolgen bei den Regionalwahlen im Juni 1975.

1976 erreichen die Kommunisten einen sensationellen Erfolg bei den Parlamentswahlen: 34,4 % der abgegebenen Stimmen (gegenüber 27,1 % 1972), 48 Sitze mehr im Parlament, das ist das beste Ergebnis, das der PCI je erreichte. Der PSI hingegen kam nur auf enttäuschende 9,6 % wie schon 1972. Im Juli tritt De Martino als Generalsekretär zurück, seine Funktion übernimmt Bettino Craxi.

Zum Verhandlungsführer für die Gespräche zur Neubildung der Regierung bestimmt die DC Giulio Andreotti, Aldo Moro dagegen wird zum neuen Parteipräsidenten gewählt. Die DC-Alleinregierung unter Andreotti nach den Wahlen ist eine Regierung »ohne Mißtrauensvotum«, bei der Vertrauensabstimmung über die neue Regierung hatten PCI und PSI eine »gemeinsame Stimmenthaltung« verabredet. Aber PCI und PSI sind deswegen einer gemeinsamen politischen Linie keineswegs näher gekommen – und die Kommunisten auch nicht näher an der Macht. Der PCI versteht seine Stimmenthaltung als Schritt in Richtung »historischer Kompromiß«. Aber dieses Mißverständnis sollte noch bis zur Entführung Moros durch die Roten Brigaden im März 1978 Bestand haben.

1976 ist ein Jahr voller dramatischer Ereignisse des Terrorismus. Im Mai beginnt in Turin der Prozeß gegen den sogenannten historischen Kern der Roten Brigaden. Im selben Jahr verschärfen die

1 Im März 1977 beschuldigt Marco Pannella, der Chef der Radikalen Partei, Leone, er sei »Antelope Cobbler«, ein Name, den die amerikanische Firma verwandte, um ihren italienischen Mittelsmann in dem Geschäft zu bezeichnen. Gui und Tanassi müssen sich im Parlament wegen des Vorwurfs der Korruption verantworten. Am 10. März spricht das Parlament Gui von dem Vorwurf frei. Tanassi wird dem Urteil des Verfassungsgerichts überantwortet. Nach dem Schuldspruch durch das Gericht muß Tanassi für kurze Zeit ins Gefängnis und die politische Laufbahn aufgeben.

Roten Brigaden ihre Kampfmethoden und beginnen, »höher zu zielen«, d. h., zu morden (vgl. Kap. 5.2). Erste Opfer der neuen Strategie sind am 8. Juni der Generalstaatsanwalt von Genua und zwei Männer seiner Eskorte.

Die Eskalation durch die Roten Brigaden setzt sich auch 1977 fort: Der Polizist Giuseppe Ciotta, der Anwalt Fulvio Croce, Pflichtverteidiger der Brigatisten in Turin, und Carlo Casalegno, stellvertretender Chefredakteur von *La Stampa*, der großen Turiner Tageszeitung im Besitz der Fiat, werden ermordet. Casalegno ist nur der erste einer langen Liste von Journalisten, die Opfer von Attentaten werden. Die Bekanntesten von ihnen sind Indro Montanelli, Ex-Leitartikler des *Corriere delle sera* und jetzt Chefredakteur von *Il Giornale*, und Emilio Rossi von der RAI.*

Im Jahr 1977 bricht jedoch auch eine neue Welle des Jugendprotestes los, der sogenannte »movimento«, die Bewegung. Sie beginnt im Dezember 1976 als Protest gegen die Universitätsreform und gegen die Arbeitslosigkeit, aber sehr rasch politisiert sich der Protest und wird zu einem nicht nur universitären Generationskonflikt, der gegen jede Instrumentalisierung durch Parteien, Gewerkschaften und überhaupt Institutionen der herrschenden Kultur gerichtet ist; es ist ein Kampf um die »Wiederaneignung des Lebens«, er organisiert sich im sehr heterogenen Umfeld der sogenannten »Autonomia«. Die radikalsten Gruppen der Autonomia suchen bei den Demonstrationen den Konflikt mit der Polizei. Die Presse spricht von »Stadtguerrilla«. Viele der in diese Geschehnisse verwickelten jungen Menschen landen schließlich bei Prima Linea und anderen Gruppen, meist nachdem sie zuvor Attentate verübt hatten, um so ihre »Einigung« unter Beweis zu stellen.

Ganz unvermeidlich entstand durch den Protest der Jugend und das Gewaltklima ein Nährboden für die Aktionen bewaffneter linker Gruppen. Auf einmal gab es nicht nur eine große Reservearmee neuer Kämpfer, sondern einen sozialen Konsens, der auch praktisch von Nutzen war. Die Roten Brigaden und andere Gruppierungen erhalten nicht nur politische und logistische Unterstützung durch viele Sympathisanten und Helfer. Unter diesem Gesichtspunkt hatten die Entscheidungen des PCI wieder einmal ein, wenn auch nicht ausschlaggebendes, so doch sehr großes Gewicht (vgl. Kap. 5.2).

* A. d. Ü. Im Italienischen bildete sich für diese Art des Anschlags damals sogar ein Neologismus: *gambizzare*, von gamba, das Bein.

Der schwerwiegendste Anschlag der Rechten ist die Ermordung des Richters Vittorio Occorsio (im Juli 1976), für den die Ordine Nuovo die Verantwortung übernimmt. Im Zusammenhang mit diesem Mordanschlag wird im Februar 1977 Pier Luigi Concutelli festgenommen. Occorsio leitete die Untersuchungen über die Zusammenhänge zwischen Ordine Nuovo und anderen faschistischen Gruppen. In Sezze Romano in der Provinz Latina bläst ein Autokorso nach einer Wahlkundgebung des MSI-Abgeordneten Sandro Saccucci zur Jagd auf die »Roten«. Von einem Pistolenschuß tödlich getroffen, stirbt ein Angehöriger der kommunistischen Jugendorganisation (FGCI). Am Steuer eines der Autos sitzt Feldwebel Francesco Troccia vom SID; zusammen mit zwei Mitgliedern des MSI wird er festgenommen. Im ganzen Jahr 1977 setzen sich die faschistischen Gewaltakte fort.

Im April 1976 beginnt in Florenz das Berufungsverfahren gegen Mario Tuti wegen der Ermordung zweier Polizisten im Januar 1975 (vgl. Kap. 6.3), die ihn in seiner Wohnung hatten festnehmen sollen. Das Gericht bestätigt die Verurteilung zu lebenslanger Haft. Ebenfalls im April geht der Prozeß gegen die faschistischen Terroristen des Fronte Nazionale Rivoluzionario, darunter auch Tuti, wegen der Anschläge auf die Bahnlinie Florenz–Rom zu Ende. Tuti wird noch einmal zu zwanzig Jahren verurteilt. Zum ersten Mal wird eine terroristische Gruppe als »faschistisch« definiert. Und im selben April eröffnet Untersuchungsrichter Gianni Simoni in Brescia das Verfahren gegen Giorgio Fumagalli und weitere 55 Mitglieder des MAR, Movimento Azione Rivolutionaria, wegen politischer Verschwörung, Aufruf zum Bürgerkrieg und verfassungsfeindlicher Aktivitäten. Im Mai geht in Turin in der ersten Instanz der Prozeß gegen Rechtsextreme wegen verfassungsfeindlicher Verschwörung und Anschlags auf die Verfassung mit neuen Verurteilungen und 32 Freisprüchen zu Ende.

Die Flucht des ehemaligen SS-Oberst Kappler am 15. August 1977 versetzt das ganze Land in Aufregung. Kappler befehligte im März 1944 das deutsche Erschießungskommando, das in den Fosse Ardeatine 335 Zivilisten als Vergeltungsmaßnahme für das Attentat in der Via Rasella tötete, bei dem 32 deutsche Soldaten ums Leben gekommen waren. Kappler kann das Militärhospital Celio, in das er zur Behandlung aus der Haft verlegt worden war, vollkommen unbehindert verlassen und anschließend nach Deutschland fliehen. Die beiden Wachen von Kappler im Celio werden festgenommen, und das Innenministerium setzt zahlreiche Polizeibeamte und Offiziere der Carabinieri ab. Am 18. September muß auch Verteidigungsminister Vito Lattanzio zurücktreten.

In diesem Klima, das zudem geprägt wird durch Attentate der Roten Brigaden, Gewaltanwendung bei Demonstrationen in den großen Städten Italiens, den Lockheed-Skandal sowie den Skandal um die Fertighäuser für die Erdbebenopfer in Friaul und die Prozesse wegen der Attentate und Putschversuche der jüngsten Vergangenheit, wird das politische Leben Italiens das ganze Jahr 1977 durch eine handlungsunfähige Regierung ohne Mehrheitsbasis und durch die Debatte um die Rolle des PCI lahmgelegt.

Im Dezember entzieht der PCI angesichts der wiederholten Ablehnung seitens der Christdemokraten, eine Regierung auf breiter Mehrheitsbasis zu bilden, und aufgrund der wachsenden Unzufriedenheit bei den eigenen Kadern der Regierung die bisher durch den Verzicht auf die Vertrauensfrage gewährte Unterstützung und schlägt vor, eine Regierung der nationalen Solidarität zu bilden, worin auch der PCI eingeschlossen werden sollte. Die nächste Regierungskrise nimmt ihren Lauf. Und es beginnt der letzte Abschnitt von Aldo Moros politischer Strategie. Um deren Bedeutung richtig einzuschätzen, muß man sich das Geschehen der Zeit vergegenwärtigen, in der sie sich verwirklicht.

Am 16. Januar 1978 tritt Andreotti zurück. Am 8. Februar erklärt er, daß die DC keinerlei Notstandsregierung akzeptieren werde, die von der Unterstützung durch die Linke abhinge. Aber am 1. März nimmt die Versammlung der christdemokratischen Parlamentarier einen Antrag an, der den designierten Ministerpräsidenten auffordert, eine Regierung »mit der breitestmöglichen parlamentarischen Unterstützung« zu bilden. Drei Tage später kündigt Andreotti die Bildung einer DC-Alleinregierung mit der Unterstützung durch Kommunisten, Sozialisten, Sozialdemokraten, Liberale und Republikaner an. Der Verzicht auf die Vertrauensfrage verwandelt sich nun in Zustimmung. Die Kommunisten werden nicht in die Regierung eintreten, aber gleiches gilt auch für die traditionellen Verbündeten der Christdemokraten.

Moro ging auf zwei Ebenen vor. Der PCI wurde überzeugt, auf den formellen Eintritt in die Regierung zu verzichten und sich mit der Rolle als Teil der parlamentarischen Mehrheit zu begnügen. Innerhalb seiner eigenen Partei hatte Moro die Einwände jener zu überwinden, die auf vorgezogene Neuwahlen drängten, da sie hofften, die Kommunisten hätten sich bereits verschlissen. Alle Minister der vorhergehenden Regierung Andreotti werden bestätigt, allerdings werden einige Ämter getauscht. Damit schließt sich der Kreis von Moros Konstruktion: Mit dem PCI als Teil der parlamentarischen Mehrheit einer Regierung Andreotti, die faktisch identisch ist mit der vorhergehenden, hat man die Bestätigung, daß dem PCI keinerlei Zugeständnisse gemacht wurden. Auch in programmatischer Hinsicht sind die Zugeständnisse gegenüber den Forderungen der Kommunisten minimal. Am 15. März, dem Vorabend der Vertrauensabstimmung über die neue Regierung im Parlament, geht in Rom das Gerücht um, Zaccagni sei unzufrieden, weil die neue Regierung den möglichen ersten Schritt zur Erneuerung der DC verpaßt habe. Und die Kommunisten sind so irritiert, daß auch eine Rücknahme ihrer Zustimmung nicht ausgeschlossen scheint: Sie drohen statt Zustimmung eine Stimmenthaltung an. Und Nachrichtenagenturen melden, hinter der Person »Antelope Cobbler« aus der Lockheed-Affäre verberge sich niemand anders als Aldo Moro.

Die Informationen zur Lockheed-Affäre stammen aus Kreisen des Verfassungsgerichts, das einen Monat zuvor die Aussage eines Beamten im Außenministerium zu Protokoll genommen hat. Dieser berichtete, ein enger Mitarbeiter des Botschafters John Volpe habe ihm vertraulich mitgeteilt, in einem Bericht des State Department für Henry Kissinger werde »darüber informiert, daß der Antelope Cobbler in der Affäre Lockheed der Abgeordnete Aldo Moro war«. Absolut denkbar ist, daß das Durchsickern der Information am 15. März, am Vorabend der Abstimmung über die neue Regierung, lanciert wurde. Es ist vollkommen klar, daß das Ansehen des Präsidenten der DC durch eine Verwicklung in den Lockheed-Skandal zumindest schwer beschädigt, wenn nicht gar ruiniert würde. Und nicht allein sein Ansehen, sondern zugleich seine politischen Vorstellungen.

Geringschätzung und Antipathie Kissingers für Moro gehen auf die Zeit weit vor 1978 zurück und liegen nicht allein in der Frage, wie mit den Kommunisten umzugehen sei, begründet. Es sind die von Moro in der Außenpolitik favorisierten Postionen, und hier speziell seine proarabische Orientierung. Aber zweifellos hat die kommunistische Frage eine große Rolle bei der Einschätzung des amerikanischen Außenministers gespielt, der im übrigen insgesamt der »alten« DC gegenüber ausgesprochen feindselig eingestellt ist und auf eine christdemokratische Partei mit jüngeren und »moderneren« Politikern setzt, die eher pragmatisch und weniger ideologisch ausgerichtet sind.

Moro war nach Kissingers Ansicht ein potentieller Allende in Europa. Bei einem Besuch des damaligen Präsidenten Leone im September 1974 in Washington sagte Kissinger seinen italienischen Gesprächspartnern:

»Ihr kritisiert uns wegen Chile. Aber ihr würdet uns noch härter kritisieren, wenn wir nichts unternähmen, um zu verhindern, daß die Kommunisten in Italien an die Macht gelangen!«[2]

In seinen Briefen aus der Gefangenschaft bei den Roten Brigaden fragt sich Moro, ob die »feste« Haltung (sprich: die Ablehnung jedweder Verhandlungen, geschweige denn eines Eingehens auf die Forderungen der Roten Brigaden. U. H.) der Christdemokraten nicht vielleicht auf eine »Empfehlung« der Amerikaner zurückgeht (vgl. Kap. 9.1).

Die Beziehungen zwischen Moro und dem Weißen Haus werden durch den impulsiven Antikommunismus von Botschafter Richard Gardner noch zusätzlich erschwert. Bei einem Essen mit Moro und Andreotti am 12. Dezember 1977 wird Gardner kategorisch:

»Erlauben Sie mir die Feststellung, daß die amerikanische Regierung sich der Beteiligung des PCI an einer italienischen Regierung widersetzt.«

Auf Empfehlung von Gardner veröffentlicht das State Department am 12. Januar 1978 eine Presseerklärung, die in Italien Erstaunen und große Irritationen auslöst:

»Unsere Position ist ganz klar: Wir sind gegen die Beteiligung (der Kommunisten an der Koalition. U. H.), und wir wünschen eine Reduktion des Einflusses der Kommunisten in jedem westeuropäischen Land... Wie der amerikanische Präsident vergangene Woche in Paris bereits sagte: Gerade dann, wenn eine Demokratie sich in Schwierigkeiten befindet, müssen ihre Führer Stärke und Festigkeit zeigen und den Versuchungen widerstehen, dadurch zu einer Lösung zu kommen, daß man undemokratische Kräfte mit einschließt...«

Diese Erklärung überzeugt schließlich die Kommunisten, daß die Zeit für einen formellen Eintritt in die parlamentarische Mehrheit noch nicht gekommen ist.

2 *New York Times*, 27. September 1974. Zitiert nach *Sovranità limitata, op. cit.*, S. 271.

Am Morgen des 16. März wird Moro auf dem Weg ins Parlament, wo die Vertrauensabstimmung über die »neue« Regierung Andreotti stattfinden soll, von den Roten Brigaden entführt. Das reicht, um ihn zum Märtyrer und herausragenden Staatsmann zu machen. Schlagartig ist von Antelope Cobbler nicht mehr die Rede, sondern nur noch vom weitsichtigen Politiker, der es mit seiner »unendlichen Klugheit« verstand, die Kommunisten an die Regierung heranzuführen. Die Stimmung ist dramatisch, als das Parlament zusammentritt. Für alle ist klar, daß die Roten Brigaden mit der Entführung Moros sein politisches Projekt treffen wollten. Und die Antwort darauf muß die Zustimmung zu seinen politischen Absichten sein. Berlinguer bringt die Genugtuung des PCI zum Ausdruck, der sich anschickt, Teil einer »klaren und eindeutigen, gegenüber dem, was dreißig Jahre hier geschah, qualitativ neuen« Mehrheit zu werden. Das Parlament billigt die Regierung Andreotti mit 545 Ja-Stimmen, 30 Gegenstimmen und drei Enthaltungen. Diese Zustimmung ist einmalig und beispiellos.

Die Entführung Moros (vgl. Kap. 9) war der bei weitem traumatischste Einschnitt in der italienischen Geschichte der letzten fünfzig Jahre. Nach seiner Ermordung am 9. Mai durch seine Entführer ist, so lautet die fast einhellige Meinung, auch sein politisches Projekt hinfällig. Wer ihn umbrachte, der versperrte zugleich der italienischen Politik die Öffnung hin zu neuen Kräften. Tatsächlich bestand der Kern von Moros Projekt darin, die Kommunisten in die Zentralstellen der Macht einzubinden, ohne Abstriche an der eigenen Position oder Zugeständnisse machen zu müssen. Es ist allerdings auch eindeutig, daß Moro in den Augen seiner Gegner gerade wegen der Entschiedenheit, mit der er den Dialog mit den Kommunisten offenhielt, und wegen seines Geschicks als Vermittler als eine »Gefahr« erschien.

Die Unterstützung für die Regierung Andreotti bringt den PCI ins Visier der Roten Brigaden. In einem Dokument wird die These aufgestellt, der PCI sei als Komplize der DC »die zentrale und strategisch entscheidende Macht bei der imperialistischen Führung des Staates«; »die DC ist nicht mehr autonom, sondern steht unter dem Diktat Berlinguers«. Aber noch sparen die Anschläge der BR und der anderen Gruppen den PCI aus und konzentrieren sich auf die DC. Im Verlauf des Jahres 1978 werden mehr als zweihundert Anschläge verübt. In den letzten Monaten des Jahres werden jedoch zahlreiche Brigatisten festgenommen. Am 3. Mai 1979, zu Beginn der Wahlkampagne für die vorgezogenen Neuwahlen, verüben die BR einen Anschlag auf den Sitz der DC mitten in Rom. Dabei werden zwei Polizisten getötet und einer verletzt. Aber das Terrain, auf dem sich die Roten Brigaden jetzt bewegen, wird immer unsicherer, und, ausgelöst durch die während der Entführung Moros aufgebrochene Führungskrise, spalten sie sich in mehrere Fraktionen (vgl. Kap. 9.3). Im Januar 1979 bringt in Mailand ein Kommando von Prima Linea den Richter Emilio Alessandrini um. Auch diese Aktion scheint in ihrer Sinnlosigkeit das Ergebnis der Verunsicherung und des Fehlens einer klaren Strategie für den bewaffneten Kampf. Alessandrini ist ein Richter, der die Untersuchungen gegen die subversiven Gruppen der extremen Rechten geführt hat und der zum Zeitpunkt seines Todes mit der Verwicklung der Geheimdienste in den Anschlag an der Piazza Fontana befaßt war.

Im Oktober entläßt Fiat 61 Arbeitern, weil sich durch ihr gewalttätiges Verhalten in der Fabrik für »materielle und moralische Schäden« verantwortlich seien. Trotz der Proteste der Gewerkschaften und eines richterlichen Beschlusses, der die Entlassung für ungültig erklärt, kündigt die Fabrik den 61 Arbeitern erneut und hindert sie daran, die Fabrik wiederzubetreten. In der Folge stellt sich heraus, daß einige von ihnen Mitglieder terroristischer Gruppierungen waren oder mit ihnen zusammengearbeitet haben: Einer der Entlassenen, so wird bekannt, war bereits zu sieben Jahren Haft wegen Mitgliedschaft in einer bewaffneten Bande verurteilt worden. Diese Entlassungen bezeichnen das Ende einer Epoche der Nachgiebigkeit in der Fabrik. Das Signal kommt von einer Firma, die zusammen mit der DC und den Carabinieri bevorzugtes Ziel der Terroristen war.

Aber das Jahr 1979 wird vor allem als das Jahr des »7. April« in Erinnerung bleiben. Damit ist die Anklage der Richter Pietro Calogero aus Padua und Achille Gallucci gegen den Politikprofessor Toni Negri und viele weitere Führungsmitglieder der »Autonomia Operaia« gemeint, die in den meisten Fällen zuvor schon in »Potere Operaio« aktiv gewesen waren. Angeblich sei die Stimme eines der Anrufer bei der Familie Moro als die Stimme von Toni Negri identifiziert worden. Einen Moment lang glaubt die Öffentlichkeit, die Ermittlungsbehörden hätten endlich das Geheimnis der Entführung Moros gelüftet und die Leitung der Roten Brigaden gefaßt. In Wirklichkeit hegen viele Zweifel an der Stichhaltigkeit der Vermutung Calogeros, derzufolge Potere Operaio und Autonomia Operaia identisch mit den Roten Brigaden seien. Die Polemik zwischen den sogenannten »rigoristi« (den Strengen. U. H.) und den »garantisti« (die auf die Garantien der Verfassung setzen, die Unschuldsvermutung in diesem Fall. U. H.) bricht los. Streitpunkt jenseits der unterschiedlichen Ansichten über einzelne Vorkommnisse wie auch die Legitimität der Beschuldigung sind die Interpretation der gesellschaftlichen Konflikte in der jüngeren Geschichte des Landes.

Die wachsende Bedeutung der Autonomia, die Zunahme der Gewalt in den Jahren 1977-78 und der Schock, den die Entführung Moros auslöste, rechtfertigen in den Augen vieler die Entscheidungen von Calogero und Gallucci: Sie bedeuten zumindest das Ende des tatenlosen Zusehens und der passiven Resignation gegenüber dem Terrorismus. Auf der anderen Seite ist die Zunahme der Gewalt und Attentate (650 allein im Jahr 1979) auch eine Reaktion auf die Kriminalisierung der Autonomia. Spätere Zeugen bestätigen, daß sehr viele Jugendliche aus den Gruppen der Autonomia nach dem 7. April den Kontakt zu den »Genossen« der Roten Brigaden, von Prima Linea und anderen Gruppen suchen, um dort aktiv zu werden. So erlebt das Jahr 1979 den Höhepunkt des, wenngleich labilen »massenhaften« Terrorismus. Zugleich stürzt diese Verbreiterung ihrer Basis die Roten Brigaden und die anderen Gruppierungen des linken Terrorismus in eine Krise, denn die Rekrutierung der jungen Anhänger löst die Disziplin auf. Mit der Festnahme des Brigatisten Patrizio Peci im Februar 1980 beginnt das, was später mit dem Begriff »pentitismo« bezeichnet werden wird, nämlich die Zusammenarbeit einiger reumütiger (– pentiti. U. H.) Terroristen mit den Ermittlungsbehörden.

Die Mordanschläge des Jahres 1979 gehen nicht allein auf den Terrorismus zurück. Im März wird der Journalist Mino Pecorelli ermordet, der viel über bisher ungelöste Geheimnisse weiß (vgl. Kap. 7). Im Juli wird in Mailand der Anwalt Giorgio Ambrosoli, der gescheiterte Konkursverwalter von Michele Sindonas Banca Privata Italiana, umgebracht, bevor er nach Amerika abfliegen kann, um dort über den Zusammenbruch einer anderen Bank Sindonas, der Franklin Bank, auszusagen (vgl. Kap. 10.4). In Sizilien ordnet die Mafia die Ermordung von Michele Reina, Provinzsekretär der DC, an, der wenige Stunden vor seiner Ermordung in einer Rede auf dem Provinzparteikongreß des PCI dafür eintrat, den Dialog zwischen den beiden Parteien weiterzuführen. Auch der Richter Cesare Terranova, Abgeordneter der Unabhängigen Linken und Mitglied der Antimafiakommission des Parlaments, wird von der Mafia umgebracht. Die beiden Mordanschläge ereignen sich im März und September des Jahres 1979. Am 6. Januar 1980 trifft es Pier Santi Mattarella, einen Christdemokraten, Präsident der Region Sizilien und Anhänger eines Dialoges mit dem PCI. Die Presse bezeichnet ihn als den »Moro Siziliens« (vgl. Kap. 11.5).

Die Welle des massenhaften Terrorismus im Jahr 1979 legt sich in den ersten Monaten des darauffolgenden Jahres. 1980 werden »nur« noch zweihundert Attentate registriert. Aber die Roten Brigaden sind weiterhin aktiv. Am hellichten Tag wird in der Universität von Rom Vittorio Bachelet, der Vizepräsident des Consiglio Superiore della Magistratura, ermordet. Weiter hochrangige Opfer sind die Richter Girolamo Minervini und Guido Galli sowie der General Enrico Galvaligi, ein enger Mitarbeiter von General Carlo Alberto Dalla Chiesa.

## 2. Das Attentat von Bologna

Im Jahr 1980 macht sich auch der Terrorismus von rechts wieder bemerkbar. Am 23. Juni wird in Rom Richter Mario Amato umgebracht, der seit zwei Jahren mit Ermittlungen gegen subversive rechte Bewegungen befaßt ist. In einem Flugblatt übernehmen die NAR, die Nuclei Armati Rivolizionari, die Verantwortung für den Anschlag. Für diesen Mord werden nach einer Serie von Prozessen drei Neofaschisten (Christiano Fioravanti, Francesca Mambro und Gilberto Cavallini) zu lebenslanger Haft verurteilt. Ein weiterer Beschuldigter wird, nachdem er zuvor ebenfalls lebenslang erhalten hatte, zu einer niedrigeren Strafe verurteilt und schließlich aus Mangel an Beweisen sogar freigesprochen. Es handelt sich um den Chefideologen der neofaschistischen Gruppen in Rom, den Universitätsprofessor Paolo Signorelli.[3]

3 Im Juni 1979 war Signorelli von Amato unter dem Vorwurf der subversiven Aktivität und der Neugründung der faschistischen Partei verhaftet worden. Auch im Zusammenhang mit dem Attentat auf den Bahnhof von Bologna am 2. August 1980 wurde Signorelli angeklagt (und später, im Jahr 1988, aus Mangel an Beweisen freigesprochen). Und 1981 wird er wegen der vier Attentate in Rom im Jahr 1979

Das schlimmste Attentat des Jahres 1980 ist zweifellos der Anschlag auf den Bahnhof von Bologna am 2. August. Eine Bombe von extrem hoher Sprengwirkung explodiert in einem Wartesaal. Ein ganzer Flügel des Gebäudes stürzt ein, 85 Menschen finden den Tod. Über 200 werden verletzt. Das ist bis dahin das schwerste Attentat, das sich je in Italien und Europa ereignet hatte. Das Echo in der Öffentlichkeit ist gewaltig.

Die zahlreichen Prozesse, die es in diesem Zusammenhang bis heute gab, haben niemals zu einer wirklichen Klärung geführt. Fest steht aber auf jeden Fall, daß die Geheimdienste den Versuch unternahmen, die Ermittlungen der Staatsanwaltschaft in die Irre zu führen.[4] Die Ablenkungsmanöver sind zeitlich gestaffelt. Zunächst erweckt der Sismi durch eine Reihe von Informationen, die er den Ermittlungsrichtern zukommen läßt, sowie durch Nachrichten, die der Presse zugespielt werden, den Eindruck, es gäbe eine sogenannte libanesische Spur. Die Richter in Bologna fanden heraus, daß die Idee dieser internationalen Spur auf eine Anregung Licio Gellis gegenüber einem Funktionär der Geheimdienste zurückgeht, einem gewissen Elio Cioppa, der selbst Mitglied der P2 ist. Der zweite Ablenkungsversuch geschieht, als Francesco Pazienza den Journalisten Andrea Barberi von *Panorama* ins Büro von General Santovito, des Chefs des Sismi, einlädt, um ihm zwei »geheime« Aktenordner zu zeigen, die die Verantwortung des KGB für die gegenwärtigen terroristischen Aktivitäten in Italien beweisen würden.

Ein weiterer Ablenkungsversuch wird unternommen, in dem man eine zweideutige Person heranzieht, einen gewissen Elio Ciolini, der in Frankreich und Lateinamerika gelebt hat und der sich sowohl im Milieu der subversiven rechten Gruppen bewegt hat als auch in dem der französischen Geheimdienste. Die Richter in Bologna vermuten zudem, daß er mit den italienischen Geheimdiensten zu tun hatte und in Kontakt zu den Freimaurern stand. Ciolini sitzt im Jahr 1981 wegen »gewöhnlicher« Verbrechen in der Schweiz in Haft. Von dort aus läßt er dem italienischen Generalkonsul in Genf ein Dokument über eine nicht näher identifizierte terroristische Organisation mit Namen OT zukommen, die neben

und wegen des Mords an Richter Occorsio angeklagt. Die Anklagepunkte werden später fallengelassen (vgl. Kap. 8.1).

4 Siehe *La strage. L'atto die accusa dei giudici di Bologna*, hg. von G. De Lutiis. Mit einem Vorwort von Norberto Bobbio, Rom 1986.

internationalem Drogen- und Waffenhandel auch für die Attentate an der Piazza Fontana, auf den Italicus und den Bahnhof von Bologna sowie noch andere Verschwörungen verantwortlich sein soll.

Aber die Strategie der Desinformation des Sismi zur Behinderung der richterlichen Ermittlungen geht weit über die Manipulation von Informationen und die Verbreitung falscher Nachrichten hinaus. Die schwerwiegendste Aktion der Ablenkungsstrategie ist die Plazierung eines Koffers mit Sprengstoff und Waffen im Zug Rom–Tarent, um hinterher rechtsextremen Elementen und wiederum deutschen und französischen Terroristen die Verantwortung dafür in die Schuhe schieben zu können. Die Idee stammt von General Santovito und Francesco Pazienza. Die Ausführung wurde General Musumeci und Oberst Belmonte anvertraut. Die komplexe Inszenierung hält den zahlreichen Überprüfungen und Beweisen der Richter nicht stand. Vor allem aber bricht sie mit dem Niedergang der P2 und der Entdeckung der Mitgliedslisten in Castiglion Fibocchi in sich zusammen. In dem Abschlußbericht ihrer Ermittlungen schrieben die Richter:

»Die Versuche, die Ermittlungen zu behindern und abzulenken, erscheinen so breit angelegt und so systematisch, daß über ihr Ziel keinerlei Zweifel bestehen kann: Mit allen Mitteln soll verhindert werden, daß die Wahrheit ans Licht kommt. Nur eine wie auch immer geartete Beziehung zwischen den Urhebern des Attentats und den Urhebern der Ablenkungsversuche kann ein solches Verhalten erklären. Entweder wurde das Attentat von den einen auf Geheiß der anderen durchgeführt, oder das Attentat wurde zwar selbständig organisiert und durchgeführt, paßte aber in den Rahmen einer gemeinsamen politischen Strategie und machte es von daher erforderlich, daß die Identität der Urheber nicht aufgedeckt würde ...«

Nach Ansicht der Richter gibt es »hinreichende Indizien« für die Anklage wegen subversiver Verschwörung und Massenmord gegen Francesco Pazienza, die Generäle Santovito und Musumeci, die Obersten Belmonte und Giovannone, Paolo Signorelli, Fabio De Felici, Massimiliano Fachini und andere Rechtsextreme.

»Die Zugehörigkeit der Urheber des Attentats und derer, die ihre Verantwortlichkeit deckten, zu einer einzigen Organisation, zwar in verschiedenen Rollen und Aufgaben, immer jedoch auf das gemeinsame Ziel ausgerichtet, kann ... bewiesen werden.«

Vom Ausgang der juristischen Verfahren war bereits die Rede gewesen: lebenslänglich für Valerio Fioravanti, Francesca Mambro,

Sergio Picciafuoco und Massimiliano Fachini, Freispruch aus Mangel an Beweisen für Paolo Signorelli, Freispruch aus Mangel an Beweisen von der Anklage der kriminellen Verschwörung und Verurteilung zu zehn Jahren wegen Behinderung der Ermittlungen für Gelli, Musumeci, Belmonte und Pazienza (Santovito war in der Zwischenzeit gestorben) in der ersten Instanz (Juli 1988); Freispruch für alle Angeklagten von der Anklage des Massenmordes sowie drei Jahre für Musumeci und Belmonte wegen Behinderung im Berufungsverfahren (Juli 1990); und schließlich (im Februar 1992) Aufhebung des Urteils im Berufungsverfahren durch das Kassationsgericht und Ansetzung eines neuen Berufungsverfahrens.

Unklar ist das Ziel des Attentats auf den Bahnhof von Bologna. Gewiß war es nicht das Signal für einen unmittelbar bevorstehenden Staatsstreich, auch wenn man nicht ausschließen kann, daß er von den Attentätern so geplant war[5] und die Reaktionen der öffentlichen Meinung und der Parteien einen Staatsstreich nicht mehr geraten sein ließen. Fest steht aber, daß Bologna zu einem breiter angelegten Spektrum von Attentaten gehört. Eines, am 20. Mai 1979 in Rom, hätte schwerste Folgen haben können: Die Piazza Indipendenza ist voll von Alpini, den populären Gebirgsjägern des italienischen Heeres, die hier ihr Jahrestreffen abhalten. Eine Fünfzehnkilobombe explodiert nur deshalb nicht, weil der Zeitzünder versagt. Noch drei weitere, diesmal »gelungene« Attentate ereignen sich im Jahr 1979 in Rom. Und schließlich wissen wir aus unterschiedlichen, aber darin übereinstimmenden Aussagen im Zuge der Ermittlungen über das Attentat von Bologna, daß ein Anschlag auf den Richter Giancarlo Stiz geplant wurde, der bereits die Ermittlungen gegen Freda und Ventura wegen des Anschlags an der Piazza Fontana führte; außerdem noch mehrere schwere Anschläge in Genua. Am 30. Juli, also zwei Tage vor dem Attentat auf den Bahnhof von Bologna, explodierte eine Bombe vor dem Sitz der Mailänder Stadtverwaltung, dem Palazzo Marini, aus unbekannten Gründen nicht. Dieser Anschlag hätte, wäre er »geglückt«, zumal gefolgt von dem in Bologna, großes Aufsehen erregt.

Keine der Deutungen klingt voll und ganz überzeugend.[6] Da-

5 Insbesondere war nicht vorhergesehen worden, daß die Explosion den Einsturz eines ganzen Flügels des Bahnhofgebäudes verursachen könnte.

6 Wenig glaubwürdig ist beispielsweise die Erklärung, der Anschlag auf den Bahnhof in Bologna sei eine Art Zelebration des Jahrestages des Anschlags auf den »Ita-

her muß man bis auf weiteres annehmen, daß die Attentate der Jahre 1979-80 Teil einer Strategie waren, die darauf zielte, die subversive Rechte wieder enger zusammenzuschließen und die konservative Wende in der italienischen Politik nach dem Tod Moros unumkehrbar zu machen.

## 3. Der Niedergang der DC und die Zweideutigkeiten des PCI

Bei den Kommunalwahlen im Mai 1978, fünf Tage nach dem Tod Aldo Moros, steigt der Stimmenanteil der DC auf 42%, die Kommunisten verlieren 9% und erhalten nur noch 27%. Die Abstimmung umfaßte nur vier Millionen Wähler, und sie spiegelt hauptsächlich die Erschütterung über das Schicksal Moros, aber sie elektrisiert die DC, die sich nun stark genug fühlt, eine neue Auseinandersetzung mit den Kommunisten und vorgezogene Neuwahlen zu wagen. Der PCI liefert selbst den Vorwand dazu mit seiner Entscheidung, aus der Mehrheit auszuscheiden, nachdem er gegen den Eintritt der Lira in den EWS gewesen war und auch keine Einigkeit mit der DC und den anderen Parteien über die Nominierungen für die Spitzenpositionen bei den Staatsbetrieben (IRI, ENI, aber auch RAI und EFIM) erzielen konnte. Im Januar 1979 reicht Andreotti seinen Rücktritt ein. Die Versuche des neuen Präsidenten der Republik, Sandro Pertini, vorgezogene Neuwahlen zu verhindern, haben keinen Erfolg. Nach dem Verzicht Ugo La Malfas und dessen gescheitertem Versuch, auch unabhängige Persönlichkeiten in die Ministerliste aufzunehmen, erhält wiederum Giulio Andreotti den Auftrag zur Bildung einer Regierung, aber es gibt keine klaren parlamentarischen Mehrheiten. Also schreitet man zu Neuwahlen.

In der Zwischenzeit wurde Italien durch die gerichtlichen Ermittlungen gegen die Banca d'Italia erschüttert. Am 24. März eröffnen die römischen Richter Antonio Alibrandi und Luciano Infelisi ein Ermittlungsverfahren gegen den Gouverneur der Bank, Paolo Baffi, und seinen Stellvertreter, Mario Sarcinelli, wegen Verletzung der Meldepflicht hinsichtlich der Unregelmäßigkeiten in

licus« im August 1974, um damit die Kontinuität (oder Weiterführung) eines politischen Plans zu begründen; oder daß er ein »Signal« seitens Licio Gellis an diejenigen sei, die sich vielleicht schon von ihm zu distanzieren begannen.

der Finanzierung des Creditio Industriale Sardo. Die Nachricht schlägt ein wie eine Bombe und versetzt Politik und Finanzwelt in helle Aufregung. Das juristische Verfahren schleppt sich lange dahin, schließlich tritt Baffi zurück; am Ende jedoch werden die beiden Beschuldigten vollkommen freigesprochen. Später deckt Francesco Pazienza auf, daß die Aktion gegen die Leitung der Bank auf einem Treffen der Spitzen der P2 im Januar 1979 in Montecarlo beschlossen worden sei. Man habe damit Sarcinelli bestrafen wollen, den Chef der Aufsichtsbehörde der Zentralbank, der dafür verantwortlich gemacht worden sei, eine Inspektion der Büros des Banco Ambrosiano angeordnet zu haben (vgl. Kap. 10.4).

Einen Monat vor den Wahlen im Juni 1979 attackieren die Roten Brigaden den Sitz der DC in Rom, und die DC, die sich inzwischen als die Partei Moros und als Bollwerk der Demokratie gegen den Terrorismus präsentiert, hofft auf ein Ergebnis über 40%. Aber sie gewinnt nur knapp über 35 % der Stimmen, während die Kommunisten auf 30,4% zurückgehen. Es folgen zwei Monate schwieriger Verhandlungen mit den anderen Parteien, dann gelingt es Francesco Cossiga, eine Regierung mit den Liberalen und den Sozialdemokraten zu bilden. Das Vertrauen im Parlament erhält sie dank der Stimmenthaltung der Sozialisten. Im Februar 1980 tritt Zaccagnini als Sekretär der DC zurück, und die neue, auf dem Parteikongreß zustande gekommene Mehrheit der Partei beendet definitiv jedwede Perspektive eines Dialogs mit dem PCI. Die Sozialisten treten in die Regierung ein.

Im Mai 1980 gibt es einen neuen Skandal, der den Ministerpräsidenten direkt betrifft. Am 7. Mai wird der stellvertretende Chef des Sisde, Silvano Russomanno, verhaftet, weil er dem Journalisten von *Il Messaggero*, Fabio Isman, eine Kopie des Verhörprotokolls von Patrizio Peci hat zukommen lassen. Peci soll Marco Donat Cattin, den Sohn des stellvertretenden Parteisekretärs der DC, der seit zwei Jahren unauffindbar war, als Mitglied von Prima Linea genannt haben. Der inhaftierte Roberto Sandalo, einer der Chefs von Prima Linea, soll ausgesagt haben, daß dem jungen Donat Cattin die rechtzeitige Flucht aus Italien dank der Informationen gelungen sei, die sein Vater von Ministerpräsidenten Cossiga erhalten habe. Donat Cattin und Cossiga dementieren, der PCI hingegen sammelt Unterschriften, um gegen Cossiga eine parlamentarische Untersuchung einzuleiten. Am 28. Mai leitet die Staatsanwaltschaft Turin dem Parlament eine Akte zu, in der Cossiga und Innenminister Virginio Rognoni der Tatbestand der Begünstigung zu Last gelegt wird. Am 31. Mai lehnt die für Ermittlungsverfahren gegen Parlamentarier zuständige Kommission des Parlaments die Anklageerhebung mit einem ganz knappen Abstimmungsergebnis ab. Donat Cattin, der einräumt, sich mit Sandalo getroffen zu haben, tritt zurück. Nachdem sie bei der Abstimmung über ein Wirtschaftsgesetz keine Mehrheit fand, tritt die Regierung Cossiga im September zurück. Im Oktober wird Arnaldo Forlani neuer Ministerpräsident.

Die Saison der Skandale des Jahres 1980 endet im November mit dem sogenannten »Erdölskandal«. Die Spitzen der Finanzpolizei werden zusammen mit einigen Bossen des Erdölgeschäfts beschuldigt, einen illegalen Handel mit Erdöl betrieben zu haben. Und die Saison des Terrorismus geht im Dezember mit der Entführung von Richter Giovanni D'Urso und der Ermordung von Enrico Galvaligi durch die Roten Brigaden zu Ende. Die Entführung endet am 15. Januar 1981 mit der Freilassung des Richters.

Für die durch die Affäre D'Urso angeschlagene Regierung folgen schwierige Monate. Im März werden bei der von den Mailänder Richtern im Zuge der Ermittlungen über Sindona angeordneten Durchsuchung der Räume Gellis in Castiglion Fibocchi die Mitgliederverzeichnisse der P2 entdeckt. Der stellvertretende Staatsanwalt von Rom Domenico Sica erläßt einen Haftbefehl gegen Gelli wegen politischer Spionage und der Verbreitung von Informationen, die die Staatssicherheit gefährden. Oberst Antonio Viezzer vom SID wird verhaftet. Justizminister Adolfo Sarti, dessen Name in den Mitgliederlisten der P2 auftaucht, tritt zurück. Am 26. Mai tritt auch Forlani zurück, und am selben Tag suspendiert die Regierung die Generäle Santovito und Giulio Grassini, die Chefs von Sismi und Sisde, sowie den Präfekten Walter Pelosi, Sekretär des Cesis, des Koordinationsausschusses der Geheimdienste, General Carlo Torrisi, Chef des Generlastabs, und General Orazio Giannoi, den Kommandanten der Finanzpolizei, deren Namen alle auf den Listen von Castiglion Fibocchi erscheinen. Im Juni erhebt Sica noch gegen zahlreiche andere Persönlichkeiten Anklage wegen politischer Verschwörung. Darunter befinden sich auch Francesco Cosentino, der ehemalige Chefsekretär des Parlaments, und Umberto Ortolani (vgl. Kap. 7).

Die Politik wird auch durch das Attentat auf Papst Johannes Paul II. und durch die Krise des Banco Ambrosiano, der katholischen Bank oder, wie sie besser bekannt ist, der »Bank der Priester« erschüttert.

Im Juni 1982 verliert die DC zum ersten Mal den Posten des Ministerpräsidenten. Neuer Ministerpräsident ist der Republikaner Giovanni Spadolini. Die Regierung unter Spadolini, die einundvierzigste in der Geschichte der Republik, ist eine Fünfparteienkoalition, zu der außer der DC und dem PSI noch drei kleinere Parteien des Zentrums gehören.

Das Jahr 1981 erlebt auch die letzte große Offensive der Roten Brigaden. Und das trotz der Verhaftung der einzigen noch auf freiem Fuß befindlichen Anführers, Mario Moretti. Nahezu gleichzeitig kommt es in Italien zu vier Entführungen. Die erste ist die von Ciro Cirillo, einem Christdemokraten und Dezernenten der Stadt Neapel. Diese Entführung ist der Ausgangspunkt eines der trübsten Skandale all dieser Jahre, Spitzen aus Politik und Geheimdiensten sind in die Verhandlungen mit der Camorra (und indirekt mit den Roten Brigaden) einbezogen (vgl. Kap. 11.4). Die zweite Entführung ist die von Giuseppe Taliercio, einem Manager der Petrolchimico, der von den Roten Brigaden ermordet wird. Der dritte Fall ist die Entführung von Renzo Sandrucci, Produktionsleiter bei Alfa Romeo. Der letzte ist der tragischste Fall. Opfer ist Roberto Peci, der Bruder des Rotbrigadisten Patrizio, der mit den Behörden zusammenarbeitet. Gegen Roberto Peci führen die BR einen »Prozeß« und ermorden ihn schließlich. Es ist ein vergeblicher Versuch, das Phänomen des »pentitismo« einzudämmen. Aber die Roten Brigaden und überhaupt der Terrorismus von links sind am Ende. Die Entführung des amerikanischen Generals James Lee Dozier in Verona am 17. Dezember ist ihr Abgesang. Der stellvertretende Leiter der Natostreitkräfte für Südeuropa wird von einer Spezialtruppe der Polizei am 28. Januar 1982 befreit. Im selben Moment wird Giovanni Senzani festgenommen, der Verantwortliche für die Entführung Cirillos und der letzte Kopf der Roten Brigaden, der sich noch auf freiem Fuß befand. Damit ist die endgültige Niederlage der Roten Brigaden besiegelt (vgl. Kap. 9.3). Im Februar verabschiedet das Parlament das sogenannte Gesetz über die Reumütigen, das Strafmilderung für Terroristen vorsah, die sich innerhalb von sechs Monaten zur Zusammenarbeit mit den Strafverfolgungsbehörden bereit erklären. In einer Situation der Auflösung, da die BR und die anderen Gruppen keine Strategie und keine Führung besitzen, erzielt das

Gesetz, das von vielen kritisiert wurde, die gewünschte Wirkung. Die Enthüllungen der »pentiti« führen zu zahlreichen weiteren Verhaftungen. Andere Terroristen werden zwar keine »pentiti«, sagen sich aber von den BR los und räumen ein, daß die Zeit des Terrorismus zu Ende ist.

Zum Klima überhandnehmender Illegalität tragen in dieser Zeit neben dem Mordanschlag auf General Dalla Chiesa und anderen Verbrechen der Mafia (vgl. Kap. 9.5) auch die zahllosen Disziplinarmaßnahmen und Ermittlungen gegen Richter bei, die beschuldigt werden, mit der Mafia zusammenzuarbeiten oder der P2 anzugehören.[7] Im März 1983 werden der stellvertretende Bürgermeister Enzo Biffi Gentille und fünf Dezernenten der Stadt und der Provinz Turin in eine Bestechungsaffäre verwickelt. Im Mai werden wegen des bereits erwähnten Skandals um das Erdöl die Generäle Raffaele Giudice und Donato Lo Prete von der Finanzpolizei dazu verurteilt, dem Staat 100 Mill. Lire zurückzuerstatten (der Prozeß gegen Giudice, Lo Prete und der Erdölmagnat Bruno Musselli wird auf Juli angesetzt). Im darauffolgenden Monat werden in Savona der Ex-Präsident der Region Ligurien und weitere Personen, darunter drei hohe Beamte, verhaftet.

Im Juni 1983 haben nach Rücktritt der Regierung (im November 1982) und einem kurzen Zwischenspiel einer Regierung unter Fanfani (Dezember 1982-April 1983) Neuwahlen stattgefunden. Denn Craxi hat der Regierung die parlamentarische Unterstützung durch die Sozialisten entzogen. Das Wahlergebnis bedeutet eine klare Niederlage für die DC, die sechs Prozent verliert und auf 32,9% zurückgeht, das bis dahin historische Minimum.[8] Der PCI behauptet sich sehr knapp mit 29,9%. Die Sozialisten sind die einzigen unter den Regierungsparteien, die sich, wenn auch nur wenig, verbessern (11,9%). So wird die erste Koalitionsregierung unter sozialistischer Führung gebildet: Craxi wird Ministerpräsident und Andreotti Außenminister.

7 Die schwerwiegendste Maßnahme ist die Entfernung des stellvertretenden Generalstaatsanwalts am Kassationsgerichtshof, Romolo Pietroni, aus dem juristischen Dienst im Jahr 1983. Im Januar 1984 wird nach den Enthüllungen eines »pentito« der calabresischen 'ndrangheta ein Verfahren gegen drei Richter aus Palmi eröffnet. Im August 1984 wird der stellvertretende Staatsanwalt von Trapani unter der Anklage der Korruption durch die Mafia festgenommen.

8 Die schlechten Wahlergebnisse der DC in einer traditionell katholischen Region wie dem Veneto gehen mit den Stimmengewinnen der Liga Veneta einher, deren Erfolg ein Vorbot der Erfolge der Lega in den neunziger Jahren ist.

Am 18. Juni 1984 erhalten die Christdemokraten bei den Wahlen zum Europaparlament 33 % und werden ganz knapp von den Kommunisten mit 33,3 % überholt. Der PCI profitierte dabei von der Sympathiewelle, die der überraschende Tod ihres Generalsekretärs Enrico Berlinguer auslöste, der bei einer Wahlveranstaltung in Padua eine Woche vor der Abstimmung einem Hirnschlag erlegen war. In einem Kommentar zum Wahlausgang schrieb *La Repubblica* vom »Drama einer Partei, der auch die reflektiertesten Menschen aus dem Lager des Katholizismus einen fatalen Niedergang vorhersagen«. Aber wir hatten ja gesehen, daß Aldo Moro bereits im Jahr 1978 von einer »durch dreißig Jahre Machtausübung verschlissenen« DC sprach. Anfang Juni 1984 reagiert die DC auf Äußerungen des sozialistischen Finanzministers Rino Formica zu den Beziehungen zwischen Giulio Andreotti und der P2 ausgesprochen nervös und droht mit einer Regierungskrise.

Das Jahr 1984 sollte für Andreotti weiterhin schwierig werden. Am 4. Oktober diskutiert das Parlament die Ergebnisse der Untersuchungskommission im Fall Sindona. Unter den Anträgen zur Sache befindet sich auch einer der Radikalen und von Democrazia Proletaria, in dem Andreotti das Mißtrauen ausgesprochen wird, weil er Sindona gedeckt habe, und in dem sein Rücktritt als Außenminister gefordert wird. Der Antrag wird nur dank der Stimmenthaltung des PCI verhindert. Den 101 Ja-Stimmen standen nur 199 Nein-Stimmen gegenüber. Das Abstimmungsverhalten zeigt zugleich die Zweideutigkeit des PCI.

In ihrem Leitartikel vom 6. Oktober schreibt *La Repubblica*, daß Ministerpräsident Craxi, »nicht mit einem Mann an seiner Seite im wichtigsten Ministeramt (dem Außenministerium nämlich) weiterregieren kann, der nicht mehr das Vertrauen einer breiten Mehrheit im Parlament und noch nicht einmal innerhalb der Mehrheit selbst genießt«. Andreotti jedoch hat bereits wissen lassen, daß er nicht an Rücktritt denke.

Das Jahr 1984 geht mit zwei dramatischen Ereignissen zu Ende, die in Zusammenhang stehen könnten. Am 12. Dezember nehmen Polizei, Carabinieri und Finanzpolizei bei einer breitangelegten Aktion gegen die Mafia 400 Festnahmen vor. Unter den Festgenommenen sind auch der Präsident des Schwurgerichts und ein Oberst und ein Hauptmann der Carabinieri. Letztere werden der Mittäterschaft bei dreifachem Mord beschuldigt. Dabei geht es um drei Carabinieri, die bei einem Anschlag der Mafia getötet wurden, mit dem ein Gefangener auf dem Transport befreit werden sollte (vgl. Kap. 11.5, die Chronologie). Die größte bisher durchgeführte Aktion gegen die Mafia erweckt in der Öffentlichkeit für einen kurzen Moment die Illusion, als habe sich der Staat nach Jahren passiver Hinnahme endlich entschlossen, die Zentren der Mafia und das ganze Netz ihren Komplizenschaften anzugreifen.

Am 23. Dezember explodiert im Zug 904 Neapel–Mailand in der Nähe von Bologna eine Bombe. Sechzehn Menschen werden getötet, 262 verletzt. Dieser Anschlag ist bisher der einzige, von dem die Verantwortlichen bekannt und durch definitive Urteilssprüche zur Rechenschaft gezogen sind. Es handelt sich um einen untypischen Anschlag. Es ist der erste, bei dem die Mafia, in Person des Bosses Pippo Calò, als direkter Auftraggeber fungiert. Verwickelt in den Anschlag ist eine Sprengstoffexperte jugoslawischer Herkunft mit Wohnsitz in Frankfurt/Main, ein gewisser Friedrich Schaudinn, dessen Name auch im Zusammenhang mit dem Bombenanschlag in Florenz im Juli 1993 wieder auftaucht.

Laut Urteilsbegründung wollte die Mafia mit dem Attentat die Aufmerksamkeit der Ordnungskräfte von Sizilien ablenken – deswegen konnte sie für den Anschlag natürlich nicht selbst die Verantwortung übernehmen, sondern mußte ein »terroristisches« Attentat vortäuschen. Es war naheliegend, daß als Vorbild die Anschläge auf die Eisenbahnen aus den siebziger Jahren dienten.

# *9. Kapitel*
# Der Fall Moro

## 1. Der Staat geht in die Knie

Die Entführung von Aldo Moro war unter dem Gesichtspunkt der Durchführung und des – kurzfristigen – Gewinns an politischem Einfluß und an Ansehen vielleicht die erfolgreichste Aktion der Roten Brigaden. (Es ist im übrigen auch ihre erste Aktion, die auf ein breites internationales Echo stößt.) Man kann ausschließen, daß das Datum der Entführung, der 16. März 1978, deshalb gewählt worden war, weil an diesem Tag im Parlament die Abstimmung über die neue Regierung stattfinden sollte (vgl. Kap. 8.1). Und zwar aus einem doppelten Grund: Eine Aktion dieser Größenordnung erfordert eine monatelange Vorbereitung, das Datum 16. März für die parlamentarische Abstimmung war jedoch nur wenige Tage zuvor festgesetzt worden. Trotzdem handelt es sich um ein bemerkenswertes Zusammentreffen, das ins Konzept der BR paßt, denn es verleiht der Entführung Moros eine politische Bedeutung, die auf den ersten Blick erkennbar und einleuchtend ist. Der erste Plan, in Rom eine Gruppe der BR zu bilden, geht auf das Jahr 1974-75 zurück. Und zunächst ist Moro gar nicht das Ziel, oder wenigstens nicht das primäre Ziel. Aus verschiedenen Zeugenaussagen ist bekannt, daß vor allen anderen Andreotti und Fanfani im Visier der Roten Brigaden waren. Von allen wichtigen Führern der DC ist Moro am leichtesten zu treffen (z. B. verfügt er nicht über ein gepanzertes Fahrzeug); deshalb wird er am Ende zum Opfer. Es ist, in den Augen der BR natürlich, auf jeden Fall gut gewählt, denn Moro ist Präsident der DC und der Drahtzieher des Dialogs mit dem PCI. Am 9. Mai deponieren die Roten Brigaden den Leichnam Moros in einem Pkw in der Via Caetani, mitten im Zentrum Roms, auf halbem Weg zwischen dem Sitz der DC und dem der Kommunistischen Partei. Die symbolische Bedeutung könnte offensichtlicher nicht sein.

Seit dem 18. März, dem Tag, an dem die BR ihr erstes Kommuniqué mit einem Foto Moros vor ihrer roten Fahne mit den fünf Sternen herausbringen, kündigen sie an, daß Moro »der Prozeß«

gemacht werde. In diesem Zusammenhang sei noch einmal daran erinnert, daß zur gleichen Zeit in Turin der Prozeß gegen den historischen Kern der Roten Brigaden läuft. Ihr Prozeß soll also so etwas wie ein Gegenprozeß sein, eine Demonstration ihrer Absichten und ihrer Fähigkeiten, eine Art Gegen-Staat zu sein.

Dieser Aspekt wird allerdings in den ersten Reaktionen auf die Entführung nicht besonders betont; hervorgehoben wird vor allem, daß es sich um einen Angriff auf die Politik der »nationalen Solidarität« handelt. Das ist von Anfang an das Leitmotiv aller Kommentare sowohl der politischen Parteien als auch der Presse. So ist der auffälligste Eindruck auf allen öffentlichen Kundgebungen, die bereits am Nachmittag des 16. März überall im Land meist auf Initiative der Gewerkschaften stattfinden und die die feste »Geschlossenheit« des Landes gegen die Erpressung der BR zum Ausdruck bringen sollen, die Tatsache, daß neben den vielen roten Fahnen mit Hammer und Sichel auch die weißen Fahnen mit Schild und Kreuz der DC wehen. Und es ist durchaus kein Zufall, wenn die Kommunisten während der 55 Tage der Entführung Moros eine entscheidende Rolle spielen und weit über das durch die Umstände Notwendige mit der DC solidarisch sind. Das ging so weit, daß der PCI sich vierzehn Tage nach der Entdeckung von Moros Leiche zur Selbstkritik gezwungen sieht. »Mit der DC«, so sagt Berlinguer auf einem Treffen der Regional- und Provinzführer der Partei, »waren wir sehr nachsichtig während dieser zwei Monate, so nachsichtig, daß es fast schon an Naivität grenzt.«

Man muß aber sofort hinzufügen, daß es im Kern für den PCI keine Alternative gab. Während der ganzen Zeit der Entführung Moros sind die Kommunisten, die sich gerade erst der parlamentarischen Mehrheit angeschlossen haben, vor allem darum bemüht, unter Beweis zu stellen, daß sie zu Recht die Rolle einer Ordnungspartei und eines Bollwerks der Republik spielen. Gleich nach der Entführung erklären alle Parteien ihre feste Entschlossenheit, keinerlei Erpressung nachzugeben. Die Schlagzeilen der Zeitungen vom 17. März an verdeutlichen dies: »Das Land sagt nein zum Terrorismus« (*La Stampa*), »Das Land lehnt jede Forderung der BR ab« (*Corriere della sera*), »Italien hat reagiert. Generalstreik. Der Regierung wird das Vertrauen ausgesprochen« (*La Repubblica*). Bezeichnenderweise jedoch sind die Schlagzeilen der *Unità*, der Parteizeitung des PCI, am emphatischsten:

»Außerordentliche demokratische Reaktion. Die Bürger schließen sich zur Verteidigung der Republik zusammen. Im Parlament hat sich eine neue Regierungsmehrheit zusammengefunden.« So entsteht das, was als »Linie der Unnachgiebigkeit« bezeichnet wurde.

Diese Linie wird durch die Briefe Aldo Moros, die er aus seinem Gefängnis (mit Hilfe der BR als »Briefträger«) seiner Familie und verschiedenen Politikern zukommen läßt, zugleich bestärkt und in Frage gestellt.

Am 29. März schreibt Moro an den Generalsekretär der Partei, der zugleich sein getreuer Gefolgsmann ist, nämlich Beningo Zaccagnini:

»In dieser dramatischen Stunde wende ich mich voller Vertrauen mit der lebhaften Bitte an Dich und an die Freunde, daß Ihr euch in christlichem Geist und mit wahrhaft politischer Weitsicht dafür einsetzt und auch auf andere politische Kräfte Einfluß nehmt, daß es zu einer gerechten humanitären Lösung kommt..., einem Austausch der politischen Gefangenen, der mich zu meiner Familie zurückbringt, die, wie Du wohl weißt, auf mich nicht verzichten kann. Ich erinnere mich daran, wie sehr Du mich gedrängt hast, mein Amt (den Vorsitz der Partei. A. S.) anzunehmen, und daß ich am Ende nachgegeben und Deine Bitte diszipliniert akzeptiert habe, und ich fühle, daß Du zusammen mit den Freunden in der Pflicht bist, mir in diesem Abschnitt meines Lebens zu helfen. Andernfalls könnte ich Dir nicht verzeihen...«

Und dem Innenminister Francesco Cossiga schreibt Moro unter anderem:

»Der schwerwiegende Vorhalt, der mir hier gemacht wird, betrifft mich insoweit, als ich ein herausragender Vertreter der DC bin... In Wahrheit sind wir alle aus der Führung hier angeklagt, und es ist unser gemeinsames Werk, das zur Anklage steht und für das ich mich verantworten muß... Ich befinde mich vollständig in der Hand einer unkontrollierten Macht und werde einem Volksgericht unterzogen... mit dem Risiko, aufgefordert oder dazu gebracht zu werden, in einer Weise auszusagen, die unter bestimmten Umständen sehr unangenehm oder gefährlich sein könnte.«

Auch gegenüber Cossiga beharrt Moro darauf, daß ein Austausch »der politischen Gefangenen« gerechtfertigt wäre: »Unschuldige im Namen eines abstrakten Legalitätsprinzips zu opfern, während es ganz unbestritten notwendig ist, sie zu retten, das ist vollkommen inakzeptabel. Alle Staaten dieser Erde haben sich in dieser

Frage positiv verhalten, außer Israel und Deutschland, mit Ausnahme des Falles Lorenz.«[1]

Der Satz »Ich befinde mich vollständig in der Hand einer unkontrollierten Macht« trug mit dazu bei, denjenigen recht zu geben, die bestritten, daß Moros Botschaften echt und nicht erzwungen seien, und sie schien die Sorge zu begründen, Moro könne »reden«. Von seinen ersten Briefen an bezieht Moro sich auf fünf verschiedene Argumentationszusammenhänge: auf die Politik, auf seine familiären Pflichten und Beziehungen, auf die Opfer, die er im Namen und zum Nutzen der Partei auf sich genommen hat, die Drohung mit den »unangenehmen und gefährlichen« Enthüllungen, zu denen man ihn zwingen könnte, und schließlich seine persönlichen Freundschaften und die moralischen Pflichten, die diese mit sich bringen (»Andernfalls könnte ich Dir nicht verzeihen«). Bevor hier weiter zitiert wird, muß erwähnt werden, daß Moro davon ausgeht, daß seine Briefe ihren Adressaten vertraulich übergeben werden. Er weiß nicht, daß die BR viele seiner Briefe den Zeitungen zukommen lassen, die sie prompt veröffentlichen.

Im Kommuniqué Nr. 3 vom 30. März sagen die BR, Moro habe darum gebeten, »einen geheimen Brief (die verdeckten Züge sind für die christdemokratische Mafia das Normale)... an den Chef der Bullen, Cossiga, zu schreiben. Das wurde ihm gewährt, aber da dem Volk nichts verheimlicht werden darf und wir uns auch so verhalten, werden wir ihn veröffentlichen.« Die Roten Brigaden präzisieren sodann, daß Moro sich vor einem »Volkstribunal« zu verantworten hat und daß, insoweit er die »Spitze in der Hierarchie des Regimes« darstellt, sein Appell (in dem Brief an Cossiga) an die anderen Spitzenfunktionäre wie ein »expliziter Hinweis auf eine Mitschuld« klingt.

In einem Brief, der am 11. April veröffentlicht wurde, beschuldigt Moro den Parteifreund Emilio Taviani, er habe gelogen (als er behauptet hatte, zur Zeit der Entführung Sossi sei er zu keinem Zeitpunkt für einen Gefangenenaustausch gewesen), und macht sich zugleich bitter lustig über dessen häufige Positionswechsel innerhalb der Partei. Nach Moro »eine christdemokratische Unsitte«, für die Taviani »mit verblüffend brüsken und unmotivierten

1 Moro bezieht sich auf den Vorsitzenden der Berliner CDU, Peter Lorenz, der im Jahr 1975 von der RAF entführt wurde. Im Austausch gegen ihn wurde die Freilassung von sechs politischen Häftlingen verlangt. Die deutsche Regierung willigte ein und ließ die sechs außer Landes reisen.

Kehrtwendungen ein lebendes Beispiel war«. Zunächst erinnert er an die zahlreichen Aufforderungen, die er im Laufe seiner Karriere im Innen- und Verteidigungsministerium von Taviani erhalten hatte, »mit all den komplexen Mechanismen, Schaltstellen der Macht und geheimen Verzweigungen, die damit zusammenhingen«, die ihn »in direkten und vertrauensvollen Kontakt zur amerikanischen Welt« bringen sollten. Und dann schließt Moro den Brief mit der Frage: »Geht die harte Haltung mir gegenüber vielleicht auf eine amerikanische oder deutsche Anregung zurück?«

Am 11. April bringen die BR in Turin ebenfalls Gefängniswärter Lorenzo Cotugno um, dem es aber noch gelang, einen der Angreifer zu verletzen. Cristoforo Piancone wird festgenommen. In der Zwischenzeit sind zwei weitere Briefe Moros an seine Familienangehörigen gelangt. Am 15. April veröffentlichen die BR ihr Kommuniqué Nr. 6, in dem bekanntgegeben wird, das Verhör von Moro sei beendet. Es gibt keine »sensationellen Enthüllungen« (die Anführungszeichen sind von den BR), aber Moro »hat die finsteren Machenschaften des Regimes offengelegt, Namen und Taten der Verantwortlichen für die blutigsten Seiten unserer jüngsten Geschichte bekanntgemacht, die Machtintrigen bloßgelegt, das Stillschweigen über die Mordanschläge des Staates durchbrochen... und über die Korruption... der verfaulten christdemokratischen Bande informiert«. Am 17. April richtet Amnesty International einen Appell an die Roten Brigaden, Moro nicht zu ermorden. Am 18. April stürmt die Polizei einen Stützpunkt der BR in der Via Gradoli in Rom, und noch am selben Tag gibt ein Kommuniqué Nr. 7 den Tod Aldo Moros bekannt. Der 18. April ist auch der Jahrestag des christdemokratischen Wahlsieges von 1948. In Kommuniqué heißt es: »Die Periode der christdemokratischen Diktatur, die über dreißig Jahre mit der Logik der Gewalt ihre trostlose Herrschaft praktizierte, geht zu Ende... Wir teilen die Exekution des Präsidenten der DC, Aldo Moro, mittels ›Selbstmord‹ mit...« Der Leichnam soll auf dem Grund des Lago della Duchessa in den Abruzzen liegen.

Es ist nicht der Stil der BR, und der See, der auf knapp 2000 m Höhe an der Grenze zwischen den Regionen Latium und Abruzzen im Hochgebirge liegt, ist noch von einer dicken Eisschicht bedeckt. Wie hätte man die durchbrechen können? Die BR müßten den Leichnam mit einem Hubschrauber hingeflogen und einen Flammenwerfer benutzt haben. Die Behörden stufen das Kommuniqué als »authentisch, aber nicht glaubwürdig« und als »zu 50% wahrscheinlich« ein. Inzwischen aber setzen Polizei und Taucher Sprengstoff ein, um ein Loch ins Eis zu schlagen, und die Schlagzeilen der Zeitungen fragen: »Wurde Moro ermordet?« Die Tragödie wird zur Farce.

Am 19. April veröffentlicht *Lotta Continua* den Appell einer großen Gruppe von Personen ganz unterschiedlicher politischer Herkunft, von Laien und Katholiken, daß alles nur Mögliche unternommen werden solle, um Moros Leben zu retten, wenn nötig auch durch Aufnahme formeller Verhandlungen mit den Roten Brigaden. Das vollkommene Fehlen christdemokratischer Politiker unter den Unterzeichnern ist signifikant. Craxi hat inzwischen eine verhandlungsbereite Position eingenommen. Und Moros Familie hat bei Caritas und Amnesty um eine Intervention gebeten; auch die Bischofskonferenz hat den italienischen Staat aufgefordert, die prinzipielle Ablehnung von Gesprächen aufzugeben und den Dialog mit den Roten Brigaden zu eröffnen. So bildet sich die »Partei der Verhandlungen«. Am 20. April ermorden die Roten Brigaden in Mailand Francesco De Cataldo, einen Oberaufseher im Gefängnis, und lassen den Zeitungen das »wahre« Kommuniqué Nr. 7 zukommen, in dem sie jenes vom 18. April als Fälschung und Provokation bezeichnen. Es stamme von »Andreotti und seinen Komplizen«, jenem Andreotti, so schreiben sie weiter, »der seinen größten Glanz mit den Intrigen ausgehend vom Attentat an der Piazza Fontana erreichte und mit dem weitsichtigen Einsatz der darin verwickelten Geheimdienste zu seinem ganz persönlichen Vorteil«, jenem Andreotti, »an dessen Hände Blut zur Genüge klebt«. Sie fordern die DC zu einer »klaren und definitiven« Stellungnahme hinsichtlich der Befreiung »kommunistischer Gefangener« im Austausch für Moro auf. Für die Antwort setzen sie ein Ultimatum auf Samstag, den 22. April um 15 Uhr fest.

Der 22. vergeht, ohne daß die BR irgendwelche Informationen über das Schicksal Moros geben. Und während sich die Regierung, die Parteien und die öffentliche Meinung über den Sinn des Ultimatums den Kopf zerbrechen, veröffentlicht Papst Paul VI. einen Brief an die Roten Brigaden, in dem er sich für Moro einsetzt, »einen würdevollen und unschuldigen Mann«. »Ich bitte euch auf Knien«, so schreibt er, »laßt den Abgeordneten Moro frei, einfach so, ohne irgendwelche Bedingungen.«

Am 22. April schießen die BR in Padua dem Universitätsdozenten Ezio Riondino ins Bein und verbreiten einen weiteren Brief Moros an Zaccagnini:

»Ich sage es ganz klar: Ich für meinen Teil spreche niemanden frei, und ich rechtfertige keinen... Zerstreut sofort den Eindruck einer Partei, die fest entschlossen ist zu einer tödlichen Entscheidung. Erinnert euch daran, und es mögen sich alle politischen Kräfte daran erinnern, daß es die erste Entscheidung der republikanischen Verfassung gewesen war, als Ausdruck der Erneuerung die Todesstrafe abzuschaffen. Wenn ihr nicht einschreitet, dann wird ein schreckliches Kapitel der italienischen Geschichte geschrieben werden. Mein Blut würde auf euch alle zurückfallen, auf die Partei und auf das ganze Land. Bedenkt das wohl, liebe Freunde. Laßt euch nicht beeinflussen. Schaut nicht auf das Morgen, sondern auf das Übermorgen: Denkt darüber nach, vor allem Du, Zaccagnini, als der oberste Verantwortliche...«

Der moralische Druck auf Zaccagnini ist enorm.

Moro versucht am 25. April noch einmal Druck auszuüben. Er legt Zaccagnini nahe, keine Entscheidung außerhalb der zuständigen Parteiorgane zu treffen. Er erinnert ihn daran, daß »die Regierung gewiß die Kompetenz hat, daß aber deren unersetzliches Fundament die DC ist, die das Vertrauen ausspricht oder es entzieht«.

»Wegen offensichtlicher Unvereinbarkeit verlange ich, daß an meiner Beerdigung weder Vertreter des Staates noch der Partei teilnehmen.«

Ebenfalls am 25. April verlangen die Roten Brigaden im Austausch für das Leben Moros die Befreiung von dreizehn »kommunistischen Gefangenen«, darunter auch Renato Curcio. Der Generalsekretär der UNO, Kurt Waldheim, appelliert an die Roten Brigaden, Moro freizulassen. Inzwischen wird auch bekannt, daß Moro noch mehr Briefe an seine Familie geschickt hat.

Am 26. verletzen die BR Girolamo Mechelli, Mitglied des nationalen Rates der DC und Fraktionsführer der DC im Regionalparlament Latium, durch einen Schuß in die Beine schwer.

Am 27. schießen sie in Turin dem Chef des Büros für Arbeitsorganisation bei Fiat Mirafiori in die Beine. Am 28. bekräftigt Andreotti im Radio noch einmal, daß die Regierung jedwede Verhandlung ablehnt. Aber in Rom konkretisieren sich die Gerüchte, es gäbe einen Versuch des PSI, in der Frage der Befreiung Moros zu vermitteln.

Am 29. scheint Moro seine Verurteilung als beschlossene Sache anzusehen, »wenn nicht ein Wunder geschieht und die DC zu sich selbst und ihrer Verantwortung zurückfindet«. Und er fügt hinzu:

»Aber das Blut, das hier vergossen wird, kann weder für Zaccagnini noch für Andreotti, noch für die Partei oder das Land etwas Gutes bringen: Jeder wird an seiner Verantwortung zu tragen haben... Und kein Verantwortlicher soll sich hinter einer angeblichen Pflichterfüllung verschanzen. Die Dinge werden bald, sehr bald, klar zutage liegen.«

Am 1. Mai richten die Familienangehörigen Moros einen Appell an die DC: »Die Familie ist der Ansicht, daß das Verhalten der DC keineswegs ausreicht, um das Leben Aldo Moros zu retten...« Am 3. Mai erneuert Andreotti noch einmal das Nein der Regierung zu Verhandlungen. Am 4. Mai schießen die Roten Brigaden in Mailand Umberto degli Innocenti von der Sit-Siemens und in Genua dem Leiter des Gewerkschaftsbüros bei Finsider, Alfredo Lamberti, in die Beine. Am 5. Mai heißt es im Kommuniqué Nr. 9 der BR nach der Feststellung, Craxis Bemühungen seien nur zum »Schein«, denn er »befaßt sich nicht mit dem wirklichen Problem: dem Austausch der Gefangenen«: »Somit beenden wir die Schlacht, die am 16. März begonnen wurde, mit der Vollstreckung des Urteils gegen Aldo Moro.«

Während sich Politiker und Presse in bizarre Interpretationen der Bedeutung von »vollstrecken« versteigern (ist Moro bereits getötet worden? Oder wollen die BR ihn jetzt töten?), schießen die BR Giorgio Rossanigo, einem Gefängnisarzt aus Novara, in die Beine. In Rom erklärt Zaccagnini, die DC ist »verletzt, aber nachgeben wird sie nie«. Und die Polemiken zwischen dem PSI einerseits und dem PCI und den anderen Parteien andererseits über die Notwendigkeit von Verhandlungen verschärfen sich.

In Wahrheit scheint es so, als sei ein Verhandlungsversuch unternommen worden. Zumindest deutet ein Interview Andreottis mit *L'Espresso* aus dem Jahr 1980 das an.[2] Nachdem die PSI die Freilassung von drei Terroristen vorgeschlagen hatte, wurde einer der drei, der erkrankte Alberto Buonoconto, ein in Trani inhaftiertes Mitglied der NAP, im Zeichen einer möglichen bedingten Freilassung und Begnadigung durch den Präsidenten nach Neapel überstellt. Es ist möglich, daß zu diesem Zeitpunkt die Gewährung einer bedingten Freilassung den BR genügt hätte. Vor der parlamentarischen Untersuchungskommission sagt der »pentito«

2 Giorgio Galli, *Storia del partito armato*, Mailand 1986, S. 170ff.

Patrizio Peci in diesem Sinne aus. Auf die Frage, ob ein Austausch »eins gegen eins« ausgereicht hätte, stimmt er zu:

»Ja, gewiß ... ein Austausch eins gegen eins war eine Anerkennung ... auch ein Kranker hätte gereicht, jeder andere wäre auch in Ordnung gewesen.«

Aber vielleicht wollen die BR, daß der Austausch auch als solcher zu erkennen ist, und geben sich nicht mit der unmotivierten Begnadigung eines Gefangenen zufrieden. Fest steht, daß die BR bis zum Schluß auf die Familie Moro Druck ausüben. In einem Telefongespräch nach Kommuniqué Nr. 8 erklärt Mario Moretti gegenüber Moros Gattin, man habe mit ihr telefonieren wollen, weil »ein Todesurteil keine Entscheidung ist, die man leichthin trifft, auch nicht bei uns ...«. Aber das Problem, so wird präzisiert, ist politischer Natur:

»Jetzt muß die DC intervenieren ..., denn das ist der einzige Weg, wie man möglicherweise doch noch zu Verhandlungen kommen kann ...«

Auf der Sitzung der Parteileitung der DC am Morgen des 9. Mai trägt Fanfani eine Erklärung vor, die, so hofft man, von den BR akzeptiert werden könnte. Aber am 14. Mai finden Kommunalwahlen statt, und in der DC behält die Meinung die Oberhand, alles auf den Zeitpunkt nach den Wahlen zu vertagen. In Moros Memorial, das in der Via Montenevoso gefunden wurde, steht ein Satz, der andeutet, daß die BR zu einem bestimmten Zeitpunkt eine Freilassung für möglich hielten:

»Ich möchte darauf aufmerksam machen, daß ich der Großzügigkeit der BR, ihrer Begnadigung, mein Leben und die Rückkehr in die Freiheit verdanke.«

Es erscheint als gewiß, daß die BR über das, was in der DC vor sich geht, genau Bescheid wissen, ungeklärt aber bleibt, durch welche Kanäle.

Was brachte im letzten Moment die BR dazu, nicht mehr länger abzuwarten und sich gegen die Freilassung Moros zu entscheiden? Der Eindruck, daß die Wahlen vom 14. Mai nur ein Vorwand waren? Die Angst (die vielleicht auf sehr genauen Informationen basierte),[3] daß eine Polizeiaktion zur Befreiung Moros unmittelbar

3 Im Januar 1985 äußerte der Anwalt der DC, Pino De Gori, im Berufungsverfahren: »Ihr von den BR wußtet genau, was in der DC vor sich ging, es gab einen Kanal, aber keinen christdemokratischen ... Mehr will ich dazu nicht sagen ...«

bevorstand? Oder hatte irgend jemand ein Interesse daran, den BR glauben zu machen, die scheinbare Verhandlungsbereitschaft der Regierung und der Parteien sei nur ein Mittel, um Zeit zu gewinnen; in Wirklichkeit habe man gar kein Interesse daran, das Leben Moros zu retten? So sind auch die BR davon überzeugt, das falsche Kommuniqué mit dem Hinweis auf den Lago della Duchessa sei von den Geheimdiensten verfaßt und enthalte die verdeckte Botschaft für Moro, er sei in jedem Fall ein toter Mann.[4] Vielleicht ist die Erklärung aber auch viel einfacher. Vor der parlamentarischen Untersuchungskommission der Affäre Moro sagt Patrizio Peci aus:

»Es herrschte große Sorge, man könne Moro verlieren ...; die größte Niederlage wäre es, wenn man Moro aufgespürt hätte ... Im übrigen gab es keinen konkreten Grund, warum man sich dazu entschlossen hat, bis zum Äußersten zu gehen.«

Am 8. Mai werden einige Sätze eines weiteren Briefes von Moro an seine Familie veröffentlicht: »Liebe Norina ... man hat mir gesagt, daß ich bald getötet werde ... Ich küsse Dich zum letzten Mal, ein Kuß für die Kinder.«

Ganz zweifellos haben die Briefe Moros das politische Leben während der 55 langen Tage seiner Entführung bestimmt. Aus den Briefen ergibt sich ein Bild Moros, das einen Schatten auf seine Statur als Politiker wirft und ihn vor allem als orientierungslosen Mann erscheinen läßt, der verzweifelt um sein Leben kämpft. Am 30. April schreibt in *Il Giornale* Indro Montanelli:

»Der Brief des Abgeordneten Moro stellt objektiv gesehen den Höhepunkt, den natürlichen Abschluß, den definitiven Text jener Kultur der Kapitulation dar, die sich ganz allmählich in Italien durchgesetzt hat ... Und wenn ich von Kapitulation spreche, dann meine ich nicht nur die gegenüber den Feinden, sondern vor allem jene viel schwerwiegendere, unwiderrufliche und schändlichere einer Kapitulation sich selbst gegenüber.«

In der Politik wird die Parole ausgegeben (und die Presse folgt gehorsamst): »Moro ist nicht Moro«, oder vielmehr: »Jene Aussagen stammen gar nicht von ihm«. Die Operation »Moro ist nicht

4 Später äußerte der Brigatist Enrico Fenzi: »Nach Ansicht der BR war das Kommuniqué vom Lago della Duchessa eine Fälschung aus Kreisen der Regierung, der Polizei, kurz der Macht ...; und es war das unzweideutige Signal, daß keinerlei Verhandlung möglich war ..., daß der Staat wegen Moro niemals auf Verhandlungen eingegangen wäre.«

Moro« erlischt aber nach kaum zwei Tagen, dem 30. und 31. März, nämlich nach der Veröffentlichung seines ersten Briefes.

»Die Unterschrift ist seine, die Gedanken mit Sicherheit nicht«, titelt der *Corriere della sera*. Die Handschrift ist die von Moro, schreibt *La Stampa*, »aber es ist ebenso sicher, daß der Kern seiner Botschaft falsch, erzwungen und mit Gewalt abgepreßt ist...«. Moro, dem die BR gestatten, die Zeitungen zu lesen, beeilt sich in seinem Brief an Zaccagnini vom 5. April zu versichern, er habe seine Briefe »bei vollem Bewußtsein und ohne irgendwelchen Zwang auf seine Person« verfaßt, und fügt hinzu, »soviel wenigstens, wie einer haben kann, der seit vierzehn Tagen unter ganz und gar außergewöhnlichen Umständen lebt«. Aber *La Repubblica* kommentiert das so: »Sie haben einen Menschen auf den unmenschlichen Zustand einer Marionette herabgewürdigt, durch eine Marionette jedoch können sie nicht zur Nation sprechen«; und in einem weiteren Kommentar: »Der Staatsmann und der führende Politiker, es gibt sie fast nicht mehr.«

Allerdings gibt es auch einige, die das, was Moro über das »Übermorgen« und ganz allgemein über die Folgen seiner Entführung für das politische Leben Italiens geschrieben hat, als klare Botschaft betrachten und nicht als Hilfeschrei eines verängstigten Mannes. Aber es sind nur Einzelstimmen. Enzo Forcella fragt sich in *La Repubblica*, ob es wirklich wahr ist, daß Moro gezwungen wurde, Dinge zu schreiben, die er nicht denkt. Überhaupt, »hätte man sich in diesen Tagen an die Briefe De Gasperis aus der Gefangenschaft unter den Faschisten an seine Frau hinsichtlich der Frage einer Begnadigung erinnert, dann wären auch Moros Briefe in einem anderen Licht erschienen...« Eine so plötzliche Mißachtung und Verdrängung Moros kann nicht nur durch das Bild ausgelöst worden sein, das Moro scheinbar in seinen Briefen von sich selbst zeichnet und das mit Sicherheit bei seinen Ansprechpartnern Unbehagen erweckt. Vielmehr folgt die Verdrängung im öffentlichen Bewußtsein – in einigen Fällen vielleicht auch nur unbewußt – einem politischen Kalkül. Inzwischen hat man bereits entschieden, daß mit den BR nicht verhandelt wird, und die Aufgabe wird natürlich außerordentlich erleichtert, wenn man behauptet, die Briefe seien *nicht* von Moro. Vor allem aber glaubt niemand, die BR würden Moro freilassen, ehe sie ihn nicht »ausgequetscht« hätten wie eine Zitrone. Und in seinem ersten Brief liefert Moro diesen Befürchtungen auch noch Nahrung (er werde, so schreibt er, einem Prozeß unterzogen, der »immer bedrängender (werde)..., mit dem Risiko, aufgefordert oder dazu gebracht zu werden, sich in einer Art und Weise zu äußern, die unangenehm oder gefährlich sein könnte...«) Wenn man also künftige Enthüllungen Moros glaubwürdig abstreiten will, dann muß man vollkommen unabhängig von ihrem Inhalt bereits die Authentizität der allerersten Briefe leugnen. Schon am 31. März formuliert der christdemokratische Abgeordnete Luigi Granelli, zugleich ein Mitglied der Parteiführung, die rhetorische Frage:

»Aus dem Brief wird die Figur eines vollkommen zerstörten Moro sichtbar. Der... sogenannte Prozeß, welchen Wert kann der noch haben?«

Und die Parteizeitung des PCI, *L'Unità*, stellt fest:

»Der Brief Moros wurde unter moralischem und physischem Zwang abgefaßt, was den darin vorgebrachten Argumenten jede Bedeutung und jeden Wert nimmt. Und das gilt nicht nur für die Botschaft von gestern... *es gilt auch für andere Dokumente, die in derselben Handschrift verfaßt sind, die wir, leider, von den Entführern noch zu erwarten haben.*« (Unterstreichung von mir. A. S.)

Und das, obwohl dem PCI, der seit je in der Opposition gewesen und erst seit zwei Wochen zur parlamentarischen Mehrheit gehörte, eventuelle Enthüllungen Moros über Unkorrektheiten der dreißigjährigen Machtausübung durch die DC kaum weh tun dürften. In den Kommentaren sticht die vollständige Identifikation aller, auch der linken Opposition, mit dem politischen System ins Auge, so daß man den Eindruck gewinnt, alle würden sich durch die möglichen Enthüllungen Moros gleichermaßen »verraten« und bedroht fühlen. Nicht einmal die Haltung der Familie Moros (Wer sollte seine Briefe »authentischer« interpretieren können als sie?), die immer die Überzeugung vertrat, Moros Briefe seien echt, kann Zweifel an dieser Einstellung der politischen Kräfte motivieren.

Unter diesen Umständen kann es nicht weiter verwundern, wenn auch die Presse auf diese Linie einschwenkt; was aber überrascht, ist die Tatsache, daß sie es mit einem solchen Feuereifer und rhetorischen Engagement tat.

In Wirklichkeit hat Moro in seinen Briefen herzlich wenig offengelegt. Mehr enthüllt er in seinem *Memorial*, das er während seiner Gefangenschaft abfaßte und das in einer klandestinen Wohnung der Roten Brigaden in der Via Montenevoso in Mailand gefunden wurde (vgl. Kap. 9.2). Aber Moro »enthüllt« nicht, vielmehr »räumt« er etwas »ein«. Eine Ausnahme bildet das, was Moro über Gladio sagt (und was er nicht sagt), der Rest ist schon weitgehend bekannt, wenn nicht der veröffentlichten Meinung, dann doch den Politikern und vielen anderen. Das *Memorial* ist vor allem eine Anklage der Machtstrukturen der DC. Besonders giftig ist die Darstellung, die darin von Andreotti gegeben wird: »ein kalter undurchschaubarer Regisseur, zweifellos... hat er die Macht erobert, um Übles zu tun, wie er sein ganzes Leben lang als Regierungschef zu unserem Unglück und dem unseres Landes (das dessen bald gewahr werden wird) Übles getan hat.« Moro verzeiht ihm nicht, »vorsätzlich und ohne Skrupel denjenigen geopfert zu haben, der der geistige Vater und Hauptakteur bei der Verwirklichung der gegenwärtigen Regierungsallianz war«. Auch Cossiga wird von Moro wegen seiner Haltung als Innenminister zur Zeit der Entführung kritisiert: Er beschuldigt ihn, keine autonome Haltung eingenommen zu haben und von Berlinguer »hypnotisiert« gewesen zu sein. An Fanfani, für den er im übrigen auch einige Worte der Wertschätzung übrig hat, kritisiert Moro seine ökonomischen Beziehungen zu Sindona und den von ihm herbeigeführten Machtkampf um das Referendum über die Ehescheidung.

Hinsichtlich der »Strategie der Spannung« äußert Moro die Überzeugung, »daß Interesse und Intervention eher international als national waren«, sagt aber auch, »daß ganz gewiß... Nachlässigkeiten und Mittäterschaft von Staatsorganen und von einigen Sektoren der Democrazia Cristiana offenbar werden...« Moro bezieht sich verdeckt auf Gladio (vgl. Kap. 3.2), ohne es zu nennen und anscheinend als Antwort auf die Frage der Brigatisti nach den »Antiguerrilla-Aktivitäten« der Nato. Es sei daran erinnert, daß zur Zeit der Entführung Moros von Gladio noch nie die Rede gewesen war. Moro unterstreicht, daß »die Antiguerrilla-Aktivitäten, die die NATO hätte entfalten können, niemals besonders im Vordergrund standen«. »Damit«, so präzisiert er dann, »will ich klarerweise nicht sagen, daß es in speziellen Bereichen nicht eine doppelte Vorbereitung auf die Guerrilla gegeben hat: Entweder als Guerrilla gegen potentielle Invasoren oder als Antiguerrilla... Ich will nicht ausschließen, daß auf einem anderen, besser geeigneten Terrain bereits bestimmte Dinge in Gang gesetzt wurden. Eine

Möglichkeit dazu sehe ich weniger in den komplizierten und riesig verzweigten Kommandostrukturen der NATO als vielmehr in Form einer intereuropäischen Zusammenarbeit, die sich viel einfacher, ungezwungener und wirkungsvoller entfalten kann ... Eine Strategie der NATO vorauszusetzen scheint übertrieben ...; zutreffender ist es, von einer spezifischen Zusammenarbeit im, so muß man realistischerweise sagen, Experimentierstadium zu sprechen.« Es liegt auf der Hand, daß diese sehr vagen Äußerungen (Anspielungen und zugleich ein Ausweichen: »Ich halte dies für möglich ...«, »Ich will das nicht ausschließen ...«) nur vor dem Hintergrund der Enthüllungen der letzten Jahre einen Sinn bekommen. Auch wenn sie, vielleicht, ausreichen, um den Roten Brigaden zu erlauben, von einer klandestinen internationalen Organisationsstruktur zum Kampf gegen die Guerrilla zu sprechen. Tatsächlich begriffen die Roten Brigaden Bedeutung und Tragweite der Äußerungen Moros zu diesem Punkt nicht, wie einige von ihnen ein paar Jahre danach selbst einräumten. Im übrigen werden die BR später erklären, daß sie das *Memorial* deshalb nicht sofort benutzten, weil sie sich nach den Reaktionen der Öffentlichkeit auf die Briefe schon vorstellen konnten, wie man darauf reagiert hätte.

In seinem Memorial spricht Moro auch von mehr oder weniger legalen Geldgebern seiner Partei. Er schließt aus, daß die CIA auch heute noch, so wie sie es früher durchaus getan habe, den Parteien Gelder zukommen lasse. Und für die Vergangenheit erläutert er, daß die Beträge dazu bestimmt waren, »eine gewünschte Einheitlichkeit der italienischen Innen- und Außenpolitik mit der amerikanischen« herzustellen. Moro kommentiert, das sei keine »angemessene« Art und Weise gewesen, die politischen Konzeptionen in Übereinstimmung zu bringen, um so mehr, als die Zuwendungen immer im Geist eines »brutalen *do ut des*« geschahen. Die sachlichen Informationen, zumindest soweit uns Moros *Memorial* erhalten ist (siehe dazu weiter unten), sind recht karg und mit Sicherheit weit weniger interessant, als es sich die BR von einem solchen Kenner der Geheimnisse italienischer Politik erwarten konnten. Man kann das *Memorial* als einen posthumen Beleg dafür ansehen, daß Moro während seiner Entführung durchaus klaren Kopf und auch gegenüber den BR die Situation in der Hand behielt, indem er zwar viel sprach, aber so wenig, wie es angesichts der Umstände nur möglich war, sagte. Zum Lockheed-Skandal merkt er an, er sei »zufällig aufgedeckt worden, neben vielen anderen ähnlich weitreichenden Vorgängen, die sich in den vergangenen dreißig Jahren ereigneten«. Er ist der Ansicht, daß er durch die spezifisch amerikanische Situation und die inneren Spannungen in den USA ausgelöst wurde. Aber gleichzeitig bezeichnet er ihn als beispielhaft für das System der Macht und den Grad der Korruption in Italien.

»Selbstkritisch muß man, als herrschende politische Klasse des Landes seit so langen Jahren, anfügen, daß die lange Liste der sogenannten weniger bedeutenden Beschuldigten, die auch noch unvollständig sein könnte, den Eindruck einer weitverästelten Korruption, einer kleinlichen Profitgier und einer beachtlichen Gleichgültigkeit für die Bedürfnisse und die Ansprüche des Landes macht, was insgesamt zum Bild eines Regimes beiträgt, das sich in Korruption erschöpft und beinahe schon an seinen unheilbaren Mängeln zugrunde gegangen ist.«

Auch wenn Moro kein einziges Detail enthüllt, so könnte das Urteil über seine eigene Partei nicht niederschmetternder sein.

## 2. Die Mandarine ist faul – Die Mysterien des Falles Moro

Ganz zwangsläufig sind in einer Affäre wie der Entführung Moros, in der so unterschiedliche und sich gegenseitig ausschließende Interessen zusammenstießen und die begleitet war von verletzender Polemik und allseitigen Verdächtigungen, auch noch nach Jahren viele Punkte im dunkeln geblieben. In einem Land wie dem Italien der Nachkriegszeit, dem Land der Intrigen, der faulen Kompromisse und der wirklichen und vermeintlichen Geheimnisse, einem Land, das durch die Bombenattentate seit 1969 und die allmählich deutlich werdenden Wahrheiten aufgerüttelt, einem Land, in dem jede scheinbar noch so unwahrscheinliche Geschichte oft zumindest einen Kern Wahrheit enthält und verbirgt, in einem solchen Land mußte die Entführung Moro zwangsläufig zur »Affäre Moro« werden, wie Leonardo Sciascia sie genannt hat.

Am 1. Oktober 1978 stürmten die Carabinieri von General Carlo Alberto Dalla Chiesa die Wohnung in der Via Montenevoso in Mailand. Die neun Angehörigen der BR, die dabei festgenommen wurden, waren gerade dabei, das *Memorial* und andere Handschriften Moros (nicht veröffentlichte Briefe) abzutippen und im Hinblick auf eine spätere Verwendung zu ordnen. Die Carabinieri beschlagnahmten alles, wenigstens wurde das verlautbart. Einige Brigatisti sagen später aus, daß in der Liste der beschlagnahmten Gegenstände die Fotokopien des *Memorials*, Waffen und Geld aus einer Entführung nicht auftauchten.

Daß die im Oktober 1978 veröffentlichten Dokumente weitgehend unvollständig waren, bestätigte sich erst zwölf Jahre später, am 10. Oktober 1990; im Verlauf von Renovierungsarbeiten an der Wohnung in der Via Montenevoso entdeckte man hinter der Gipsverkleidung unter einem Fenster die Fotokopien des Memorials und weitere Materialien, darunter auch Waffen und Geld, wie von den Brigatisti ausgesagt. Man fragt sich, wie es kommen konnte, daß das Versteck 1978 nicht entdeckt wurde, als die Wohnung von oben bis unten auf den Kopf gestellt wurde. Und man fragt sich weiter, ob der Umstand, daß die Teile des *Memorials* mit der größten politischen Bedeutung (die in Abschn. 9.1 zitierten Stellen über Andreotti und Cossiga) erst 1990 zutage traten und nicht 1978, nur ein schlichter Zufall war. Wer konnte 1978 ein Interesse daran haben, sie nicht zu verbreiten? Und wenn jene Papiere bereits 1978 gefunden wurden, wer – und vor allem in wessen Auftrag – könnte sie wieder in das Versteck in der Via Montenevoso zurückgetragen haben – mit dem offensichtlichen Ziel, ihr Auffinden zum geeigneten Zeitpunkt zu inszenieren? Und warum geschah dies zwölf Jahre nach den Ereignissen?

Soweit es Gladio betrifft, diese vom Staatsgeheimnis umgebene Organisation, so halten wir fest, daß sie 1978 den meisten unbekannt war. 1990 hingegen spricht man im Gefolge der Ermittlungen von Richter Felice Casson nicht nur über Gladio, es löst vielmehr einen riesigen politischen Wirbel aus, daß Casson auch den Präsidenten der Republik, Francesco Cossiga, zu einer Anhörung lädt, weil der zur Zeit des Aufbaus der Geheimorganisation Staatssekretär im Innenministerium gewesen war. Die Chronologie der Ereignisse ist an sich schon bezeichnend. Das Datum, an dem zum ersten Mal Materialien in der Via Montenevoso entdeckt werden, ist der 10. Oktober. Es vergehen einige Tage, ehe die ersten Informationen über ihren Inhalt durchsickern, aber man kann mit gutem Grund unterstellen, daß eine Kopie des gesamten Materials dem Ministerpräsidenten Giulio Andreotti übermittelt wurde. Die Erklärung Giulio Andreottis vor dem Parlament, in der er die Existenz von Gladio bestätigt, ist vom 24. Oktober. Bereits am 20. Juli hatte Casson bei Andreotti im Rahmen seiner Ermittlungen um

Zugang zu den Archiven des Sismi angefragt; und am 3. August hatte Andreotti der parlamentarischen Untersuchungskommission zu den Attentaten bestätigt, daß eine parallele, verdeckt arbeitende Geheimstruktur der Nato existiert habe, aber daß bereits 1972 damit begonnen worden sei, sie aufzulösen. Am 24. Oktober hingegen muß er öffentlich zugestehen, daß sie noch immer besteht. Am 4. November verlangt die *Sinistra Indipendente* eine Anklage gegen Cossiga. Und in *La Repubblica* erscheint die Schlagzeile: »Gladio, ein Sturm im Palast«, begleitet von einem groß aufgemachten Leitartikel des Herausgebers: »Die schreckliche Wahrheit, nach der 20 Jahre gesucht wurde« (vgl. Kap. 12). Für den Moment belassen wir es bei der Feststellung, daß es sich bei den Ereignissen im Oktober/November 1990 um einen »Sturm« handelt, den die BR, wenn sie das *Memorial* Moros wie geplant veröffentlicht hätte, niemals hätten auslösen können. Man hätte ihnen nämlich schlicht nicht geglaubt. Jetzt hingegen, im Oktober 1990, sind die Enthüllungen Frucht einer richterlichen Ermittlung, und sie werden vom Ministerpräsidenten und vom Präsidenten der Republik bestätigt, die beide die Legitimität und die historischen und politischen Gründe für jene Geheimorganisation verteidigen.

Hinsichtlich der in der Via Montenevoso aufgefundenen (und nicht gefundenen, weil unterschlagenen) Materialien kommt noch eine weitere Version auf: General Carlo Alberto Dalla Chiesa sei ermordet worden, weil er im Besitz der Geheimnisse Moros gekommen sei. Das ist der Ausgangspunkt für die Verdachtsmomente bezüglich einer Verwicklung von Andreotti in die Mordanschläge auf Dalla Chiesa und den Journalisten Pecorelli, der ebenfalls im Besitz kompromittierender Dokumente über den Fall Moro war (vgl. Kap. 11 u. 12).

Das führende Mitglied der BR, Mario Moretti, hat ganz entschieden dementiert, es gebe »geheime« Aufzeichnungen (»Was ich weiß, ist das, was wir publik gemacht haben ..., es gibt nichts, was wir zurückgehalten haben«), und vor kurzem hat sich Renato Curcio in derselben Richtung geäußert.

»Als die Carabinieri die Wohnung stürmten, lagen auf dem Tisch die Dokumente, die gerade geprüft wurden. Alles andere blieb in seinem Versteck. Das ist alles. Soweit uns bekannt, fehlt keine Aufzeichnung. Die Behauptung, Dalla Chiesa und Pecorelli, der über die Entführung Moro sowieso nur Hirngespinste zu Papier gebracht hat, seien umgebracht worden, weil sie im Besitz von ›Geheimnissen‹ zu dem Thema waren, scheint pure politische *fiction*.«[5]

Die »schwarzen Löcher« bei der Rekonstruktion des Falles Moro erstrecken sich über die gesamte Dauer seiner Entführung vom 16. März an in der Via Fani, wo fünf Männer seiner Eskorte getötet wurden. Nach Aussagen der Brigatisti umfaßte ihr Kommando neun Leute. Einige Zeugenaussagen legen aber den Schluß nahe, daß es zwölf gewesen seien. Wer war der Scharfschütze, der, allein, »mit absoluter Präzision« die tödlichen Schüsse auf die zwei Männer im Wagen Moros abgibt und der dann »einen Sprung nach hinten macht, um den Schußwinkel zu vergrößern, und auf das Begleitfahrzeug feuert«? 67 der 97 Geschoßhülsen, die nach dem Attentat auf dem Boden gefunden wurden, stammen von ihm. Unter den Brigatisti, die wegen der Entführung verurteilt wurden, befindet sich niemand, so wurde vollkommen richtig bemerkt, der als ein so professioneller Schütze in Frage käme. 39 der Geschosse stammen laut der gerichtlich angeordneten Untersuchung aus einem Waffendepot von »militärischen Spezialtruppen«; sie waren mit einem Schutzlack umhüllt, wie er üblicherweise zur Konservierung der Waffen in den Lagern von Gladio verwendet wurde.

An jenem Morgen des 16. März blockierte ein plötzlicher Blackout sämtliche Telefonleitungen in der Via Fani und den angrenzenden Zonen. Untersuchungen von Journalisten in den darauffolgenden Jahren ergaben, daß innerhalb der Telefongesellschaft SIP eine geheime Organisationsstruktur mit Namen PO/SRCS besteht,[6] deren Leiter die Genehmigung der Sicherheitskräfte haben und deren technische Mitarbeiter an Kursen über die Techniken der Geheimhaltung teilnehmen müssen. Der Verantwortliche für Sicherheitsprobleme in der PO/SRCS wird vom Vorsitzenden der SIP vorgeschlagen und direkt vom Sismi nominiert; und die sogenannte »Reaktionszelle«, die in Notstandssituationen aktiviert wird, steht unter der Leitung eines ehemaligen Militärs. Die gesamte Struktur dient scheinbar der Aufrechterhaltung der Telefonverbindungen im Verteidigungsfall oder bei Gefahr für die nationale Sicherheit. Die »Reaktionszelle« wurde am 15. März

5 *L'Espresso*, 13. Juni 1993.

6 »Personale organizzazione/Segreteria riservata circuiti speciali« (Persönliche Organisation/Geheimes Sekretariat für Spezialverbindungen). Siehe Antonio Cipriani/Gianni Cipriani, *Sovranità limitata*, Edizioni Associate, 1991, S. 168ff.

um 16.45 Uhr in Alarmbereitschaft versetzt. Da in Situationen wie dieser viele Zweifel zulässig sind, wurde darauf hingewiesen, daß damals an der Spitze der Stet, der Finanzierungsgesellschaft, zu der die SIP gehört, Michele Principe stand, der bereits Leiter des NATO-Sekretariats im Postministerium und später Präsident des »Civil communications and planning committee« der NATO gewesen war. Principe war Mitglied der P2.

Unter den vielen mysteriösen Umständen des 16. März möchten wir auch noch an den libyschen Jet erinnern (auf den bereits 1976 der Sdce, der französische Geheimdienst, aufmerksam gemacht hatte, weil er als Hilfsmittel für terroristische Aktivitäten eingesetzt wurde), der am Morgen des 16. auf dem römischen Flughafen Fiumicino gelandet und bald wieder gestartet war. General Santovito bestätigt bei der Befragung durch die parlamentarische Untersuchungskommission, daß das Flugzeug dem libyschen Geheimdienst gehöre, aber er kann die Frage, ob es einen »Zusammenhang mit der Reise des Brigatisten Tommaso Liverani im März 1978 nach Libyen« gebe, nicht beantworten.[7] Natürlich wurde die Frage aufgeworfen, ob das Flugzeug nicht gekommen sei, um jenen superprofessionellen Scharfschützen aus der Via Fani aufzunehmen. Warum aber hat das Flugzeug, das eigentlich nach Genf unterwegs war, dann erst im letzten Moment nach einer Änderung des Kurses um Landeerlaubnis in Rom nachgesucht?

Eine der Merkwürdigkeiten des Falles Moro rankt sich um eine spiritistische Sitzung. Sie fand in Bologna statt, und an ihr nahm auch der Christdemokrat Romano Prodi, späterer Präsident der IRI und Ministerpräsident, teil. Der Aschenbecher tanzt auf dem Tisch herum und formt das Wort »Gradoli«. Tags darauf informiert Prodi die Polizei, und die durchkämmt das kleine Dörfchen Gradoli in der Nähe von Viterbo – ohne Erfolg. Niemand denkt an eine Via Gradoli. Und doch war bereits ein Gebäude in der Via Gradoli zwei Tage nach der Entführung, am 18. März, durchsucht worden. Die Polizei überwachte das Gebäude seit längerem, denn es wurde von Linksextremisten frequentiert. In einer der Wohnungen wohnt Mario Moretti, der Chef der Gruppe, die Moro gefangenhält. Als die Polizei am 18. an seine Tür klopft, öffnet niemand, und eine Nachbarin erklärt ihnen, der Bewohner sei ein

7 Mimmo Scarano, Maurizio De Luca, *Il mandarino è marcio*, Rom 1985, S. 76ff.

sehr ruhiger Herr, vielleicht ein Handelsvertreter. Die Polizisten ziehen unverrichteter Dinge wieder los, obwohl eine andere Nachbarin aussagt, sie höre nachts oft Geräusche in der Wohnung, die von einem Funkgerät herrühren könnten. Erst am 18. April betritt die Polizei die Wohnung, und zwar nach der Feuerwehr, die von einer Nachbarin der Etage darunter gerufen wurde, weil das Bad übergelaufen war. Vor der parlamentarischen Untersuchungskommission sagt später der Generalstaatsanwalt des Berufungsgerichtshofes in Rom aus:

»Ich kann mir kein Urteil darüber erlauben, warum man damals demonstrative Operationen gegenüber wirklichen Nachforschungen vorzog. Aber fest steht, daß demonstrative Operationen durchgeführt wurden.«

So muß man sich ebenfalls fragen, was geschehen wäre, wenn die Ermittler den verschiedenen Hinweisen aus der Zeit vor dem 16. März mehr Gewicht beigemessen hätten, aus denen die Absichten der BR hervorgingen. In den Wochen vor der Entführung äußerte der Feldwebel der Carabinieri, Oreste Leonardi, Chef von Moros Eskorte und dessen Vertrauter, seine Befürchtungen gegenüber seinen Vorgesetzten: Eine weiße Limousine verfolgte sie seit über einem Monat, und die Polizeiberichte wiesen auf die Präsenz von Brigatisten anderer Städte in Rom hin. Am 6. März wird der Sismi darüber informiert, daß ein Häftling, der in Kontakt zu den BR stand, den Leiter der Haftanstalt davon informiert hatte, daß »ein weiteres Attentat auf eine bedeutende Persönlichkeit in Rom stattfinden wird«. Schon Anfang Februar hatte ein Häftling aus einem anderen Gefängnis, der den Nuclei Armati Proletari nahestand, angezeigt, daß eine Entführung von Aldo Moro im Bereich des Möglichen liege. Auch dieser Hinweis geht dem Sismi zu, der ihn dem Sisde weiterreicht; von dort gelangt er auch an die Polizeibehörden. Am Nachmittag des 10. März schnappt ein junger, blinder Dozent Teile eines Gesprächs zwischen zwei Personen auf. Auf die Frage des ersten: »Hast du die Bombe in der Universität gelegt?«, antwortet die andere Person: »So etwas mache ich nicht. Wir werden Moro entführen.«

Der Blinde erkannte die zweite Stimme, berichtete der Polizei davon und nannte auch den Namen der Person. Aber für den Ermittlungsrichter Ernesto Cudillo waren die Indizien zu »vage«, um irgendeine Ermittlung zu rechtfertigen. In den Kreisen der

Autonomia war seit längerem die Rede von einer Entführung Moros, wie verschiedene Zeugenaussagen belegen.[8]

In Kreisen der extremen Linken ist das Gefühl, die BR bereiteten eine ganz große Aktion vor, dermaßen verbreitet, daß Radio Città Futura am Morgen des 16. März die Nachricht von der Entführung 45 Minuten vor der Zeit verbreitet. Der Leiter des Radios, Renzo Rosselini, erklärt den Vorfall später so: Es gab keine Information.

»Ich erklärte, daß die Roten Brigaden sehr sehr bald, vielleicht gar heute, eine spektakuläre Aktion durchführen würden. Und neben anderen Hypothesen kündigte ich auch die Möglichkeit eines Anschlags auf Aldo Moro an.«

Vom falschen Kommuniqué des Lago della Duchessa war bereits die Rede (vgl. Kap. 9.1). Aber die Nachwehen dieser Geschichte sollten noch berichtet werden, denn es handelt sich um eine Geschichte, die als Bestandteil eines Romans mit großer Sicherheit für vollkommen unglaubwürdig gehalten würde. In Wirklichkeit jedoch haben wir es mit einem der vielen »Mysterien« um den Fall Moro zu tun, und zudem mit einem der wenigen, das weitgehend entschlüsselt ist. Der Autor des falschen Kommuniqués ist Toto Chicchiarelli, ein bekannter Fälscher aus Rom, der zur Bande der Magliana gehört (jener Bande, die auch die Ermordung Mino Pecorellis besorgt), ein Freund der Neofaschisten und Spitzel der Geheimdienste. Das gefälschte Kommuniqué soll, so die wahrscheinlichste Version, von den Geheimdiensten in Auftrag gegeben worden sein, um zu sehen, wie die öffentliche Meinung auf die Nachricht von Moros Ermordung reagieren würde. Eine andere Version behauptet, das Kommuniqué sei Teil eines Plans des stellvertretenden Staatsanwalts Claudio Vitalone (eines treuen Gefolgsmanns von Andreotti, der inzwischen selbst in Perugia wegen einer vermuteten Verwicklung in die Ermordung des Journalisten Mino Pecorelli unter Anklage steht. U. H.), der die Verteilung gefälschter Kommuniqués vorsah, »um die Reaktion der Roten Brigaden kontrollieren zu können«. So jedenfalls die Aussage einiger Zeugen vor der parlamentarischen Untersuchungskommission. Sie stehen im Widerspruch zur Aussage von Richter Luciano Infelisi, der später erklärt, »dieses skrupellose Vorgehen wurde nicht

8 Siehe a. a. O., S. 98ff.

akzeptiert«, und zwar vor allem deshalb, weil man nicht für möglich hielt, daß die Geheimdienste Kommuniqués glaubhaft würden fälschen können.

Von diesem Zeitpunkt an wird die ganze Geschichte kompliziert – ein Rätsel auch für die Spezialisten chiffrierter Nachrichten. Am 14. April 1979 »verliert« Chicchiarelli eine kleine Tasche (er läßt sie in einem Taxi liegen) und sorgt dafür, daß sie dem Oberst der Carabinieri Antonio Cornacchia beim Einsatzkommando Rom zukommt. Das Täschchen enthält eine Reihe von Gegenständen, die in Beziehung zum Kommuniqué über den Lago della Duchessa und zu den Morden an Moro und Pecorelli (der einige Wochen zuvor, am 20. März 79, ermordet worden war) stehen[9]: eine Beretta Kaliber 9 mit weggefeilter Seriennummer, elf Kugeln Kaliber 7.65 und eine größere (Moro war mit elf Kugeln Kaliber 7.65 und zwei größeren getötet worden); einen Kugelkopf einer IBM-Schreibmaschine, wie sie von den BR verwendet worden war; einen Schlüsselbund mit neun Schlüsseln (die Exegeten erklären das damit, daß neun Haftbefehle wegen des Anschlags in der Via Fani ausgestellt worden waren); zwei Schachteln für Blitzlicht (zwei Bilder von Moro waren von den BR mit Blitzlicht aufgenommen worden); ein Päckchen Papiertaschentücher von derselben Marke, die verwendet wurde, um die Wunden Moros zu stopfen (Paloma); drei Karteikarten mit Informationen zu Richter Achille Gallucci, dem Abgeordneten Pietro Ingrao und zu Mino Pecorelli (der erste war zur Zeit der Entführung Moros Oberstaatsanwalt in Rom, der zweite Parlamentspräsident); einen auf einen gewissen Lucio Grossetti ausgestellten Führerschein; ein Fitzel eines Fahrscheins für die Fähre Villa San Giovanni-Messina (ein Hinweis auf die Reise der Brigatisti Mario Moretti und Barbara Balzarani nach Calabrien und Sizilien?) und zwei weitere Schnipsel; ein Umschlag mit drei Tabletten (Moros Medikamente?); den detaillierten Plan eines Anschlags auf den Anwalt Roberto Calvis, Giuseppe Prisco; eine Straßenkarte des Gebiets, in dem der Lago della Duchessa liegt; zehn Seiten des römischen Telefonbuchs mit den Anschriften der wichtigsten Ministerien und einigen kodierten Anmerkungen. Handelt es sich, so die Frage der Exegeten, um die irren Visionen eines Verrückten oder um eine Botschaft? An wen? An die P2 (der Name Cornacchias taucht in den bei Gelli gefundenen Listen auf)?

9 Sandro Provvisionato, *Misteri d'Italia*, Bari 1993, S. 185f. Vgl. auch Cipriani/Cipriani, *Sovranità limitata*, *op. cit.*, sowie Scarano/De Luca, *op. cit.*

Und was soll mitgeteilt werden, vielleicht, daß Chicchiarelli über alles Bescheid weiß?

Ob es sich nun um eine Erpressung oder um eine Warnung handelt, Chicchiarelli wird in jeder Hinsicht belohnt werden. Am 24. März 1984 gelingt ihm mit sieben Komplizen ein kolossaler Einbruch bei der Brink's Securmark: die Beute beträgt 35 Milliarden Lire. Das Bekennerschreiben zu dem Raub ist von den BR unterzeichnet. Die Umstände des Raubs sind merkwürdig und nähren den Verdacht, die Einbrecher hätten auf die Rückendeckung durch wichtige Persönlichkeiten rechnen können. Pierluigi Ravasio, ein Ex-Faschist sowie Ex-Fallschirmspringer der Carabinieri und Ex-Agent der Sismi wird später schwerwiegende Aussagen dazu machen. Er sagt aus, als Gegenleistung für die Mitarbeit während der Entführung Moros habe der Sismi der Banda della Magliana erlaubt, straffrei einige Banküberfälle begehen zu können.[10] Chicchiarelli hat aber nur für kurze Zeit etwas von seinen Milliarden. Am 28. September 1984 wird er mit mehreren Pistolenschüssen im Hauseingang zu seiner Wohnung getötet. Wie Pecorelli.

Daß die P2 sich in einer für die Entscheidungen der Regierung während der Moro-Entführung herausragenden Position befand, steht fest. Praktisch alle Namen der Mitglieder des technisch-operativen Stabs unter Vorsitz von Nicola Lettieri, der während der 55 Tage die Ermittlungen koordinieren und den Innenminister Cossiga beraten sollte, erscheinen auf den Mitgliedslisten der Loge P2: die Generäle Santovito (Sisde), Grassini (Sisde), Giudice und Lo Prete (Finanzpolizei), der General der Carabinieri Giuseppe Siracusano, der Präfekt Pelosi (Cesis), Präfekt Semprini, Oberst Cornacchia (zu der Zeit noch kein Mitglied der P2, er wurde es erst wenig später) und noch viele andere. Unter ihnen befand sich auch der Psychiater Franco Ferracuti, Dozent für Kriminologie an der Universität Rom, später Mitarbeiter des Sisde und, laut einigen Zeugenaussagen, auch der CIA. Es war Ferracuti, der die wissenschaftliche Untermauerung für die These lieferte, bei Moros Verhalten handle es sich um eine Form des Stockholm-Syndroms und seine Briefe zeigten den Zustand totaler Abhängigkeit und Willenlosigkeit. Auch die Mitglieder einer weiteren, sehr kleinen Expertenrunde, die sich – praktisch geheim – in einem Zimmer des Marineministeriums traf, waren fast alle Mitglieder der P2.

10 Cipriani/Cipriani, *op. cit.*, S. 274f.

Unter den Experten, die während der Entführung Moros dem technisch-operativen Beraterstab Cossigas zur Seite standen, befanden sich Antiterrorspezialisten aus anderen Natostaaten sowie ein Mitarbeiter von Henry Kissinger, der Psychiater Steve Pieczenick, ein Experte in Krisenmanagement. Seine Anwesenheit in Rom wurde nicht nur vor der Presse, sondern auch vor der amerikanischen Botschaft geheimgehalten. Die Aktion der BR zielte nach Pieczenicks Ansicht darauf ab, die Demokratie zu destabilisieren. Es kam also darauf an zu zeigen, »daß kein Politiker für das Leben eines Staates oder einer Nation unverzichtbar ist«. Leider, so wurde dazu angemerkt, gab es nur eine einzige Möglichkeit, den Beweis dafür anzutreten.[11]

Nichts ist – offensichtlich – bewiesen, und nichts kann man mit letzter Sicherheit behaupten. Aber die Frage ist gestattet, ob man sich von einem Expertenkomitee, in dem alle obersten Verantwortlichen für die nationale Sicherheit versammelt sind, nicht legitimerweise jenen Impuls und jene koordinierten und energischen Ermittlungsanstrengungen erwarten durfte, die es, sowie die Fakten diesen Schluß zulassen, in Wirklichkeit nicht gab.

Geht man nach dem Ausschlußverfahren vor, dann stellt sich die Frage, wer außer den Geheimdiensten ein Interesse an einer derartigen Initiative haben konnte und wer – anders als die Geheimdienste – in der Lage gewesen wäre, sich die Mitarbeit einer Person vom Schlage Chicchiarellis zu sichern? Und warum sollten die Roten Brigaden, die doch stets direkte telefonische Kontakte zur Familie Moro – sowie indirekte durch die Briefe Moros und die Presse – hatten, am 8. Mai in einer als Anagramm verschlüsselten Botschaft ankündigen, daß Moro am nächsten Tag hingerichtet wird? Nach Informationen des Sismi wird am 8. Mai 1978 um 7.45 Uhr auf 160 MHZ ein Telefongespräch zwischen einem Journalisten und der Nachrichtenredaktion des 2. Programms mitgeschnitten, nach dem die Brigatisti einen Priester im Val di Susa nordwestlich von Turin angerufen und aufgefordert hätten, zwei Botschaften bekanntzumachen. Die zweite Botschaft war die Ankündigung des Kommuniqués Nr. 10; die erste war an die Ehefrau Moros gerichtet und bestand in einem einzigen Satz: »Die Mandarine (aber auch: der Mandarin. U. H.) ist faul« (Il mandarino è marcio). Der Priester sei in der Nacht vom 7. zum 8. Mai angeru-

11 Robert Katz, *I giorni dell'ira*, Rom 1982, S. 50f. Washington stellte Cossiga auch noch andere Hilfen zur Verfügung.

fen worden. Ein erfahrener Rätsellöser würde das in Windeseile dechiffrieren, aber General Santovito sagt, man werde dazu die ganze Nacht, vom 8. auf den 9., benötigen. Der Satz »Il mandarino è marcio« (Die Mandarine/der Mandarin ist faul) war, wie bereits erwähnt, ein Anagramm und bedeutete »Il cane morirà domani« (Der Hund wird morgen sterben).

## 3. Die Roten Brigaden – Vom Triumph zum Niedergang

Wir sahen bereits, daß die Entführung von Richter Sossi im Jahr 1974 den Höhepunkt und Abschluß der ersten Phase in der Geschichte der Roten Brigaden darstellte (vgl. Kap. 5.2). Sie beschließt die »revolutionäre« und gewiß auch idealistische Zeit des bewaffneten Kampfes. Nun beginnt der Terrorismus.

Im Juni 1976 wird der Generalstaatsanwalt von Genua ermordet, eben jener Francesco Coco, der sich zwei Jahre zuvor hartnäckig gegen jede Verhandlung und jedes Zugeständnis für die Befreiung Sossis zur Wehr setzte. Diese Aktion bezeichnet den Beginn einer »neuen« Generation der Roten Brigaden. Neu deshalb, weil nun gezielt geschossen wird: Zum ersten Mal wird nicht nur das in irgendeiner Weise symbolhaft bedeutungsvolle Opfer erschossen, sondern auch die Eskorte – genau wie zwei Jahre später in der Via Fani. Neu auch deshalb, weil die Gründergeneration des BR, von wenigen Ausnahmen abgesehen, im Gefängnis ist und die Kader inzwischen verjüngt sind. Der Wechsel ist nicht nur einer der Generationen: Viele neue Aktivisten verfügen nicht über die Bildung und die Leidenschaft ihrer Vorgänger, und sie haben auch nicht deren politische Erfahrungen gemacht. Es sind vor allem Leute, die fasziniert sind vom Mythos des organisatorischen Details und der militärischen Effizienz.[12] Neu schließlich auch aufgrund der Rolle, die sie, nicht nur aus eigenem Verdienst, sondern auch wegen der Reaktionen der politischen Kräfte und der Macht der Medien, im Leben des Landes spielen.

12 Über Sossi schreibt Alberto Franceschini: »Deshalb bin ich nicht sicher, ob wir uns nur aus politischen Gründen entschlossen, ihn freizulassen, oder weil keiner es fertigbrachte, ihn zu töten ... Sossis ›Abreise‹ feierten wir mit ihm gemeinsam, mit einem Gemüserisotto und einer Flasche Barolo. Dazu sangen wir Lieder der Alpini. Ich hatte das Gefühl, bald von einer großen Last befreit zu sein« (*»Das Herz des Staates treffen«*, *op. cit.*, S. 84). Allein dieses Zitat reicht aus, den Unterschied zwischen diesen Roten Brigaden und denen der späteren Zeit zu ermessen.

Während die Roten Brigaden sich reorganisieren, in Rom kooptieren sie die Reste der NAP und Elemente der Autonomia, tauchen auch andere Gruppen auf, wie die »Formazioni armate comuniste« (die Vereinigten Kommunistischen Formationen), die »Unità comuniste combattenti« (die Kämpfenden Kommunistischen Einheiten) und die »Lotta armata per il comunismo« (der Bewaffnete Kampf für den Kommunismus): Es ist dies der Beginn einer Ausbreitung der bewaffneten Gruppen und einer zunehmenden Gewalt, einer Tendenz, die sich 1977 noch verstärkt und in den Jahren 1978-80 ihren Höhepunkt erreicht.

Beispielhaft für bestimmte Entwicklungen ist die Geschichte von Prima Linea (Vorderste Front), die sich formal im Mai 1977 gebildet hat, faktisch aber bereits im September des vorausgehenden Jahres. Ihre Kämpfer kommen aus den radikalsten Kreisen von Lotta Continua und jenem großen und buntscheckigen Archipel der autonomen Kollektive in Mailand. Ihr Zusammenschluß vollzog sich zunächst im Umfeld der Zeitschrift *Senza Tregua*, die zum ersten Mal 1976 erschien und sich polemisch mit der revolutionären Linken auseinandersetzt, wobei sie aus ihren Sympathien für den bewaffneten Kampf keinen Hehl macht. Symptomatisch für die unscharfe Trennlinie zwischen Legalität und Illegalität in jenen Jahren ist die Tatsache, daß die Zeitschrift unbehindert veröffentlicht werden kann.

Vielleicht wäre die Geschichte der Roten Brigaden im Jahr 1976 zu Ende gewesen,[13] wären nicht die Ereignisse von 1976-77 dazwischengekommen. Angefangen bei dem Auseinanderbrechen von Lotta Continua und Potere Operaia, wodurch deren radikalste Aktivisten frei wurden für den bewaffneten Kampf, bis hin zum Klima eines allgemeinen Umsturzes, das durch die Bewegung von 1977 geschaffen wurde.

Die militärische Effizienz der BR erreicht mit der Entführung Moros ihren Höhepunkt. Aber die internen Streitigkeiten darüber, wie mit dieser Entführung umzugehen sei, und die Entscheidung, den christdemokratischen Spitzenpolitiker umzubringen, spalten die Roten Brigaden. In jenen Monaten des Jahres 1978 sind insgesamt etwa 300 Kader der BR aktiv. Neben der Entführung von Moro organisieren sie noch ca. vierzig weitere Aktionen. Ihr Nie-

13 Laut Aussage des Richters Caselli »erscheinen die Roten Brigaden Anfang 1976 erschöpft: Viele Schlupfwinkel sind aufgeflogen, und der überwiegende Teil der Kader befindet sich in Haft«.

dergang jedoch beginnt wenig später mit der Bildung von Fraktionen. Nur ein knappes Jahr nach der Ermordung Moros werden die internen Auseinandersetzungen sogar öffentlich ausgetragen. Dokumente und Briefe der verschiedenen Fraktionen werden der Zeitung *Lotta Continua* und anderen Tageszeitungen zugespielt (Juli-August 1979). Mit der Entführung Moros und auch den Aktionen vorher hatten sich die Roten Brigaden als Gegenmacht und Gegenjustiz, als Ausdruck einer neuen, aufstrebenden Macht dargestellt und sich dabei einer Sprache bedient, die aus der Sprache der bürokratischen Apparate des Staates gebildet war.[14] Nun jedoch verhalten sie sich eher wie die Parteien, und ihre Auseinandersetzungen erinnern an die zwischen deren verschiedenen Strömungen.

Zugleich löst die Entführung Moros zum ersten Mal eine wirkliche Generalmobilmachung der politischen und der Ordnungskräfte gegen den Terrorismus aus. Der neue Innenminister Rognoni betraut General Carlo Alberto Dalla Chiesa mit der Führung einer Antiterrorismuseinheit, die nicht lange auf Ergebnisse warten muß.

Die Gegenoffensive der Ordnungskräfte stachelt das gesamte Umfeld des Jugendprotests zwar einerseits an, zwingt ihn aber andererseits in die Defensive. Vermittlungen und Uneindeutigkeiten werden schwieriger, man muß sich entscheiden: zwischen Aufgabe des militanten Engagements, dem Schweigen und der Flucht ins »Private« oder der Unterstützung des bewaffneten Kampfs. Zwischen BR und Staat gibt es nichts als verbrannte Erde. Die Entscheidung der BR, den Kampf auf ein höheres Niveau zu heben, zerstört nicht allein die verbliebenen Möglichkeiten der extremen Linken für einen legalen politischen Kampf, sie bringt auch andere Gruppen des bewaffneten Kampfes in Schwierigkeiten – wie z. B. Prima Linea –, die sich noch auf halbem Wege zwischen der totalen Klandestinität und dem Versuch befinden, auch in die sozialen Auseinandersetzungen einzugreifen.

Die Entführung von General Dozier (vgl. Kap. 8.3) stellt die letzte aufsehenerregende Aktion der Roten Brigaden dar. Sie ist zugleich auch deren letzte Entführungsaktion. Tatsächlich handelt es sich bei den Entführungen um Aktionen, die eine ausgeklügelte Logistik, Disziplin, Menschen, finanzielle Mittel und Unterstüt-

14 Zur Analyse der terroristischen Ideologie in der Sprache der BR (und von Prima Linea) vgl. Luigi Manconi/Vittorio Dini, *Il discorso delle armi*, Rom 1981.

zung von außen voraussetzen. Diese Mittel und Möglichkeiten gibt es nun nicht mehr. Das Phänomen der »pentiti«[15] hat die Auflösungserscheinungen und den Verlust von ideologischem, politischem und organisatorischem Gewicht der übriggebliebenen Kräfte noch beschleunigt (in den Truppen einer Armee auf dem Siegeszug gibt es keine »pentiti«).

Auch heute, Jahre danach, fällt es schwer, zu einem unvoreingenommenen Urteil über die wirkliche Gefahr des Terrorismus zu kommen. Gewiß kann man sich angesichts seines Ausgangspunktes und der ersten Generation der Terroristen, einer Bande junger Menschen, die Guerilla spielten, wie auch angesichts seines Endes und der Armseligkeit einiger Repräsentanten dieser Zeit fragen, wie weit sie überhaupt eine ernst zu nehmende Gefahr für die Institutionen der Republik darstellten. Um zu verstehen, wie das alles zustande kommen konnte, muß man einen Blick auf den mittleren Abschnitt der Geschichte des Terrorismus werfen, auf die Zeit zwischen der Ermordung des Generalstaatsanwalts von Genua, Coco, im Juni 1976, die Hunderte von Anschlägen dieser Zeit mit Toten und Verletzten, darunter Polizisten und berühmte Repräsentanten der Institutionen, bis hin zur »Exekution« von Roberto Peci, dem Bruder des »Verräters« (Patrizio Peci) im August 1981: Es sind dies fünf finstere Jahre, mit den Entführungen von Moro und D'Urso als den kritischsten Momenten für die Institutionen angesichts der Herausforderung durch die Terroristen.

Worin aber bestand nun diese Herausforderung, was war ihre

15 Die Gesetzgebung zu den »Reumütigen« ist in zwei Gesetzen zusammengefaßt, dem Gesetz Nr. 304 vom 29. 5. 1982 und dem Gesetz Nr. 34 über die »Lossagung«. Die »pentiti« müssen a) ihre eigenen Taten gestehen und b) ihre aktive Mitarbeit zur Identifizierung und Festsetzung der Komplizen anbieten. Lebenslänglich wird für die »pentiti« auf zehn bis zwölf Jahre reduziert, die anderen Strafen werden halbiert und übersteigen in keinem Fall zehn Jahre (ausgeschlossen bleibt davon Massenmord). Wenn die Mithilfe von »außerordentlicher Bedeutung« ist, können die Strafen noch weiter, bis auf ein Drittel, reduziert werden. Das Gesetz Nr. 304 hat eine Gültigkeit von 120 Tagen, die noch einmal um 120 Tage verlängert wird. Insgesamt bestand also acht Monate lang die Möglichkeit, von dem Gesetz Gebrauch zu machen.

Diejenigen, die sich lossagen, müssen ihre eigenen Taten gestehen, auf die Gewalt als Mittel der Politik verzichten und ihre Gruppe definitiv verlassen. Für sie wird lebenslänglich auf 30 Jahre reduziert, und die anderen Strafen werden um ein Viertel bis zur Hälfte reduziert, je nach Schwere der Verbrechen. Das Gesetz Nr. 34 betrifft nur Taten, die vor dem 31. 12. 1983 begangen wurden.

Botschaft? Man muß sich darüber im klaren sein, daß es die Opfer (und mehr noch die Bedeutung einiger von ihnen als deren bloße Zahl) waren und nicht das politische Projekt, das die Roten Brigaden und die anderen terroristischen Gruppen zu Protagonisten machte. Und man muß erkennen, daß es, wenn man dies überhaupt so bezeichnen will, eine wirkliche Subversion nur in den Absichtserklärungen gab.

Den Terroristen gelangen, wie man gesehen hat, trotz aller Versuche und Absichtserklärungen nur einzelne Anschläge. Der bewaffnete Aufstand und der Bürgerkrieg lagen niemals in ihrer Reichweite.[16] Das bedeutet nicht, daß es niemals eine wirkliche Gefahr gegeben hätte. Acht Jahre der Gewalt, von Sossi bis Dozier, haben in den politischen Beziehungen, den gesellschaftlichen und individuellen Verhaltensweisen, bei den Bürger- und Menschenrechten, den Beziehungen zwischen den Menschen und den gesellschaftlichen Einstellungen Spuren hinterlassen, deren letzte Konsequenzen noch heute nicht vollständig überwunden sind. Jedoch müssen wir uns beim Rückblick die Frage stellen, ob die reale Gefahr tatsächlich so groß war, als daß sie die Beschädigungen gerechtfertigt hätte, ob bestimmte Brüche nicht eher von der Wahrnehmung des Gefahrenpotentials durch die öffentliche Meinung und die Institutionen bestimmt waren. Anfänglich war die Wahrnehmung äußerst reduktiv, bei Politikern und Presse herrschte eine offenkundige Unterbewertung des Phänomens. Später ist man ins genaue Gegenteil verfallen. Die subjektive Wahrnehmung stand in keinem Verhältnis mehr zur realen Bedrohung, die Gefahren wurden über jedes sinnvolle Maß hinaus aufgebläht, so sehr, daß dies auf die Terroristen zurückwirkte und sie eine bestimmte Zeitlang in der Illusion wiegte, sie seien sehr viel stärker, als sie es in Wirklichkeit waren. Giorgio Bocca bemerkt anläßlich des Prozesses gegen die BR in Turin:

»Der Belagerungszustand in der Stadt bei der Eröffnung des Prozesses am 8. März 1978 hat groteske Ausmaße: Zehntausend Polizisten und Carabinieri, ausgerüstet mit schweren Waffen und Panzerfahrzeugen. Man will für das Fernsehen und die Zeitungen Stärke beweisen, aber die Wirkung ist

16 1989 sprach das Schwurgericht in Rom die Brigatisti von der Anklage des versuchten bewaffneten Aufstands und des Bürgerkriegs frei, »weil *der Tatbestand nicht erfüllt ist*«. Diese Formel konstatiert indirekt auch die Tatsache, daß die BR niemals in der Lage gewesen wären, größere Volksmassen zu mobilisieren oder auch nur die Stabilität der Institutionen in Gefahr zu bringen.

katastrophal. Wer das sieht oder davon liest, der fragt sich: Also sind diese Terroristen in der Tat so mächtig?«[17]

Presse und Fernsehen tragen eine große Verantwortung. Wir erwähnten bereits (vgl. Kap. 5.2) die große Genugtuung der Brigatisti nach ihrem ersten Attentat in Mailand 1971. Sie fühlen sich wichtig, weil sie endlich die Mauer des Schweigens bei den Medien durchbrochen haben. Es handelte sich um eine kleine Notiz im Lokalteil. Damals konnten wir nicht wissen, daß die Medien zu ihrem wichtigsten Propagandamittel werden sollten. Die verurteilenden Kommentare zählen nicht, worauf es ankam, das waren die Schlagzeilen über die ganze Seite, die Berichte über mehrere Seiten und die Tatsache, daß die anderen wichtigen Nachrichten auf die hinteren Seiten verdrängt wurden oder ganz unterblieben. Zur Beziehung von Brigatisti und Medien sagt Enrico Fenzi:

»Einen ihrer Erfolge lieferten die Fernsehnachrichten mit wenigen Ausnahmen tagtäglich. Selten verging ein Tag, ohne daß einer von ihnen, und hier vor allem Franceschini sagte: Wir können gar nicht verlieren, sie sind einfach zu blöd.«[18]

Die Haltung der Medien gegenüber BR und ähnlichen Gruppen darf nicht verwundern. Das Staatsfernsehen RAI war bis in die jüngste Vergangenheit ein Konglomerat von Einflußzonen unter Kontrolle jeweils einer Partei. Fast die gesamte Presse ist politischen Parteien oder bestimmten Industriellengruppen oder beiden direkt zugeordnet. Und in dieser Logik haben sich die Medien weniger darum gekümmert, das Phänomen zu begreifen, als vielmehr darum, wie sie es für diese oder jene politische Strategie funktionalisieren könnten.

Wichtiger jedoch ist es, ob die BR mehr oder weniger (wissentlich oder unwissentlich) ein Baustein in der Strategie anderer waren und ob infolgedessen ihre Entscheidungen wirklich autonom waren.

Immer wieder wurde von zahlreichen italienischen Politikern, darunter auch Sandro Pertini während seiner Zeit als Präsident der Republik, der Verdacht geäußert, die Aktionen der BR seien von

17 In: *Noi terroristi*, Mailand 1985, S. 158.

18 Das Zeugnis von Enrico Fenzi (*Armi e bagagli, un diario delle BR*, Genua 1981) ist eines der überzeugendsten über die kleinen und großen Ereignisse im Leben eines Klandestinen.

einer internationalen »Zentrale« des Terrorismus gesteuert. Aber wenn wir Virginio Rognoni, dem Innenminister der heißesten Phase, glauben dürfen, dann gab es in den ganzen Ermittlungen niemals auch nur den kleinsten Hinweis darauf, und auch in den regelmäßigen Besprechungen mit den Innenministern anderer Länder wurde dieser Verdacht nie laut.[19] Andererseits unterstützten jedoch Länder zu gewissen Zeiten nicht nur die Roten Brigaden, sondern auch andere Gruppen durch die Organisation von Ausbildungscamps. Dazu gehören mit Sicherheit der Libanon, vermutlich auch Libyen und vielleicht die Tschechoslowakei, wo, so einige Zeugenaussagen, der KGB zu Beginn der siebziger Jahre in Karlsbad eine »Schule des Terrorismus« organisiert haben soll. Weiterhin gab es Kontakte zwischen den Roten Brigaden und den Gruppen anderer Länder (den Palästinensern, der deutschen RAF, der IRA und der baskischen ETA), um eine gegenseitige Unterstützung, Zufluchtsorte für gesuchte Personen und den gemeinsamen Kauf von Waffen zu organisieren. Aber diese Kontakte können als normal für die Zusammenarbeit zwischen terroristischen Gruppen erachtet werden, sie waren vor allem logistisch von Bedeutung, nicht strategisch. In jedem Fall begründen sie nicht die Hypothese einer »internationalen Zentrale« des Terrorismus, die die BR und andere kontrolliert und ihnen Direktiven erteilt hätte.

Schließlich kann man, soweit es die internationale Verflechtung angeht, davon ausgehen, daß die Geheimdienste einiger Länder die italienischen Ereignisse immer mit besonderer Aufmerksamkeit beobachteten. Man kann auch mit guten Gründen die These aufstellen, daß sie den Versuch unternommen haben, in der einen oder anderen Weise beim italienischen Terrorismus ihre Hände ins Spiel zu bekommen, aber nur in einem Fall, und der betrifft den israelischen Mossad, können wir mit Sicherheit behaupten, daß dies geschehen ist. 1974 gelang es den israelischen Sicherheitsdiensten durch ein Angebot von Waffen und Informationen in Kontakt zu den BR zu kommen. Möglicherweise war der Mossad an den palästinensischen Gruppen interessiert, die Beziehungen zu den BR unterhielten. Das Angebot wurde aber abgelehnt.[20]

Eine zweite Frage ist, ob und in welchem Maß die Roten Briga-

19 Virginio Rognoni, *Intervista sul terrorismo*, hg. von Giuseppe De Carli, Bari 1989, S. 136.

20 Alberto Franceschini, *Das Herz des Staates treffen*, Wien-Zürich 1990, S. 75.

den zu bestimmten Zeiten (von seiten der Ordnungskräfte und der Justiz) »toleriert« wurden.

Einige führen die Erfolge der Roten Brigaden auf die Fehler und die mangelnde Vorbereitung der Ordnungskräfte zurück. Es wird behauptet, daß erst gegen Ende der bleiernen Jahre sich vor allem dank Dalla Chiesa und seiner »Ledernacken« die Situation allmählich verbessert habe bis hin zum »Triumph« der Befreiung von General Dozier. Aber so liegen die Dinge nicht. Gewiß hat es an Pannen nicht gemangelt, darunter auch einigen aufsehenerregenden. Betrachtet man aber die hohe Zahl der Festnahmen und der aufgedeckten Basislager der BR, dann kann man eigentlich kein negatives Urteil fällen. Eher schon wurden die Polizei und die Carabinieri von seiten der Linken wegen ihres rücksichtslosen Schußwaffeneinsatzes bei einigen ihrer Aktionen kritisiert.

Laut Giorgio Galli folgt auf die Anfangserfolge ein Zeitabschnitt, die Jahre 1974-1979, in denen die Justiz und die Ordnungskräfte den Terroristen *absichtlich* freie Hand gelassen hätten. Galli greift ein Argument von Angelo Ventura auf, der davon ausgeht, »einige Kräfte« hätten geglaubt, »den Extremismus, und später den roten Terrorismus, benutzen zu können, um die Strategie der Spannung mit anderen Mitteln weiterzuführen. Oder sie zogen es vielleicht auch einfach vor, der extremistischen Gewalt freie Hand zu lassen, weil diese die kommunistischen und sozialistischen Parteien sowie die Gewerkschaften von links her in Mißkredit brachte und ihre Glaubwürdigkeit untergrub und damit deren gesellschaftliche Durchschlagskraft einschränkte.«[21]

Diese Argumentation müßte konsequenterweise eine Situation unterstellen, in der dem einen Kontrahenten (den BR) gegenüber, der gleichbleibend effektiv und gefährlich war, das Verhalten der Justiz und der Ordnungskräfte, die je nach den politischen Konstellationen und den Absichten der »unsichtbaren Regierung« (absichtlich) mehr oder weniger wirksam bei der Unterdrückung der BR waren, die einzige Variable darstellte. Dieses Verhalten hielt Minister Rognoni für nicht besonders glaubhaft und bezeichnete es treffend als »eine Art *stop and go*, das heißt dosierte Interventionen gegen die Partei des bewaffneten Kampfes, um den Erfolg und die Aufrechterhaltung moderater Positionen zu gewährleisten«.[22]

21 Angelo Ventura in: *Terrorismi in Italia*, hg. von Donatella Della Porta, Bologna 1984.

22 *Intervista sul terrorismo*, *op. cit.*, S. 34.

Aber in Wirklichkeit waren die Schlagkraft (Konsistenz und Organisationsgrad) und die Strategie der subversiven Gruppen eine wichtige Variable. Wenn es zutrifft, daß der linke Terrorismus in den Jahren 1977-78 den Höhepunkt seiner Verbreitung und sozialen Verankerung (dank der Bewegung von 1977) und seinen größten Einfluß (mit der Entführung Moros) erreichte, warum sollte es dann überraschen, wenn die Ordnungskräfte sich der Situation nicht gewachsen erweisen?

Wie effektiv und breit angelegt auch immer die Strategien zur Niederschlagung des Terrorismus waren (oder, alternativ, zur »Pilotierung«), ihr wesentliches Instrument konnte in jedem Fall nur die Infiltration sein. Und ganz zweifellos waren die Roten Brigaden von Anfang an durch die Carabinieri, die Polizei und die Geheimdienste infiltriert, und das hat viele Festnahmen ermöglicht. Aber es ist offensichtlich, daß ein Phänomen wie das des Terrorismus von links viel zu vielfältig verankert war, als das man es nur als Produkt von Infiltration erklären könnte.[23]

Man kann sagen, daß nahezu alle, die sich mit dem Problem eingehender befaßt haben, in diesem Punkt zumindest hinsichtlich der Gründergeneration der Roten Brigaden übereinstimmen. Zweifel werden hingegen von mehreren Seiten laut, wenn es um diejenigen geht, die wir die »neue Generation« der Roten Brigaden genannt haben, also um die Zeit nach 1976. Vor allem der Fall Moro nährte solche Zweifel, denn zu offen waren die Übereinstimmungen zwischen der Aktion der BR und den Interessen einiger nationaler politischer Gruppierungen sowie der amerikanischen Alliierten. Da aber die Infiltrierten in allen bekanntgewordenen Fällen eher untere Rangstufen in den terroristischen Organisationen einnahmen und von daher mit Sicherheit die strategischen Entscheidungen kaum beeinflussen konnten, und schon gar nicht bei einer Aktion wie der Entführung Moros, richteten sich die Vermutungen auf die Führung der Roten Brigaden.

So wurden immer wieder Zweifel an der wahren Identität von Mario Moretti vorgebracht, der einer Festnahme in mehreren Fällen auf »wundersame Weise« entgehen konnte. Es gibt aber keine Anhaltspunkte, die einen solchen Verdacht stützen. Zweifel und Verdächtigungen werden noch gegen einen weiteren Chef der BR geäußert, gegen Giovanni Senzani, der wie Moretti in der zweiten

23 Vgl. Kap. 5.2. Siehe auch: A. Silj, *Mai più senza fucile*, Vallecchi 1976.

Hälfte der siebziger Jahre in die Führung der Organisation kam, als die Gründergeneration bereits in Haft saß. Im Vergleich zu Moretti ist Senzani wesentlich komplexer und mysteriöser. Senzani war Universitätsprofessor, ein Kriminologe und in den Jahren 1977-78 Berater des Justizministeriums, für das er wissenschaftliche Untersuchungen des Haftsystems durchführte. Zum ersten Mal wird er 1979 wegen des Verdachts der Mitgliedschaft in der toskanischen Zelle der BR festgenommen, in der er tatsächlich 1977-78 im Zuge der Vorbereitungen für die Entführung Moros gearbeitet hat. Kurze Zeit nach dieser ersten Festnahme wird er wieder entlassen und taucht unter. Nach der Festnahme von Moretti 1981 ist er der unumstrittene Führer dessen, was von den Roten Brigaden noch übriggeblieben ist. Mit der zweiten Festnahme Senzanis im Januar 1982 sind sie dann definitiv am Ende.

Inzwischen sind jedoch mehr als zehn Jahre seit den Festnahmen vergangen, und Moretti und Senzani befinden sich noch immer in Haft. Kann man von einem Agenten so viel verlangen? Vor allem in einem Land wie Italien, in dem Terroristen, die sich zu ihren Mordtaten bekannt haben und in regulären Gerichtsverfahren für schuldig befunden wurden, dann aber mit der Justiz zusammenarbeiten, nach wenigen Jahren Haft mit einem Paß und einer neuen Identität wieder freigelassen wurden?

# *10. Kapitel*
# Die großen illegalen Affären des italienischen Kapitalismus

## 1. Die Staatsindustrie zwischen Markt und politischen Parteien

Wenn es in den fünfziger Jahren eine Persönlichkeit gibt, die die besten Eigenschaften des italienischen Unternehmertums verkörpert und zugleich die Grundlagen für die große Korruption legt, dann ist das Enrico Mattei. Er war Chef der wichtigsten Staatsindustrie des Landes, des ENI, Ente Nazionale Idrocarburi (Staatsunternehmen für fossile Brennstoffe. U. H.). Um seine großen Pläne zu verwirklichen, ist er auf die Unterstützung der Politiker angewiesen: Er will Italien mit Energie zu günstigen Kosten versorgen, um die Entwicklung der Wirtschaft anzukurbeln und zu unterstützen. Damit soll Italien den Anschluß an die großen Industrienationen schaffen und von den internationalen Ölmultis unabhängig werden; Italien soll zu einem Waren und nicht nur Arbeitskräfte exportierenden Land werden, ein für allemal soll die alte Vorstellung ausgelöscht werden, Italien sei zur Armut verdammt.

Mattei ist ein Mann voller Ideen und, gemessen an der Mentalität und den Methoden im Italien der fünfziger Jahre, außerordentlich modern. Er investiert gewaltige Summen in die Forschung, gründet eine Managerschule und läßt für die 10000 Beschäftigten des ENI eine ganze Modellstadt mit fortschrittlichsten Sozialeinrichtungen bauen, Metanopoli. Ende der fünfziger Jahre gründet er in Mailand eine neue Tageszeitung, *Il Giorno*, eine Neuheit im italienischen Pressewesen der Nachkriegszeit.

Im Italien der Nachkriegszeit bewegt sich Mattei mit großem Geschick und versteht es, Vorteil aus der Unordnung und dem Fehlen von Regeln zu ziehen, aber auch aus den sich durch einen nachhaltigen wirtschaftlichen Aufschwung bietenden Gelegenheiten. Er besitzt größtes Geschick für den Umgang mit Politikern, und er hat Gefallen an der Macht. Geboren wurde er in einer kleinen Stadt in den Marken als Sohn eines Feldwebels bei den Carabinieri, die Schule schließt er nicht ab, mit vierzehn Jahren arbeitet er bereits als Lehrling und malt Bettgestelle an. Mit sechzehn beginnt er als Arbeiter in einer lederverarbeitenden Fabrik mit 180 Beschäftigten, und in weniger als fünf Jahren wird er deren Direktor. 1930 zieht er als 25jähriger nach Mailand. Dort beginnt er von vorne, als Repräsentant einer großen deutschen Firma, dann gründet er eine eigene Firma, eine Farbenfabrik. Er lebt 1943, als der Partisanenkampf beginnt, noch immer in Mailand, wird Mitglied der katholischen Partisanenverbände und kommandiert eine Brigade mit 8000 Mann. Zweimal nehmen die Deutschen ihn fest, beim zweiten Mal wird er sogar zum Tode verurteilt, es gelingt ihm aber jedesmal die Flucht. So wird er ein Held des Widerstands. Am Ende des Krieges ernennt ihn die provisorische Regierung des CLN (des Nationalen Befreiungskomitees. U. H.) zum außerordentlichen Kommissar für die Agip, den staatlichen Erdölkonzern aus der Zeit des Faschismus.

Aber Mattei hält sich nicht an den Auftrag. Nicht nur, daß er die Agip nicht auflöst, er belebt sie neu. Und als die Agip 1949 bei Bohrarbeiten in der Poebene Erdgas entdeckt, da inszeniert Mattei eine große Pressekampagne, um Politiker und Öffentlichkeit davon zu überzeugen, daß die Funde in der Poebene nur das erste von mehreren Lagern sind, die die Agip auszubeuten gedenkt. Die Aktien der Agip beginnen einen Höhenflug an der Börse, und Mattei erhält die Exklusivrechte zur Ausbeutung der fossilen Brennstofflager in der Poebene. 1953 entsteht der ENI, und Mattei ist Kandidat für deren Vorstandsvorsitz. Seit 1944 ist Mattei eingeschriebenes Mitglied der DC, aber er bedient sich auch der Unterstützung durch Kommunisten und Sozialisten, um die Widerstände zu brechen, die ihm aus seiner eigenen Partei und aus der Confindustria (dem Industriellenverband. U. H.) entgegengebracht werden. Er verteilt und kauft Entgegenkommen und finanziert Politiker und politische Parteien. Was ihn selbst anlangt, so mißt er dem Geld keinen besonderen Wert bei und pflegt auch keinen aufwendigen Lebensstil. In Italien halten ihn viele für die bedeutendste Persönlichkeit der Politik nach Alcide De Gasperi.

In einem Kampf ohne Rücksicht auf Verluste gegen die großen Ölmultis macht er aus dem ENI ein führendes Unternehmen auf dem internationalen Energiemarkt. So bricht er die amerikanische Vorherrschaft auf und verkündet das lauthals,[1] womit er sich in

1 Es gab einmal, so pflegte Mattei zu erzählen, ein paar kleine Kätzchen, die hatten immer Hunger. Eines Tages versuchten sie, an den Freßnapf von zwei großen,

krassen Gegensatz zur offiziellen italienischen Außenpolitik stellt. Er knüpft direkte Beziehungen zu den erdölproduzierenden Ländern Arabiens und bietet ihnen wesentlich bessere Konditionen als Shell oder Esso. Er finanziert den algerischen FNL, die Befreiungsfront, und macht sich damit auch Frankreich zum Feind; er verhandelt mit Libyen über die Ausbeutung der Erdölvorkommen der Sahara und lehnt ein Angebot der amerikanischen Gesellschaften über eine Aufteilung der Rechte ab. Und als reichte das alles noch nicht, provoziert er Washington durch die Aufnahme von Verhandlungen mit China und durch den Abschluß eines Abkommens mit der Sowjetunion (die danach 25 % des italienischen Erdölbedarfs liefern soll). Den arabischen und afrikanischen Ländern (Iran, Tunesien, Marokko, Ägypten und Ghana) offeriert er besonders vorteilhafte Bedingungen für die Abtretung der Förderrechte von Erdöl. Mattei blieb gar keine andere Wahl, als das Abkommen von 1960 mit Moskau zu schließen. Die Probebohrungen in Italien hatten nicht die gewünschten Resultate gebracht, und der ENI brauchte unbedingt Rohöl. Das Wenige, das er selbst fördert, verteidigt Mattei mit Klauen und Zähnen. Im Suezkrieg, als die Isrealis ihm mitteilen, sie hätten Wichtigeres zu tun, als die Förderanlagen des ENI zu schützen, wirbt Mattei 200 Ex-Partisanen an und spediert sie zu den Förderanlagen. Sie tragen die Uniform der Agip, einen blauen Monteursanzug, und sind mit Maschinenpistolen bewaffnet.

Vor diesem Hintergrund überrascht es nicht, daß viele von Sabotage reden, als Mattei am 27. Oktober 1962 mit seinem Privatjet beim Landeanflug auf den Flughafen Mailand-Linate abstürzt. Vor allem, da Mattei mehrfach mit dem Tode bedroht worden war. Die CIA und die OAS, die Organisation der extremen Rechten in Frankreich, die Mattei wegen dessen Finanzhilfen für die Nationale Befreiungsfront in Algerien angriffen, sind die Hauptverdächtigen. Aber es gibt auch Stimmen, die darauf verweisen, daß sich Mattei in Italien viele Feinde gemacht hat. So mißtraut Mattei

bissigen Hunden zu kommen. Es gelang ihnen, die Hunde mit einem Krallenhieb zu verjagen. Wir, so erklärte Mattei weiter, sind wie jene Kätzchen. Wir haben Hunger, und wir ertragen jene großen, bissigen Hunde deshalb nicht, weil im Napf genügend Erdöl für alle ist. Von dieser berühmten Geschichte gibt es etliche Versionen. Dem Journalisten Enzo Biagi erzählte Mattei sie so, daß es nur eine Katze ist, die durch einen Prankhieb eines deutschen Jagdhundes in den Rücken getötet wird.

dem Sifar, dem Geheimdienst, und stellt eine eigene Leibwache zusammen, die aus zahlreichen, zumeist kommunistischen Ex-Partisanen besteht.[2] Die offizielle Untersuchung kommt zu dem Schluß, dem Piloten sei übel geworden und das Flugzeug sei explodiert, als es in der Nähe von Pavia auf dem Boden aufschlug. Später aber sagen mindestens zwei Zeugen aus, das Flugzeug sei in der Luft explodiert. Davon abgesehen kommt nichts ans Licht, das die Hypothese der Sabotage irgendwie untermauern würde.

Dennoch gibt es einige Umstände, die diese These nicht vollkommen unbegründet erscheinen lassen: Neun Monate vor dem tödlichen Unfall, im Januar 1962, mußte Mattei darauf verzichten, den italienischen Ministerpräsidenten und den Außenminister zur Einweihung einer neuen Raffinerie in Marokko zu begleiten, da er Drohungen seitens der OAS erhalten hatte. Wenige Stunden vor dem Abflug nach Rabat hatte der Pilot einen kurzen Probeflug mit dem Jet des ENI absolviert. Dabei war ihm ein ungewöhnliches Geräusch in einem Triebwerk aufgefallen. Bei der Untersuchung entdeckte man einen Schraubenzieher darin, der mit Klebeband befestigt war. Auf dem Flug hätte sich das Klebeband durch die Wärmeentwicklung gelöst, der Schraubenzieher wäre in das Triebwerk gefallen und hätte dessen Explosion verursacht.[3]

Schließlich behauptet ein gewisser Thyraud de Vosjoli, viele Jahre lang Chef des französischen Geheimdienstes (Sdece), im Oktober 1962 sei auf dem Flughafen von Palermo ein Sabotageakt gegen das Flugzeug des ENI durchgeführt worden. Urheber sei ein gewisser Laurent, ein Agent der OAS und der CIA, der im Auftrag einer Gruppe im Sdece gehandelt habe, die ein für allemal der antifranzösischen Politik des Präsidenten des ENI in Algerien ein Ende setzen sollte.[4]

2 Sandro Provvisionato, *Misteri d'Italia*, Bari 1993, S. 35.

3 Ebd.

4 In einem äußerst umstrittenen Buch aus dem Jahr 1970 (Fulvio Bellini/Alessandro Previdi, *L'assassinio di Enrico Mattei*, erschienen im Selbstverlag, nachdem etliche Verlage die Publikation ablehnten) wird behauptet, die Saboteure, drei Männer, davon einer in der Offiziersuniform der Carabinieri, hätten sich dem zweistrahligen Flugzeug der ENI genähert, nachdem der Pilot Irnerio Bertuzzi weggelockt worden sei. Die drei seien festgenommen worden, weil jemand die Szene beobachtet habe, und der Uniformierte habe sich als Hauptmann Grillo ausgewiesen. Es gab tatsächlich einen Leutnant Enrico Grillo, der aber niemals in Sizilien gewesen war. Durch die Verwendung des Namens eines *tatsächlich existierenden* Offiziers glaubten die Saboteure, die Kontrollen überwinden zu können. Folglich, so die Autoren, war alles sorgfältig geplant.

Zum Zeitpunkt seines Todes ist der Stern Matteis jedoch bereits im Sinken. Während 1957 sein Mandat verlängert worden war, kann er die erneute Nominierung nach Ablauf des Mandats im März 1963 keineswegs als gesichert ansehen. Zum Zeitpunkt seines Todes macht der ENI wegen des finanziellen Defizits und wegen der Schwierigkeiten bei der Beschaffung von Rohöl eine schwierige Zeit durch. Die großen Hoffnungen und Versprechungen aus den frühen Jahren auf bevorstehende Erdölfunde innerhalb und außerhalb Italiens waren enttäuscht worden. Das größte Verdienst, das die Geschichte ihm wird zugestehen müssen, ist nicht die Lösung der Energieprobleme Italiens, sondern aus einer Agip im Koma einen Industriegiganten geformt zu haben. Und dieses Modell hinterläßt Spuren.

Zu Recht ist bemerkt worden,[5] wie paradox das Unterfangen Matteis war, wenn man die gesamten fünfzehn Jahre seiner Amtszeit als Vorstandsvorsitzender des ENI betrachtet: Obwohl er die Aufgabe hatte, die Kontrolle einer Ressource von strategischer Bedeutung wie der Energie aus dem privaten Bereich in den des Staates zu überführen, war sein Hauptgegner eben der Staat, nämlich jene politischen Sektoren, die den Interessengruppen verpflichtet waren, gegen die er anging. Hier liegt der Ursprung für seinen Ruf als autokratischer Rebell; und ebenso für sein Paktieren mit dem linken Flügel der DC und den Oppositionsparteien.

Viele Jahre nach seinem Tod kommentiert ein Freund von ihm sein Tun so:

> »Mattei hat seine Nachfolger gelehrt, wie man die Republik kaufen kann... Er war der größte Beförderer der Korruption in diesem Land. Groß nicht wegen der Summen oder der Faszinationskraft, die er aufwandte, um zu verführen, sondern aus einem anderen Grund: Mattei bezog die Schwäche und Korrumpierbarkeit der Politiker in seinen Plan ein. Die anderen, die nach ihm kamen, haben ihn nur im Schlechten imitiert. Sie benutzten die Korrumpierbarkeit der Politiker für ihre Interessen.«[6]

## 2. »Schwarze Kassen« und die Strategie der Korruption

Italien ist nicht nur das Land, in dem ein charismatischer Führer der größten Staatsindustrie, ein »Freibeuter«, wie Mattei sich

5 Eugenio Scalfari/Giuseppe Turani, *Razza Padrona*, Mailand 1975, S. 47.
6 Ebd., S. 48.

manchmal zu bezeichnen pflegte, eine eigene »Außenpolitik« im Widerspruch zur Regierung führen und mit seinem Tod den Verdacht eines internationalen Komplotts schüren kann. Es ist auch das Land, in dem Bankiers wie Roberto Calvi und Michele Sindona, die ungeheure Geldsummen bewegten, auf romanhafte Weise aus dem Leben scheiden: der erste am Strick unter einer Londoner Brücke, der zweite an einer Tasse Kaffee mit Blausäure. Und Italien ist das Land, in dem ein geschätzter Anwalt, Giorgio Ambrosoli, der Konkursverwalter der Bank Sindonas, auf offener Straße von einem aus den USA angeheuerten Killer erschossen werden kann. Geschichten, die unglaublich klingen.

Ausgangspunkt der zahlreichen illegalen Affären, die mit dem wirtschaftlichen Wachstum im Nachkriegsitalien einhergingen, bildet eine bedeutende (nach Umfang und strategischen Positionen) verstaatlichte Industrie, die die äußerst enge Verknüpfung zwischen Wirtschaftsbossen und politischer Klasse ermöglicht. Sodann ist die Langlebigkeit der politischen Klasse zu nennen, die seit Kriegsende bis Anfang der neunziger Jahre ununterbrochen an der Macht war und Handlungsspielräume für die Unternehmerschaft weitgehend eingeengt hat. Auf lange Sicht bildete sich also ganz zwangsläufig ein festes, aber zunehmend verkalktes, auf gegenseitigen Gefallen und Erpressungen gegründetes Bündnis zwischen den beiden Seiten heraus. Es entstand ein System, das am Ende auch die Privatwirtschaft nicht unberührt lassen konnte.

Innerhalb dieses Umfelds haben verschiedene chronische Defekte des Systems einen ausgesprochen negativen Einfluß ausgeübt. Das Fehlen eines Staatsbürgerbewußtseins charakterisierte die Verhaltensweisen und Entscheidungen der politischen Klasse, und die Auseinandersetzung zwischen den Strömungen innerhalb der DC vervielfachte die Forderungen (und Erpressungen) an die Spitzenvertreter der öffentlichen Unternehmen. Letztere wurden dadurch gezwungen, sich »abzusichern« und mit mehr als nur einer Fraktion zu verhandeln. Zu diesen Fraktionen stieß von einem bestimmten Zeitpunkt an auch noch der PSI, der auf keinen Fall auf die angenehmen Seiten des Systems verzichten wollte. So entstand ein Parteiensystem, das die Interessen der Partei und der eigenen Klientel vor die Interessen des Staates stellte.

Mehr noch. Die Kontrolle, die die politischen Parteien durch die Ernennung der Spitzenposition der Kreditinstitute über das gesamte Bankenwesen ausüben, hat gemeinsam mit der öffentlichen

Finanzierung (durch »Stiftungen« zugunsten der unterschiedlichsten öffentlichen Unternehmungen, die dann im Staatshaushalt wieder auftauchen) entscheidend dazu beigetragen, die Staatsindustrie den Gesetzen des Marktes zu entziehen und sie den Bedürfnissen und Launen der Politiker zu unterstellen. Das Modell der »Staatsbeteiligungen«, d. h. der IRI (Istituto per la ricostruzione industriale, i.e. Institut für den industriellen Wiederaufbau. U. H.), das Italien erfunden hatte und das lange Zeit sogar im Ausland als Beispiel einer innovativen und möglicherweise auch erfolgreichen Strategie der staatlichen Wirtschaftslenkung angesehen wurde, war und ist ein durchaus ernst zu nehmendes Modell. Die Degeneration in der Praxis entstand aus der Logik des »Marktes der Subventionen«, als die Regierungsparteien begannen, »Rückflüsse« von den »Kapitalaufstockungen« zu verlangen. Von diesem Zeitpunkt an lebten die beiden »Rassen«, die Cefis und die Politiker, in einer vollkommenen Symbiose. Sie übten gemeinsam die Macht aus – mit verheerenden Folgen nicht nur für die Staatsindustrie.

Eugenio Cefis wird im Jahr 1963 mit 41 Jahren Nachfolger von Mattei an der Spitze des ENI. Er kennt das Unternehmen ganz genau, denn er war die rechte Hand Matteis; er bewegt sich mit Geschick und Kompetenz in der Finanzwelt und verfügt als Christdemokrat über ideale Voraussetzungen für die Kandidatur. Die waghalsige Strategie Matteis auf dem internationalen Parkett hat er nie für gut befunden. Und so schließt er bereits kurze Zeit nach seiner Ernennung ein Abkommen mit Esso und läßt gegenüber den anderen Ölgesellschaften Zeichen der Zurückhaltung erkennen; einige der riskantesten und am wenigsten profitablen ausländischen Operationen von Mattei schränkt er ein oder beendet sie. Darüber hinaus knüpft er gute Kontakte zu einer anderen Staatsholding, dem IRI, und vollzieht eine radikale Kehrtwende in der Politik des ENI gegenüber den privaten Ölgesellschaften: Während Mattei ihnen gegenüber feindlich eingestellt war, gibt Cefis ihnen mehr Spielraum und fördert sogar ihr Wachstum.

Diese Entscheidung liegt zum Teil in dem Entschluß begründet, die Investitionen der Gruppe auf den Sektor der Petrochemie und der weiterverarbeitenden Chemie zu konzentrieren – eine Entscheidung, die durch die Schwierigkeiten des größten privaten Chemiekonzerns, der Montecatini, noch befördert wird. Diese Schwierigkeiten führen 1965 zur Fusion zwischen Montecatini und Edison, der wichtigsten Stromgesellschaft. So entsteht der

Koloß Montedison, ein Unternehmen, das an Größe nur von der Fiat übertroffen wird und das bis zu seinem Zusammenbruch im Jahr 1993 eine große wirtschaftliche und politische Rolle spielen sollte. Es entsteht mit wohlwollender Billigung der Mitte-Links-Regierung unter Aldo Moro, der in der Fusion einen möglichen Wachstumsanreiz für die stagnierende Wirtschaft sieht. Sie ist mehr als die anderen darum bemüht, sich mit der Edison und ihrem Präsidenten Giorgio Valerio »auszusöhnen«, die die härtesten Gegner der Verstaatlichung der Stromwirtschaft und der Mitte-Links-Regierung gewesen sind.

Andererseits hatten Valerio und seine Partner begriffen, daß sie es lange mit der Mitte-Links-Regierung würden aushalten müssen, und das Entstehen der Montedison ist ein Weg zurück in jenes politische und wirtschaftliche System, das sie immer bekämpft hatten. Aber dieser Weg zurück ist nur möglich um den Preis, daß bestimmte Regeln für die Beziehungen zwischen Industrie und Parteien anerkannt werden – Regeln, die von der Staatsindustrie bereits praktiziert werden, zuerst von Mattei und dann von Cefis, und die im Kern darin bestehen, den Parteien ausreichende Finanzmittel zur Verfügung zu stellen und dabei darauf zu achten, daß innerhalb der Parteien, insbesondere innerhalb der DC, keine Strömung benachteiligt wird. Diese Praxis setzt eine »verdeckte Buchhaltung« voraus, die in der Bilanz nicht auftaucht, die sogenannten schwarzen Fonds. Die Zahlungen an die Parteien stellen für Valerio und viele andere Industrielle keine wirkliche Neuheit dar. In der Vergangenheit hatten sie auf diese Weise bereits – ohne Erfolg – versucht, die Verstaatlichung der Stromwirtschaft abzublocken. Aber hier hatte es sich um eine Art *lobbying* mit einem ganz klaren Ziel und in einem genau umschriebenen Zeitrahmen gehandelt. Ganz anders dagegen verhält es sich mit der neuen Praxis der Zahlungen. Hier geht es um einen kontinuierlichen Fluß von Mitteln, und auch die Lobbyarbeit verlagert sich nach innen, wird zu einem Bestandteil des Machtsystems.

Diese Entwicklungen machen aus der Montedison eine alternative Finanzquelle für die Parteien, wodurch die Machtbasis von Cefis schrumpft. Und Cefis reagiert darauf, wie wohl auch sein Vorgänger reagiert hätte: Er bereitet die Übernahme der neuen Firma vor. Dies geschieht über viele Monate hinweg, um die Börse nicht zu verschrecken, ohne öffentliche Erklärungen und nachdem er sich der notwendigen Autorisierungen und politischen

Rückendeckung versichert hat. Im September 1968 ist der ENI bereits Mehrheitsaktionär der Montedison. Die Reaktion Giovanni Agnellis (Besitzer der Fiat. U.H.) ist harsch, auch wenn er einräumt, man müsse realistisch sein und mit der anderen Seite diskutieren:

»Die Grenze zwischen staatlicher Industrie und Privatindustrie ist verletzt worden, das ist ein sehr schwerwiegender Vorgang.«

Im Mai 1970 erhält Cesare Merzagora, der neue Präsident der Montedison, der Ex-Präsident des Senats und Präsidentschaftskandidat in den fünfziger Jahren, von seinem Vorgänger Valerio drei Sparbücher und sechs Auszüge von Bankkonten, von denen mindestens eines in der Schweiz ist, die alle auf Phantasienamen ausgestellt sind. Es ist die verdeckte Buchführung: insgesamt rund 17 Milliarden Lire. Valerio händigt Merzagora auch die gesamte Dokumentation zur Verwendung der schwarzen Kassen aus, einschließlich der Namen der Politiker. Es ist der 11. Mai. An diesem Punkt kommt ein nicht vorhergesehener (aber vorhersehbarer) Faktor ins Spiel: die Anständigkeit von Merzagora. Am nächsten Tag, dem 12. Mai, ruft Merzagora den Verwaltungsrat der Gesellschaft zusammen und informiert ihn darüber, was ihm zur Kenntnis gelangt ist. Die Reaktion ist Verwunderung und Bedauern. Aber wohlgemerkt, Bedauern über die Naivität und die mangelnde Weitsicht des Vorsitzenden, der sie niemals offiziell von bestimmten »Geheimnissen« hätte in Kenntnis setzen dürfen. Am 14. Mai läßt Merzagora vierzehn Milliarden an die Sozialkassen überweisen.

Bis zu diesem Augenblick hatte sich alles »in der Familie« abgespielt. Vom Gericht wird er erst zur Kenntnis genommen, als Merzagora im Dezember zurücktritt und in einem Brief die Aufsichtsratsmitglieder auch über die schwarzen Kassen informiert. Der Brief wird vom *Corriere della sera* veröffentlicht, und einige Aktionäre erheben Anklage gegen die alten Verwaltungsratsmitglieder. Die Mailänder Richter leiten ein Ermittlungsverfahren ein. Daraus ergibt sich, daß die schwarzen Geldüberweisungen zunächst der Edison und dann der Montedison zwischen 1956 und 1970 mindestens 60-70 Milliarden Lire betragen haben; 50 davon gingen an Politiker, zunächst, um die Verstaatlichung der Stromwirtschaft zu verhindern, dann, um eine möglichst hohe Entschädigung zu erhalten. Als sich aber die Untersuchung auch auf herausragende Persönlichkeiten erstreckt, zieht die parlamentarische

Untersuchungskommission das Verfahren an sich. Der Prozeß wird mit dem Verfahren wegen der Lieferung von Funkgeräten ans Verteidigungsministerium zusammengezogen.[7] Er endet im Jahr 1980 mit einem Freispruch für alle Angeklagten. Im Urteilsspruch erwähnen die Richter, daß »der gelegentliche Gebrauch von Summen ..., die nicht in der Bilanz erscheinen« und die dazu dienen, »Nachteile für das Unternehmen zu vermeiden«, kein Verbrechen darstellt. Es gibt in der Tat keine Beweise, daß zwischen den Geldüberweisungen, bestimmten gesetzlichen Maßnahmen und anderen Gefälligkeiten der Firma gegenüber ein direkter Zusammenhang besteht.

Eugenio Cefis wird im April 1971 Vorstandsvorsitzender der Montedison, nachdem er aus dem ENI (dessen Aufsichtsratsvorsitzender er gleichfalls ist) jene Tätigkeitsbereiche ausgegliedert hat, die der Montedison nützlich sein könnten. Zugleich hat er seine politischen Allianzen ausgebaut und befestigt. Außerdem hat er während seiner Zeit beim ENI auf einer starken Präsenz des Staates (durch den ENI) in einem so strategischen Sektor wie der Chemie bestanden. Damit hatte er die Übernahme der Montedison begründet. Nun jedoch verfolgt er das genau entgegengesetzte Ziel, er will die Abhängigkeit des ENI (an die Spitze dessen Vorstands er seinen treuen Gefolgsmann Raffaele Girotti manövriert) vom Staat beschneiden und die Montedison aus der Überwachung durch den Staat befreien. Und trotzdem will er dem Staat die Last der unproduktiven Zweige seiner Firma aufbürden, verlangt er Subventionen und günstige Kredite, kurzum, er möchte die öffentlichen Kassen auf jede nur erdenkliche Weise plündern. Dabei entwickelt er jene treffend als »Verstaatlichung der Verluste und Privatisierung der Gewinne« bezeichnete Strategie zu einer hohen Kunst.[8]

In all dem ist keine industriepolitische Strategie zu erkennen, und wenn, dann ist sie nur zweitrangig. Es handelt sich um eine politische Strategie, die die eigene Machtposition stärken, Cefis zum großen Geldgeber und daher auch Patron der Parteien machen

7 Die Anklage lautet auf schweren Betrug und Schädigung des Staates sowie Korruption in einer Ausschreibung mit einem Gesamtvolumen von viereinhalb Millionen Lire. Der elektronische Sektor der Montedison hätte 1200 Funkgeräte liefern sollen, die in Panzer eingebaut werden sollten. Aber tatsächlich seien Geräte geliefert worden, die von den amerikanischen Truppen in Deutschland als Kriegsbeute beschlagnahmt worden waren.

8 *Razza Padrona*, *op. cit.*, S. 348f. u. 397. Die Formulierung stammt im Kern von Ernesto Rossi.

soll. Der Einstieg der Montedison ins italienische Pressewesen wird in nur wenigen Monaten, zwischen Ende 1973 und Frühjahr 1974, zum Erfolg geführt. Art und Zeitpunkt sind beispielhaft für diese Machtstrategie, denn die italienische Wirtschaft steckt in ernsten Schwierigkeiten und spürt noch die Nachwehen des Ölembargos, und eigentlich hätte die Montedison sich um ganz andere Dinge zu kümmern. Cefis erwirbt den *Messaggero* in Rom (17 Milliarden) und die *Gazzetta del Popolo* in Turin, er finanziert Indro Montanelli, der aus dem *Corriere della sera* ausgeschieden ist und sein *Giornale* gründen will. Dem *Corriere della sera* beschafft Cefis zum Zeitpunkt der Übernahme der Zeitung durch Rizzoli einen Kredit in Höhe von 10 Milliarden Lire zur Deckung des Defizits (das sich in der Folge als sehr viel höher erweist – so daß ein Jahr später Gelli und Calvi an seine Stelle treten; vgl. Kap. 7.4). Und schließlich erwirbt oder finanziert Cefis noch andere Zeitungen wie *Il Tempo* in Rom. Wenn das Ziel der Kampagne darin bestand, sich die Unterstützung für die Politik der Montedison zu sichern, dann stellt sich die Frage: Für welche Politik?

Fest steht, daß die Resultate dieser Politik unter dem Gesichtspunkt der Interessen der Montedison reichlich mager sind. Als Cefis 1977 seinen ruhmlosen Abschied nehmen muß und nach Kanada emigriert, von wo aus er nun seine beachtlichen Einkünfte verwaltet, steht die Montedison vor dem Zusammenbruch.

Scalfari und Turani schreiben (im Jahr 1974, Cefis war noch Vorstandsvorsitzender der Montedison):

> »Seit einigen Jahren ist er ein fester Bezugspunkt geworden. Wenn irgend etwas Rätselhaftes geschieht, wenn der Schlüssel zu einer nachvollziehbaren Interpretation eines Vorgangs fehlt, dann muß man sich nur die Frage stellen: Welche Position hat Cefis eingenommen? ... Jedesmal, wenn Cefis sich für eine Partei eingesetzt hat, dann konnten wir feststellen, daß die Interessen des Landes auf der anderen Seite lagen.«

## 3. Wirtschaftskriminalität und politische Kriminalität

Die Fälle ENI und Montedison sind nur die herausragenden Beispiele des politischen Fehlverhaltens und der überschwappenden Korruption im Italien der siebziger und achtziger Jahre.[9]

9 Zur genaueren Information über die Betrügereien zwischen Politik und Wirtschaft in Italien sei hier, neben den Publikationen zu spezifischen Fällen, an *L'Italia sotte-*

Die politischen Parteien haben sich die Industrie, die Banken, die Gewerkschaften, die Presse und weite Teile der Kultur gefügig gemacht – oder, wenn man will: kolonisiert. In einem solchen Umfeld kann – wenn überhaupt – die Identifikation der Beamten (einschließlich der Militärs und der Geheimdienste), der Ordnungskräfte, der Berufsverbände und selbst des einfachen Bürgers mit dem Staat nur äußerst schwach ausgebildet sein. Der Staat wird zu einem abstrakten Begriff (ausgenommen vielleicht die Steuereintreibung), und die Parteien werden zum Verwalter der Autorität, ihnen, nicht dem Staat, schuldet man Gehorsam. Zudem schafft in vielen Fällen erst die Wirtschaftskriminalität jene Finanzmittel, die keiner Kontrolle unterstehen und die notwendig sind, um die politische Kriminalität in Gang zu setzen.

Der erste Skandal der neuentstandenen italienischen Republik stammt aus dem Jahr 1946 und betrifft zwei Minister der ersten Regierung De Gasperi, Ezio Vanoni (Außenhandel) und Pietro Campilli (Finanzen). Der erste wird beschuldigt, als Kommissar des Nationalen Befreiungskomitees bei der Banca dell'Agricoltura überhöhte Spesen bezogen zu haben, der zweite soll sich durch Spekulationen an der Börse bereichert haben, wobei er sich Insider-Informationen bediente, die ihm in seiner Funktion als Finanzminister bekannt waren. Die Untersuchungskommission der konstituierenden Versammlung spricht die Beschuldigten frei. In seiner Verteidigung macht Vanoni geltend, nur ein Drittel der Spesen für sich behalten und den Rest an die Parteikasse überwiesen zu haben. Hier zeichnet sich bereits eine Unsitte ab, ein Alibi, das die Politiker künftig immer wieder zu ihrer Entlastung vorbringen werden. Und schließlich verdient in diesem relativ kleinen Skandal noch ein weiterer Aspekt der Erwähnung. Giovanni Gronchi, aufstrebender Führer der DC, versucht, mit den Vorwürfen gegen die beiden Minister De Gasperi zur Demission zu zwingen und die Linke aus der Regierung auszuschließen. Diese Funktionalisierung von Auseinandersetzungen im Innern der Partei wird in den folgenden Jahren Usus werden.[10]

Das Muster des Skandals Vanoni-Campilli wiederholt sich 1950. Wieder sind es zwei Mitglieder der DC, Giuseppe Spataro,

*ranea* von Giorgio Galli erinnert (Bari 1982) und an Sergio Turone, *Politica ladra – Storia della corrizione in Italia 1861-1992* (Bari 1992), denen zum großen Teil die Darstellung der verschiedenen Skandale in diesem Abschnitt entnommen ist.

10 Giorgio Galli, *op. cit.*, S. 23ff.

Postminister und Vorsitzender der RAI, und Paolo Bonomi, Vorsitzender der »Federazione dei coltivatori diretti« (des Bauernverbandes. U. H.), die (von einem Parteifreund) der Vorteilsnahme, der Ämterhäufung, der Begünstigung bei der Vergabe öffentlicher Mittel und irregulärer Verwaltungspraktiken beschuldigt werden. Auch in diesem Fall wird eine Untersuchungskommission eingesetzt, aber wieder zieht man es vor, der Regierung keine Schwierigkeiten zu bereiten. Der Ausgang ist derselbe wie in der Affäre Vanoni-Campilli.

Die fünf Jahre zwischen 1953 und 1958 sind die Zeit eines großen Umbruchs innerhalb der DC. De Gasperi zieht sich zurück, und Amintore Fanfani übernimmt das Amt. Sein Hauptrivale, Attilio Piccioni, wird durch den Skandal um den Tod einer jungen Frau, Wilma Montesi, zum Rücktritt gezwungen.[11] Fanfani ist in dieser Zeit Innenminister und vermutlich der heimliche Drahtzieher der Untersuchung in dieser Mordsache. Er wird auf diese Weise seinen wichtigsten Konkurrenten in der Nachfolge von De Gasperi los.

1965 soll sich zum ersten Mal in der Geschichte der Republik das Mitglied einer Regierung vor dem Verfassungsgericht verantworten. Angeklagt ist Giuseppe Trabucchi, Christdemokrat und Präsident der Banca Cattolica del Veneto. In seiner Zeit als Finanzminister hat er, nach Zahlung einer gewaltigen Summe zugunsten seiner Partei, zwei Privatfirmen illegal Lizenzen für den Import mexikanischen Tabaks erteilt. Um das Verfahren vor dem Ver-

11 Die Untersuchung ergibt, daß Wilma Montesi häufiger an wilden Festen in einer kleinen Siedlung nahe am Strand teilnahm, zu deren Gästen auch die Söhne der christdemokratischen Minister Spataro und Piccioni gehörten. Piccionis Sohn Piero soll derjenige gewesen sein, der der Polizei die Unterwäsche Wilmas übergab. Das Mädchen starb im April, vor den Wahlen, die ersten Indiskretionen über den Fall sickern im Mai durch, als zum ersten Mal der Name von Piero Piccioni ins Spiel gebracht wird. Fanfani ist Innenminister und leitet eine Ermittlung ein. Im Januar 1954 ist Piccioni Außenminister der neuen Regierung Scelba. In der Zwischenzeit hat der Prozeß gegen den Chefredakteur einer Wochenzeitung begonnen, die im Oktober 1953 Nachrichten über eine angebliche und von den Klägern für falsch erachtete Verwicklung von Piero Piccioni und Ugo Montagna, einem Freund, in den Todesfall Montesi gebracht hatte. Man erfährt, daß Montagna Agent des Ovra, des faschistischen Geheimdienstes, gewesen war und mit den Deutschen kollaboriert hatte. Der Polizeichef tritt zurück. Der Prozeß gegen den Journalisten wird ausgesetzt, und das Gericht ordnet eine Ermittlung über den Tod der Montesi an. Unmittelbar danach wird Piero Piccioni unter Mordverdacht festgenommen. Attilio Piccioni tritt von seinem Amt als Außenminister zurück. 1957 werden Piero Piccioni ebenso wie Montagna freigesprochen.

fassungsgericht in Gang zu setzen, bedarf es der absoluten Mehrheit in einer gemeinsamen Sitzung von Senat und Parlament. 461 Parlamentarier stimmen dafür, 440 dagegen. Das reicht nicht, und Trabucchi kommt ungeschoren davon, ist allerdings kompromittiert.

Inzwischen hat die italienische Politik ihren Kurs geändert, es gibt die erste Mitte-Links-Regierung. Der politische Stil bleibt derselbe. Immer häufiger werden Skandale ausgelöst, um sie in der Auseinandersetzung zwischen den Parteien oder innerhalb der Parteien zu benutzen. Dieser Trend wird durch die Politik der linken Mitte noch verstärkt. Zunächst in der Auseinandersetzung zwischen Befürwortern und Gegnern dieses Strategiewechsels und später durch das Hinzukommen des PSI, der die Verteilung der Erträge aus der politischen Verwaltung der Wirtschaft bestimmen will. Und dies ausgerechnet in dem Moment, da die Einbeziehung der Linken in die Regierung das Zeichen einer neuen Moral und Transparenz im Interesse der Allgemeinheit hätte sein sollen.

Jetzt beginnt die systematische Korruption im großen Stil, und die Spitzen der Parteien werden zu Mitwissern, die die Untersuchungsverfahren mit der Ausrede blockieren, die Mittel seien gar nicht illegal, denn sie würden für das Funktionieren der Parteien und damit auch des politischen Systems benötigt. Zynisch und scheinheilig werden die Skandale schließlich zum Vorwand genommen, ein Gesetz zur Parteienfinanzierung zu verabschieden, das den illegalen Finanzierungen ein Ende setzen soll. Die aber gehen schlichtweg weiter. Sie werden sogar noch bedeutender und umfangreicher.

Anfang 1970 wird der Sozialist Giacomo Mancini Nachfolger Nennis als Generalsekretär des PSI. Eigentlich vertritt er moderate Positionen, aber er ist unbequem, denn er gehört zu denen, die immer wieder verlangt hatten, die Vorkommnisse des Jahres 1964 aufzuklären. Da er sich in einer Position befindet, die es ihm erlaubt, noch unbequemere Fragen zu stellen, wird er selbst zum Mittelpunkt eines Skandals. Mancini war Minister für öffentliche Arbeiten, dem auch die Anas, das Unternehmen für den Bau der Autobahnen, unterstand. Die Anas verwaltet im Rahmen ihrer Ausschreibungen Milliarden öffentlicher Gelder. Seit 1968 wurden die Ausschreibungen manipuliert, was den Organisatoren laut einigen Schätzungen in den drei Jahren zwischen 1968 und 1971 etwa 30 Milliarden Lire eingebracht haben soll, die zum Teil in die Kassen der Parteien geflossen sind.

Die Skandale im Zusammenhang mit Stadtplanung und öffentlichen Bauten machen noch nicht einmal halt vor Zonen wie der Emilia, die vom PCI regiert werden. Unter den größten Spekulanten und Bauherren finden wir die Gebrüder Marchini, Kommunisten,[12] die Steuern hinterziehen und Bestechungsgelder in Milliardenhöhe zahlen. Ihre Position verdanken sie nicht zuletzt Krediten staatlicher Kreditinstitute. In Rom bauen sie nicht nur das Gebäude in der Via delle Botteghe Oscure, in dem der PCI residiert, sondern auch das Stadtviertel der Magliana (ein ganzes Viertel für mehrere 10 000 Menschen, das ohne Genehmigung und Planungsgrundlage auf überschwemmungsgefährdetem Gebiet in Tibernähe errichtet wurde. U. H.). Die goldene Palme allerdings gebührt ganz zweifellos den Brüdern Caltagirone (Gaetano, Francesco und Camillo), den Finanziers der Strömung Andreottis in der DC (vgl. Kap. 8.1). Ihr Unternehmen wächst und gedeiht in den sechziger und siebziger Jahren, sie erhalten riesige Mittel von der Italcasse (mehr als 200 Milliarden Lire), als aber die Kontrolleure der Banca d'Italia deren Bilanzen prüfen, stellt sich heraus, daß nur 5 Milliarden zurückgezahlt wurden und die Brüder Caltagirone mindestens vierzig Phantomfirmen (ohne irgendeinen Beschäftigten) gründeten, deren Buchführung keinen Anhaltspunkt für Ausgaben liefert, die die Zahlungen rechtfertigten.

Im Frühjahr 1974 wird ein relativ kleiner Skandal publik, der symptomatisch dafür ist, wie ungestraft man in Italien mit Phantasiegeschäften öffentliche Gelder erschleichen kann, selbst wenn das alles bereits auf den ersten Blick erkennbar ist. 1967 hatte das Parlament ein Gesetz über die Schadensersatzregelung für Kriegsschäden verabschiedet. Ein Florentiner Kaufmann, Giancarlo Guasti, legt gefälschte Quittungen vor, die auf einige der bedeutendsten Rüstungsindustrien ausgestellt sind und aus denen Lieferungen in einem geschätzten Gesamtwert von damals 50 Milliarden Lire an die deutschen Besatzungsgruppen in Italien hervorgehen. Und das datiert auf einen Zeitpunkt, als diese Fabriken

12 Alfio ist der älteste der drei Brüder und für seine Verdienste im Partisanenkampf bekannt. Unter anderem hat er am Attentat in der Via Rasella im März 1943 teilgenommen, bei dem 33 deutsche Soldaten getötet wurden. Dieses Attentat ist der Anlaß für die Erschießungen in den Fosse Ardeatine als Repressalie (vgl. Kap. 8.1).

schon nicht mehr produzierten und die Deutschen gegen den alliierten Vormasch mit äußerst schwacher Rückendeckung durch die Luftwaffe und ohne jegliche Seestreitmacht kämpften. Diese Tatsachen sind allgemein bekannt. Als der Skandal 1974 publik wird, bemerkt jemand voller Ironie, hätten die Deutschen über diese Mittel verfügt, dann hätten sie vielleicht nicht den Krieg, aber in jedem Fall den Kampf um Italien gewonnen.[13] Der Betrugsversuch schlägt am Ende deshalb fehl, weil ein Abteilungsleiter des Schatzministeriums, Amos Carletti (ein anständiger, fleißiger und naiver Beamter), die Unregelmäßigkeiten entdeckt und den Fall anzeigt. Die Generalstaatsanwaltschaft blockiert die Zahlungen, nachdem die Rüstungsfirmen Caproni und Siai Marchetti bereits drei Milliarden Lire kassiert haben. Der Prozeß in dieser Sache findet im Februar 1981 in Mailand statt, die verantwortlichen Politiker kommen ungeschoren davon. Amos Carletti hingegen ist in der Zwischenzeit zwangsweise pensioniert worden.

Ebenfalls im Frühjahr 1974 kommt zufällig der erste Erdölskandal heraus: Riesige Subventionen waren den Parteien in den Jahren 1966-73 als Gegenleistung für gesetzliche und verwaltungstechnische Maßnahmen zugunsten der Ölindustrie (Steuererleichterungen, Subventionen als Lastenausgleich für die Schließung des Suezkanals usw.) überwiesen worden. Die ganze Operation wurde von Vincenzo Cazzaniga geleitet, dem Chef der »Unione petrolifera italiana«. Er koordiniert auch eine ähnliche Aktion für den ENEL, den staatlichen Stromkonzern, der 1972 mit den Zulieferern von Heizöl eine Preiserhöhung vereinbart. Davon wird eine Quote von einer Milliarde Lire »den Erdölfirmen zugestanden«, so drückt sich Cazzaniga nach Publikwerden des Skandals aus, »für ihre Beteiligung an der Pressekampagne zur Realisierung thermoelektrischer Kraftwerke oder besser: der Wahlkampagne der vier Parteien der Mitte-Links-Koalition« (DC, PSI, PRI u. PSDI). Im Fall der ENEL ist die ganze Sache formal nicht angreifbar. In den anderen Fällen behaupten die Ölkonzerne, die Zahlungen seien freiwillige Beiträge ohne Gegenleistung an die Parteien gewesen. Diese Formel hatte schon im Fall Montedison funktioniert, nun wird sie zum gängigen Muster. Wiederum werden am Ende alle darin verwickelten Politiker freigesprochen. Zwei Tage bevor das ihn betreffende Verfahren zu den

13 *Affari di Stato, op. cit.*, S. 129.

Akten gelegt wird, läßt Andreotti durch ein Interview mit *L'Espresso* wissen, es handle sich um ein politisches Manöver, das er nicht einfach hinnehmen werde.

Der zweite Erdölskandal bricht nach langer Inkubationszeit 1980 los und fördert einen Betrug von mehr als 2000 Milliarden Lire durch die Erdölbosse und Offiziere der Finanzpolizei zutage. Sieben Jahre lang haben sie die Steuern auf die Erdölraffinierung mittels falscher Dokumente über Transport und Entladung hinterzogen. Es handelt sich hier um einen der schwerwiegendsten Skandale der italienischen Geschichte, sowohl wegen der Art der Gesetzesübertretungen als auch wegen der großen Zahl von Politikern und Beamten, darunter Militärs, die in ihn verwickelt sind.[14] Aber auch aus diesem Skandal gehen die meisten belasteten Politiker unbeschadet hervor, zumindest juristisch. Andreotti mußte, wie wir bereits sahen (vgl. Kap. 8.1), eine parlamentarische Abstimmung zwecks Einleitung eines Ermittlungsverfahrens zu seiner Rolle bei der Ernennung von General Graziani an die Spitze der Finanzpolizei über sich ergehen lassen – und wird »freigesprochen«.

Im Oktober 1980 wird der Skandal der gefälschten Quittungen für die Mehrwertsteuer bekannt, der, was das Ausmaß des Schadens für den Staat anlangt, den Erdölskandal sogar noch übertreffen könnte. Die Justiz ermittelt gegen über sechshundert Verdächtige und ordnet zahlreiche Verhaftungen an. Der Finanzminister, der Sozialist Rino Formica, verspricht neue gesetzliche Regelungen und Kontrollen zur Verhinderung ähnlicher Betrugsmanöver. Während die Polemik noch hin- und hergeht, zerstört am 23. November ein Erdbeben in Irpinien und der Basilikata ganze Ortschaften. Mehr als 3000 Menschen sterben, die Zahl der Verletzten übersteigt 7000.

Dieses Erdbeben wird Ausgangspunkt einer ganzen Kette von

14 Unter den sechzehn Personen, gegen die ermittelt wird, befindet sich auch der christdemokratische Minister Antonio Bisaglia. Im Sommer 1984 fällt Bisaglia vor dem Hafen von Portofino von seiner Yacht ins Meer und ertrinkt. Einige Jahre danach sagt ein Bruder des Ministers, der Priester Don Mario, Bisaglia sei nicht Opfer eines Unfalls, sondern umgebracht worden. Er führe persönlich Nachforschungen durch, um die Wahrheit herauszubekommen. Sofort werden Stimmen laut, die von geheimen Informationen im Zusammenhang mit dem Erdölskandal reden. Einige Wochen später stirbt auch Don Mario, ebenfalls durch Ertrinken, diesmal in einem See. Die Ermittler gehen von Selbstmord aus, aber alle, die Don Mario näher kannten, schließen das kategorisch aus.

Vergehen und Skandalen (manipulierte Ausschreibungen, Zahlungen für Arbeiten, die niemals ausgeführt wurden, und gewaltige Summen, die auf privaten Bankkonten landeten, während noch heute, mehr als 15 Jahre nach dem Erdbeben, ein Teil der Bevölkerung in den Notunterkünften lebt, die direkt nach dem Erdbeben errichtet wurden) und Untersuchungen ohne jedes konkretes Ergebnis. Es geht um die Milliardensummen, die die Regierung zur Behebung der Schäden bereitgestellt hat und um die sich die Unternehmen und Lokalpolitiker ebenso schlagen wie rivalisierende Banden der Camorra, deren Mordanschläge Dutzende von Opfern kosten.

1988 platzt der Skandal der Eisenbahnen, der »Skandal der goldenen Bettücher«. Es geht um die Lieferung von Bettwäsche und Handtüchern gegen Bezahlung von Bestechungsgeldern. Darin verwickelt ist der Vorsitzende der Eisenbahngesellschaft, Ludovico Ligato, höchstpersönlich. Ligato, ein Christdemokrat und vormaliges Mitglied der Kommission für das Transportwesen im Parlament sowie Berichterstatter über das Gesetz zur Reform der Eisenbahn (das nie realisiert wurde), tritt zurück. In Calabrien, wo er geboren ist und wo seine politische Karriere begann, gründet er mit seinem Sohn und einigen anderen Personen zahlreiche Gesellschaften, vermutlich um an Wettbewerben und anderen Projekten der öffentlichen Hand teilzunehmen. Aber offensichtlich ist er in seiner alten Heimat nicht willkommen. Während seiner Abwesenheit haben sich andere Gruppen die Interessengebiete aufgeteilt, und die 'ndrangheta kontrolliert die Geschäfte. Am Abend des 27. August 1989 wird Ligato vor dem Eingang seines Hauses ermordet. Seine Frau spricht ganz offen von einem »Staatsverbrechen«, seine Partei hingegen distanziert sich von ihm. Bei seiner Beerdigung erinnert Staatspräsident Scalfaro die anwesenden Christdemokraten daran, daß Ligato nicht zuletzt auch wegen seiner Ämter, die er im Namen und im Auftrag der DC ausfüllte, ermordet wurde und daß die DC den Mut haben sollte, die durch seinen Tod aufgeworfenen Fragen anzugehen.

Inzwischen befinden wir uns im unmittelbaren Vorfeld von »Tangentopoli«. An dieser Stelle wollen wir kurz an den Skandal von Savona aus dem Jahr 1983 erinnern. Protagonisten in diesem Skandal sind der Sozialist Alberto Teardo, Ex-Präsident der Region, und andere leitende Lokalpolitiker des PSI. Sie werden der Bildung einer mafiosen Vereinigung beschuldigt. Die Partei suspendiert Teardo, aber Craxi spricht von Verfolgung und von einem Komplott gegen den PSI. Die Verurteilung Teardos in der ersten Instanz zu zwölf Jahren und sechs Monaten wird im Berufungsverfahren deutlich reduziert. 1991 vor dem Kassationsgericht mündet das Verfahren schließlich in einen allgemeinen Freispruch. Dennoch markiert der Skandal Teardo den Beginn der Krise des PSI, und zwar paradoxerweise unmittelbar vor der ersten Regierung unter Führung eines Sozialisten in der Geschichte der Republik. Nach dem Rücktritt Fanfanis und den Wahlen vom 26. Juni beauftragt der Präsident der Republik, Sandro Pertini, am 11. Juli 1983 Bettino Craxi mit der Bildung einer neuen Regierung. Weniger als zehn Jahre danach, als er sich erneut anschickt, den Posten des Ministerpräsidenten zu übernehmen, stürzt Craxi über die Ermittlungen zu »Tangentopoli«. Am Ende sind doch nicht alle Skandale kanalisierbar.

## 4. Die »Selbstmorde« von Michele Sindona und Roberto Calvi

Es überrascht nicht, daß in all diesen illegalen Geschäften auch Abenteurer wie Sindona oder skrupellose Bankiers wie Calvi einen Platz fanden. Das System bot ausreichend Möglichkeiten, sich unter Mißachtung (oder wegen Fehlens) des Gesetzes und jeder moralischen Norm sehr rasch zu bereichern. Aber in diesen beiden Fällen (und es sind nicht die einzigen, nur die eklatantesten) kommt noch ein weiteres Moment der Illegalität hinzu: die Verbindungen zur Mafia.

Michele Sindona verläßt 1946 Sizilien und geht mit einem Empfehlungsschreiben nach Mailand, das ihm die ersten Kontakte mit der reichen Mailänder Bourgeoisie (und einigen wohlhabenden Kirchenmännern) erleichtern soll. Bald schon macht sich der junge ehrgeizige Mann einen Namen als Steuer- und Finanzberater. Ende der fünfziger und Anfang der sechziger Jahre knüpft er Beziehungen zum Ior, dem Istituto per le opere religiose (Institut für religiöse Werke, die Vatikanbank. U. H.) des Vatikans, sowie zu italienischen und ausländischen Bankiers (in London mit der Hambro, in Chicago mit der Continental Illinois), er agiert an der Börse und macht Geschäfte auf eigene Rechnung wie für Dritte. 1962 kauft er die Mehrheit an der Banca Privata Finanziaria, 1964 die an der Finbank in Genf, zwischen 1966 und 1968 erwirbt er die Mehrheit an der Banca Unione (durch Kauf der Aktien von Bastogi und anderen) und an der Finanziaria Sviluppo. Zwischenzeitlich schließt er einige große Spekulationen an der Börse erfolgreich ab und fungiert als Vermittler bei ganz großen Transaktionen (1964 beim Kauf von Libby durch Nestlé). 1968 erwirbt er die Anteile des Vatikans (33 %) an der Società Generale Immobiliare. Sindona gehört nun zur Großfinanz, und sein Ansehen als geschickter Finanzier hat den Höhepunkt erreicht. Seine Beziehungen zum Vatikan, dem Mitinhaber seiner Banca Unione und Teilhaber bei anderen Geschäften, haben inzwischen eine solide Basis. Der Vatikan, der seine Anlagen in Italien losschlagen und im Ausland investieren möchte, hält Sindona für einen Mann, den die Vorsehung schickt.

Außerhalb der Mauern des Vatikans ist das Urteil über ihn zurückhaltender. Man vermutet Beziehungen zwischen Sindona und einer sizilianisch-amerikanischen Gruppe, die der Mafia nahesteht, sowie eine Verwicklung in den internationalen Drogenhandel.[15] Diese Stimmen scheinen aber seinem Ruf nicht wirklich etwas anhaben zu können. Doch Sindonas Bedenkenlosigkeit bei Börsengeschäften und bei der Kontrolle über einige Banken sind mit Sicherheit einer der Beweggründe für das Veto der Banca d'Italia gegen seinen Versuch einer Übernahme der Banca dell'Agricoltura. Als Sindona mit seiner Hambros Bank versucht, die Centrale zu übernehmen, eine große Finanzierungsgesellschaft in Händen der Familien Bonomi, Bolchini, Pirelli, Agnelli und Pesenti, der Crème de la Crème der italienischen Industrie und Hochfinanz, sowie der Banca d'America e d'Italia und der Lambert aus Brüssel, wehren sich die Besitzer zunächst: Das Angebot ist hervorragend, aber Sindona ist schließlich ein Parvenue, ein Abenteurer. Allein schon die Vorstellung, ihm die Centrale zu überlassen, die trotz ihrer nicht gerade rosigen Situation zum Adel der italienischen Hochfinanz gezählt wird, macht sie schaudern.

Doch schon nach einem fehlgeschlagenen Versuch, Agnelli dazu zu bewegen, ebenfalls ein Angebot zu machen, geben die Eigentümer nach. Nachdem Sindona sich die Kontrolle der Centrale gesichert hat, bereitet er den entscheidenden Angriff auf die Bastogi vor, von der er bereits einen 22prozentigen Anteil hält. Das

15 *Abschlußbericht der Parlamentarischen Untersuchungskommission zum Fall Sindona*, 1982, S. 164.

ist der Ausgangspunkt für den Konflikt mit Eugenio Cefis, der gerade erst den Vorstandsvorsitz bei der Montedison übernommen hat (wir befinden uns im Jahr 1971). Auch er bereitet eine Übernahme durch die Fusion von Bastogi und Italpi, einer Gesellschaft der Montedison, vor.

Ein internationales Konsortium unter Führung von Sindona legt ein öffentliches Angebot für den Kauf von Titeln der Bastogi vor. Der Konflikt wird nun in voller Breite ausgetragen, das öffentliche Interesse konzentriert sich auf das in der italienischen Börsengeschichte einmalige öffentliche Kaufangebot – und folgt der Auseinandersetzung zwischen Cefis und Sindona mit sportlichem Interesse. Der Ausgang ist entschieden, als Agnelli trotz Merzagoras Parteinahme für Sindona und eigenen Zweifeln – er weiß, daß dies die letzte Gelegenheit ist, die Expansionspläne von Cefis zu stoppen – schließlich doch den Verkauf der eigenen Anteile an der Bastogi an die Gruppe von Sindona ablehnt. Die Banca d'Italia und die italienischen Parteien sind alle auf Cefis Seite. Nach einer turbulenten Woche an der Börse, in der die Titel der Bastogi in schwindelerregende Höhe steigen, endet die Auseinandersetzung mit dem Sieg von Cefis.

Im Jahr 1971, als die Auseinandersetzung um die Bastogi kaum beendet war, schickt die Banca d'Italia ihre Inspektoren in die Banca Unione und die Banca Privata Finanziaria, die beide der Sindona-Gruppe gehören. 1974 berichtet der Schatzminister, Emilio Colombo, den zuständigen parlamentarischen Kontrollkommissionen, daß die Unregelmäßigkeiten ein riesiges Ausmaß besaßen, weshalb die Banca d'Italia die Möglichkeit erwog, die beiden Banken unter Zwangsverwaltung zu stellen oder aufzulösen. Dies wurde aber nicht getan, weil es zu schwerwiegenden Erschütterungen des ganzen Bankensystems geführt hätte. Trotz all dieser Vorbehalte haben 1972 der damalige Schatzminister Ugo La Malfa und die Banca d'Italia gegen die Gründung der Finanzierungsgesellschaft Finambro seitens Sindonas ebensowenig einzuwenden wie gegen die beiden folgenden Kapitalerhöhungen in der Zeit zwischen Juni und August 1973.

Anfang 1974 jedoch legt La Malfa, auch gegen starken Druck seitens der Christdemokraten, sein Veto gegen ein neues Projekt zur Kapitalaufstockung der Finambro ein. Auf diese Entscheidung wird Sindona in der Folge seinen Niedergang vor allem zurückführen. Obwohl in Wirklichkeit die Position des Schatzministeriums und der Banca d'Italia immer wieder schwankt, führt das einige zu der Behauptung (um sich gegen den Vowurf zur Wehr zu setzen, sie hätten Sindona nicht stoppen können oder wollen), daß man nicht ganz schlecht von den Aktivitäten Sindonas reden könne. Und zur Untermauerung wird angeführt, daß sich das Schatzministerium und die Banca d'Italia drei Monate nach dem Veto gegen die Kapitalaufstockung der Fusion von Banca Unione und Banca Privata Finanziaria und der daraus entstandenen Banca Privata Italiana nicht entgegenstellten. Inzwischen hat Sindona begonnen, auf die Lira zu spekulieren, wobei er von den Schwankungen der italienischen Währung im Februar 1973 profitiert, und er schließt enge Kontakte zu osteuropäischen Banken, auch der Sowjetunion.

Im September 1973 bringt Andreotti bei einem Bankett im Waldorf Astoria in New York einen Trinkspruch auf Sindona aus, in dem er ihn als »Retter der Lira« bezeichnet, weil der sizilianische Bankier in den Monaten zuvor angeblich ein Manöver zur Stützung der italienischen Währung erfolgreich abgeschlossen hat. 1974 unterstützt Sindona mit einem Kredit von zwei Milliarden den Wahlkampf der DC beim Referendum über die Ehescheidung. Als Gegenleistung verlangt der Bankier von der DC Unterstützung bei der Ernennung von Mario Barone als Verwaltungsratsmitglied des Banco di Roma. Dies geschieht tatsächlich, und sofort beginnt der Banco di Roma mit Stützungs- und Rettungsversuchen von Sindona. Diese Episode ist typisch für den unglaublichen Einfluß der Politik auf das Bankensystem und folglich auch auf die Unternehmerschaft.[16]

16 »Ist das ein Befehl?« fragt Vittorino Veronese, der Präsident des Banco di Roma, Fanfani, der ihn davon in Kenntnis gesetzt hat, daß Barone für den Verwaltungsrat nominiert werden soll. »Es ist kein Befehl«, erwidert Fanfani, »denn ich bin kein General, aber du mußt das als gegeben hinnehmen, denn ich stehe in diesem Punkt bei Andreotti in der Pflicht.« Und so erzählt einer der Protagonisten die nachfolgende Begegnung zwischen Andreotti und Veronese, der sich in Begleitung von Ferdinando Ventriglia, einem Manager der Bank, befindet (beide sind gegen die Ernennung Barones): »Andreotti hört zu..., er läßt sich keine Ungeduld anmerken, er bringt keine *Gegen*argumente vor, die es gewiß auch gibt. Er läßt es geschehen, daß sich die Vorwürfe gegen seinen Schützling auftürmen, so daß seine Gesprächspartner um so deutlicher die ganze Macht und die tiefste Bedeutung des einzigen, unwiderruflichen Satzes ermessen können, den er ihnen am Ende entgegenhält: ›Ich bleibe bei der Kandidatur von Barone.‹« Lombard (Pseudonym), *Soldi truccati. I segreti del sistema Sindona*, Mailand 1980, S. 179. Zitiert nach Giorgio Galli, *op. cit.*, S. 166.

Trotz allem beginnen im Mai 1974 die ersten ernsten Schwierigkeiten für Sindona. Die Kontrollen durch die amerikanischen Banken offenbaren die Zahlungsunfähigkeit der Franklin National Bank (die Sindona gehört) hauptsächlich in Folge von Währungsspekulationen. Anfänglich gelingt es Sindona dank seiner Freundschaften in den USA, den Abzug der Einlagen aus der Bank zu stoppen, denn er erhält einen großen Kredit der Federal Reserve Bank. Den ganzen Sommer 1974 über vervielfacht Sindona seine Anstrengungen. Er führt alle seine Schwierigkeiten auf die Weigerung La Malfas zurück, der Kapitalaufstockung für die Finambro zuzustimmen. Offensichtlich wäre die noch nicht einmal ein Trostpflaster gewesen, aber Sindona braucht diesen Vorwand, um Druck auf die DC ausüben zu können. Und die DC entzieht sich dem nicht. Ebensowenig der Chef der Banca d'Italia, Guido Carli. Die Glaubwürdigkeit des italienischen Bankenwesens, so wird behauptet, steht auf dem Spiel. Sindona erhält Kredite in einer Gesamthöhe von über 200 Millionen Dollar, davon allein 100 Millionen von der Filiale Nassau des Banco di Roma. Aber auch das sind nur Tropfen auf den heißen Stein. Im Oktober wird die Franklin National Bank für zahlungsunfähig erklärt, als die Mailänder Untersuchungsrichter nach Schließung der Banca Privata Italiana den ersten Haftbefehl (am 4. Oktober) ausgestellt hatten. Sindona taucht unter. Nach kurzem Aufenthalt in Taiwan läßt er sich in New York nieder, wo ihn der Haftbefehl der Mailänder Richter nicht sonderlich beunruhigt (am 8. September wird er aufgrund eines Haftbefehls eines New Yorker Richters festgenommen, aber bald darauf nach Zahlung einer Kaution von drei Millionen Dollar wieder freigelassen). Von New York aus setzt er auch seinen Druck auf die Freunde in Italien fort. Und diese Freunde reagieren – trotz dem Protest seitens des Parlamentspräsidenten Sandro Pertini, der im September öffentlich beklagt, die Regierung habe gnädig den Mantel des Schweigens über die Affäre Sindona gehüllt.

So startet der Versuch einer Rettung. Andreotti hatte bereits im August sein »umfassendes Interesse« gegenüber zwei einflußreichen amerikanischen Freunden Sindonas erklärt. Es handelt sich um Philip A. Guarino vom Republican National Committee (auch ein großer Freund Licio Gellis) und Paul Rao jr., den Präsidenten der Gesellschaft »Americans for a Democratic Italy«, die aktiv im Kampf gegen den Kommunismus engagiert ist und zu deren Mitbegründern Sindona höchstpersönlich gehört. Sindonas Position wird von Guarino und anderen (darunter auch Edgardo Sogno) in ihren beeidigten schriftlichen Aussagen vor dem amerikanischen Gericht erläutert:

»(Beim Gespräch über italienische Geschäftsleute und Politiker) wurde mir einhellig bestätigt, daß er das Opfer heimtückischer Propaganda der Kommunisten wegen seiner wohlbekannten ... antikommunistischen und amerikafreundlichen Aktivitäten sei ... Eine bedeutende politische Persönlichkeit, die in der Vergangenheit eine wichtige Stellung innerhalb der italienischen Regierung hatte (und heute immer noch hat) ... (bezeichnete) die Angriffe auf Sindona wegen seiner wirtschaftlichen Unregelmäßigkeiten als reines Täuschungsmanöver, um damit von dem schwerwiegendsten Fall politischer Verfolgung in der jüngeren Geschichte Italiens abzulenken.«[17]

Der Mann, der den sogenannten Rettungsplan dirigiert, ist der Ingenieur Fortunato Federici, im Verwaltungsrat des Banco di Roma, ein sehr guter Freund von Andreotti und Mittler zwischen ihm und den Verteidigern Sindonas. (Selbstverständlich werden auch Gelli und Calvi aktiv.) Andreotti versucht, ohne Erfolg, die Stimmung bei der Banca d'Italia zu erkunden. Ebenso scheitern die mafiösen Versuche Sindonas, den angesehenen Finanzfachmann Enrico Cuccia (von der Mediobanca) zu überzeugen, sich des Rettungsplans anzunehmen und die Position des Konkursverwalters der Bank Sindonas, Giorgio Ambrosoli, zu schwächen oder ihn zu ersetzen. Cuccia arbeitet dennoch an der Konzeption des Plans mit (ohne sich allerdings allzusehr mit hineinziehen zu lassen). Angesichts der äußerst heftigen Drohungen habe er »den Dialog offenhalten« müssen, wird er später vor den Richtern erklären. Man hat nicht nur die Tür seines Hauses in Brand gesetzt und mit der Entführung eines seiner Söhne gedroht. Im März 1979 wird er informiert, der Anwalt Sindonas, der Beziehungen zur Mafia unterhält, habe gesagt, Sindona sei ein toter Mann und folglich müßten auch Cuccia und seine Familienangehörigen umgebracht werden.[18] Von den Drohungen gegen Cuccia und Ambrosoli war auch in der Presse die Rede, und im Januar 1979 leitete die Staatsanwaltschaft Mailand ein Strafverfahren in dieser Angelegenheit ein. »Die schwerwiegendste Tatsache«, so kann man im

17 Aus einem Brief, der wiedergegeben ist in: *Nel nome della P2*, hg. von Michele d'Arcangelo und Tito Livio Ricci, Genua 1993.

18 Corrado Stajano, *Un eroe borghese*, Turin 1991, S. 182f. u. S. 216f.

Minderheitenvotum der parlamentarischen Untersuchungskommission lesen, »ist, daß sich Andreotti auch dann noch für die Neuordnung der Bank Sindonas einsetzt, als die mafiotische und kriminelle Strategie des Finanziers (Sindona) zweifelsfrei klargeworden ist..., d.h., als keinerlei Zweifel mehr über den Charakter der Person bestehen konnte und jede ihm vorab entgegengebrachte Wertschätzung sich als haltlos erwiesen hatte«.

Jene »kriminelle Strategie« macht vor nichts halt. Sindona, bei dem sich laut Aussage des Anwalts Guzzi »Anzeichen eines nicht aufzuhaltenden Wahns zu manifestieren beginnen«,[19] stieß in Sarcinelli, dem Generaldirektor der Banca d'Italia, und Ambrosoli auf zwei Hindernisse, deren Hartnäckigkeit und Ehrlichkeit er ebenso unterschätzt hatte wie deren Intelligenz. Sarcinelli wird durch das Verfahren »bestraft«, das gegen ihn wegen Vergehen eingeleitet wurde, die er nicht begangen hatte (vgl. Kap. 8.1). Ambrosoli hat sich auch noch »zuschulden« kommen lassen, daß er mit den amerikanischen Richtern zusammenarbeitete, denen er die Beweise für die illegalen Transaktionen Sindonas lieferte. Die amerikanischen Anwälte Sindonas versuchen, Zeit zu schinden, und erklären, ihr Klient müsse »wichtige Aussagen machen, die die Stabilität der Demokratie in beiden Ländern gefährden könnten«. Guzzi eilt zu Andreotti, um ihn zu einer Intervention beim State Department zu drängen. Andreotti erwidert, er habe das bereits getan und werde noch einmal »mit der notwendigen Diskretion« vorstellig werden.[20] Aber am 20. März 1979 eröffnet die amerikanische Justiz das Verfahren gegen Sindona wegen des Bankrotts der Franklin Bank. Ein Jahr später wird er zu 25 Jahren Haft verurteilt. Im April 1979 trifft Enrico Cuccia Sindona in New York, wo ihm Sindona mitteilt, er habe Ambrosoli, den Hauptbelastungszeugen im Prozeß in den USA, »verschwinden« lassen. Cuccia hält es nicht für nötig, Ambrosoli oder die Polizei zu informieren. Der Mann, den Sindona dafür bezahlt, daß er Ambrosoli und Cuccia einschüchtert, ist der amerikanische Mafioso William J. Arico. Nun bietet Sindona ihm 50000 Dollar für die Ermordung Ambrosolis, 25000 sofort, der Rest nach Erfolgsmeldung.

Am Abend des 11. Juli 1979 kehrt Ambrosoli etwa um Mitter-

19 Ebd., S. 183.

20 Anhänge zum *Bericht der Parlamentarischen Untersuchungskommission über die P2*, S. 182. Zitiert nach Corrado Stajano, *op. cit.*, S. 199.

nacht von einem Abendessen nach Hause zurück. Arico nähert sich ihm, und während der Anwalt aus seinem Auto steigt, erschießt er ihn mit drei Pistolenschüssen. Am Morgen des 12. fliegt Arico in die Staaten zurück, wo er wegen anderer Verbrechen festgenommen wird, aber ihm gelingt die Flucht. Bei einer neuerlichen Verhaftung gesteht Arico. Die Ermittlungen können seine Beziehung zu Sindona beweisen. Am 19. Febuar 1984 stürzt Arico bei einem Versuch, aus dem New Yorker Gefängnis zu entkommen, aus 15 Meter Höhe ab und stirbt. Soweit wenigstens die offizielle Version der Fakten, die vielen wenig glaubwürdig scheint.

Sindona taucht am 3. August 1979, drei Wochen nach der Ermordung Ambrosolis, unter. In einem Telefonat wird sein New Yorker Büro darüber »informiert«, daß er entführt worden sei. Am 3. September bezeichnen sich die »Entführer« in einem Telefonat an Guzzi als »eine soeben gegründete proletarische Gruppe, nicht zu verwechseln mit den Roten Brigaden«. Sie behaupten, sie wollten Sindona nach Italien schaffen, wo man ihm »wegen seiner Verbrechen den Prozeß machen wird«.

In Wirklichkeit ist Sindona bereits in Italien, und zwar in Palermo. Am 12. September erhält Guzzi einen langen Brief von Sindona, der von einer »subversiven proletarischen Gruppe für mehr Gerechtigkeit« gegengezeichnet ist. Es handelt sich um ein kurioses Dokument, denn faktisch beinhaltet es eine Bestandsaufnahme der illegalen Operationen Sindonas und folglich auch eine Art Selbstbezichtigung oder Bekenntnis. In seinem Brief führt Sindona die zehn Punkte auf, über die seine Entführer angeblich Informationen von ihm verlangen. Sie beziehen sich auf die zahllosen Unregelmäßigkeiten der Banken Sindonas, die auf Rechnung der Parteien, großer Firmen und des Vatikans begangen wurden.

Es handelt sich um eine groß angelegte Erpressung der Geschäftspartner Sindonas. Es sind Informationen, über die Guzzi nicht verfügt, und Sindona weiß das. Daß die Antwort ausbleibt, ist Teil der letzten Inszenierung, Sindona kann nun auf die Bühne zurückkehren. Er wird von seinen »Entführern« freigelassen, um persönlich die verlangten Unterlagen zu besorgen. Tue er das nicht, so würden er oder seine Familienangehörigen umgebracht. Um diesen Teil glaubwürdiger zu machen, läßt sich Sindona ins Bein schießen, das soll beweisen, daß jene Leute es ernst meinen. Ausgeführt wird das »Attentat« von dem Arzt und Freimaurer Joseph Miceli Crimi, der weiß, wie man einem Menschen in den

Oberschenkel schießt, ohne ihm schwere Verletzungen zuzufügen. Das geschieht am 25. September.

Am 16. Oktober taucht Sindona wieder in New York auf. Wenige Tage zuvor, am 9., war Vincenzo Spatola, der Bruder von Rosario und Überbringer eines seiner Briefe an Rechtsanwalt Guzzi, in dem Moment festgenommen worden, als er einen Brief übergeben wollte. Ein Telefongespräch hatte ihn verraten. Was sollte ein Mitglied des Clans der Spatola mit jener seltsamen Entführergruppe zu tun haben? Bereits am 9. war also die Inszenierung Sindonas teilweise zusammengebrochen. Aber noch acht Monate nach seiner Rückkehr nach New York beharrt Sindona weiter gegenüber den ermittelnden amerikanischen Staatsanwälten auf der Geschichte von der Entführung. Und in der Zwischenzeit fängt er wieder an, Cuccia zu bedrohen, und zwar schlimmer als je zuvor. Am 5. Februar 1980 informiert ein anonymer Anrufer Cuccia auf Englisch, daß, wenn es ihm nicht gelänge, »jenem Menschen in Amerika definitiv zu helfen ..., dann wird es eines nahen Tages geschehen, daß Sie zur Arbeit gehen und ein Telefonat erhalten, das Sie darüber informiert, daß Ihre Frau in Ihrer Wohnung verbrannt ist oder daß Ihre Tochter mit dem Auto in die Luft geflogen ist, oder Sie erhalten ein Telefonat, daß Ihr Sohn aus dem Fenster gefallen ist ...«.[21]

Erst im Juni 1980 gesteht Sindona angesichts der Vorhaltungen der Untersuchungsrichter, daß er die Entführung vorgetäuscht hat. Aber, so sagt er, er habe das gemacht – und hier erreicht sein betrügerisches Genie einen neuen Gipfelpunkt –, um frei dafür zu sein, eine wichtige politische Mission gegen die Verbreitung des Kommunismus in Sizilien zu organisieren, dessen strategische Position im Mittelmeer von vitaler Bedeutung für die amerikanischen Interessen sei.

Möglich ist auch, daß die Rolle der Mafia bei der vorgetäuschten Entführung nicht nur eine logistische war. Man kann angesichts seiner Beziehungen zur Mafia vermuten, daß Sindona auch deren Gelder verwaltete und diese Gelder im Bankrott ebenfalls verlorengingen. Sindona könnte seinen Freunden bei der Mafia gesagt haben, daß noch nicht alles verloren ist und daß seine Rückkehr nach Italien ihm erlauben würde, sich Dokumente zu beschaffen, mit denen er auf bestimmte Leute und Kreise würde Druck aus-

21 Sergio Turone, *op. cit.*, S. 309.

üben können; diese Personen wären in der Lage, seine juristische und seine eng damit verknüpfte finanzielle Situation zu retten. Das würde das Interesse der Mafia an seiner Sicherheit während der Flucht und des Aufenthaltes in Sizilien erklären.

Am 25. September 1984, einige Tage vor der parlamentarischen Debatte über den Fall, wird Sindona an Italien ausgeliefert. Im Parlament wird nach der Diskussion über die Ergebnisse der parlamentarischen Untersuchungskommission ein Mißtrauensantrag gegen Andreotti eingebracht, dem man vorwirft, den Bankrotteur gedeckt zu haben. Der Antrag scheitert dank der Stimmenthaltung der Kommunisten (vgl. Kap. 8.1). Im Dezember beginnt der Prozeß wegen des Bankrotts der Banca Unione und der Banca Privata Italiana, der im März 1985 mit der Verurteilung Sindonas zu 15 Jahren Haft endet. Ein Jahr später, am 18. März 1986, wird der Prozeß wegen der Ermordung von Giorgio Ambrosoli mit der Verurteilung von Sindona und Robert Ventucci zu lebenslanger Haft abgeschlossen. Sindona wird zudem noch wegen Nötigung von Roberto Calvi und Enrico Cuccia verurteilt. Zwei Tage nach dem Urteilsspruch, am 20., fällt Sindona nach der Einnahme von Blausäure ins Koma. Vermutlich war das Gift in der Tasse Kaffee, die er in der Zelle getrunken hatte. Sindona stirbt am 22. März 1986.

Acht Monate später wird der Fall als Selbstmord zu den Akten gelegt. Einige meinen, es habe sich um einen theatralischen Selbstmord gehandelt (genauso theatralisch wie die selbstinszenierte »Entführung«), um sich an seinen Feinden, den ehemaligen Freunden, zu rächen. Er habe den Eindruck erwecken wollen, sie seien die Auftraggeber für seine Ermordung. Aber wie hätte Sindona glauben können, daß schon sein Tod allein, ohne irgendwelche Dokumente und Beweise, gereicht hätte, andere zu verdächtigen? Vielleicht denkt Sindona, als er den Urteilsspruch zu lebenslanger Haft hört, zum ersten Mal wirklich daran, auszupacken. Nicht zuletzt wegen dieser Überlegungen glauben viele nicht an die offizielle These vom Selbstmord und sprechen von Mord. Auf der anderen Seite trifft zu, daß Sindona inzwischen alles verloren hat, er hat keine Freunde mehr, auch der Vatikan hat sich von ihm abgesetzt,[22] sein Ruf ist unwiederbringlich zerstört, und er hat

22 Sindona rechnete für seinen Prozeß in den USA mit der Aussage von zwei Kardinälen, aber der Staatssekretär des Vatikans, Mons. Casaroli, legt sein Veto ein. Als Philip Guarino sich über dieses Veto beschwert, antwortet Licio Gelli (am

keine Möglichkeit mehr, an das Geld zu gelangen, das er irgendwo in der Schweiz oder in China noch besitzt. Schließlich ist er psychisch stark angegriffen.[23] All das könnte ihn, trotz seines kämpferischen und nimmermüden Charakters, in einem Moment der Depression in den Selbstmord getrieben haben. Aber wie kam er an die Blausäure? Der Tod Michele Sindonas wird mysteriös bleiben. In der Ausgabe von *La Repubblica* mit der Nachricht von seinem Tode wird auch eine Vignette des Karikaturisten Giorgio Forattini publiziert, die ein Täßchen dampfenden Kaffee darstellt und auf der ein verschmitzt dreinblickender Andreotti erkennbar ist.

Im Fall von Roberto Calvi dagegen sind die Zweifel an dessen Selbstmord der Gewißheit gewichen, daß er ermordet wurde.

Calvi wird 1920 in Mailand geboren. Der Vater ist Angestellter bei der Banca Commerciale, und bei der Filiale der Commerciale in Bari beginnt auch Roberto Calvi nach seinem wirtschaftswissenschaftlichen Studium (wegen des Krieges ohne Abschluß) an der renommierten Universität Bocconi in Mailand und nach seinem hochdekorierten Einsatz als Unterleutnant der Kavallerie seine Karriere. Zwei Jahre später wechselt er dank der freundschaftlichen Beziehungen seines Vaters zu Alessandro Canesi, einem leitenden Angestellten des Banco Ambrosiano, in ebendieses Institut. Protegiert durch Canesi, der nur wenig später Generaldirektor der Bank wird, beginnt der Aufstieg des jungen Calvi. Er ist geschickt und ehrgeizig, und sein Unternehmungsgeist findet in dem etwas schläfrigen Geldinstitut mit großer Tradition genügend Spielraum. Seine Karriere entwickelt sich geradezu blitzartig, nachdem er einmal unter die Führungskräfte der Bank aufgestiegen ist: 1971 wird er Generaldirektor, 1974 Vizepräsident, und von 1975 bis zu seinem Tod ist er Präsident.[24]

8. April 1980): »Meine Erfahrung mit der menschlichen Psyche sagt mir, daß es für bestimmte Regionen der Menschlichkeit eine Art Naturgesetz ist, den Starken zu helfen und den Schwachen hinabzustoßen: So blieb auch der Kirche gar nichts anderes übrig, als den Mann zu verleugnen, den sie vor einiger Zeit noch als ›von der Vorsehung geschickt‹ bezeichnet hatte.«

23 In einem neuropsychologischen Gutachten der Verteidigung kann man lesen: »Die durchgeführten Tests haben zweifelsfrei ergeben, daß er (Sindona) an schweren Depressionen leidet, begleitet von Selbstmordabsichten...« Zitiert nach Claudio Gatti, *Rimanga tra noi*, Mailand 1990, S. 119.

24 Der englische Journalist Rupert Cornwell ist Autor einer Biographie von Roberto Calvi: *God's Banker. The Life and Death of Roberto Calvi*, London 1983.

Calvi kam etwa zu derselben Zeit nach Mailand wie Sindona, aber das ist vielleicht die einzige Gemeinsamkeit in beider Karriere. Brillant und zielsicher in Richtung Hochfinanz die von Sindona, ziemlich anonym und mühsam innerhalb des Banco Ambrosiano die von Calvi. Sindona ist extrovertiert und dem mondänen Leben gegenüber aufgeschlossen, Calvi dagegen scheu und zurückgezogen. Aber ihr beider Weg sollte sich kreuzen aufgrund der geschäftlichen Beziehungen, die Sindona zum Vatikan unterhält, und der Stellung Calvis in jener Bank, die in Italien seit je in dem Ruf steht, »die Bank der Priester« zu sein. Später verbindet sie auch die Mitgliedschaft in der P2. Und es ist vielleicht bezeichnend, daß der Aufstieg Calvis mit dem Niedergang von Sindona zusammenfällt.

Calvi ist interessiert an den Beziehungen zu den oberen Etagen der internationalen Finanzwelt, über die Sindona verfügt, und der steht seinerseits noch am Beginn seiner Karriere und spürt die Möglichkeiten, die von dem angesehenen Banco Ambrosiano ausgehen. Es ist also keinesfalls Nächstenliebe, wenn Sindona Calvi in die Geheimnisse des Metiers einweiht. Er erklärt ihm das ganze ABC einer Finanzpolitik, die ganz hoch hinaus will – und er führt ihn bei Paul Marcinkus, dem Chef des Ior, ein. Später wird sich Sindona immer rühmen, Calvi mindestens zehn Jahre voraus zu sein und mit ihm ein Abkommen geschlossen zu haben: Calvi sollte seinen Posten übernehmen, wenn er in die Vereinigten Staaten ginge. Calvi war ein gelehriger Schüler: Kaum war er Präsident des Banco Ambrosiano geworden, macht er sich daran, ihren Geschäftsbereich auszuweiten und die Instrumente zu schaffen, die es ihm erlauben, diese Geschäfte ohne jede Kontrolle zu lenken. Er gründet eine Filiale *off shore* (auf den Bahamas) und ausländische Filialen (z. B. die in Managua), über die er die weniger sauberen Operationen abwickeln kann, sowie ein Netz panamesischer Gesellschaften und natürlich einen Schweizer Tresor (die Banca del Gottardo). In kurzer Zeit konsolidiert er die Geschäftsbeziehungen zum Ior von Marcinkus. Dabei handelt es sich sehr oft um Geschäfte, die den heiligen Regeln der Kirche kaum oder gar nicht entsprechen. Gelegentlich knausert er nicht mit Spenden, um sich die Freundschaft und Gewogenheit des Vatikans und des Papstes höchstpersönlich zu erhalten, so beispielsweise, wenn er die Solidarnošć finanziert.

Es ist ein Zufall, daß die Situation des Banco Ambrosiano am selben Tag kritisch zu werden beginnt, da die Entdeckung der Mitgliederlisten der Loge P2 einen Skandal auslöst, nämlich am 17. Mai 1981. In Gellis Büro werden Dokumente über illegalen Kapitalexport mit Hilfe des Banco Ambrosiano (und anderer Banken) gefunden. Die wahren Ursachen für die Schwierigkeiten der Bank liegen jedoch drei bis vier Jahre zurück, als Sindona anläßlich einer Streitigkeit über die Verteilung von Zinserträgen einige Erpressungsversuche unternimmt und dann aus Rache die Banca d'Italia über die Unregelmäßigkeiten des Banco Ambrosiano informiert. Und da diese sich nicht rührt, geht er soweit, deren Chef Paolo Baffi indirekt mit einer Anzeige bei den Justizbehörden zu drohen. 1978 entsendet die Banca d'Italia ihre Inspektoren nach Mailand, die gewisse Unregelmäßigkeiten feststellen, aber nicht von solcher Schwere, daß Maßnahmen ergriffen werden müßten.

Im Mai 1981, kurz nach Entdeckung der Dokumente in Gellis Büro, wird Calvi wegen Devisenvergehen festgenommen. Das scheint ihn nicht sonderlich zu beunruhigen. Er ist davon überzeugt, daß ihm die ihm wohlgesonnenen Politiker aus dieser Verlegenheit helfen. Aber das ist nicht der Fall. Also läßt er am 2. Juli die Untersuchungsrichter rufen und erklärt sich bereit, mit ihnen zusammenzuarbeiten. Er spricht von dem 30-Milliarden-Lire-Kredit des Ambrosiano für den PSI. Das soll eine Mahnung sein, und auch wenn er nichts über Finanzierungen für andere Parteien sagt. Und im Namen aller antwortet Craxi bei seinem Auftritt im Parlament. Am Vorabend der parlamentarischen Debatte unternimmt Calvi in seiner Gefängniszelle einen Selbstmordversuch (oder er täuscht ihn vor). Craxi nimmt dieses Ereignis, das beträchtliches Aufsehen erregt hatte, zum Ausgangspunkt, »das beunruhigende Klima eines rücksichtslosen und mit Gewalt und Einschüchterung geführten Kampfes um die Macht« zu beklagen. Er greift die Richter an und beruft sich auf die Staatsraison und das öffentliche Interesse.

Das reicht, um Calvi zu beruhigen. Der spricht nun nicht mehr über die Finanzierung der anderen Parteien und revidiert die Aussagen über den Milliardenkredit an den PSI. Nur wenige Monate später, er ist inzwischen zu vier Jahren verurteilt, befindet sich aber auf Bewährung in Freiheit, kehrt Calvi an die Spitze des Banco Ambrosiano zurück und macht sich daran, Verhältnisse zu sanieren, die immer problematischer werden. Die Deckungslücke ist inzwischen auf über 3000 Milliarden Lire angewachsen, 1800 Milliarden davon gehen auf das Konto des Kredits seiner Auslandsfilialen an zwei Gesellschaften des Ior, beide mit Sitz in Lateinamerika; der Kredit wird garantiert durch einen Aktienanteil an der Bank. Damit steigt der Aktienanteil des Ior auf nahezu 12%, wodurch es zum wichtigsten Anteilseigner der Bank wird. Dazu kommen noch Kredite, die Calvi der vatikanischen Bank direkt gab.

Calvi begibt sich in den Clinch mit Marcinkus, erreicht dabei aber nur zwei schriftliche Erklärungen an den Banco Andino und den Banco Ambrosiano in Nicaragua, in denen die Vatikanbank anerkennt, daß die beiden Schuldnergesellschaften von ihr kontrolliert werden, und bestätigt, von den Schulden dieser beiden gegenüber den beiden Banken »informiert zu sein«. Juristisch sind diese Schreiben wertlos, das Eingeständnis, von Schulden zu wissen, bedeutet nicht, für ihre Rückzahlung zu bürgen. Wie dem auch sei, mittels der Briefe vermag Calvi seine Situation zwischenzeitlich zu verbessern. Aber Calvi weiß genau, daß das Ior nichts tun wird, um ihm aus den Schwierigkeiten zu helfen, denn Marcinkus hat es ihm ebenso wie dem Vizepräsidenten der Bank, Roberto Rosone, der während der U-Haft Calvis bei ihm vorstellig wurde, deutlich gesagt.

Inzwischen kommen zu den Problemen mit dem Ior die in ihren möglichen Konsequenzen sehr viel schwerwiegenderen Probleme, die sich aus der Entscheidung der Banca d'Italia ergeben, ihre Kontrollfunktionen über den Banco Ambrosiano wirklich wahrzunehmen. Die Feindseligkeiten beginnen mit der Aufforderung der Banca d'Italia, die Beteiligungen an Rizzoli aufzugeben, und mit der Verweigerung der Zustimmung zur Kapitalaufstokkung bei der Centrale, mit der Calvi die Kosten für den Kauf des *Corriere della sera* decken möchte. Die Verschuldungsspirale erhält durch diese Ablehnung einen neuerlichen Dreh.

Vielleicht ist es der Hunger nach Kapital, das so dringend gebraucht wird, vielleicht aber auch der Name, mit dem er seinem angeschlagenen Bankinstitut wieder etwas Glanz zu geben hofft, der Calvi dazu bewegt, im Oktober 1981 Carlo De Benedetti (dem Chef der Olivetti. U. H.) den Vorschlag zu unterbreiten, einen Aktienanteil der Bank zu kaufen und deren Vizepräsident zu werden. Das ist die unwahrscheinlichste Liaison in der Geschichte der italienischen Finanzpolitik, denn zwei unterschiedlichere Charaktere kann man sich nicht vorstellen. Wie üblich ist es Enrico Cuccia, der den Nagel auf den Kopf trifft, wenn er zu De Benedetti sagt:

»Ich glaube nicht, daß Sie es länger als sechs Monate mit Calvi aushalten können; entweder werfen Sie ihn binnen einer Woche raus, oder Sie müssen sich zurückziehen. Einer von Ihnen beiden hat einen großen Fehler gemacht.«[25]

De Benedetti zahlt 50 Milliarden Lire für eine Million Aktien und wird damit italienischer Hauptaktionär des Banco Ambrosiano. Inzwischen aber wurde Calvi von seinen »Freunden« nahegelegt, De Benedetti loszuwerden. Calvi informiert den Präsidenten der Olivetti, es müsse noch geprüft werden, ob über ihre Operation ein nicht näher präzisierter, »internationaler Konsens« bestehe, und er warnt konspirativ, die P2 bereite ein Dossier über ihn vor. Bei De Benedetti gehen einschüchternde Telefonate ein, und es erreicht ihn ein Brief, der ihm selbst und seinen Söhnen mit physischer Gewalt droht.[26] Ein Dokument, das im Dezember 1993 für den Prozeß gegen die P2 zu den Akten genommen wurde, belegt, daß diese Drohung »entscheidend für den Ausschluß De Benedettis aus dem Banco Ambrosiano« war.[27]

Inzwischen wird De Benedetti, der weder ein Büro noch eine Sekretärin erhalten hatte und dessen Bitten um Informationen und Dokumente über die Tätigkeitsbereiche der Bank unbeantwortet bleiben, bewußt, daß die Lage des Banco Ambrosiano sehr viel kritischer als vermutet ist. Er verlangt Erklärungen von Calvi, der ihm erwidert, er solle sich keine Sorgen machen, »denn es ist alles

25 In *God's Banker, op. cit.* In dem Buch findet sich eine präzise und äußerst aufschlußreiche Darstellung der 65 Tage von De Benedetti im Banco Ambrosiano, S. 155ff.

26 Ebd., S. 158.

27 Das Dokument wurde von Carboni als echt bezeichnet. Unter anderem heißt es darin: »Die Organisation, die erfolgreich für den Ausschluß von De Benedetti aus dem Banco Ambrosiano gesorgt hat, reagierte bei Bekanntwerden der Information, daß der Finanzier Bagnasco an dessen Stelle treten wolle, sehr überrascht und gereizt... Der Abgeordnete Andreotti soll derjenige sein, der Bagnasco, der auch auf die Autorität des Vatikans, insbesondere von Marcinkus und Casaroli, rechnen könne, in dem Bankinstitut plazieren wolle... Man hat den Eindruck, der Eintritt von Bagnasco... stoße nicht auf das Wohlwollen des derzeitigen Finanzministers (Andreatta)... Die Organisation erklärt sich jedoch aus gebotenem Respekt für den Abgeordneten Andreotti für vollkommen disponibel...« Die »Organisation« ist die P2. Gelli nannte sie so.

in den Händen der Schwarzröcke«, also des Vatikans, und »die Garantien sind gut«. Dabei bezieht er sich auf die Erklärungen ohne jeden juristischen Wert.

Aber nun kann sich De Benedetti nicht noch weiter bloßstellen. Am 22. kündigt er seinen Rückzug an. Mit Calvi vereinbart er, daß die Bank seinen Aktienanteil zum Kaufpreis zuzüglich der Zinsen und zuzüglich 27 Milliarden Lire für ein Aktienpaket der Cabassi-Gruppe, das der Banco Ambrosiano übernehmen will, zurückkauft. Das sind äußerst lohnende Bedingungen, ein hervorragender Profit für nur 65 Tage unter einem gemeinsamen Dach. Aus diesem Grund wird De Benedetti auch in der ersten Instanz des Prozesses um den Zusammenbruch des Banco Ambrosiano im April 1992 zu sechs Jahren und vier Monaten verurteilt. Das danach aufgetauchte Dokument der P2 hat ihn allerdings vollständig entlastet, und in der Zwischenzeit hat De Benedetti den Zivilprozeß gewonnen.

Das Ausscheiden De Benedettis führt zu einer Beschleunigung der Ermittlungen der Banca d'Italia. Für Calvi wird es eng. Die Kleinaktionäre beginnen, ihre Anteile zu verkaufen, und dieser Exodus kann auch nicht durch die Erklärung von Marcinkus gestoppt werden, Calvi genieße weiterhin das Vertrauen des Ior, das keine Intention habe, seine Aktienanteil zu verkaufen. Calvi fühlt sich bedroht. Im Mai zieht seine Frau mit den Kindern nach Washington, wo bereits Calvis Sohn Carlo wohnt.

Am 27. April verletzt ein Killer den Vizepräsidenten der Bank, Rosone, schwer am Bein. Der Killer wird von den Leibwächtern Rosones getötet. Es ist Danilo Abbruciati, gut bekannt in den Kreisen der römischen Unterwelt. Dieses Ereignis rückt den Fall des Banco Ambrosiano in ein finstres Licht. War wirklich Rosone das Ziel, oder handelte es sich um eine »Warnung« an Calvi? In den darauffolgenden Jahren wurde der Verdacht geäußert, Calvi selbst könne der Auftraggeber gewesen sein. 1993 bekanntgewordene Anhaltspunkte belegen, daß Calvi im Jahr 1981 als Gast des Unternehmers Flavio Carboni eine Woche in Sardinien verbrachte. In derselben Villa Carboni wohnten in derselben Zeit unter anderem Mitglieder der Banda delle Magliana, darunter der auf Rosone angesetzte Killer Danilo Abbruciati.

In den letzten Jahren setzte Calvi zunehmend auf Carboni als möglichen Retter, sei es wegen dessen Mitgliedschaft in der Cosa Nostra oder wegen seines anscheinend vertrauten Umgangs mit

Politikern und den guten Kreisen der römischen Gesellschaft. Sie kannten sich noch nicht lange, und doch erhielten einige Gesellschaften Carbonis, dessen höchstes Ziel es ist, der reichste Mann Italiens zu werden, bereits Kredite vom Banco Ambrosiano. Die sechs Schweizer Konten, auf die die Filiale der Bank in Nassau die hübsche Summe von 14 Millionen Dollar transferiert, gehören Carboni und einer Freundin. Carboni wird später behaupten, es handle sich um die Rückzahlung eines Kredits an Calvi. Der wiederum erzählt seiner Familie von einigen Projekten, die ihn dank Carboni retten könnten, darunter unter anderem die Übernahme eines Teils der Schulden des Ior gegenüber dem Banco Ambrosiano durch den Opus Dei.

Am 31. Mai verlangt die Banca d'Italia in einem Brief an Calvi, daß die Außenstände von fast 1,5 Milliarden Dollar der drei lateinamerikanischen Filialen des Ambrosiano in Anwesenheit aller Direktoren im Verwaltungsrat diskutiert werden. Am Ende der Verwaltungsratssitzung in Mailand kapituliert Calvi vor den Tatsachen: Der Verwaltungsrat hat ihn, wenn auch nur formal und in Verfahrensfragen, überstimmt.

So beginnt der letzte, mit Überraschungen gespickte Abschnitt seines Lebens. Er entscheidet sich, das Land zu verlassen, und sagt seiner Tochter, im Ausland könne er unbelastet durch Verfolgungen an der Lösung seiner Probleme arbeiten. Sein Paß war nach seiner Verurteilung eingezogen worden. Carboni ist der Mann, der alles organisiert. Er besorgt ihm einen gefälschten Paß und stellt ihn in Triest einem mit ihm befreundeten Schmuggler vor, Silvano Vittor. Vittor bringt ihn über die Grenze nach Österreich.

Die Ereignisse überstürzen sich nun. An der Börse sacken die Kurse des Ambrosiano in den Keller, der Verwaltungsrat tagt ununterbrochen, und Rosone und die anderen versuchen vergebens, eine Rettungsaktion seitens des Ior in letzter Minute zu erreichen. Marcinkus antwortet nur: »Ich habe all das nur getan, um einem Freund zu helfen, und jetzt seht ihr, wo wir stehen.«[28] Ein letzter

28 *God's Banker*, *op. cit.*, S. 190. Calvis Ehefrau wird später in einem Interview mit *Il Mondo* (20. 12. 1982) sagen, daß »die aus dem Vatikan« sich geweigert hätten, ihre Verantwortung zu übernehmen, »weil sie sich wohl einen hübschen Batzen Geld in die eigene Tasche gesteckt haben. Marcinkus braucht zudem eine Menge Geld, gewisse höchst irdische Gelüste bezahlen zu können.« In demselben Interview berichtet Frau Calvi auch, daß ihr Ehemann gesagt hat: »Wenn mir Andreotti keinen Knüppel zwischen die Beine wirft, sind wir in zwei Wochen über den Berg.« Andreotti habe ihm hingegen »sogar mit dem Tod gedroht« (Erklä-

verzweifelter Versuch wird bei De Benedetti unternommen. Es ist der Bankrott. Am 17. Juni beschließt der Verwaltungsrat des Banco Ambrosiano seine Auflösung, die Bank geht in die treuhänderische Verwaltung durch die Banca d'Italia. An jenem Tag stürzt sich die Sekretärin Calvis, die fünfundfünfzigjährige Graziella Corrocher, aus dem Fenster ihres Büros im vierten Stock. In einem Abschiedsbrief billigt sie die Entscheidung des Verwaltungsrates und verflucht Calvi, weil er geflohen ist und wegen des Schadens, den er allen, die in der Bank tätig waren, und dem Image der ganzen Gruppe zugefügt hat.

Am nächsten Morgen, am 18. Juni um 7.30 Uhr, wird die Leiche Calvis von der Londoner Polizei entdeckt. Er hing an einem Querträger der Blackfriars Bridge.

Zuerst kommen die Londoner Ermittlungsbehörden zum Schluß, es handle sich um Selbstmord. Diese Meinung, die 1983 revidiert wird, war vor allem damit begründet worden, daß an Calvis Leichnam keinerlei Spuren von Gewaltanwendung erkennbar waren. Aber nur wenige glauben daran. Denn Calvi hätte sich die Taschen mit schweren Steinen füllen müssen, und wo soll er den Strick gefunden haben, und warum hat er einen Ort gewählt, der fünf Meilen vom Chelsea Cloisters, wo er wohnt, entfernt ist, wo er doch einfach Schlafmittel hätte nehmen können, von denen er mehr als genug bei sich hatte? Wollte er ein Verbrechen vortäuschen, damit die Lebensversicherung die Auszahlung der Police von 4 Milliarden Lire an seine Familie nicht verweigern konnte?

Die Frage, die man sich vorlegen muß, wenn es ein Verbrechen war, lautet: Wer hatte ein Interesse daran, Calvi umzubringen? Und was hatte er in London zu tun? Fest steht einzig, daß der Präsident des Banco Ambrosiano in der letzten Zeit davon überzeugt war, sein Leben und das seiner Familienangehörigen sei in Gefahr. Wer bedrohte ihn? Auf diese Fragen hat es verschiedene Antworten gegeben, aber keine war ausreichend durch Beweise abgesichert. Laut Pino Arlacchi, einem der kenntnisreichsten Experten in Fragen der italienischen Mafia, gingen beim Bankrott des Banco

rung vor den Mailänder Ermittlungsrichtern im Jahr 1993, vgl. *Corriere della sera*, 2.4. 1993). Um auf die Beziehungen zwischen Marcinkus und Calvi zurückzukommen, so sei hier auf die Dokumente verwiesen, aus denen man, wie *L'Espresso* am 4. September 1983 kommentiert, mindestens ersehen kann, daß »Marcinkus seit Jahren über die geheimsten, verwickeltsten und überhaupt nicht öffentlich zu machenden Operationen Roberto Calvis Bescheid wußte«.

Ambrosiano riesige Gelder der Mafia verloren, die Calvi anvertraut worden waren. Er zieht daraus den Schluß, eine Verantwortlichkeit der Mafia für den Mord sei »ebenso, wenn nicht noch wahrscheinlicher wie die der P2 oder des Vatikans«.[29]

Erst im September 1993 wird eine Zeugenaussage bekannt, die der Schlüssel zum Verständnis der Transaktion sein könnte, die Calvi in London realiseren wollte. Sie stammt von Alberto Jaimes Berti, einem venezolanischen Anwalt und Finanzier, der sich die meiste Zeit in London und in Spanien aufhält. Er ist ein führender Funktionär der Azione Cattolica in Venezuela, in den siebziger Jahren verwaltete er Kirchengüter und hatte in dieser Funktion enge Kontakte zum Ior geknüpft.[30] Darüber hinaus pflegte er Kontakte zum Banco Ambrosiano und zum Banco di Roma. Eine Gesellschaft von ihm, die Finalven, war spezialisiert auf internationale Finanztransaktionen. Berti soll (noch heute) über ein Depot von mehr als 2 Milliarden Dollar verfügen, das ihm 1980 von sechs Investoren anvertraut wurde, die anonym bleiben möchten. Unter ihnen, so Berti, ist angeblich auch der Ambrosiano und/oder Calvi persönlich.

Am 16. Juni treffen sich Calvi und Berti in der Eingangshalle des Chelsea Cloisters. Calvi fragt ihn, ob man die Einlage sofort zu Geld machen kann. Berti informiert ihn, daß das Geld erst vor drei Monaten bei Meryll-Lynch angelegt wurde und es einige Wochen dauern werde, es wieder herauszuziehen, und daß das überhaupt nur durch eine gemeinsame Bitte aller fünf Eigentümer möglich sei. Dann fragt Calvi, ob der Fonds kurzfristig etwa als Garantie für einen Kredit verwendet werden könne. Als Berti bejaht, scheint er sehr erleichtert und kommentiert: »Dann ist das Problem erledigt.«

Berti berichtet, sein erster Gedanke, als er vom Tod Calvis erfuhr, sei es gewesen, daß er sich mit den Miteigentümern nicht habe einigen können. Und er ist überzeugt davon, daß Calvi nicht Selbstmord begangen hat. Bis heute hat sich niemand bei Berti ge-

29 Vor allem die Witwe des Bankiers beharrt auf der Schuld des Vatikans und der P2. Dagegen erklärt der Mafioso Enrico Madonna vor amerikanischen und italienischen Ermittlungsrichtern, er habe von Vincenzo Casillo, der rechten Hand von Raffaele Cutolo (vgl. Kap. 11.3), erfahren, es seien Leute der Camorra gewesen, die den Leichnam Calvis unter der Brücke deponiert hätten.

30 Ein Jahr nach dem Tod von Calvi steht Berti im Mittelpunkt eines großen Skandals in Venezuela. Er wird beschuldigt, Mittel der Kirche im Wert von 70 Millionen Dollar unterschlagen zu haben.

meldet, um die Auslösung des Fonds oder die Zinsen zu verlangen, die inzwischen auf einen Betrag zwischen 5 und 6 Milliarden Lire aufgelaufen sind...

Man ist versucht, diesen Ausflug in die großen illegalen Affären des italienischen Kapitalismus mit Brechts Bonmot zu schließen, daß der Einbruch in einer Bank nichts ist gegenüber der Gründung einer Bank. Banken in Italien waren die Kanäle, durch die immense Summen aus illegalen Geschäften geschleust wurden und noch werden und die dazu dienen, wieder neue illegale Operationen zu finanzieren. Ohne die Komplizenschaft von Leuten wie Sindona und Calvi hätte die P2 niemals all die Personen, Gruppen und Projekte finanzieren können. Bei Sindona und Calvi handelt es sich um extreme Beispiele dafür, wie persönliche Ambitionen und private Geschäfte sich mit den Absichten der Drahtzieher und Hintermänner umstürzlerischer oder subversiver Pläne überschnitten; Extremfälle, in denen die Handlungsbereitschaft und Skrupellosigkeit der Protagonisten durch das Fehlen von angemessenen Regeln und Kontrollen begünstigt wurden. Und hier trifft auch die Banca d'Italia eine Mitschuld. Man kann und darf nicht generalisieren und das gesamte italienische Banken- und Finanzsystem unter Anklage stellen, aber ebensowenig sollte man sich in der Illusion wiegen, Calvi und Sindona seien Einzelfälle.[31] Die »Diskretion«, seit je die oberste Tugend einer Bank, die auf sich hält, kann unter bestimmten Umständen selbst zu stillschweigender Duldung oder gar Komplizenschaft degenerieren.

31 Auch die Bankensysteme anderer Länder haben ihre Skandale. Der jüngste Fall, zumindest der bekannteste, ist der der International Bank of Credit and Commerce in England, die verstrickt ist in den Waffen- und Drogenhandel.

## *11. Kapitel*
# Mafia und Politik

## 1. Die neue Mafia

Es verwundert nicht weiter, daß Bankiers wie Sindona und Calvi Geld gewaschen und Investitionen der Mafia verwaltet haben. In den siebziger Jahren kontrolliert die Mafia einen Großteil des internationalen Drogengeschäfts mit schwindelerregenden Gewinnen. So werden die Mafiosi zu Unternehmern.[1]

Bis in die vierziger und fünfziger Jahre stellte die Mafia keinen besonderen Reichtum zur Schau und verfügte nicht über exorbitante finanzielle Mittel. Ihre Kontrolle über das Territorium war vollkommen unverdeckt und akzeptiert von den Menschen, die noch zwischen »guter« und »böser« Mafia unterschieden; für viele war Mafia ein Synonym für Sizilien. Gleichfalls war keineswegs jenes Verhalten vollkommen verschwunden, das die Mafia als Ausdruck eines Systems positiver Wertvorstellungen wie Ehrgefühl, Nichthinnahme von Willkür der Obrigkeit, Großzügigkeit und Nachsicht gegenüber den Schwachen, aber Härte gegenüber den Starken und Festhalten an Freundschaft und Treue betrachtete, die alle »Kennzeichen der sizilianischen Seele sind«.[2] Heute werden Politiker, die Beziehungen zur Mafia verdächtigt wurden, aus den Parteien ausgeschlossen, und bisweilen wird auch gegen sie ermittelt, die *»omerta«* (der Ehrenkodex – wie auch der massive Druck –, der es verbot, gegen die Mafia auszusagen. U. H.) hat Risse bekommen, und die »Kohabitation« zwischen Mafia und Staat verwandelt sich zusehends in offenen Krieg. Im Urteil des »Maxi-Prozesses« aus dem Jahr 1986 wird die Mafia als »eine ex-

1 Pino Arlacchi, *Mafiose Ethik und der Geist des Kapitalismus*, Frankfurt/Main 1989.

2 Das Zitat stammt aus einer berühmten Rede von Vittorio Emmanuele Orlando aus dem Jahr 1925 (der seine Verteidigung mit den Worten schloß: »Wenn man diese Gefühle und Einstellungen Mafia nennt ..., dann erkläre ich, daß ich ein Mafioso bin, und ich bin stolz darauf«), von 1917 bis 1919 Ministerpräsident und von der Verfassungsgebenden Versammlung nach dem Zweiten Weltkrieg 1948 zum Senator auf Lebenszeit ernannt. Zitiert nach: Salvatore Lupo, *Storia della mafia*, Mailand 1993, S. 142.

trem gefährliche, kriminelle Vereinigung (bezeichnet), die mit Gewalt und Einschüchterung Angst und Schrecken verbreitet hat«. Wie ist es zu diesem Sinneswandel gekommen?

Wissenschaftler und Fachleute, die sich mit der Mafia befassen, betonen übereinstimmend zwei Hauptaspekte in der Herausbildung der unternehmerischen Strategie der Mafia: die Wandlung von der Mafia in einem ländlichen Umfeld zu einer Mafia der Städte in der Zeit zwischen dem Ende der fünfziger und dem Beginn der sechziger Jahre und ihr Eintritt ins internationale Drogengeschäft zu Beginn der siebziger Jahre. Aber dieser zweite Schritt und spezieller noch die Geschäfte über die transatlantische Achse bilden für sich genommen keine wirklichen Neuheiten für die Interessenpolitik der Mafia. Bereits in den zwanziger Jahren exportierte die Mafia riesige Mengen an Rauschmitteln (Opium und Morphium) in die USA. Dieser Handel erreichte ein derartiges Ausmaß, daß offizielle Stellen in den USA Sanktionen gegen den Außenhandel mit Italien verhängten.[3]

Der transatlantische Handel ist fast so etwas wie eine naturgegebene Neigung Siziliens (und nicht nur der Mafia). Um das zu unterstreichen, reicht der Hinweis auf die mehr als 800 000 Sizilianer, die allein zwischen 1900 und 1914 in die Vereinigten Staaten auswanderten. Auch in den Jahren danach reißt dieser Strom nicht ab, hinzu kommt allerdings eine gewisse Rückwanderung. Die Mafia hat also keine Schwierigkeiten, auf der anderen Seite des Atlantiks Geschäftspartner zu finden, um so leichter, als unter den Auswanderern zahlreiche flüchtige Verbrecher sind. Das Bild einer rein agrarischen, gewissermaßen friedlichen Mafia (vor dem Krieg), die nicht mordet, es dabei beläßt, ihre eigenen Ländereien zu verwalten und den Großgrundbesitzern ihren Schutz anzubieten, und kein Interesse an großen Geschäften hat, ist also reichlich unfundiert, wenn nicht gar grob verzeichnet.

Es trifft allerdings zu, daß die Rolle der Mafia im internationalen Drogengeschäft bis gegen Ende der sechziger Jahre zweitrangig bleibt. Das ergibt sich aus einer Studie des McClennan Committee (Organized Crime and Illicit Traffic on Narcotics): Der Rohstoff, das Opium aus dem fernen Osten, wird in Frankreich verarbeitet – das dortige Geschäft ist in den Händen der Marseiller Clans –, anschließend in Sizilien verteilt und von dort in die USA

3 Lupo, S. 190.

geschafft. Der Grund, warum die Marseiller Clans die Verteilung den Familien der Mafia überlassen, liegt in jenen engen, verwandtschaftlichen Beziehungen zwischen der Mafia und den sizilianischen Auswanderern in den USA. Die dortigen Vertreter der Mafia agieren oft als Garanten für die Verkäufer, wodurch es gelingt, die Risiken (wie Betrug und Verrat) deutlich zu reduzieren.[4] Die Mafia löst sich Mitte der siebziger Jahre aus der Abhängigkeit von den Marseiller Clans, errichtet in der Nähe von Palermo vier Laboratorien zur Aufarbeitung des Rohopiums mit einer Kapazität von mehr als vier Tonnen reinen Heroins jährlich, d. h. etwa 30 % des Bedarfs am amerikanischen Markt, und wird damit der größte Drogenexporteur Europas. Der Handel erreicht ein derartiges Ausmaß und verlangt so unterschiedliche Kompetenzen und Qualifikationen (Chemiker für die Raffinierungsprozesse und Finanzexperten für die internationalen Geldgeschäfte), daß die alte Familialstruktur der Mafiaorganisationen das nicht mehr bewältigen könnte. Und am Ende wird sich das als die Achillesferse erweisen. Seit 1980 gelingt es der italienischen Polizei dank der Verhaftung und Aussagebereitschaft von Personen, die nicht der Mafia angehören, aber in das internationale Geschäft verwickelt sind, die versteckten Labors ausfindig zu machen und zahlreiche Mafiabosse festzunehmen.

Der qualitative Sprung der Mafia in den siebziger Jahren, als sie auf die eigene Produktion von Heroin umstieg, war durch die Anhäufung von Kapital in den 10 bis 15 Jahren zuvor ermöglicht worden. In Wirklichkeit also war es diese Zeit, in der die Mafia (die bereits in der unmittelbaren Nachkriegszeit beachtliche Gewinne aus dem Schwarzhandel und insbesondere dem Zigarettenschmuggel zog) in die Bereiche der urbanen Ökonomie eindringt, vor allem in den Bausektor. Hier vollzieht sich die Verwandlung zu einem Wirtschaftsunternehmen (auch wenn dies im Kern immer noch parasitär ist) und zu einer Macht in der Finanzwelt.

Der Bausektor war immer schon ein gutes Terrain für Spekulanten und korrupte Geschäftemacher, nicht nur in Sizilien – und nicht nur für Mafiosi. Aber in den sechziger Jahren bieten Sizilien und der Süden Italiens überhaupt außerordentlich günstige Gelegenheiten, die sich die Mafia nicht entgehen läßt. In Palermo sind es der Wiederaufbau der Stadt und die Beseitigung der Kriegsschä-

4 Ebd., S. 192. P. Arlacchi, *op. cit.*, S. 200.

den sowie die explosive Bevölkerungsentwicklung und darüber hinaus in Sizilien und andernorts im Mezzogiorno die staatliche Förderung durch Aufträge und öffentliche Bauten (Autobahnen, Eisenbahnlinien, industrielle Infrastruktur sowie Maßnahmen im tertiären Sektor und in der Verwaltung), die der Bauindustrie einen enormen Schub verleihen.

Und an diesem Punkt überschneiden sich die Interessen der von der Mafia kontrollierten Firmen mit denen der Politiker, und dies nicht allein wegen der beinah monopolistischen Stellung der Politiker bei den Ausschreibungen und Wettbewerben im Bausektor. Pino Arlacchi weist darauf hin, daß man nur wenig von der Beziehung zwischen Mafia und Politik im Sizilien der Nachkriegszeit begreift, vergegenwärtigt man sich nicht, welche Rolle die Existenz einer autonomen Region mit einer eigenständigen Regierung spielt, die über einen beachtlichen Etat und Handlungsspielraum verfügt. Die Ausführungsbestimmungen für die Konstitution der Regionen werden im Juni 1952 erlassen. Es handelt sich darum, eine ganz neue Verwaltung aus dem Boden zu stampfen und zu diesem Zweck mehrere Tausend Personen neu einzustellen. Dabei geht es nicht nur um die Regionalregierung im engeren Sinne, sondern auch um zahlreiche regionale öffentliche Betriebe und Einrichtungen. Das alles vollzieht sich unter den Bedingungen eines Arbeitsmarktes, der von der Mafia in dem Sinn kontrolliert wird, daß sie eine Art Mittlerin und zweiten Filter nach der DC, der dominierenden Partei in der Region, abgibt. Zuweilen kann sie sogar diejenige Kraft sein, die noch vor der DC über Einstellungen entscheidet.

Bei den Christdemokraten ist es die Strömung von Amintore Fanfani, zu der der künftige Minister Giovanni Goia sowie die künftigen Bürgermeister von Palermo, Salvo Lima und Vito Ciancimino, gehören, die die Hebel der lokalen politischen Macht fest in ihren Händen hält. Sie stellt in den Parteiorganisationen und der kommunalen und regionalen Administration Exponenten der rechten und gemäßigt rechten Parteien (Monarchisten und Liberale) ein wie Leute aus der Cosa Nostra und Freunde der Mafiosi. Auf diese Weise gelingt es ihr, die hegemoniale Stellung in der Region auszubauen und zu befestigen.

Diese politische Kraft verfügt nun über eine Konzentration von Macht und Einfluß, die einzigartig in der Geschichte der Regionalregierungen Italiens ist. Es sind dies im einzelnen: die Subventionen an die Kommunen und die Kooperativen im Bausektor, die Ernennung der Spitzenpositionen der beiden wichtigsten regionalen Geldinstitute sowie von mehr als einem Dutzend anderer Betriebe im Wirtschafts- und Finanzsektor. Leitende Funktionäre und Angestellte werden fast ausschließlich nach dem Muster der Bedienung klientelarer Interesse eingestellt.

Zwischen 1959 und 1964 ist Vito Ciancimino Stadtrat für öffentliche Arbeiten in Palermo. In dieser Zeit ufert die Bauspekulation aus. Von 4000 Baugenehmigungen durch die Kommune sind 2500 auf drei mittellose Rentner ausgestellt, die niemals etwas mit dem Bauwesen zu tun hatten, sowie auf Maurer (allein 1600 Genehmigungen erhält ein einziger Maurer, ein gewisser Salvatore Milazzo). Bei diesen Personen handelt es sich ganz offensichtlich um Strohmänner. Die Mafia macht sich zur rechten Hand der Baulobbies, die von den Politikern kontrolliert werden.[5] Mit Salvatore Lima, der 1956 Stadtrat für öffentliche Arbeiten geworden war, dominiert jene Strategie der Stadtentwicklung, die durch die Kontrolle über alle entscheidenden Ämter der Kommunalverwaltung zu einer Monopolstellung der DC führt. In dieser Phase ist die Mafia den politischen Kräften untergeordnet, welche die Maßnahmen gegen die Mafia zugleich dazu benutzen, die Mafia zum Mitmachen im Machtsystem der DC zu bewegen.[6] Noch ein weiteres Mittel wird von den Politikern ausgesprochen bedenkenlos eingesetzt, nämlich die Kreditvergabe durch die Banken.

Paradoxerweise datieren die Verankerung der Mafia in der Wirtschaft und die Festigung ihres Einflusses in der Politik gerade auf die frühen sechziger Jahre, als man glaubte, die Mafia sei am Ende. Die Ereignisse der darauffolgenden Jahre, als fast alle Bosse der Mafia aus den großen Prozessen in Bari und Catanzaro mit Freisprüchen oder minimalen Strafen hervorgehen und die Mafia sich daran macht, den internationalen Drogenmarkt zu erobern und ihre Arme nach Norditalien auszustrecken, sollten bald zeigen, daß das »Endstadium« noch recht weit entfernt war.

Denn Eintritt in die internationale Geschäftswelt und die

5 Als Gegenleistung überlassen die Politiker der Mafia die Kontrolle über die Großmärkte der Stadt. Und das bedeutet auch die Kontrolle der Lebensmittelproduktion und Verteilung, eine außerordentlich lukrative Aktivität für die Mafia, die sich hier direkt engagiert (durch die Unterhaltung zahlreicher Verkaufspunkte) wie auch durch Schutzgelderpressung.

6 P. Arlacchi, *op. cit.*, S. 76ff.

gleichzeitige Integration in das politische System waren eine bewußte Entscheidung der Mafiabosse gewesen, um ein Gegengewicht gegen den Verlust der traditionellen Machtstrukturen und die »soziokulturelle Marginalisierung« zu schaffen. Durch die Anhäufung von Reichtum habe die Mafia neues Ansehen und neue Macht zu gewinnen versucht.[7] Für diese Analyse spricht einiges, und vielleicht ist sie korrekt. Die Mafia besaß in der Tat eine große Fähigkeit, sich den sozialen, wirtschaftlichen und politischen Veränderungen anzupassen. Die parlamentarische Untersuchungskommission zur Mafia unterstreicht in ihrem Bericht »Mafia und Politik« vom April 1993, daß der Utilitarismus oberstes Entscheidungskriterium für die Aktionen der Cosa Nostra war:

»Das immer gleichbleibende Ziel war die Akkumulation des größtmöglichen Einflusses in einer gegebenen *konkreten Situation* (Hervorhebung von mir. A. S.). Besonders flexibel erweist sich die Mafia dann, wenn es darum geht, sich der Umgebung anzupassen und den eigenen Einfluß, und damit auch ihre Macht, durch Beziehungen auf der Grundlage wechselseitiger Gefälligkeiten, familiärer Bindungen, klientelarer Abhängigkeiten und der Gewährung von Vorteilen, für die man später dann Gegenleistungen einfordern kann, auszudehnen ...«

Es gibt berechtigte Zweifel, ob diese Einschätzung auch noch für die frühen neunziger Jahre Gültigkeit besitzt. Denn jetzt hat man den Eindruck, die Spielräume für solche Tauschbeziehungen seien deutlich eingeengt, weil die Auswüchse in der Politik die traditionellen Ansprechpartner der Mafia, die sich nun gegen die Anschuldigungen der Komplizenschaft oder Freundschaft mit der Mafia verteidigen müssen, in die Defensive gedrängt haben.[8] Aber die Definition der Mafiastrategie, die die parlamentarische Untersuchungskommission benennt, trifft auf die Situation im westlichen Sizilien zur Zeit der städtebaulichen Ausplünderung Palermos und der großen öffentlichen Investitionen im Mezzogiorno, also die gesamten siebziger Jahre, zu.

In dieser Zeit bezieht das komplexe Beziehungsgeflecht nicht nur die Politiker, sondern auch die großen, nicht mafiosen Unter-

7 Ebd., S. 65 ff. u. S. 73 f.

8 Heute könnten die Tauschbeziehungen unter dem Druck der großen sozialen und politischen Veränderungen und der Versuche, sich ihnen zu widersetzen, auf Dienste reduziert worden sein, wie sie für die organisierte Kriminalität typisch sind. Aber vielleicht ist das auch nur vorübergehend der Fall. Wir nehmen hier Bezug auf die Hypothese, die Mafia könne an den terroristischen Attentaten aus dem Jahr 1993 beteiligt sein (vgl. Kap. 12).

nehmen mit ein, denen gegenüber es sich die Mafia erlauben kann, von gleich zu gleich, wenn nicht gar aus einer Position der Überlegenheit heraus zu verhandeln. Sie verdankt dies einerseits ihrem Kapital und andererseits der Tatsache, daß die Bauunternehmen im Süden, die nicht mit dem Einverständnis der Mafia arbeiten, durch Attentate sowie Sabotageakte mit riesigen materiellen Verlusten rechnen müssen, wenn sie nicht gar gezwungen werden, sich aus bereits gewonnenen Ausschreibungen zurückzuziehen. Und nicht selten ist die Mafia in der Lage, Mittel und Dienstleistungen zu Preisen anzubieten, die unter denen ihrer potentiellen Mitbewerber liegen.[9]

So verschmelzen die Interessen der Mafia mit denen der großen Unternehmungen. Letztere sparen die Kosten für »Schutzgelder«, verzichten aber deswegen keineswegs darauf, die überhöhten Preise (ca. 15 %) einzustreichen, die die öffentliche Hand als Auftraggeber für die Investitionen im Mezzogiorno zugestand. Sie stellen die »offizielle Anerkennung seitens des Staates für die von der Mafia verursachten Kosten« dar, d. h. der Risiken (»Schutz«gelder für die Mafia), die Investitionen in bestimmten Zonen des Landes mit sich bringen. Dieser Zuschlag wird zwischen den Unternehmen der Mafia und den Großunternehmen des ausführenden Konsortiums aufgeteilt, so daß sich für letztere die Tatsache, in einer von der Mafia kontrollierten Zone zu arbeiten, in einen ökonomischen *Vorteil* verwandelt.

Diese Verflechtung der Interessen hat schlußendlich zur Folge, daß der Staat die Mafia finanziert. Der Richter Giovanni Falcone sagt später:

> »Wir stehen an einem Punkt, wo jedwede Intervention des Staates Gefahr läuft, der Mafia noch mehr Raum für ihre Spekulationen zu geben und den Graben zwischen Nord und Süd noch weiter zu vertiefen.«[10]

9 Arlacchi unterscheidet drei Faktoren, die den Unternehmen der Mafia in der Konkurrenz auf dem Markt einen Vorteil geben: erstens die Entmutigung der Konkurrenten durch Einschüchterung; zweitens die geringeren Lohnkosten durch Schwarzarbeit und Nichtzahlung der Sozialabgaben sowie die höhere Produktivität und Mobilität der Arbeitskräfte (die oft gewöhnliche Kriminelle oder Mitglieder der Clans sind, die selbst ein Interesse haben oder sich in einer untergeordneten Position befinden, so daß soziale Proteste unmöglich sind); drittens die zur Verfügung stehenden Finanzmittel.

10 Giovanni Falcone/Marcello Padovani, *Cose di cosa nostra,* Mailand 1991, S. 143.

## 2. Das Maastricht der Mafia

Nach dem Niedergang der French Connection in den siebziger Jahren wird die Mafia zum dominierenden Faktor im internationalen Drogengeschäft (vgl. 11.1). Die riesigen Summen, die dieser Markt abwirft, und die Konflikte, die sich im Laufe der Zeit beim Kampf um die Kontrolle des Drogenmarktes ergeben, sind die Wurzeln für den sogenannten zweiten Krieg der Mafia von 1980 bis 82. Im Unterschied zum ersten Krieg der Mafia von 1962, der sich zwischen den Clans entwickelte, geht dieser Krieg quer durch die »Familien« und bringt am Ende eine völlig neue Machtaufteilung innerhalb der Mafia hervor. Opfer grausamer Attentate werden Stefano Bontate, Giuseppe Calderone (zwischen 1975 und 1977 Chef der »Regionalkommission« der Cosa Nostra), Salvatore Inzerillo und viele seiner Familienangehörigen und Geschäftsfreunde, darunter auch Leonardo Caruana, der gemeinsam mit den Cuntrera ein gigantisches Netz illegaler Geschäfte in Kanada und Venezuela aufgezogen hat, sowie viele andere Bosse und ihre Vertrauten. Pietro Inzerillo, der Bruder von Salvatore, wird im Kofferraum eines Autos in New York gefunden, im Mund und zwischen den Geschlechtsteilen Bündel mit Dollarscheinen, was in der Sprache der Mafia besagen soll, er habe sich zuviel Geld unter den Nagel reißen wollen. Nach dem Ende der Auseinandersetzungen zählt man etliche Hundert Tote, einige schätzen die Zahl sogar auf tausend. Sieger sind die Corleonesi, der militaristischste und blutrünstigste Flügel der sizilianischen Mafia, der unter Führung von Salvatore (Totò) Riina steht. Gemeinsam mit Michele Greco bildet er die Mehrheit und verfügt faktisch über die Macht in der Kommission, die die Cosa Nostra regiert.

Wir können davon ausgehen, daß die Kontrolle und der Anteil der Mafia am Drogenmarkt seit Beginn der achtziger Jahre allmählich zurückgehen; und zwar nicht so sehr aufgrund der inneren Auseinandersetzungen, sondern wegen der Konkurrenz durch die Kolumbianer, Armenier, Chinesen, Türken und andere. Nach amerikanischen Schätzungen ist der Anteil der Cosa Nostra am Heroinmarkt in den USA, der in der Vergangenheit schon einmal 30 % betragen hatte, auf 5 % gesunken. Gleichzeitig jedoch hat sich die sizilianische Mafia mit dem kolumbianischen Drogenkartell von Calì verbündet. Die Kolumbianer halten faktisch das Monopol der Kokainproduktion und des weltweiten Kokainhandels.

Und nach der Sättigung des amerikanischen Marktes ist Europa ein wichtiger Markt geworden: etwa 100 Tonnen Kokain von einer geschätzten Jahresproduktion (laut *International Narcotics Control Strategy Report*) in der Größenordnung zwischen 850 und 1200 Tonnen. Die OECD geht davon aus, daß das Calì-Kartell etwa 80 % des amerikanischen und 90 % des europäischen Marktes kontrolliert und engste Beziehungen zur sizilianischen Mafia unterhält.

Dennoch kann man Zweifel anmelden, ob für die Mafia die Einkünfte aus diesen Geschäften ihre gewaltigen Verluste durch den Rückgang des Heroingeschäftes kompensieren konnten. Wie schon in der Mitte der siebziger Jahre wendet sich die finanzpolitische Strategie der Mafia gegen Ende der 80er Jahre; die Mafiagelder werden zwar nicht aus dem Drogengeschäft abgezogen, aber die grundsätzliche Orientierung ändert sich. Und zwar in größerem Maße hin zum – illegalen – internationalen Waffengeschäft, insbesondere mit mittel- und osteuropäischen Ländern. Die osteuropäischen Länder verfügen über riesige Waffenarsenale, über deren Verkauf sie an Devisen gelangen wollen. Nach Aussagen der amerikanischen Drogenkommission sind auch Tauschgeschäfte Waffen gegen Drogen an der Tagesordnung.

Aber man muß natürlich sofort anfügen, daß das Interesse der Mafia an den Ländern Mittel- und Osteuropas viel weiter reicht. Hier eröffnet sich das Feld für ein enormes Geschäft, das zudem sehr häufig auch noch legal ist. Die Ausdehnung der Mafia nach Ostdeutschland und von hier aus auch in die Länder Osteuropas wird seit 1990 beobachtet. Der »reumütige« Mafioso Gaspare Mutolo berichtete vor der Antimafiakommission im Parlament, der Boß Giuseppe Madonia habe bereits 1982 dazu geraten, in Deutschland zu investieren, »denn dort ist es vollkommen ruhig«. 1982 ist das Jahr, in dem das Gesetz *Rognoni-La Torre* verabschiedet wird, das den Zugriff auf die Vermögen ermöglicht und den Nachweis der Herkunft der Gelder für den Fall zur Pflicht macht, daß der Verdacht auf mafiöse Beziehungen besteht. Die Ereignisse von 1989 beschleunigen den Fluß der Gelder nach Deutschland noch. Das mitgeschnittene Telefongespräch eines Mafioso noch am Abend des Mauerfalls mit seinem Bruder in Berlin, in dem er diesem rät, sofort Wohnungen und Geschäfte (Pizzerien etc.) in ostdeutschen Städten zu kaufen, wurde häufig zitiert. Der Fall ist charakteristisch, denn er belegt, daß die Investitionen der Mafia unter anderem auch, und vielleicht sogar in erster Linie, in vollkommen legale Aktivitäten fließen, die allerdings mit Dollar aus dem Drogengeschäft oder anderen »schmutzigen« Kapitalien finanziert werden. Laut Bundeskriminalamt soll die Mafia allein im Jahr 1992 27 Milliarden DM in Deutschland investiert haben. Deutschland ist also, wie es in einem Dossier der französischen Zeitung *Le Monde* genannt wurde, so etwas wie das neue Eldorado für die Mafia.[11] In diesem Dossier wurden nicht nur die Aktivitäten der sizilianischen Mafia, sondern auch die der russischen und der organisierten Kriminalität der anderen osteuropäischen und asiatischen Länder ausführlich analysiert. Mafia und Camorra kontrollieren danach in Deutschland ein Netz von Tausenden von Restaurants, mit anderen Worten eine *Pizza Connection*, die sich vor der 1984 in Amerika zerschlagenen nicht zu verstecken braucht. 1991 fand die Polizei bei einer Hausdurchsuchung in Neapel eine Europakarte, in der Deutschland, die Schweiz und Österreich fein säuberlich zwischen den verschiedenen Clans der Camorra in Einflußzonen aufgeteilt waren.[12]

Für diese Art Operationen bedarf es der Abstützung durch ein komplexes System der Geldwäsche mittels Banken und Finanzierungsgesellschaften. Neben den alten Systemen des Geldrecyclings in den Spielcasinos an der Côte d'Azur oder durch den An- und Verkauf von Kunstwerken, dem dafür außerordentlich gut geeigneten Markt der Ausschreibungen und des Subunternehmertums[13] und dem »Natural«tausch im Fall des internationalen Drogengeschäfts (Kokain gegen Heroin beispielsweise) traten nun der Erwerb von Handelsketten und Vertretungen mit hohen täglichen Geldtransfers, Investitionen in Immobilien, die Schaffung und

11 Die Artikel von Danielle Rouard vom 26., 27., 28., 29. und 30. Januar 1993.

12 Auf der Deutschlandkarte war der Name der Stadt Hof in Franken rot umrandet. In eben diesem Jahr wurden der Direktor und die Angestellten eines Hotels in Hof laut Polizeibericht von einem Kommando unter Führung eines elegant gekleideten Neapolitaners brutal zusammengeschlagen. Die Polizei vermerkt eine Strafaktion der Camorra (die allerdings nicht typisch ist, denn es gab keine Toten). Beim Prozeß um die Ereignisse behaupteten die »Opfer«, es habe sich um einen Familienstreit gehandelt, der in eine Schlägerei ausgeartet sei. *Le Monde*, 30. 1. 1993.

13 Die Teilnahme einer Firma aus Catania, die im Verdacht steht, zur Mafia zu gehören, an dem Wettbewerb um dem Zuschlag für die Klimatisierung der Bercy-Expo in Paris führte im September 1992 zu einer Stellungnahme des Vorsitzenden der parlamentarischen Kommission zur Untersuchung über das Eindringen der Mafia nach Frankreich, François d'Aubert, in der Nationalversammlung.

Lenkung von Wechselstuben und anderen Einrichtungen, die ständig ausländische Währungen transferieren, der Abschluß von Versicherungen,[14] die Übertragung von Aktienpaketen oder von »weichen« Währungen (oft afrikanische, aber auch der Rubel) und sogenannte Zwischenkonten in französischen oder Schweizer Banken (bei diesem Typ von Geschäften spielt Frankreich eine viel größere Rolle als gemeinhin angenommen wird), ganz zu schweigen von den auch in Europa vorhandenen Steuerparadiesen (wie Luxemburg, Gibraltar und den Inseln im Ärmelkanal) und den sizilianischen Banken. In Italien ist Mailand der Hauptplatz. In einem Bericht des State Department von 1993 wird Italien als eine der wichtigsten Durchgangsstationen für die Drogen aus Südostasien erachtet. Mailand ist nach diesem Bericht ein Finanzplatz, der vor allem für die südamerikanischen Organisationen von Interesse ist, die mit der Geldwäsche befaßt sind.

Zum Schluß dieses kurzen Ausflugs an die neuen Ufer der Mafia, der deutlich macht, daß die organisierte Kriminalität in Europa sehr rasch die neuen Möglichkeiten des gewachsenen Wirtschaftsraums zu nutzen imstande war, bleiben noch einige Überlegungen. Im Kern geht es dabei um zwei Punkte. Erstens agieren die Mafia und die Camorra nicht allein, sondern in den verschiedenen Territorien und Geschäftsbereichen in Konkurrenz zu oder auch als Joint Venture mit anderen Gruppen: den Kolumbianern, der russischen Mafia, der türkischen Mafia, den Yakuza aus Japan, den chinesischen Triaden und schließlich auch den Vietnamesen, die von ehemaligen Emigranten heute in die Führung des internationalen Zigarettenschmuggels aufgestiegen sind, die aber auch im internationalen Drogengeschäft aktiv sind. Oft ist der Zigarettenschmuggel die Vorstufe dazu. Bis heute gibt es keine verläßlichen Analysen, die es erlauben würden, sich ein genaueres Bild von der Machtverteilung und von der Konsistenz der verschiedenen Gruppen zu machen, den Bündnissen und den Konflikten, ihren Zentren und den internationalen Finanziers, über die sie in großer Zahl verfügen müssen und die mit Sicherheit gut in der legalen Banken- und Finanzwelt verankert sind. Es ist sehr wohl möglich, daß die verschiedenen nationalen Polizeien viel mehr wissen, als sie nach außen dringen lassen, aber die internationale Zusammen-

14 Die amerikanische Gesellschaft Prudential, eine der wichtigsten des Sektors, wies ihre europäischen Filialen im Jahr 1993 auf die Gefahr hin, die von dem Strom illegaler Gelder ausgeht.

arbeit bei der Bekämpfung dieses Phänomens kommt nur zögerlich in Gang.

Das Ausmaß der internationalen Verflechtung der organisierten Kriminalität macht diese Zusammenarbeit absolut notwendig. Vorsichtige Schätzungen sprechen von einem Finanzvolumen der internationalen Kriminalität von 700 Milliarden Dollar. Die Konferenz der UNO in Neapel über die organisierte Kriminalität im November 1994 verabschiedete eine Erklärung, in der der Wunsch geäußert wird, alle Länder mögen in ihr Strafgesetzbuch dieselben Bestimmungen hinsichtlich der mafiosen Vereinigungen aufnehmen wie in Italien. Darüber hinaus werden verschiedene Vorschläge unterbreitet: Sie reichen von der Strafmilderung für Personen, die mit der Justiz zusammenarbeiten, über die Beseitigung der Schranken beim Informationsaustausch und die Schaffung gemeinsamer, länderübergreifender Datenbanken bis hin zur Bildung einer neuen internationalen Polizei, ausgestattet mit hochspezialisierter Ausrüstung sowie effektiven Ermittlungskompetenzen. Andere Vorschläge hinsichtlich des Problems der Geldwäsche wurden auf einer internationalen Expertentagung in Courmayeur im Juni 1994 vorgetragen: In allen Ländern solle Geldwäsche als Verbrechen gewertet werden, die Banken sollten die Pflicht haben, die wahren Eigentümer der Depots zu kennen, das Bankgeheimnis solle eingeschränkt werden und für Finanztransaktionen außerhalb des Bankensystems und die gesetzlichen Vertretungen seien spezielle Regelungen zu treffen.

Im Moment sind die einzigen brauchbaren Instrumente der internationalen Zusammenarbeit (aber auch die werden nicht immer eingesetzt) diejenigen, die in multilateralen Verträgen vereinbart wurden und die sich vor allem auf die internationale Geldwäsche beziehen. Das bekannteste dieser Abkommen ist vielleicht das von Schengen vom 14. Juni 1985 (das aber erst, und mit Einschränkungen, seit 1994 in Kraft ist). Das Abkommen von Schengen sieht beispielsweise die Verfolgung Verdächtiger auch über die Landesgrenzen hinweg vor.[15]

15 1984 wurde bei Interpol eine Arbeitsgruppe eingerichtet (FOPAC), die sich speziell mit den Gewinnen aus kriminellen Aktionen befaßt und die mit der International Banking Security Association zusammenarbeitet. Die Wiener Konvention (der UNO) stammt aus dem Jahr 1988. Und im Juli 1989 bildeten die sieben wichtigsten Industriestaaten (G 7) eine Ad-hoc-Gruppe. Im September 1990 schließlich verabschiedete auch der Europarat eine Konvention.

Eine gewisse Harmonisierung der Gesetzgebung und eine bessere Koordination kann man sich von Europol erwarten, der gemeinsamen Polizei der EG, die am 4. September 1992 in Straßburg gegründet wurde. Unter dem Druck der Ermordung von Richter Borsellino in Palermo im Juli 1992 beschlossen die Justiz- und Innenminister der EG am 18. September ein Programm zum Kampf gegen »mafiose Organisationen«, das unter anderem die Bildung einer europäischen Arbeitsgruppe zur Bekämpfung der Mafia vorsieht. Damit wird, trotz des Zögerns einiger Länder, der Teil des Abkommens von Maastricht praktisch schon in Kraft gesetzt, der die Zusammenarbeit im Bereich von Justiz und Verbrechensbekämpfung betrifft.

Die zweite Bemerkung betrifft die Struktur der Mafia in den verschiedenen Ländern. Angesichts der Größenordnung der Investitionen ist man geneigt, sich eine »supranationale« Mafia vorzustellen, eine Art einheitlichen Großkonzerns, der seine Verträge mit den kolumbianischen Kartellen und all den anderen Gruppen aushandelt, seine Vermögenswerte von einem ins andere Steuerparadies transferiert und mittels regionaler Niederlassungen operiert, die Teil eines organischen Ganzen sind und von der Zentrale Anordnungen entgegennehmen. Die Wirklichkeit ist jedoch ganz anders. Die Mafia hat für ihre Internationalisierung die starke Emigration genutzt. Und eben auf die Emigranten stützen sich, wie bereits bei der Behandlung des internationalen Drogengeschäfts betont wurde (vgl. Kap. 11.1), die Mafiaclans, die auch nicht über eine einheitliche Zentrale verfügen, um ihre Geschäftsbereiche zu erweitern. Und nicht nur das, sie benutzen die Emigranten auch, um gesuchte Verbrecher in Sicherheit zu bringen, wenn die Situation in Sizilien für sie zu schwierig wird. Und zuweilen dienen diese Zufluchtsorte als Ausgangsbasis für Operationen in Sizilien.

Die Antimafiakommission des Parlaments schreibt in ihrem bereits zitierten Bericht *Mafia und Politik* von 1993:

»Cosa Nostra dehnt ihre Aktivitäten auf neue Märkte aus, denn die Globalisierung der Ökonomie bringt unweigerlich auch die Verbreitung der kriminellen Aktionen im Zusammenhang mit dem Austausch von Waren und Personen mit sich ... Aber man muß allen Hypothesen entschieden widersprechen, die behaupten, wir hätten es mit einer »Globalisierung« der Mafia und einem schwächer werdenden Bezug zum Territorium in Sizilien zu tun ... Aus den laufenden Untersuchungen ergibt sich, daß die

Cosa Nostra in Sizilien weiterhin aktiv ist und daß sie die Länder Osteuropas nicht als neue Heimstatt betrachtet, sondern als Gebiete, die man ausbeuten kann. Cosa Nostra folgt bei ihrer Ausweitung einem kolonialistischen Muster und nicht dem einer migratorischen Transformation. Andererseits war es bereits in der Vergangenheit so, daß die Mafia auch dann das Territorium nicht aufgab, wenn sich die Gebiete änderten, in denen sie ihre hauptsächlichen Profite machte.«

Die Aussage hinsichtlich der migratorischen Transformation stellt keinen Gegensatz zu dem dar, was weiter oben zu Mafia und Arbeitsemigration aus Sizilien gesagt wurde. Diese Emigration fand ohnehin statt, sie ist Teil der historischen Emigration aus Italien und keineswegs von der Mafia organisiert oder angeordnet, um Brückenköpfe in anderen Ländern zu haben.

Ginge man jedoch von einer »Globalisierung« aus, so schließt die Kommission, dann würde damit auch der Druck nachlassen, der in der letzten Zeit die großen Erfolge der Richter und Ordnungskräfte im Kampf gegen die sizilianische Mafia ermöglichte.

## 3. Mafia, Camorra, 'ndrangheta

»Mafiusu« ist ein Wort arabischen Ursprungs und bedeutete ursprünglich »tüchtiger Mann«, »Rebell«, »mutiger Mann«. In diesem Sinne war für die sizilianischen Mafiosi auch Giuseppe Garibaldi ein »mafiusu«. Im Königreich der beiden Sizilien selbst wurden die Mafiosi »liuni«, also Löwen, genannt.

'Ndrangheta, das Wort, mit dem gemeinhin die calabresische Mafia bezeichnet wird, kommt aus dem Griechischen und bedeutet großes Heldentum und Tugend. Bis vor einem halben Jahrhundert hatte es für die Menschen der Provinz Reggio/Calabria auch genau diese Bedeutung. »'ndranghetista« nannte man im schlimmsten Fall – aber immer noch mit ein wenig Bewunderung – »einen tüchtigen und kühnen Mann, der das Risiko verachtet und skrupellos zu allem entschlossen ist«.[16] Spezifischer bedeutete die Be-

16 P. Martino, *Storia della parola »'ndrangheta«*, in: *Quaderni calabresi*, N. 44, 1978. Zitiert nach P. Arlacchi, *op. cit.*, S. 30. Zur Etymologie des Wortes Mafia vgl. Sebastiano Vassalli in: *La Repubblica*, 7. 8. 1992. Der kuriose und auch paradoxe Hinweis auf den piemontesischen Ursprung des Wortes stammt von Colajanni in: *Nel regno della mafia* aus dem Jahr 1900 und geht zurück auf die dritte Auflage des *Dizionario italiano-siciliano* von Mortillaro (der nicht für die beiden ersten Auflagen verantwortlich zeichnet) aus dem Jahr 1876.

zeichnung 'ndranghetista sodann, daß der Betreffende Mitglied der »ehrenwerten Gesellschaft« war. Mafioso und 'ndranghetista sind also Synonyme und bezeichnen einen Ehrenmann. In seinem berühmten Buch *Usi, costumi, credenze e pregiudizi del popolo siciliano* schreibt der Ethnologe Giuseppe Pitrè 1889, daß in Palermo das Wort »mafioso« eine herausragende Persönlichkeit bezeichne. Auch der »guappo« der neapolitanischen Camorra ist edlen Ursprungs (auf Deutsch bedeutet das spanische Wort: schön, leidenschaftlich, elegant) und bezeichnet einen Mann ohne Beruf, der am Rande der Legalität lebt. Die *guapperia* ist eine Lebensweise, die besonderen Mut und große Festigkeit verlangt. Erst nach der Vereinigung Italiens 1860 wurde es üblich, die Banditen und Verbrecher im allgemeinen ebenso wie die Gegner der neuen politischen Ordnung Mafiosi zu nennen.

Zur Etymologie des Wortes Camorra gibt es verschiedene Erklärungsansätze. Der plausibelste, dem auch Marco Monnier[17] zustimmt, nimmt eine spanische Herkunft an. »Gamurra« war eine kurz geschnittene Jacke, wie sie die Banditen in Spanien trugen, die deshalb auch »gamurri« genannt wurden. Sogar das Statut, das sich die Camorra, die auch als »ehrenwerte Gesellschaft« bezeichnet wird, 1824 gibt, gleicht fast aufs Haar dem der »Garduna«, einer Bruderschaft von andalusischen »guappos« aus dem beginnenden 15. Jahrhundert, das auch von Cervantes in einem seiner Romane erwähnt wird.[18] »Kamurra« bedeutet auf Katalanisch Protest. Und in der Tat verbreitet sich in Neapel die Camorra als Protestbewegung gegen die Auswüchse der damaligen Regierung, die nicht in der Lage war, Ruhe und Ordnung herzustellen.

17 Marcon Monnier, *La camorra*, 1876, Neudruck Neapel 1962. Monnier war Schweizer, Professor für Literatur und später Rektor der Universität von Genf. Von 1855 bis 1864 lebte er in Neapel. Er verfaßte unter anderem *L'Italie est-elle la terre des morts?* (1859) und ein Buch über die Briganten (1862).

18 Der Roman heißt *Rinconete et Cortadillo*. Einem späteren Dieb wird die Frage gestellt: »Wenn Ihr ein Straßenräuber seid, wieso habt Ihr dann nicht Eure Abgaben gezahlt? Ich rate Euch wohl, mit mir zum Großen Meister unsrer Ehrenwerten Brüderschaft zu gehen und nicht mehr ohne seine Zustimmung zu stehlen, denn das würde Euch teuer zu stehen kommen. Ihr mögt doch nicht glauben, der Diebstahl sei eine Kunst, die man frei und ohne Abgaben praktizieren könne?« Die von Cervantes zitierte Brüderschaft ist die Garduna, und der Große Meister, der von den »guappos« gewählt wird, ist im 16. und 17. Jahrhundert eine angesehene Persönlichkeit; er lebte bei Hofe und bekleidete nicht selten wichtige Ämter. Zur Zeit Philipps III. war er sogar der Privatsekretär des Königs.

Dieser kleine Ausflug in die Etymologie ist keine Abschweifung. Er soll uns daran erinnern, daß die kulturellen Wurzeln des Phänomens Mafia zu Beginn keine – oder wenigstens doch nicht ausschließlich – kriminellen waren. Und er vermag deutlich zu machen, wie einzigartig und doch auch vielfältig dieses Phänomen ist, dessen Ursprünge nicht nur in Sizilien gesucht werden dürfen. Angesichts der Kompaktheit des Problems könnten die Differenzen nebensächlich erscheinen. Über die geographischen Differenzen hinaus (die Mafia in Sizilien, die 'ndrangheta in Calabrien, die Camorra in Campanien und die Sacra Corona Unita in Apulien) gilt es, drei Ebenen festzuhalten, an denen sich die Unterschiede herauskristallisieren: in den Beziehungen zur Bevölkerung, in den Organisations- und in den Aktionsformen. Was sie heute, über die historisch-kulturellen Gemeinsamkeiten hinaus, eint, ist die enge Verzahnung mit der Politik.

Von den Beziehungen zwischen der sizilianischen Mafia und den Politikern war bereits die Rede, und viele der beschriebenen Situationen und Mechanismen lassen sich auf die Mafiaorganisationen in den anderen Regionen übertragen. Das sizilianische Vorbild hat Schule gemacht. Zudem darf man nicht vergessen, daß einige Bosse der 'ndrangheta und der Camorra ebenfalls zur »Ehrenwerten Gesellschaft« gehören und Geschäftspartner der Cosa Nostra (einige sogar auch der Cosa Nostra in den USA) beim Schmuggel von Zigaretten und Drogen sind. Die Beziehungen zwischen der sizilianischen und der calabresischen Mafia sind durch eine gewisse Unterordnung der Calabresen unter die Sizilianer charakterisiert, allerdings früher sehr viel stärker als heute. Im allgemeinen gilt die calabresische Mafia als grausamer bei ihren Einschüchterungsaktionen, der Durchsetzung ihrer erpresserischen Interessen und überhaupt bei allen Aktionen, die ihre Vorherrschaft untermauern sollen. Ihre Clans, die 'ndrine, sind fast immer auf familiären Zusammenhängen aufgebaut, folglich auch viel schwieriger zu infiltrieren und demnach weniger anfällig für das Phänomen des *pentitismo* als die sizilianischen Clans.

Markanter sind die Unterschiede im Fall der Camorra. Sie ist unter dem Gesichtspunkt der Beziehungen zur Politik besonders wichtig, denn hier sind die Interessen der Camorra und die der Unternehmer und der Politik sehr ähnlich. Unter anderem weil in Neapel und in ganz Campanien die Zahl der Politiker, die in Beziehungen mit der Camorra verwickelt sind und gegen die genügend Beweise vorliegen, um Strafverfahren einzuleiten, höher ist als irgendwo sonst.

Im Jahr 1900 schrieb Senator Giuseppe Saredo, Präsident einer Untersuchungskommission über die Camorra, in seinem Abschlußbericht, die liberalen Institutionen hätten es der Camorra ermöglicht, immer größer zu werden, denn »sie ließen zu, daß sie sich auf allen Ebenen des öffentlichen Lebens einnistete.« Und sie benutzten sie, »um sich eine neue Wählerbasis auf der klientelaren Grundlage des Tauschs von Begünstigungen gegen Wählerstimmen zu schaffen«. Man sieht, das Übel hat eine lange Tradition. Der Pakt zwischen Institutionen und Kriminalität, den Saredo schon 1900 beschreibt, ist im Kern derselbe, den die Antimafiakommission heute, also ein Jahrhundert danach, beklagt (auch wenn Geld damals nur am Rande eine Rolle spielte). Allerdings gibt es auch andere Konstanten. Über die ganzen zwanziger Jahre hinweg, vom Aufkommen des Faschismus bis in die Mitte der fünfziger Jahre unterhielt die Camorra keine systematischen Beziehungen zur Politik. Sie kontrolliert den Agrarhandel und die Großmärkte, sie preßt Schutzgelder ab, sie baut die Herrschaft über ihr Territorium aus und zögert nicht zu morden, wenn jemand sich ihrer Ordnung entgegenstellt. Die *guappi* der Neuen Camorra, die sich in den Jahren nach dem Zweiten Weltkrieg die amerikanischen Streitkräfte zunutze machen, um einen blühenden Schwarzhandel und vor allem einen Zigarettenschmuggel auf ganz großem Niveau aufzuziehen, sind in der Vorstellung der Menschen faszinierende Gestalten. Es sind die Jahre von Pascalone' e Nola und Pupetta Maresca, deren Geschichte Hans Magnus Enzensberger wunderbar erzählt hat.[19] Die Kontrolle über das Territorium bedeutet auch Kontrolle über die Wahlentscheidungen der Bewohner, und in diesen Jahren garantiert das bestimmten Politikern große Stimmpakete, die sich dafür mit Gefälligkeiten revanchieren. Zum Beispiel mit der Einstellung bestimmter Personen in den öffentlichen Dienst, der Gewährung von Geschäftserlaubnissen oder mit Pressionen bei Polizei und Justiz. Die Modernisierung der Camorra vollzieht sich in den sechziger und zu Beginn der siebziger Jahre mit der Entwicklung Neapels, dem Übergang vom (Zigaretten-)Schmuggel zum Drogenhandel und mit den Ausschreibungen für die großen Investitionsprojekte der

19 Hans Magnus Enzensberger, *Politik und Verbrechen*, Frankfurt/Main 1964.

öffentlichen Hand. Und an diesem Punkt treffen sich die Interessen der Camorra und einer bestimmten Fraktion der Politik. Der wirkliche qualitative Sprung geschieht dann mit dem Erdbeben in Irpinien 1980 und mit der Entführung Cirillo.

Die grausamen Fehden zwischen den verschiedenen Clans in dieser Zeit fordern Jahr für Jahr Hunderte von Todesopfern.[20] Ursache ist meistens der Kampf um die Beherrschung des Feldes bei den Wiederaufbauarbeiten nach dem Erdbeben vom November 1980. Es wurde bereits angedeutet (Kap. 10.3), daß mehr als 50 000 Milliarden Lire (nach damaligem Kurs an die 100 Mio. DM. U. H.) aus den Geldern für den Wiederaufbau zum größten Teil bei der Camorra oder bei den mit ihr verbündeten Politikern gelandet sind. Man muß diese Zahl in Relation zu den 2000 bis 2500 Milliarden Lire setzen, die die Camorra jährlich im Heroin- und Kokaingeschäft »erwirtschaftet«. Die Camorra begreift sofort, daß das Erdbeben für sie zum ganz großen Geschäft werden kann. Kaum eine Woche ist vergangen, noch werden die Toten geborgen, da werden bereits Firmen zur Trümmerbeseitigung, zum Abriß einsturzgefährdeter Gebäude und zur Lieferung von Beton und anderen Baumaterialien ebenso wie Bauunternehmen und Immobiliengesellschaften neu gebildet oder gekauft.[21] Es ist nicht einmal nötig, immer und in jedem Fall an den Wettbewerben teilzunehmen, wenn man die Kontrolle (faktisch: das Monopol) über die gesamte Belieferung mit Material sowie die Dienste von den Erdarbeiten bis hin zur Lieferung von Bauteilen und Beton ausübt: Die bei den Ausschreibungen siegreichen Firmen müssen sich von den Unternehmen der Camorra beliefern lassen (und oft genug bei ihnen auch noch Arbeitskräfte ausleihen) oder sie als Subunternehmer einbeziehen.

Das Erdbeben von 1980 war also für die Camorra der Beginn einer tiefgreifenden und sehr raschen Veränderung. Die Clans, so heißt es in dem Bericht der parlamentarischen Untersuchungskommission zur Mafia vom Dezember 1993, »verwandeln sich zu regelrechten Holdings von produzierenden Betrieben«. Diese

20 235 Morde 1981, 265 1982, 167 1983, 150 1984 und 154 1985, das ist die Bilanz des Krieges in der Camorra.

21 Das ergibt sich aus zahlreichen Prozeßakten. Vgl. Armato Lamberti, *Struttura, dimensioni e caratteristiche del fenomeni di criminalità organizzata in Campania negli anni 90*, ein Vortrag auf der Tagung »Interpretazione della mafia tra vecchi e nuovi paradigmi«, Palermo, Mai 1993.

»Hinwendung zum Unternehmertum«, merkt der Bericht an, ist »notwendig geworden, um schmutzige Gelder waschen zu können«, die praktische Umsetzung dieses Vorhabens wurde »von einer korrupten und selbst mitverstrickten öffentlichen Verwaltung begünstigt«. Die Camorra kontrolliert die Investitionen der öffentlichen Hand fast vollständig. Die Unternehmer der Camorra, so wurde bemerkt,[22] sind »in der Lage, den Markt stark zu beeinflussen, und können folglich auch die kleineren Firmen, die nichts mit der Camorra zu tun haben, aber eine ökonomische Nische suchen, an sich binden«. So verwandelt sich der eigentliche Ansatzpunkt einer Modernisierung (der Wiederaufbau nach dem Erdbeben) in einen »Katalysator der ökonomischen, sozialen und gesellschaftlichen Krise in Campanien«.

Die Kontrolle über das Territorium und den Markt seitens der Camorra wurde durch die enge Beziehung zur öffentlichen Verwaltung vor Ort möglich. Darauf spielt die Formulierung »gesellschaftliche Krise« aus dem parlamentarischen Untersuchungsbericht an. In einigen Fällen plaziert die Camorra über die Wahllisten eigene Kandidaten für die Gemeinderäte. In den meisten Fällen gewährt die Camorra bestimmten Kandidaten im Gegenzug für Gefälligkeiten ihre Unterstützung (d. h. Stimmpakete).

Die Situationen reichen »von totaler Abhängigkeit des Personals der Verwaltungen bis hin zum offenen und manchmal auch gewalttätigen Konflikt zwischen Camorra und Vertretern der öffentlichen Verwaltung«,[23] denn letztere beanspruchen für sich auch einen Handlungsspielraum. In diesen Fällen greift die Camorra zu Einschüchterung und gewaltsamen Drohungen, um ihre Machtposition zu behaupten. An spektakulären Beweisen dieser Macht mangelt es nicht: In einem Fall wurde der gesamte Gemeinderat in das Haus eines Bosses bestellt und angewiesen, den Rücktritt einzureichen. Diese Konflikte sind jedoch nicht der Ausdruck eines Widerstandswillens gegen die Camorra, sondern »schlicht der Konflikt zwischen zwei Mächten, nämlich der Camorra und den Institutionen, die beide nach derselben Logik des Klientelismus funktionieren«.

Diese Logik wird besonders deutlich in dem Antrag auf Aufhebung der Immunität von fünf Parlamentariern (inzwischen stehen sie unter Anklage und befinden sich in Haft. U. H.), den die nea-

22 Ebd., S. 14.
23 Ebd., S. 24.

politanische Justiz am 7. April 1993 gestellt hat.[24] Das Dokument umfaßt 198 Seiten und begründet bis ins Detail die teilweise äußerst schweren Beschuldigungen.

Hauptbeschuldigter ist Antonio Gava, der Sohn Silvio Gavas, eines führenden Christdemokraten aus Campanien und ehemaligen Präsidenten der Fraktion der DC im Senat. Silvio Gava ist der einflußreichste Politiker Neapels, und immer schon wurde über mögliche Beziehungen zur Camorra gemunkelt. Antonio nun, der Erbe Silvios in der von allen so genannten »Dynastie Gava«, ist ebenfalls einer der wichtigsten Honoratioren der DC. Von 1989 bis 1992 stand er dem Innenministerium vor. Senator Gava, so die neapolitanischen Richter auf Grundlage ihrer Vorermittlungen, »bildet den Knotenpunkt des Systems von Interessenübereinstimmungen zwischen Politik und Mafia«. Über die Untersuchungsergebnisse der Freilassung Ciro Cirillos hinaus haben die Richter, vor allem dank der Aussagen des »reumütigen« Bosses Pasquale Galasso, schwer belastendes Material gefunden. Es soll beweisen, daß sich Gava mehrmals direkt dafür eingesetzt hat, Vertretern der Mafia wirtschaftliche (bei Wettbewerben), politische (Unterstützung für *camorristi* oder deren Freunde bei Wahlen auf lokaler oder auch nationaler Ebene) und juristische Vorteile (in der Haft oder im Prozeß) zu verschaffen. Darüber hinaus verwandte er sich auch in den typisch klientelaren Fragen (wie der Beschäftigung von Personen im öffentlichen Dienst oder bei Privatunternehmen, der Gewährung von Bankkrediten etc.) für die Camorra. Als Gegenleistung sollen die Clans der Camorra Gava in den von ihnen kontrollierten Gebieten bei Wahlen unterstützt haben.

Wie schwerwiegend diese Vorgänge in politischer Hinsicht sind, wird besonders dann deutlich, wenn man sieht, daß die beschuldigte Person nicht nur einer der einflußreichsten Vertreter der Mehrheitspartei im Parlament ist, sondern auch als Innen-

24 Bis zum 28. Oktober durfte nach dem Gesetz ein Richter keinerlei Nachforschungen über ein Mitglied des Parlamentes anstellen, ohne zuvor eine Autorisierung durch das Parlament erhalten zu haben. Am 28. Oktober wurde eine Reform der parlamentarischen Immunität beschlossen: Jetzt können die Richter ermitteln, auch ohne die Zustimmung des Parlaments. Die Entscheidungen der Kommissionen von Parlament und Senat, die für die Autorisierung bei Verfahren zuständig sind, bleiben weiter bindend in Fragen der Festnahme eines Parlamentariers, der Hausdurchsuchungen, des Abhörens der Telefone und der Beschlagnahme der Korrespondenz.

minister zuständig für die öffentliche Ordnung war. Nicht minder schwer sind die Beschuldigungen, die den Antrag auf Aufhebung der Immunität gegen Paolo Cirino Pomicino, einen weiteren Vertreter der DC, begründen. Er bekleidete ebenfalls mehrmals ein Ministeramt und stand mit Gava in Konkurrenz um die Stimmen der Camorra bei Wahlen. Pomicino ist ferner einer der Hauptbeschuldigten im Rahmen der Ermittlungen gegen »Tangentopoli«.

Die Anklage der neapolitanischen Richter geht bei Pomicino davon aus, daß er »voll und ganz in die ... Regie des sogenannten Wiederaufbaus (der vom Erdbeben betroffenen Gebiete) verstrickt ist; eine Regie, bei der für bestimmte, sehr große Gebiete auch Carmine Alfieri (ein Boss der Camorra) dazugehörte«. Die Richter stützen ihre These von der Verwicklung Pomicinos damit, daß er als Vorsitzender des Finanzausschusses im Parlament, den alle Geldzuweisungen für die Erdbebengebiete passieren mußten, im Zusammenhang mit dem »Wiederaufbau« eine herausragende Rolle spielte, daß er enge Beziehungen zu Alfieri und seinen Getreuen unterhielt und daß es eine große »Gemeinsamkeit der Interessen beider in der gemeinsamen Lenkung der öffentlichen Finanzströme für diese Arbeiten (gab), um Unternehmern Vorteile zu verschaffen, die mit beiden verbunden waren«.

Zu den weiteren Parlamentariern, um die es bei dem zitierten Antrag auf Aufhebung der Immunität ging, gehört der Sozialist Raffaele Mastrantuono. Sein Verhalten ist politisch gravierend, denn es liefert den perfekten Beweis für die Fähigkeit der Mafiaorganisationen, das schwächste Kettenglied der Institutionen ausfindig zu machen und für die eigenen Zwecke zu nutzen. Die Gegenleistung besteht immer in der Zusicherung von Wählerstimmen. Mastrantuono soll seine Stellung als Vizepräsident des Rechtsausschusses im Abgeordnetenhaus dazu benutzt haben, »eine wohlwollende Behandlung von Personen zu erwirken, die im Zusammenhang mit Verbrechen der Mafia unter Anklage stehen«. Klar ist, daß immer, wenn Interventionen von Mastrantuono und anderen Politikern Erfolg hatten, auch Richter oder Personen der Justizverwaltung mitgespielt haben müssen. Urteilt man nach den Festnahmen und Ermittlungen gegen neapolitanische und salernitanische Richter aus dem März 1994, dann muß die Komplizenschaft in der Justiz sehr viel ausgedehnter gewesen sein, als man das je vermutet hätte.

Es soll aber nicht behauptet werden, der Staat habe den Ereignissen tatenlos zugeschaut. Carmine Alfieri, der seit elf Jahren flüchtig war, wurde im September 1992 von den Carabinieri verhaftet. Im März 1994 erklärt er sich bereit, mit der Justiz zusammenzuarbeiten. Alfieri ist der mächtigste und einflußreichste Boß der Camorra, der in den letzten Jahren festgenommen wurde. Der Bericht der parlamentarischen Antimafiakommission über die Camorra vom Dezember 1993 erinnert daran, daß Campanien die größte Zahl von Gemeinden hat, deren kommunale Selbstverwaltung wegen mafioser Durchsetzung aufgelöst und unter staatliche Zwangsverwaltung gestellt wurden[25]: nämlich 32 gegenüber 19 in Sizilien, elf in Calabrien und sechs in Apulien. 64 Funktionäre wurden aus dem öffentlichen Dienst entfernt. In Neapel wurden wegen Korruption oder Zugehörigkeit zur Mafia ein ehemaliger Bürgermeister, ein ehemaliger Präsident der Provinz, ein Ex-Präsident der Region (i. e. der Ministerpräsident eines Bundeslandes. U. H.), fünf Angehörige des Regionalparlaments und sechs Assessoren der Region verhaftet.

Aber diese Zahlen stellen nur die Spitze eines Eisbergs dar. Die *omertà* ist in Campanien noch kompakter und undurchdringlicher als in Sizilien, weil die Kontrolle über das Territorium aufgrund einer anderen Beziehung zur Bevölkerung zumindest in einigen Zonen und bei einigen Clans sehr viel feiner ist. Der Clan Giuliano[26] »hat seine Stärke in der weitverzweigten gesellschaftlichen Verankerung, so daß man mit Recht sagen kann, daß sich seine Macht nicht auf die Einschüchterung, sondern auf den Konsens gründet«. In einigen Gebieten des wirtschaftlichen Zentrums der Stadt kontrolliert der Clan den Zigarettenschmuggel und das illegale Wettgeschäft; darüber hinaus verfügt er durch den Verkauf von Konsumgütern, von Haushaltsgeräten bis hin zu Lebensmitteln und Bekleidung, über ein Netz von Wanderhändlern und kleinen Geschäften, in das mehrere Tausend Personen eingespannt sind.

25 Die Auflösung von Kommunalvertretungen wegen »mafiöser Durchsetzung« wird durch das Gesetz 221 vom 22. Juli 1991 geregelt.

26 Amato Lamberti, *op. cit.*, S. 17f.

## 4. Der Fall Cirillo

Das Erdbeben vom November 1980 bot die Gelegenheit für einen gigantischen Betrug am Staat und an der Bevölkerung, und die Ereignisse im Umfeld der Entführung von Ciro Cirillo (April bis Juli 1981) ermöglichten es, das Bündnis zwischen den Drahtziehern jenes Betrugs, dem organisierten Verbrechen und den wichtigsten neapolitanischen Politikern, zu konsolidieren. Darüber hinaus ist inzwischen nachgewiesen, daß die Freimaurer und die Geheimdienste im Fall Cirillo eine zentrale Rolle gespielt haben. Wir haben es hier mit dem einzigen juristisch durch Urteile eindeutig bestätigten Fall zu tun, in dem wir alle wichtigen Protagonisten der zahllosen Missetaten der jüngsten italienischen Geschichte in einem Boot wiederfinden: die Mafia, die P2, Vertreter der Politik, Leute aus dem Geheimdienst, korrupte öffentliche Bedienstete und Unternehmer mit riesigen illegalen Geschäften.

Ciro Cirillo, ein Mann des Vertrauens von Antonio Gava und ehemaliger Vorsitzender der Regionalregierung, ist Assessor für öffentliche Arbeiten der Region und Präsident des Komitees der Region für den Wiederaufbau der Erdbebengebiete. Das hat ihn ins Visier der Roten Brigaden gebracht, und das erklärt auch die Energie, mit der seine Parteifreunde seine Freilassung betreiben. Cirillo kennt etliche Geheimnisse aus Geschäftswelt, Politik und Camorra, die in Campanien operiert. In der Zeit unmittelbar nach dem Erdbeben, als die Pläne in die Tat umgesetzt werden sollen, die freigegebenen Finanzmittel durch Scheinausschreibungen in die Taschen befreundeter Unternehmen umzulenken, könnte das Fehlen eines Mannes wie Cirillo, der durch seine Beziehungen zu allen interessierten Parteien notwendig für den erfolgreichen Ausgang der gesamten Operation ist, große Probleme und deutlich geschmälerte Gewinne zur Folge haben.

Cirillo wird am Abend des 27. April vor seiner Wohnung von einem Kommando der BR entführt. Sein Chauffeur und sein Leibwächter werden umgebracht, seinem Sekretär schießen sie ins Bein. In den darauffolgenden Wochen spielen die Roten Brigaden den Zeitungen verschiedene Kommuniqués zu, in denen von den Lebensbedingungen der Bevölkerung in den Erdbebengebieten die Rede ist und die Forderung erhoben wird, die Kommune solle Wohnungen beschlagnahmen und darin Erdbebenopfer unterbringen (es ist ein Schreiben Cirillos beigelegt, in dem er erklärt, wie man praktisch und juristisch bei diesen Beschlagnahmen vorzugehen habe). Am 14. Mai verkünden die Lautsprecher in einer der Wohnwagensiedlungen, in denen die Erdbebenopfer provisorisch untergebracht sind, die Tonbandaufzeichnung einer Botschaft des Assessors:

»Meine Herren Erdbebenopfer, zu Ihnen spricht Ciro Cirillo. Sie foltern mich, und sie werden mich umbringen. Helft mir! Zwingt die Behörden, den Familien, die in Wohnwagen leben, Wohnungen zuzuteilen.«

In den ersten Tagen des Juni entführen die Roten Brigaden auch noch Umberto Siola, Assessor für öffentliche Bauten der Stadt Neapel (die Kommune wird von einem linken Bündnis geführt, Oberbürgermeister ist Maurizio Valenzi, ein Kommunist wie Siola).[27] Sie zeichnen seine Antworten beim Verhör auf und lassen ihn gleich danach wieder frei. Er wird an einem Eisentor angekettet und mit Schildern um den Hals fotografiert, auf denen die Beschlagnahmung von Wohnungen gefordert wird. Dann schießen sie ihm in die Beine.

In der Zwischenzeit hatte die *Nuova camorra organizzata* von Raffaele Cutolo einen Brief publik gemacht, in dem die Roten Brigaden aufgefordert werden, Cirillo freizulassen und sich aus Campanien zu verziehen. Ansonsten werde die *Nuova camorra organizzata* mit der Polizei zusammenarbeiten, um die Entführer aufzustöbern. Zum ersten Mal tritt Cutolos Clan öffentlich bei dieser Gelegenheit in Erscheinung. Die Nachforschungen der Ordnungskräfte, die Neapel und Umgebung durchkämmen, um eine Spur vom Versteck Cirillos zu finden, »stören« die Camorra, weil sie deren Handlungsspielraum und damit auch die illegalen Geschäfte einengen.[28] Aber das wirklich Neuartige ist in etwas anderem zu sehen. Es ereignet sich im Gefängnis von Ascoli Piceno, wo Cutolo in Haft ist, und soll dazu dienen, die Camorra bei der Befreiung des christdemokratischen Politikers einzuspannen. Die DC, und mit ihr die Geheimdienste, die sich im Fall Moro, dem

27 1981 muß die linke Stadtregierung zurücktreten. Damit entfällt auch das letzte kleine Hindernis für die Spekulanten nach dem Erdbeben.

28 Einige Aussagen, die die Richter zusammengetragen haben, legen den Verdacht nahe, der Brief könne eine Fälschung aus dem Umfeld Gavas oder der Geheimdienste sein, um Druck auf die Roten Brigaden auszuüben. (Vgl. den Zwischenbericht von Richter Carlo Alemi vom Juli 1988, aus dem große Teile in *L'affare Cirillo*, Rom 1989, zitiert werden. Die folgenden Zitate beziehen sich auf die zweite Auflage aus dem Jahr 1993.)

Parteivorsitzenden und bedeutenden Politiker, den Roten Brigaden mit ihrer Politik der »Unnachgiebigkeit« entgegengestellt hatte, drängt im Fall Cirillo schon auf Verhandlungen, als diese noch gar nicht gefordert werden. Dieses Verhalten ist von einer selbst für die außergewöhnlichsten Notlagen vollkommen untypischen Eilfertigkeit geprägt. Bereits in der Nacht des 28. April, wenige Stunden nach der Entführung und noch während der nationale Sicherheitsrat tagt, erklärt der Staatssekretär des Innenministeriums, Angelo Sanza (DC), »die Camorra könnte ein Interesse an der Befreiung Cirillos haben«. Und während Sanza noch seine Erklärung abgibt, hat der Sisde bereits alles Notwendige unternommen, um im Gefängnis von Ascoli Piceno Kontakt mit Cutolo aufzunehmen.

Die Verhandlungen werden unter absoluter Geheimhaltung von den Spitzen des Sismi vorangetrieben, die allesamt eingeschriebene Mitglieder der Loge P2 sind: den Generälen Santovito und Musumeci, Oberstleutnant Belmonte sowie Francesco Pazienza (vgl. Kap. 7). In der Begründung des Urteils der Berufungsverhandlung über die Entführung Cirillo heißt es:

»Die Verhandlungen mit den Roten Brigaden unter Vermittlung von Raffaele Cutolo gehen auf Anregungen aus der großen Familie der Democrazia Cristiana zurück ... (und die DC tritt in der Angelegenheit in Erscheinung) durch zwei hochgestellte Persönlichkeiten: Antonio Gava und Flaminio Piccoli (zu jener Zeit Generalsekretär der Partei), für die man nach Lage der Akten die Behauptung aufstellen kann, daß sie in Kenntnis der Verhandlungen waren, daß sie sich nicht davon distanzierten, daß sie nichts taten, sie zu unterbinden, und daß sie sie – zumindest – unterstützten ...«

In einem Interview vom Dezember 1989 erklärt Cutolo sichtlich zufrieden:

»Der Staat ist gerettet. Schließlich habe ich mich genauso verhalten wie mein Pate Vito Genovese, als er aufgefordert wurde, dem Staat zu helfen, oder wie Lucky Luciano bei der Landung der Amerikaner in Sizilien. Ohne hochmütig sein zu wollen, kann ich sagen, daß auch ich einen Beitrag zum Erhalt der Institutionen geleistet habe ... Ohne meinen Einfluß gäbe es Dr. Cirillo heute nicht mehr. Die Roten Brigaden konnten sich, bei allem Respekt, nicht den Luxus erlauben, mir eine Gefälligkeit abzuschlagen.«[29]

29 *L'Espresso*, 10. 12. 1989.

Im Beschluß von Richter Alemi wimmelt es von Zeugenaussagen und Belegen zu einzelnen Ereignissen und Umständen. Nicht alle hätten für sich genommen im Prozeß selbst Beweiskraft, aber sie erscheinen zusammengenommen sehr glaubwürdig. Hier sollen nur einige grundlegende Punkte gestreift werden, die klarmachen, was wirklich vor sich gegangen ist: die Intervention der Geheimdienste und Politiker, die Besuche bei Cutolo im Gefängnis, die Rahmenbedingungen für die Verhandlungen mit den Roten Brigaden, das Schicksal vieler »unbequemer« Zeugen nach der Freilassung Cirillos und die Behinderungen der Arbeit von Polizei und Richtern.

Während der Entführung Cirillos gleicht das Gefängnis von Ascoli einem Hafen, ein solches Ausmaß hat das Kommen und Gehen von Personen, die Cutolos Zelle oder dem Büro des Gefängnisdirektors einen geheimen Besuch abstatten. Einige Zeugen nennen auch Musumeci und Francesco Pazienza als Besucher. Während dieser Besuche ist Cutolo nur selten allein, da ihm die Geheimdienste zugestanden haben, daß Männer seines Vertrauens anwesend sind. Es sind dies in erster Linie Giuliano Granata, Bürgermeister von Gugliano und enger Mitarbeiter Cirillos, Cutolos Statthalter Vincenzo Casillo, der bei den Verhandlungen einer der Hauptakteure ist, und sogar der steckbrieflich gesuchte *camorrista* Corrado Iacolare. Außerdem setzt Cutolo durch, daß einige in Sondergefängnissen inhaftierte Mitglieder oder Freunde der Roten Brigaden zeitweilig nach Ascoli verlegt werden, weil das laut seiner Aussage nötig sei, um die Verhandlungen mit den Entführern in Gang zu setzen.

Natürlich ist der umstrittenste Punkt, ob auch Vertreter der Christdemokraten Cutolo ihre Aufwartung im Gefängnis gemacht haben. Von verschiedenen Zeugen werden an erster Stelle Antonio Gava sowie dessen Vater Silvio genannt, aber auch der Senator Francesco Patriarca, der (damalige) Minister für Kulturgüter (und spätere Innenminister) Vincenzo Scotti und der Parteisekretär selbst, Flaminio Piccoli. Dieser soll, so die Aussage einiger Zeugen und auch von Cutolo selbst, dem Boß der Camorra eine persönlich unterzeichnete Botschaft zugesandt haben, um auf dessen Nachfrage zu bestätigen, daß die Männer des Geheimdienstes autorisiert seien, im Namen der DC die Verhandlungen zu führen. Alle Beteiligten haben bestritten, sich jemals nach Ascoli begeben und an einer Zusammenkunft mit Casillo teilgenommen zu haben, bei der auch Ciriaco De Mita, der künftige Parteisekretär der DC, zugegen gewesen sein soll. Und schließlich hat sich auch Cutolo beharrlich geweigert, die Namen der Besucher preiszugeben, zu denen aber nach seiner eigenen Aussage auch bedeutende Persönlichkeiten der Democrazia Cristiana gehörten.

Die Zeugenaussagen, die Richter Alemi zu den verschiedenen Phasen der Verhandlung zusammengetragen hat, stimmen nicht alle überein. Es scheint, als seien die Roten Brigaden anfänglich nicht bereit gewesen, Geld als Gegenleistung zu akzeptieren, und als hätten sie sich erst später dazu bereit erklärt. Ihre Überlegung sei gewesen, daß die Erpressung einen propagandistischen Wert haben könnte, insoweit die DC gezwungen worden sei, zu verhandeln und in gewisser Weise auch »die Revolution zu finanzieren«. Einige Zeugen (Mitglieder der Camorra und Personen aus dem Umfeld der Roten Brigaden) sprechen von einer Forderung nach Maschinenpistolen (die der Sismi abgelehnt habe) und nach Befreiung von wenigstens drei Inhaftierten in den Sondergefängnissen sowie Informationen über »zu eliminierende« Richter. In einer späteren Phase soll die NCO den Brigadisten ihre Unterstützung innerhalb und außerhalb der Gefängnisse zugesichert haben.[30] Möglicherweise betrug am Ende die Summe, die Cirillos Freunde und die neapolitanische DC zahlten, drei Milliarden Lire, wovon Cutolo allein schon die Hälfte einstrich. Außerdem wurden ihm die Teilnahme an den Ausschreibungen für den Wiederaufbau nach dem Erdbeben und, wie Cutolo sagt, eine bevorzugte Behandlung für ihn und seine Männer im Gefängnis garantiert. »Ich habe Cirillo das Leben gerettet, und ich habe dem Staat einen Dienst erwiesen, aber die Politiker haben ihre Versprechen nicht gehalten«, so beklagt er sich in den Jahren danach. Über die Inhalte dieser Abmachungen hat er jedoch die untersuchenden Richter niemals informiert.

Viele Personen haben ihre Teilnahme an den Verhandlungen mit dem Leben bezahlt. Der erste Effekt der Befreiung Cirillos ist zunächst eine (zumindest scheinbare) Stärkung der Position Raffaele Cutolos gegenüber dem Clan Alfieri. Der Krieg zwischen den beiden Clans bricht am 29. Januar 1983 los. In Rom explodiert eine Bombe, die das Auto von Cutolos Partner, Vincenzo Casillo, in die Luft sprengt und ihn tötet. Laut Galasso ist das Carmine Alfie-

30 Bericht des Richter Alemi, S. 25, 38, 50.

ris Antwort auf die Angriffe der NCO, und er wählt diese Strategie auch dank des neuen Bündnisses mit den Gava, die »unter dem Druck der Forderungen Raffaele Cutolos, der auf die Einhaltung der Abmachungen für die Befreiung Cirillos pochte und mit einem Skandal drohte«, sich an die einzige Person gewandt hätten, die in der Lage war, den Boß der NCO zu bremsen.

Nach Cutolos Niederlage soll jede Erinnerung an die Verhandlungen, die zur Freilassung Cirillos führten, ausgelöscht werden. Es beginnt am 15. Juli 1982 mit dem Chef der Bereitschaftspolizei in Neapel, Antoni Ammaturo. Ein Kommando der Roten Brigaden erschießt ihn und den Polizisten am Steuer seines Wagens. Es ist eine Gefälligkeit der BR gegenüber Cutolo, der auf Ammaturo nicht gut zu sprechen ist, weil er im Verdacht steht, gegen die NCO härter als gegen andere Clans der Camorra vorzugehen.[31] Das wirkliche Motiv jedoch liegt höchstwahrscheinlich woanders und ist viel spezieller: Ammaturo ermittelt die näheren Umstände der Entführung Cirillo und weiß, daß sich in dieser Sache Gava und andere Exponenten der DC engagiert haben. Als er aus dem Polizeikommissariat Giugliano nach Gioia Tauro versetzt wird, beklagt er sich, weil, so seine Behauptung, die Versetzung auf Druck von Cirillo und dem Präsidenten der Republik, Giovanni Leone, erfolgt sei. Ende Juni erzählt er seinen Familienangehörigen, daß die Untersuchung über den Fall Cirillo, mit der er befaßt ist, äußert gefährlich sei und daß er Sorge um sein Leben habe. Seiner Frau sagt er, wenn er seine Ermittlung abschließen könne, dann »würden so schwerwiegende Dinge zum Vorschein kommen, daß in Neapel die Lichter ausgehen«.

Der Tod Ammaturos ist der erste in einer langen Reihe. Nacheinander verschwinden die wichtigsten Zeugen der Affäre Cirillo. 1982 stirbt der Mitarbeiter der Sismi, Adalberto Titta, der Oberst Belmonte öfters bei dessen Besuchen bei Cutolo begleitete, an Herzinfarkt. 1983 wird Giovanna Matarazzo, eine Vertraute und Freundin von Pasquale Galasso, erschossen. 1984 sorgt wiederum ein Herzinfarkt für das Hinscheiden von Luigi Bosso, einem politischen Gefangenen, der als Vermittler zwischen den Roten Brigaden und der Camorra agiert hatte. 1986 wird der Ex-Gefangene aus Ascoli, Nicola Nuzzo, der auch in die Verhandlungen verwik-

31 Bericht des Richters Alemi, *op. cit.*, S. 237ff. Einige der von Alemi befragten Zeugen sagen aus, Cutolo haben sich an die Roten Brigaden in Neapel gewandt, um den Polizeichef ermorden zu lassen.

kelt war, mit Knüppeln erschlagen, während er sich in einer römischen Klinik aufhält. 1987 ist Francesco Vicino, ein Arzt und Vertrauter Nuzzos, an der Reihe. 1988 wird Sabatino Saviano umgebracht, einer der Mittelsmänner für den Kontakt zwischen Cutolo und den Politikern. Und noch im selben Jahr begeht der *camorrista* Salvatore Imperatrice, der dem Richter Alemi von der Begegnung zwischen Casillo, Piccoli und De Mita berichtet hatte, im Gefängnis Selbstmord. Imperatrice hatte an jenem Abend das Auto von Casillo gefahren. 1993 schließlich wird eine weitere historische Figur der NCO umgebracht: Enrico Madonna, Ex-Häftling und Anwalt von Cutolo.

Die Begründung des Beschlusses von Richter Alemi nährt Zweifel auch noch bei weiteren Todesfällen.[32] Zwei verschiedene Zeugen, beide Mitglieder der Camorra, berichteten, Alemi, General Santovito, der Chef des Sismi, sei in Wirklichkeit keines natürlichen Todes gestorben. Er sei vergiftet worden, und zwar durch eine Injektion, die Francesco Pazienza besorgt und ein Militärarzt verabreicht habe: General Santovito war zu einem unbequemen Zeugen geworden. Als er in Rom wegen Leberzirrhose ins Krankenhaus mußte, beschloß man, »ihn ohne großes Aufsehen loszuwerden«.

Von kaum glaublichen, aber wirklichen Begebenheiten wimmelt es in der Geschichte der Mafia. In der langen Spur von Toten, die die Entführung Cirillo nach sich zog, fehlt noch der Name von Aldo Semerari. Semerari ist Universitätsdozent, ein bekannter Kriminologe und mehrfach in Ermittlungen im Umfeld der subversiven Rechten aufgetaucht. Er ist auch der Camorra gut bekannt, für die er falsche psychiatrische Gutachten erstellt, dank deren gefährliche Gefangene aus dem Gefängnis in ein Irrenhaus oder sogar ein bequemes Pflegeheim verlegt werden und Schwerverbrecher erheblich mildere Strafen erhalten. Sein Name taucht in den Ermittlungen von Alemi unter den Personen auf, die an den Treffen in Cutolos Zelle während der Entführung Cirillos teilnahmen. Am 26. März 1982 verläßt er sein Büro in Rom, um ein Gutachten über einen Camorraboß, einen Feind Cutolos, zu erstellen, und verschwindet. Am 1. April wird sein Leichnam in einem Auto in Ottaviano im Einflußgebiet Cutolos gefunden. Das Auto parkt gegenüber vom Haus Vincenzo Casillos und nur unweit der Villa

32 Bericht des Richters Alemi, *op. cit.*, S. 70 u. 78.

von Don Raffaele. Der Leichnam ist enthauptet. Der Kopf liegt, eingewickelt in ein Handtuch, in einer Schüssel auf dem Beifahrersitz. Der übrige Körper liegt gefesselt im Kofferraum. Zur gleichen Zeit wird bekannt, daß die Sekretärin Semeraris, Fiorella Maria Carrara, Selbstmord begangen hat.

Am Abend des 25. März, also einen Tag vor seinem Verschwinden, hatte Semerari in Rom ein Treffen mit Umberto Ammaturo (einem Namensvetter des ermordeten Kommissars). Ammaturo ist ein Gangster der Camorra, der sich im Zigarettenschmuggel hochgearbeitet hat. Später stieg er ins Drogengeschäft ein und erhielt in diesem Zusammenhang eine siebzehnjährige Haftstrafe, der er sich durch Flucht entzog. Er besitzt Immobilien und Bankkonten in Brasilien, Senegal, Chile, Peru und Kolumbien und ist auch noch in weiteren Ländern engagiert. »Ich bin viel wichtiger als Pablo Escobar«, soll er sich vor den Richtern bei der Beschreibung seines weltweiten Drogenhandels und Geschäftsimperiums gebrüstet haben. Jahre zuvor hatte Semerari ihm teilweise Demenz bescheinigt und ihm damit ermöglicht, vom Gefängnis in die Gefängnispsychiatrie verlegt zu werden, aus der er dann floh. Er wird wieder verhaftet und nach Mondovì (in den Seealpen an der Grenze zwischen Piemont und Ligurien. U. H.) verbannt, von wo er 1987 spurlos verschwindet. Am 2. Mai 1993 wird er schließlich in Lima festgenommen. Einen Monat nach seiner Festnahme beginnt er, gegenüber den Ermittlungsrichtern auszupacken. Und noch eher er auf die Fragen hinsichtlich des Drogenhandels antwortet, gesteht er, Semerari eigenhändig erwürgt zu haben.

## 5. Cosa Nostra und die Politiker

Die Beziehung zwischen Mafia, Politik und öffentlicher Verwaltung diente vor allem den wirtschaftlichen Aktivitäten der Mafia: Befreundete Politiker und Beamte sollen durch Gesetze, Regelungen, Stadtentwicklungspläne, Krediterleichterungen etc. sowie die Unterlassung vorgeschriebener Aufsichtsfunktionen und die Abwicklung illegaler Verwaltungspraktiken (wie Scheinausschreibungen, Zulassungen und Finanzierungen ohne die vorgeschriebenen gesetzlichen Grundlagen etc.) alles tun, um die Firmen der Mafia zu begünstigen. Man bedient sich weiterhin der befreundeten Politiker, Richter und Polizisten, um Ermittlungen abzublokken, Prozesse zu vermeiden oder zu lenken oder um Erleichterungen für Mafiosi in Haft zu erreichen. Es handelt sich also im Normalfall nicht um eine Beziehung zwischen zwei Mächten. Eher schon um eine Vorgehensweise, bei der die Mafia Politiker, Beamte der öffentlichen Verwaltung und Richter in das System ihrer Geschäfte einbindet, die auf diese Weise integraler Bestandteil des Systems werden, ohne deshalb zu dieser oder jener Familie zu gehören.

Das bedeutet nicht, daß die Mafia nicht auch direkt Politik machen wollte oder könnte. 1987 ließ die Mafia, um die Christdemokraten dafür zu strafen, daß sie sich nicht genügend eingesetzt hatten, um die Untersuchungen der Justiz abzublocken, für andere Parteien abstimmen, insbesondere die *Radicali* und die Sozialisten, die beide dafür eingetreten waren, die Machtbefugnisse und die Autonomie der Richter zu begrenzen. Öfter und wirksamer machte die Mafia dadurch Politik, daß sie Politiker und Richter tötete, die sie in Schwierigkeiten gebracht hatten oder hätten bringen können. Dies sind die sogenannten »großen«, herausragenden exzellenten Verbrechen der Mafia an Exzellenzen aus Politik, Staat und Justiz.

Es handelt sich bei diesen »großen« Verbrechen um eine relativ neue Strategie der letzten fünfzehn Jahre, jenes Zeitraums also, in dem der Staat sich zum ersten Mal ernsthaft bemühte, die mafiotische Kriminalität in den Griff zu bekommen. Und gleichzeitig verlor die DC in dieser Zeit ihren Einfluß auf die Geschicke Siziliens und ganz Italiens. Darüber hinaus ist es eine Strategie, die vor allem von der sizilianischen Mafia, der Costa Nostra, praktiziert wurde, im Unterschied zu anderen Regionen, in denen die Ausdehnung und die Gefahren durch die Mafia unterschätzt wurden (wie im Fall Campaniens) und in denen die Mafia sich weniger unter Druck fühlte und daher zu weniger extremen Mitteln griff.

1971 ermordet die Mafia den Generalstaatsanwalt von Palermo, Pietro Scaglione, mit einer Maschinenpistole. Von 1979 an folgen die Attentate in schneller Folge. Dazwischen liegen allerdings meistens schwere Niederlagen für die Mafia.

Die Motive der Mafia sind offensichtlich. Michele Reina und Piersanti Mattarella, beide Mitglieder der DC, der eine Parteisekretär einer Provinz und der andere Präsident der autonomen Region Sizilien, treten für den Dialog mit dem PCI ein. Aus diesem Dialog hätten sich Verschiebungen des politischen Gleichgewichts ergeben können, die die inzwischen gesicherten Beziehungen zwischen den Clans und der politischen Klasse der Region ernstlich hätten gefährden können. Die beiden Politiker werden 1979 und 1980 umgebracht. Dasselbe Schicksal ereilt im April 1982 den kommunistischen Abgeordneten Pio La Torre: dessen Gesetzesinitiative, illegal erworbene Vermögen zu beschlagnahmen und – erstmalig in Italien – die Bildung einer »mafiosen Vereinigung« als Verbrechen einzuordnen, könnte der Mafia beträchtliche Probleme bereiten (der Anschlag aber beschleunigt die Verabschiedung der Gesetzesänderungen, die Welle der Emotionen für den Ermordeten garantiert die parlamentarische Zustimmung). Im Juli 1983 steht der Richter Rocco Chinnici kurz davor, die Mörder von Pio La Torre ausfindig zu machen,[33] als die Mafia ihn und seine Eskorte durch eine Autobombe in die Luft sprengt. Cesare Terranova, ermordet im September 1979, wollte nach seiner Arbeit in der parlamentarischen Untersuchungskommission zur Mafia wieder nach Sizilien zurückkehren und seine Arbeit als Richter fortführen. Richter Giangiacomo Ciaccio Montalto wurde im Januar 1983 umgebracht. Er führte äußert erfolgreich Ermittlungen gegen die Clans in Trapani. Salvo Lima, Christdemokrat und Europaparlamentarier, seit je ein Mann Andreottis in Sizilien und Kontaktperson zu den Politikern in Rom, vermochte nicht mehr, Prozesse »zu lenken« – vielleicht versuchte er auch nur, seine Bindungen zur Cosa Nostra zu lockern. Seine Ermordung im März 1992 stellt vor allem auch wegen des Zeitpunkts, unmittelbar vor den Parlamentswahlen, ein unübersehbares Zeichen dar. So wie für Polizisten und Carabinieri die Ermordung des Richters Gaetano Costa (im August 1980) zwei Tage, nachdem er 55 Haftbefehle gegen Mafiosi ausgestellt hatte, eine eindeutige Botschaft beinhaltete: Nun war ihnen klar, daß jeder, der Nachforschungen über die Cosa Nostra anstellte, sein Leben aufs Spiel setzte.[34] Mit den Mordanschlägen gegen Giovanni Falcone und Paolo Borsellino im Jahr 1992 hat die Mafia zwei ihrer hartnäckigsten Gegner aus dem Weg geräumt, die insbesondere wegen ihrer Kenntnisse über die Organisationsstruktur und wegen ihres Geschicks im

33 Gianni Cipriani, *I mandanti*, Rom 1993, S. 33. Rocco Chinnici wird im Juli 1983 ermordet. Vor seiner Wohnung zerreißt ihn eine Autobombe, die auch zwei Carabinieri und einen Passanten tötet.

34 Interview mit Giovanni Falcone. In: *Rapporto sulla mafia degli anni '80*, 1986, S. 26.

Umgang mit den *pentiti* eine Gefahr darstellten. Das Attentat gegen Falcone war das spektakulärste, das die Mafia jemals vollbracht hat. Eine ferngezündete Bombe mit enormer Sprengkraft reißt einen riesigen Krater in die Straße vom Flughafen Palermo in die Stadt, die Wagen mit Falcone und seiner Frau, der Richterin Francesca Morvillo, und den vier Leibwächtern werden vollkommen zerstört. Nur einer der Polizisten überlebt. Es dürfen natürlich auch nicht all die zahllosen anderen Anschläge vergessen werden (mehr als 50 Morde seit 1977), die sich gegen Richter, Polizisten, Carabinieri, Bauunternehmer, Journalisten sowie einen Ex-Bürgermeister von Palermo, Giuseppe Insalaco, richteten.[35]

Bei ihrem Versuch, durch Einschüchterungen und Machtdemonstrationen eine politisch und juristisch zunehmend schwierigere Situation umzukehren, griff die Mafia zu summarischen Hinrichtungen, Autobomben und regelrechten Kriegsaktionen. Es sind mafiose Verbrechen, also Verbrechen aufgrund präziser Interessen der Mafia, durchgeführt und organisiert von Mafiosi. Aber in diesem Punkt sind nicht alle einer Meinung. Und gerade bei den Mordanschlägen gegen Persönlichkeiten wie den General der Carabinieri Carlo Alberto Dalla Chiesa (im September 1982) wird auch von Auftragsmorden im Namen von politischen Hintermännern gesprochen, die nicht in der Cosa Nostra zu suchen sind, oder wenigstens davon, daß sie »suggeriert« wurden. Die Richter von Caltanissetta gehen in der Begründung zur Eröffnung eines Verfahrens gegen 19 Mitglieder der *cupola* (Kuppel, i. e. die Dachorganisation der verschiedenen Familien. U. H.) im April 1994 von einer Überschneidung der Interessen der Cosa Nostra und »Exponenten aus Wirtschaft, Finanzen und Politik« aus.

Dennoch gibt es einen Punkt, in dem sich fast alle Mafiaexperten einig sind: Die Mafia hat sich niemals von der Politik etwas vorschreiben lassen, eher schon hat sich die Mafia der Politiker bedient, wenn das ihren Absichten nützen konnte. Mit Blick auf die Mordanschläge gegen Reina, Mattarella und La Torre bemerkt Falcone:

35 Grausame Verbrechen wie die Ermordung des Hauptmanns der Carabinieri Emanuele Basini, der mit einer Untersuchung im Umfeld des Drogenhandels befaßt war. Er wird im Mai 1980 getötet, während er mit seiner vierjährigen Tochter im Arm über die Straße geht. Oder die Ermordung von Claudio Domino, dem Sohn des Verantwortlichen für die Reinigung der Aula-Bunker beim Maxiprozeß gegen die Mafia in Palermo. Claudio ist erst elf Jahre alt. Er wird durch einen Pistolenschuß direkt in die Stirn getötet (Oktober 1986).

»Diese Verbrechen... haben der Idee einer dritten Ebene Nahrung gegeben. Damit ist gemeint, daß es über der Cosa Nostra noch ein Netz gibt, in dem die wahren Verantwortlichen für die Anschläge sitzen, eine Art Superkomitee von Politikern, Freimaurern, Bankiers und hohen Staatsbeamten, das der Cupola Befehle gibt. Wie suggestiv diese Vorstellung auch ist, die die Cosa Nostra unter der Kontrolle einer übergeordneten Leitung sieht, so ist sie doch vollkommen irreal und verrät eine tiefe Unkenntnis der Beziehungen zwischen Mafia und Politik... Es gibt nicht den Schatten eines Beweises für die Hypothese einer geheimen Spitze, die sich der Mafia bedient, so daß sie schlicht zum bewaffneten Arm einer politischen Verschwörung geworden wäre.«[36]

Auf der anderen Seite ist es gut möglich, daß die Eliminierung einer Person den Interessen der einen wie der anderen Seite dienen kann. Zweifellos waren Reina und Mattarella Persönlichkeiten, die auch der christdemokratischen Rechten in Sizilien und andernorts unbequem waren. Insbesondere Mattarella hatte den Ruf eines Aldo Moro des Mezzogiorno. Die Mafia braucht die Politiker, und die Tatsache, daß das Verschwinden eines bestimmten für die Mafia nützlichen Politikers in gewissen Kreisen keine Trauer auslösen würde, könnte ein zusätzliches Motiv sein.

Diejenigen, die davon ausgehen, daß es sich auch um eine Beziehung gehandelt hat, in der die Mafia nur ausführte, was andere »suggerierten«, verweisen auf die Beziehungen zwischen der Mafia und den Freimaurern und Geheimdiensten sowie auf einige spezielle Ereignisse, vor allem die Ermordung von Carlo Alberto Dalla Chiesa. Daß zwischen der Mafia und den Freimaurern seit langem schon sehr enge und weitreichende Kontakte bestehen, ist inzwischen gesichert. Das belegen Prozeßakten, Ermittlungsberichte der Justizbehörden, journalistische Recherchen und in einigen Fällen auch die direkt Beteiligten. In den Medien wurde sogar der Begriff *masso-mafia* (von *massoneria* = Freimaurerloge und Mafia. U. H.) geprägt. Schließlich kommt der größte Teil der Mitglieder der P2 aus Sizilien. Laut Bericht der parlamentarischen Untersuchungskommission zur Mafia, der im April 1993 mit großer Mehrheit gebilligt wurde, stellen die Freimaurerlogen das wichtigste Feld dar, in dem die Cosa Nostra in Kontakt zu Vertretern des Wirtschaftslebens und der öffentlichen Verwaltung kommt:

36 In: *Cose di cosa nostra*, *op. cit.*, S. 168f.

»Die Organisationen der Freimaurer stellen für die Organisationen der Mafia ein hervorragendes Instrument dar, um ihren Machtbereich auszudehnen, Gefälligkeiten und Vorteile jeder Art zu erhalten, sei es nun beim Abschluß großer Geschäfte oder bei der ›Korrektur‹ von Prozessen.«[37]

Im Juli 1993 erklärte Agostino Cordova, Staatsanwalt aus Palmi (Calabrien) und designierter Oberstaatsanwalt von Neapel, der im November 1992 nach Abschluß einer Vorermittlung über Waffen-, Drogen- und Stimmhandel Anklage gegen 132 Personen erhob (darunter Licio Gelli, der wegen Bildung einer mafiosen Vereinigung unter Anklage steht), vor der parlamentarischen Untersuchungskommission:

»Abgesehen von einigen Ausnahmen habe ich, wenn ich bei der Polizei und den Carabinieri um Mithilfe bat, zehn Jahre alte Mitgliedslisten der Freimaurer erhalten, oder sie haben sogar geantwortet, nichts von Freimaurerlogen zu wissen, selbst wenn allgemein bekannt war, daß es in der Zone von Logen nur so wimmelte... Sehr viele Polizisten und Carabinieri sind eingeschriebene Mitglieder der Freimaurer... Die Freimaurerlogen sind das verbindende Zwischenglied zwischen Wirtschaft, Politik und Verwaltung... eine Art Superpartei.«

Dennoch kann man nicht sagen, daß die Interessen der Mafia in irgendeiner Weise denen der Freimaurer untergeordnet wären. Der Mafiose *pentito* Antonio Calderone erzählt im Zusammenhang mit der geheimen Mitgliederwerbung einer Freimaurerloge und der Entscheidung der Cosa Nostra, darüber Nachforschungen anzustellen:

»Aber es blieb die Frage, welche Treue die Oberhand behalten sollte. Der Treueschwur zur Cosa Nostra stand außer Frage. Wäre es zu einem Konflikt gekommen, dann hätte man die Freimaurer verraten, niemals die Mafia.«[38]

Noch deutlicher sind das Mißtrauen und die Verachtung gegenüber den Politikern. Man kann nicht genug betonen, daß die Mafia

37 Laut der Anhörung von Staatsanwalt Agostino Cordova vor der Antimafia-Kommission des Parlaments (siehe unten) gibt es in Sizilien 4600 Mitglieder, mehr als 200 in Calabrien, über 1100 in Campanien und beinahe 1000 in Apulien. Natürlich schließen diese Zahlen nicht die geheimen Verbindungen ein, sie sind also nicht besonders aussagekräftig, wenn nicht in dem Sinn einer Andeutung über die Präsenz der Freimaurer in Süditalien. Von insgesamt etwa 30000 Mitgliedern in ganz Italien kommen mehr als 9000 aus dem Süden.

38 Der Ex-Mafioso ist Antonio Calderone. Vgl. Pino Arlacchi, *Gli uomini del disonore*, Mailand 1992, S. 207.

nur den Interessen der Politiker entspricht, weil das in ihre Pläne paßt.

Seit dem Ende der achtziger Jahre haben sich die Beziehungen zwischen der Cosa Nostra und der Politik tiefgreifend verändert. Ursache dafür sind nicht nur die verschärften Maßnahmen gegen die Mafia durch die Justiz und die Ordnungskräfte, sondern auch die öffentliche Resonanz auf die Anschuldigungen wegen Begünstigung, die aus der Arbeit der parlamentarischen Untersuchungskommission bekannt wurden. Mit den letzten großen Verbrechen wollte die Mafia den Staat frontal angreifen, um ihre Gegner zu eliminieren oder einzuschüchtern. Aber damit hat sie eine beispiellose Mobilisierung gegen sich auf allen Ebenen ausgelöst. Diese Mobilisierung gegen die Bedrohung durch die Mafia stellt eine epochale Veränderung dar.

Zu Beginn der neunziger Jahre scheint die Zeit der Kohabitation und der stillschweigenden Interessenüberschneidungen zwischen Mafia und Politikern zu Ende zu sein. Dieses Ende wird durch den Mord an Salvo Lima, einem Gefolgsmann Andreottis, ehemaligem Bürgermeister von Palermo und über Jahre unumschränktem Herrscher der Politik in Sizilien, besiegelt. Um den Sinn dieses Verbrechens zu verstehen, muß man an einen anderen Anschlag erinnern. Es handelt sich um den Mord an Antonio Scopelliti, den Richter, der die Anklage bei der Verhandlung über das Berufungsverfahren im Maxiprozeß vor dem Kassationsgericht hätte vertreten sollen. Durch diesen Mord wollte die Cosa Nostra zumindest einen Aufschub von vielen Monaten erreichen, und durch diesen Aufschub würden die Fristen für die Untersuchungshaft ablaufen. Anders als die Mafia erwartet hatte, reagiert der Staat unverzüglich und ersetzt Scopelliti gleich durch drei Richter. Darüber hinaus wird auf der ersten Sitzung des Berufungsverfahrens unter dem Vorsitz von Corrado Carnevale ein weiterer Richter nominiert. Am 30. Januar 1992 bestätigt das Kassationsgericht die Verurteilungen. Und die Bosse bleiben in Haft.

Das ist das Ende der altüberkommenen Sicherheit (und Straffreiheit): Wer wird von jetzt an noch garantieren können, daß die Prozesse »gelenkt« werden können? In diesem Sinne stellt die Ermordung von Lima eine Bestrafung und ein Signal dar. Es ist offenkundig, daß die Cosa Nostra mit diesen Anschlägen die Ära der Kohabitation für beendet hält und zum Terrorismus als Druckmittel übergeht: also keine Stimmen mehr im Tausch für Wohlverhalten und Begünstigung, sondern die Drohung mit dem Tod als Strafe für feindseliges Verhalten.

Die Antwort auf die Frage nach den Motiven für diesen Strategiewechsel liegt keineswegs auf der Hand. Der Terrorismus ist normalerweise ein Zeichen von Schwäche, selten vom Erfolg gekrönt. Andererseits muß man sich klarmachen, daß die Mafia keine Erfahrung mit einem starken Staat als Gegner hat (wenn man die Jahre des Präfekten Mori ausnimmt, wo allerdings Mori dem Konflikt den Stempel einer persönlichen Auseinandersetzung aufdrückte und beim Kampf gegen die Mafia oft deren Methoden anwandte). Der Staat, den Riina und Genossen kennen, ist ein schwacher Staat, ein Staat der Absichtserklärungen, der von Politikern gelenkt wird, denen es vor allem um ihre Ruhe und den Kompromiß geht. Gewiß kein Staat, von dem man klare Absichten und einheitliches Handeln, Entschlossenheit und Effektivität erwarten kann, sondern ein verletzlicher Staat, der am Ende zwangsläufig unterliegt. Es trifft zwar zu, daß der Staat im Zeitraum zwischen 1984 und 1987 mit dem Maxiprozeß den Willen hatte erkennen lassen, die Mafia zu stoppen, aber es stimmt auch, daß der Richterpool, der diesen Prozeß ermöglicht hatte, sofort im Anschluß aufgelöst worden war. Cosa Nostra hatte zudem niemals mit Bereichen des Staats zusammengewirkt oder verhandelt, sondern nur mit Individuen,[39] und im Regelfall fanden ihre Kontakte nach Rom über Mittelsmänner statt. Und schließlich kann nicht ausgeschlossen werden, daß die Botschaften der Corleonesi, scharf zu schießen, nicht nur an den Staat gerichtet waren, sondern auch an die anderen »Familien« und mögliche Abweichler im Innern des vorherrschenden Clans: Bestätigung und Beweis der Macht in einer Situation, die objektiv durch ihre Schwäche charakterisiert ist und die als solche von ihren äußeren wie von ihren inneren Gegnern wahrgenommen werden kann.

39 »Mit ist nicht bekannt«, sagt Luciano Violante, Vorsitzender der parlamentarischen Untersuchungskommission zur Mafia (*I corleonesi – Mafia e sistema eversivo*, Interview mit Giuseppe Caldarola, Rom 1993, S. 34), »daß eine Partei als ganze mit der Mafia gemeinsame Sache gemacht hat oder Beziehungen gegenseitiger Gefälligkeit unterhielt... Politiker, die zur Ehrenwerten Gesellschaft gehören, gibt es, das ist belegt. Politiker auf mittlerer und höchster Ebene, die zwar nicht dazugehören, aber Beziehungen zu ihr unterhalten, gibt es auch, und wenn wir sie qualifizieren wollen, dann können wir sie danach unterscheiden, ob sie temporäre oder kontinuierliche Beziehungen haben. Soweit zur Geographie. Aber Cosa Nostra behält immer die Zügel in der Hand, anderen vertraut sie nicht.«

Bis Ende der achtziger Jahre waren die großen Anschläge »Warnungen« an eine öffentliche Verwaltung und eine politische Klasse, in deren Reihen die Mafia auf Komplizen zählen konnte, es waren Warnungen, die alle davon abhalten oder eliminieren sollte, die am Status quo irgend etwas ändern wollten. Doch Ende der achtziger Jahre hat sich das Bild gewandelt. Die Verbrechen sind jetzt die Reaktion auf eine objektiv neue Situation. Man muß daraus ableiten, daß die Cosa Nostra als erste die Zeichen des wiedererwachenden Willens spürte, etwas zur Bekämpfung der Mafia zu tun, und daß dieser Wille trotz aller Widersprüchlichkeiten und Verzögerungen erste Früchte zu zeitigen begann.

Es fällt schwer, ein einzelnes Ereignis zu benennen, das als Beginn dieses Wiedererwachens gelten könnte. Aber trotz aller Brüche gewann die Aktion gegen die Mafia an Stoßkraft. Vor allem auch, weil sie nicht auf reine Polizeiaktionen beschränkt blieb, sondern über die verbrecherischen Organisationen deren Umfeld zu erfassen suchte, also die Berührungspunkte zu Politik und Wirtschaft, die der Mafia Rückendeckung verschafft hatten. Hier beziehen wir uns vor allem auf die Beschlagnahme von illegal erworbenen Vermögenswerten, auf die Auflösung von mafios durchsetzten Kommunalvertretungen und auf die Amtsenthebung von Beamten (allein im Zeitraum zwischen 1990 und 1992 wurde gegen 400 Beamte Klage erhoben wegen Gesetzesübertretungen im Zusammenhang mit Ausschreibungen und anderen Formen von Amtsmißbrauch). Über jede Erwartung hinaus ist die Zahl der *pentiti* unter den Mafiosi angewachsen, die sich zur Zusammenarbeit mit der Justiz bereit erklärten (mehr als 600 Ende 1993, bereits über 1000 1994), und das Innenministerium hat einen Sonderfonds gebildet, um ihren Schutz und den ihrer Familien sicherzustellen. Dazu kommen Prozesse, Hunderte von Festnahmen, die Entsendung des Heeres nach Sizilien (7000 Mann) nach der Ermordung von Richter Borsellino mit dem Auftrag der Sicherstellung der öffentlichen Ordnung und mit dem Recht, Festnahmen vorzunehmen, die Fortschritte in den Ermittlungen in einigen Mordfällen, darunter auch dem am Richter Scopelliti, die zur Entdeckung der Täter und der Anklageerhebung führen können, und schließlich die Verschärfung der Haftbedingungen, die es den Bossen in Haft sehr erschwert hat, Kontakt nach außen herzustellen.

Der Mafioso *pentito* Tommaso Buscetta ist der Ansicht, daß der Moment außerordentlich günstig für den Staat in der Auseinandersetzung mit der Cosa Nostra ist. Und daß er genutzt werden sollte. Aber auch hier lehrt die Vergangenheit, sich nicht allzu große Hoffnungen zu machen. Schon 1963 hatte sich der Staat ernstlich bemüht, die Mafia-Clans zu zerschlagen, und es gab auch damals Stimmen, die meinten, die Mafia sei am Ende, aber im Prozeß in Catanzaro 1968 wurde der größte Teil der 114 Angeklagten wieder auf freien Fuß gesetzt. 1984 hatte man nach den Hunderten von Festnahmen, die schließlich in dem sogenannten »Maxiprozeß« mündeten, den Eindruck, die Tage der Cosa Nostra könnten gezählt sein, aber unmittelbar nach dem Prozeß wurde der Pool Antimafia der Palermitaner Ermittlungsrichter aufgelöst, und das Kassationsgericht nahm die These der von Falcone und seinen Kollegen vertretenen Anklage auf. Seiner Ansicht nach besaß die Cosa Nostra keine gemeinsame Organisationsstruktur, und folgerichtig zersplitterte er die Anklage in zwölf Einzelprozesse.

Dennoch hat der Zusammenbruch des alten politischen Systems, in dem sich die Cosa Nostra gut eingerichtet hatte, die Macht und die Straffreiheit für die Cosa Nostra empfindlich eingeschränkt. 1900 hatte Napoleone Colajanni gemahnt, »um das Reich der *Mafia* zu bekämpfen und zu zerschlagen, muß die Regierung Italiens aufhören, der *König der Mafia* zu sein«. Viele in Italien haben heute den Sinn dieser Aussage begriffen. Die Anträge auf Aufhebung der Immunität und die Einleitung von Strafverfahren gegen Politiker, die noch bis gestern als unangreifbar galten, die bekanntesten Beispiele sind Giulio Andreotti und Antoni Gava, sind das sichtbarste Zeichen dafür, daß die Strukturen der alten politischen Ordnung zerbrochen sind.

In zweiter Linie hat die Cosa Nostra auch an Zustimmung in ihren »Stammgebieten« verloren. Die Reaktion der Bevölkerung auf die Ermordung von Giovanni Falcone und Paolo Borsellino und die acht Männer ihrer Eskorten hat die wachsende Isolierung beinahe handgreiflich gemacht. Dadurch klang der feierliche Appell der sizilianischen Regionalregierung an die Bevölkerung, den »Kampf gegen die Übernahme der demokratischen Freiheiten und der Staatsmacht durch die Mafia« aufzunehmen, glaubwürdiger als die früheren, hohlen Absichtserklärungen nach den Mordtaten der Cosa Nostra. Tags darauf wurde dieser Appell durch Staatspräsident Scalfaro untermauert, der von einer »dritten« Resistenza sprach, nach der gegen den Faschismus und der gegen den Terrorismus. Es war der Verlust an Konsens, der viele Mafiosi von ihrer

Loyalität gegenüber der »Familie« befreite und der das Phänomen der *pentiti* begünstigte, ohne die die Justiz wenig oder gar nichts hätte ausrichten können.

Drittens muß man die objektiven Schwierigkeiten berücksichtigen, mit denen es die Cosa Nostra als Organisation zu tun hat. Es sind dies Schwierigkeiten bei der Rekrutierung, in der strategischen Leitung (wegen der Verhaftung einer großen Zahl von Bossen und wegen der Isolationshaft, die die neuen Haftbestimmungen ermöglichen) und schließlich auch ökonomische Probleme. Wir hatten bereits darauf hingewiesen, daß der Anteil der Mafia am internationalen Drogengeschäft wegen des Auftretens neuer Akteure und wegen der veränderten Geographie des Handels (neue Transportwege) drastisch zurückgegangen war. Dazu hat die Wirtschaftskrise in Italien die Ausgaben für den Mezzogiorno reduziert und dadurch mögliche Finanzierungsquellen der Mafia zusammenschrumpfen lassen. Die Ermittlungen wegen »Tangentopoli« (vgl. Kap. 12.1), die zur Aufdeckung zahlreicher illegaler Finanztransaktionen über Nummernkonten in der Schweiz und in anderen Ländern führten, haben das Risiko für die Geldwäscher beträchtlich erhöht, und das hat die Kosten verteuert und die Gewinne geschmälert. Es bleibt abzuwarten, in welchem Umfang die neuen Märkte vor allem in den mittel- und osteuropäischen Ländern (vgl. Kap. 11.2) einen Ausgleich für diese Verluste schaffen können. Um einen allzu großen Optimismus zu dämpfen, sollte man bedenken, daß die Kapitalien, die aus dem Drogenhandel erwirtschaftet wurden, so ernorm sind, daß sich die Mafia heute schon allein durch die Zinserträge bereichern und sich auf eine rein *finanzwirtschaftliche Verwaltung* zurückziehen kann.

Dennoch rechtfertigen die bis hierher dargelegten Tatsachen einen vorsichtigen Optimismus. Zweifellos wird viel davon abhängen, ob und in welchem Maß die neuen politischen Repräsentanten bereit sind, den Druck des Staates auf die Mafiaorganisationen beizubehalten oder gar zu erhöhen. Ein weiterer Grund zur Vorsicht ist darin zu sehen, daß die Macht der calabresischen 'ndrangheta kaum beschnitten worden ist. Und man kann unschwer vorhersagen, daß sie die Kontrolle über ihr Territorium mit großer Entschiedenheit verteidigen wird. Auch die Macht der Camorra in Campanien könnte, trotz der offenkundigen Verbesserung der Lage (der Beschlagnahme von Vermögenswerten und der Festnahme von zahlreichen Bossen und einfachen *camorristi* etc.), am

Ende wesentlich weniger reduziert sein, als es scheint: In Campanien wie in Calabrien könnten sich die diffusere Organisationsstruktur wie auch die größere Verankerung in der Bevölkerung[40] als weniger verletzlich und besser geeignet zur Regeneration erweisen. Es ist kein Zufall, daß in Calabrien die Zahl der Mafiosi, die mit der Justiz zusammenarbeiten, viel kleiner ist als in Sizilien.

Das liegt aber auch daran, daß der Staat bis zum Ende der achtziger Jahre den Kampf gegen die 'ndrangheta nicht wirklich ernsthaft geführt hat. Und auch die Maßnahmen gegen die Camorra waren wenig rigide. Das könnte bedeuten, daß sich nun, da man mit Genugtuung die Erfolge im Kampf gegen die Cosa Nostra konstatieren kann, neue Frontlinien eröffnen.

Zum Schluß bleibt noch zu überlegen, welche Alternativen es für die in Bedrängnis geratene Cosa Nostra in Sizilien gibt. Das Schwinden des Konsenses und die damit verbundene Auflösung der *omertà* einerseits und die Schwierigkeiten bei der Rekrutierung könnten sie dazu zwingen, einige traditionelle Aktionsfelder aufzugeben, die eng mit der Kontrolle über das Territorium verknüpft sind, wie z. B. die Erpressung von Schutzgeldern. Darüber hinaus könnte es der Anstoß zu einer Zentralisierung der Organisationen der Mafia sein, was sie gefährlicher machen würde. Das würde aber nicht nur die radikale Umwälzung ihrer überkommenen Aktionsweise bedeuten, sondern es wäre auch ein unübersehbares Zeichen von Schwäche.[41]

Wie paradox es auch erscheinen mag, der Wechsel in der politischen Klasse Italiens durch die Wahlen 1994 hat zwar zu einer Säuberung des alten Systems geführt und zahlreiche korrupte Politiker um ihre Ämter gebracht, aber andererseits hat das zu

40 Informationen des Innenministeriums besagen, die Relation der Mitglieder im Verhältnis zur Bevölkerung betrage in Calabrien 1,7%, in Sizilien 1%, 1,2 in Campanien und 0,2 in Apulien. Laut derselben Quelle ist die Zahl der Geheimlogen in Calabrien doppelt so hoch wie in Sizilien und sechsmal so hoch wie in Campanien.

41 Diego Gambetta, *La mafia siciliana*, Turin 1992, zitiert die große Zahl spontaner Anzeigen in der zweiten Hälfte der achtziger Jahre von Geschäftsleuten, die immer höhere Schutzgelder zahlen sollten. Er interpretiert das Phänomen als ein Zeichen der Schwäche. Und zwar in dem Sinne, daß die Forderungen jetzt gar nicht mehr von der Mafia kommen, sondern von neuen, oft sehr dilettantisch agierenden Gruppen. Vgl. Gambetta (S. 358ff.) zur Zentralisierung der Mafia. Dazu merkt er an, daß dies die Cosa Nostra auf der einen Seite zwar stärkt, andererseits aber auch anfälliger macht, denn »sie zu treffen wird schwerer, aber es braucht weniger Schläge, um sie zu zerstören«.

Veränderungen auf institutioneller Ebene geführt, die nicht auf die politischen Verantwortlichen im Innen- oder Justizministerium beschränkt blieben, sondern beispielsweise auch die parlamentarische Untersuchungskommission über die Mafia (die sich im Laufe der Jahre gut eingearbeitet hatte) und andere Einrichtungen im Kampf gegen die organisierte Kriminalität betraf. Die Folge war, daß nun unerfahrene Personen Verantwortung übernehmen mußten. Das könnte, verbunden mit dem schwierigen Übergang vom alten zum neuen politischen System, dazu führen, daß der Druck des Staates auf die Mafia nachläßt, was diese zu ihrem Vorteil nützen könnte.

In Teilbereichen ist genau das geschehen. Vorsitzende der parlamentarischen Untersuchungskommission wurde Tiziana Parenti, eine Richterin, die auf der Liste von Berlusconis »Forza Italie« ins Parlament gewählt worden war. Vorher hatte sie im Pool der Ermittlungen von »Mani pulite« gearbeitet, aus dem sie aber wegen Meinungsverschiedenheiten mit Oberstaatsanwalt Borelli und den anderen Mitgliedern des Pools über die Strategie im Kampf gegen »Tangentopoli« ausgeschieden war (vgl. Kap. 12). Der Rücktritt der Parenti, die der Inkompetenz und mangelnden Entschlossenheit im Kampf gegen die Cosa Nostra bezichtigt wird, wurde bereits mehrfach öffentlich von Mitgliedern der parlamentarischen Untersuchungskommission gefordert. Ebenfalls negative Signale gehen von den Versuchen aus, die Haftbedingungen zu erleichtern. Der Ex-Präsident der parlamentarischen Untersuchungskommission, Luciano Violante, mahnte im Juli 1994, daß es »in der Politik eine ganze Reihe von Fraktionen (in dieser Frage) gibt, in die sich die Cosa Nostra als Protagonist einfädelt«.[42] Die Polemik verschärfte sich noch durch eine Neuregelung der Kriterien und der Praxis der Anerkennung eines Mafioso als *pentito*. Das geht so weit, daß im Januar 1995 zahlreiche Staatsanwaltschaften öffentlich erklärten, sie würden von dieser Neuregelung keinen Gebrauch machen. Dazu kommt eine neue Welle von Einschüchterungen durch die Ermordung von Familienangehörigen der *pentiti* und die Verzögerungen bei der praktischem Umsetzung einer ganzen Reihe von Maßnahmen zu deren Schutz, die bereits seit langem angekündigt waren. Diese Verzögerungen und die Widersprüche zwischen den verschiedenen politischen Gruppierun-

42 *L'Espresso*, 1.7.1994.

gen darüber, wie die *pentiti* zu behandeln und wie der Kampf gegen die Cosa Nostra zu führen seien, haben dazu geführt, daß zahlreiche Aussagewillige »streiken«. Sie wollen sich nicht mehr den Risiken (auf beiden Seiten der Front) aussetzen, die ihre Enthüllungen über die Beziehungen zwischen Mafia und Politik mit sich bringen könnten.

Schließlich muß die Tatsache, daß wegen Bildung mafioser Vereinigung heute auch gegen enge Mitarbeiter von Silvio Berlusconi ermittelt wird, das politische Klima belasten und ganz zwangsläufig Zweifel begründen, ob der Staat wirklich bereit ist, radikal gegen die Cosa Nostra vorzugehen.

Pino Arlacchi, der stellvertretende Vorsitzende der parlamentarischen Untersuchungskommission, hat betont, daß man dank der Mitarbeit der *pentiti* in den Prozessen gegen die Mafia zu einer Quote von über 80 % Verurteilungen gekommen sei. Die Urheberschaft der Angriffe auf die *pentiti* sieht er in einer »mafiösen, aber auch juristisch-politischen Lobby«, und er schlägt Alarm: »Man versucht bei den Prozessen ein Klima der allgemeinen Diskreditierung der *pentiti* zu erzeugen« und zu den Gepflogenheiten der Vergangenheit zurückzukehren, so daß die Ermittlung viel zu lange dauert und das Fehlen von »Kenntnissen über Organisationsstruktur, Taktik und auch Psychologie« der Mafiosi einen viel zu hohen Preis im Kampf gegen die Mafia fordert und zudem den Ausgang der Prozesse nicht selten in Frage stellt.[43] Ähnliche Alarmsignale kommen auch von den Richtern in Palermo, die im Kampf gegen die Cosa Nostra an der Spitze stehen und infolgedessen auch am exponiertesten sind.[44]

43 *Corriere della sera*, 11. 6. 1994.
44 Interview mit Oberstaatsanwalt Giancarlo Caselli, *La Repubblica*, 8. 3. 1995.

# *12. Kapitel*
# Die Revolution von 1993

## 1. »Tangentopoli«

Entstehungsdatum von »Tangentopoli« ist der Februar 1992. In diesem Monat wird eine zwielichtige Person mit Namen Mario Chiesa[1] verhaftet. Aber das, was man ihm vorwirft – Korruption, Erpressung und illegale Finanzierung politischer Parteien –, das gibt es, seit die Republik existiert, oder, genauer, seit der Zeit, da die Kosten für die Parteien, auch aufgrund ihrer Zersplitterung in Strömungen, schwindelerregend anzusteigen begannen.[2] Mit dem Wort »Tangentopoli« [zusammengezogen aus *tangenti* = Schmier-

1 Am 17. Februar 1992 führt eine Untersuchung von Richter Antonio Di Pietro zur Festnahme von Mario Chiesa. Chiesa ist Sozialist, Abgeordneter der Provinz, vormaliger Assessor und Vorsitzender des Pio Albergo Trivulzio, eines bekannten Wohltätigkeitsinstituts und Waisenheims. Chiesa wurde auf frischer Tat ertappt, wie er von einer Firma, die den Zuschlag für die Reinigungsarbeiten in dem Institut wollte, 14 Millionen Lire Schmiergeld verlangte. »Tangentopoli« nimmt also seinen Ausgang bei einem weniger wichtigen Vorkommnis, beinahe zufällig, allerdings nicht vollständig, denn Di Pietro war zu diesem Zeitpunkt bereits mit einer Ermittlung wegen der Lombardia Informatica befaßt, ebenfalls wegen Schmiergeldern im Zusammenhang mit Ausschreibungen. Im Fortgang der Ermittlungen wachsen die anfänglich bei Chiesa beschlagnahmten 7 Millionen auf stattliche 15 Milliarden an. Und von Chiesa und dem Institut Pio Albergo Trivulzio breitet sich die Ermittlung aus wie ein Ölteppich. Sie erfaßt die kommunalen Verkehrsbetriebe, die U-Bahn, die Mailänder Flughäfen, zahlreiche Beamte und Politiker, darunter auch zwei ehemalige Bürgermeister Mailands. Am 9. November 1993 wird das Urteil im Prozeß gegen Mario Chiesa gesprochen (der erste Prozeß wegen »Tangentopoli«). Chiesa, der sich auf einen Deal eingelassen und sechs Milliarden Lire zurückerstattet hat, wird zu sechs Jahren Haft verurteilt.

2 Massimo Franco berichtet in seinem *Andreotti visto da vicino* (Mailand 1993) von einer bezeichnenden Situation. Alcide De Gasperi erwiderte nach dem Scheitern der letzten unter ihm als Ministerpräsidenten gebildeten Regierung auf die Frage, was er vom Aufstieg Fanfanis und seiner Anhänger in der Partei halte: »Die DC kann sich gar nicht so stark verändern. Was mich beunruhigt, ist allein dies, daß ich die Wahlen 1948 mit fünfzig Funktionären gewann. Die hier dagegen, die brauchen Milliarden, um die Partei mit ihren Strömungen in Gang zu halten.« Und dabei raufte er sich die Haare (S. 84). Das Modell »Tangentopoli« ist in seiner Entwicklung bisher noch nicht sehr ausführlich untersucht worden. In der Vergangenheit zogen es die Politologen vor, die formalen Mechanismen der italienischen Politik zu studieren, und vernachlässigten dabei die Substanz. Zu den Ausnahmen gehört:

gelder und Monopoli. U. H.] bezeichnet man also in Wirklichkeit das Ende der Straffreiheit für diese Gesetzesübertretungen.

Heute werden wir uns bewußt, daß dieses System der Korruption und Erpressung nur deshalb so lange hat bestehen können, weil es eine äußerst breite Komplizenschaft gab (Richter Antonio Di Pietro spricht von einer »Korrumpierung des Milieus«). Diese umfaßte Politiker, hohe Staatsbeamte, Richter, Unternehmer und die Massenmedien und kam in vielen Verhaltensweisen zum Ausdruck, die von aktiver Teilnahme bis zur stillschweigenden Duldung reichen. Die aktive Komplizenschaft betraf nur eine »qualifizierte« Minderheit von Personen an den Schalthebeln der Macht in Politik und Verwaltung, aber sie garantierte das Funktionieren der unsichtbaren Regierung und des ganzen Netzes illegaler Praktiken. Legitimiert wurde dieses System unter anderem dadurch, daß die Hauptakteure immer straffrei blieben. Diese oft mit großer Arroganz zur Schau gestellte Straffreiheit hat bei vielen dazu geführt, sich mit den Verhältnissen zu arrangieren. Möglich wurde das, weil die politische Klasse ganz offenbar unverrückbar *fest* im Sattel saß – und mit ihr jene Mechanismen und Strukturen in Politik und Verwaltung. Die Kontinuität in der politischen Führungsschicht Italiens war die Voraussetzung für die Übel, die die Erste Republik zersetzten.

Im Laufe der letzten dreißig Jahre traten diese Übel in periodischen Abständen immer wieder in Form von Skandalen und Enthüllungen an die Öffentlichkeit, und niemand kann behaupten, nicht davon gewußt zu haben. Schon 1953 führte die Linke den Wahlkampf gegen die christdemokratischen Politiker, die ihr Amt dazu mißbraucht hatten, sich illegal zu bereichern. Damals nannte man die Bestechungsgelder »Zuckerplätzchen«.

Im Lauf der Zeit wurden die Zuckerplätzchen immer größer, am Ende waren es enorme Tortenstücke. Bis in die frühen siebziger Jahre hinein wurde der »Bedarf« an Schmiergeldern durch andere Quellen gedeckt. Dazu gehören die mehr oder weniger klandestinen Finanzzuwendungen, mit denen die CIA und andere amerikanische Organisationen die Parteien unterstützten. Als dieser Geldhahn jedoch zugedreht wurde, erhöhten die Parteien, die sich inzwischen an diesen steuer- und nachweisfreien Geldfluß gewöhnt hatten, die Abgabenrate bei ihren althergebrachten Spon-

Giorgio Galli, *L'Italia sotterranea* Bari 1982 (1991 wurde es unter dem Titel *Affari di Stato* wiederveröffentlicht).

soren, dem Staat und der Industrie, und taten zusätzlich neue Geldgeber auf. In den achtziger Jahren produzierte die »Schmiergeldfabrik« mehrere Tausend Milliarden Lire pro Jahr. In seinen »Schlußbetrachtungen« auf der Jahreshauptversammlung des Banco d'Italia im Jahr 1993 schätzte deren Präsident sie auf gut 10% der Steuerquote. Andere gehen von 15 Milliarden jährlich aus, von denen ein Großteil aus den Ausgaben der öffentlichen Verwaltung stammt, die sich auf ca. 130 000 Milliarden jährlich belaufen.[3]

In der Schattenwirtschaft der Subventionen – Schattenwirtschaft deshalb, weil die Staatsbeteiligungen für einen geschützten und geregelten Markt erfunden wurden – sind die Parteien zu »hypertrophen Stellenvermittlungsagenturen für ihre eigenen Leute« geworden (die Formulierung geht auf Ernesto Rossi zurück und bezieht sich auf die Christdemokraten der fünfziger Jahre). In den großen Firmen des privaten wie des öffentlichen Sektors hat sich die Praxis einer »verdeckten Buchführung«, die in der Bilanz nicht erscheint, durchgesetzt. Das sind die sogenannten »schwarzen Kassen«, aus denen die Parteien finanziert werden (Parteien, die unter anderem die letzte Entscheidung über die Vergabe von Bankkrediten in ihren Händen halten). Von den Parteien wird diese Praxis damit gerechtfertigt, daß Verstöße dann nicht mehr illegal seien, wenn sie für das Funktionieren der Parteien und damit des gesamten politischen Systems unabdingbar seien. In derselben Logik wird auch die Praxis legal, diejenigen durch Korruption zu kaufen, die bestimmte Operationen gefährden könnten, und eventuelle Untersuchungen im Sande verlaufen zu lassen. Die *omertà* wurde zur selbstverständlichen Regel im Umgang zwischen den Politikern, die sich des produktiven Apparates bedienten, und den Unternehmern, die ihrerseits auf die Politiker nicht verzichten konnten. Das hat am Ende das Schicksal beider Seiten untrennbar miteinander verknüpft, wobei das staatsbürgerliche Verantwortungsbewußtsein bei den Politikern und die ökonomische Rationalität bei den Unternehmern sowie ihrer beider Verantwortung gegenüber der Gesellschaft auf der Strecke blieben.[4] Die Schäden

3 Eine Schätzung von Prof. Cazzola, vorgetragen auf der Tagung über die Ökonomie der Korruption der Vereinigung Ethik und Ökonomie. Nach *Corriere della sera*, 8. 6. 1993. Der Wirtschaftswissenschaftler Giovanni Somogyi schätzt die Zahl der in diesem Bereich Tätigen auf etwa 80 000 passiv und 20 000 aktiv Korrupte.

4 Ein Dokument der lombardischen Bischöfe aus dem Februar 1994 ruft zu »zivilen Entscheidungen« auf, die eine Abkehr von den »regellosen und zuweilen ›gnaden-

sind um so größer, da sich die Kontrollmechanismen, jenseits aller möglichen Konsequenzen dieser Gesetzesverstöße, als mangelhaft und ineffektiv erwiesen. Die Kontollen konzentrierten sich rein formal auf die Vertragsabschlüsse mit der öffentlichen Verwaltung, und es interessierte nicht, was in der Praxis dann davon realisiert wurde.

Im übrigen haben die Politiker die Wirtschaft auch ganz offiziell durchsetzt, nämlich durch die sogenannte *lottizzazione* (von *lotto*, die Parzelle, das zugeteilte Bauland etc.; von Giorgio Bocca in den sechziger Jahren geprägter Neologismus, mit dem die Parzellierung öffentlicher Funktionen und Ämter für die Protegées der Parteien bezeichnet wird. U. H.) und durch die Aufteilung der Führungsfunktionen der vom Staat kontrollierten Einrichtungen und Betriebe unter die verschiedenen Parteien und zuweilen sogar die verschiedenen Strömungen ein und derselben Partei. So fiel der Vorsitz des IRI immer an die DC, derjenige des ENI an die Sozialisten. Dieser Praxis kam im Bereich der Kreditwirtschaft eine besondere Bedeutung zu, denn die große Mehrheit der italienischen Banken befindet sich in öffentlicher Hand. So waren die Cariplo (Cassa di Risparmio della Lombardia, also die Lombardische Sparkasse. U. H.) und die Banca Nazionale del Lavoro schon immer quasi Lehen der Christdemokraten beziehungsweise der Sozialisten.

Und ausgerechnet der ENI und sein Präsident, der Sozialist Gabriele Cagliari, stehen im Mittelpunkt des größten Skandals von »Tangentopoli«, nämlich der Affäre Enimont. Enimont war ein *joint venture*-Unternehmen von ENI und Montedison, das im Mai 1989 gegründet wurde, um die italienische Chemieindustrie in die Lage zu versetzen, »mit Erfolg in der Konkurrenz zu den großen internationalen Chemiekonzernen zu bestehen«. Das Kapital wurde zu gleichen Teilen beigesteuert, 40% von jeder der beiden Seiten, die sich verpflichteten, ihren Anteil nicht zu vergrößern. Die restlichen 20% kamen durch die Ausgabe von Aktien an der

losen‹ Formen von Liberalismus und Freihändlertum« und ihre Substituierung durch »die neue Figur einer sozialen Marktwirtschaft« ermöglichen sollen. Das Dokument befaßt sich mit der Arbeitslosigkeit, die Implikationen aber gehen weit darüber hinaus. So etwa, wenn »der Abzug von Mitteln aus produktiven Investitionen zugunsten von Finanzoperationen, die Steuerhinterziehung und die Korruption der öffentlichen Institutionen« verurteilt werden. Und es klagt die »Auflösung ethischer Grundsätze in dem perversen Bündnis aus Unternehmen und Politik« an. Zitiert nach: *Corriere della sera*, 10. 2. 1994.

Börse zustande. Im Juni 1989 wurde der Kapitalstock vereinbarungsgemäß in zwei Schritten von 200 Millionen auf 4,25 Milliarden Lire angehoben. Davon wurden 3,4 Milliarden durch die beiden Gründerfirmen erbracht, und zwar durch die Überschreibung von chemischen Produktionsanlagen aus dem Besitz der jeweiligen Mutterfirmen. Die Bewertungen dieser Anlagen wurden künstlich in die Höhe getrieben. Das ergaben die Ermittlungen der Mailänder Richter (die nicht verwechselt werden sollten mit jenen im Rahmen von »Mani pulite«, die den Verkauf von Enimont, nicht dessen Bildung betrifft. Aber ein Zusammenhang besteht, denn die künstlich hochgetriebenen Werte haben später beim Verkauf auch eine Rolle gespielt). Die neue Gesellschaft hatte sich kaum gebildet, da begann der Chef der Enimont, Paul Gardini, gemeinsam mit der Geschäftsbank Prudential Bache und der französischen Gruppe Vernes, überall Enimont-Aktien zu kaufen, ein offenkundiger Verstoß gegen die vertraglichen Vereinbarungen mit dem ENI. In weniger als einem Jahr bekam die private Seite auf diese Weise 51 % der Anteile an der neuen Gesellschaft unter ihre Kontrolle.

Der ENI reagierte und setzte im November 1990 durch Beschluß des stellvertretenden Vorsitzenden des Mailänder Gerichts, Diego Curtò (vgl. Kap. 12.2), die vorläufige Beschlagnahme (vorsorgliche Kontrolle) der Enimont-Aktien durch. Das ist der entscheidende Wendepunkt: Gardini wird bewußt, daß die Politiker stärker sind als er. Derweilen trafen sich die Vorsitzenden von ENI und Montedison beim Minister für Staatsbeteiligungen, Franco Piga, und räumten ein, es gäbe »so große strategische Divergenzen bei der Einschätzung der einzuschlagenden Industriepolitik im Bereich der Chemie«, daß eine Zusammenarbeit unmöglich sei. Piga fordert Montedison zu einer Entscheidung auf: Entweder soll sie den Anteil des ENI aufkaufen oder umgekehrt den eigenen Anteil an den ENI verkaufen. Der ENI hat inzwischen ein »Bewertungskomittee« eingesetzt, das den Preis der Aktie festlegen soll. Auf dieser Schätzbasis genehmigt Piga den ENI, über einen Preis zwischen 2650 und 2850 Milliarden für den Anteil von 40 % zu verhandeln. Unmittelbar im Anschluß daran (am 18. November 1990) legt der Verwaltungsrat des ENI auf Vorschlag seines Vorsitzenden den Preis auf 2850 Milliarden fest.

Und eben dieser Preis steht im Mittelpunkt zahlreicher Polemiken, die schließlich in die Ermittlungen von »Mani pulite« münden. Gardini hat sich nach langem Zögern für den Verkauf seines Anteils entschieden. Dafür, daß die Politiker die Übereinkunft zu jenem Preis ermöglichten, soll er enorme Schmiergelder gezahlt haben. Die Rede ist von 135 bis 150 Milliarden Lire. Drahtzieher der ganzen Geschichte ist Sergio Cusani, Finanzberater und persönlicher Freund von Gardini, der wegen dieses Vorgangs 1993 vor Gericht muß. Außerdem soll Gardini weitere fünf Milliarden direkt an die Parteien gezahlt haben, um im Parlament eine Mehrheit für die sogenannte *defiscalizzazione* (eine Steuerbefreiung. U. H.) zusammenzubekommen. Eine Mehrheit für das Dekret kommt aber nicht zustande.

Den Höhepunkt erreicht das Drama Enimont im Sommer 1993. Zunächst begeht Gabriele Cagliari im Gefängnis San Vittore in Mailand Selbstmord, indem er sich eine Plastiktüte über den Kopf stülpt. Cagliari hatte dort seit dem 9. März in U-Haft gesessen. (Als er festgenommen wurde, war er noch gar nicht wegen der Affäre Enimont beschuldigt, sondern wegen schwerer aktiver Bestechung). Am 23. Juli schießt sich Raul Gardini eine Kugel in den Kopf, nachdem Giuseppe Garofano, Ex-Präsident der Montedison, angefangen hat, vor den Richtern die Geschichte der Fehler, Schludrigkeiten und illegalen Machenschaften der Enimont unter Gardini zu erzählen.

Die beiden Selbstmorde erregen gewaltiges Aufsehen im ganzen Land. »Blut über das Regime« titelt *La Repubblica* am 25. Juli, und »Tödliche Leere« ist der Leitartikel des *Corriere* am 24. Juli überschrieben. Von »Götterdämmerung« ist die Rede. Giorgio Bocca stellt sich in *L'Espresso* (vom 8. August) die Frage, welche Lehre die beiden Selbstmorde für die öffentliche Moral darstellen und antwortet:

> »Man muß sagen, es gibt nur eine Lehre, die beide hinterlassen haben, und die ist auf tragische Weise negativ: Eine öffentliche Moral ging ihnen vollkommen ab, zumindest haben sie bei ihrem Tod diesen Eindruck erwekken wollen.«

Bei den meisten jedoch überwiegt in der Betrachtung die humane Seite, und es wird heftig gegen die Richter polemisiert. Cagliari habe Selbstmord begangen, so wird geschrieben, als er sich klargeworden sei, daß die Richter nicht bereit seien, ihn unter Auflagen vorläufig auf freien Fuß zu setzen. Die Richter, so klagt Cagliari in seinen Briefen, wollen einen »neuen Nürnberger Prozeß«, sie hätten ihn »überhäuft mit Provokationen, Ungerechtigkeiten ... gesetzeswidrigen Vorgehensweisen, die einzig und allein dem Zweck dienten, Schmach über uns zu bringen«. Seine Witwe erklärt, ihr Mann habe »seine Schuld gestanden, aber die Richter verlangten, daß er Namen nenne: Sie haben ihn umgebracht, weil er nicht bereit war, ein Verräter zu werden.« Wie nicht anders zu erwarten, sind die Richter von »Mani pulite« verstört und uneins. Nachdem Staatsanwalt Borrelli Kenntnis von Cagliaris Selbstmord erhalten hat, bringt er sein »Mitgefühl für Cagliari und seine Familienangehörigen, die unschuldigen Opfer in einer äußerst angespannten Situation«, zum Ausdruck. Und Richter Antonio Di Pietro läßt sich eine Kritik an Staatsanwalt Fabio De Pasquale entlocken, der erst fünf Tage zuvor den Ablehnungsbescheid gegen eine bedingte Freilassung Cagliaris unterzeichnet hatte.

»Das ist eine Niederlage. Meines Erachtens hätte er sich bereits seit einem Monat auf freiem Fuß befinden können.«

Natürlich gibt es Stimmen, die die Untersuchungshaft kritisieren und schnellere Prozesse verlangen. Besorgte Reaktionen gibt es beinahe auf allen Seiten des politischen Spektrums. Einzige Ausnahme ist die Lega, die unerbittlich urteilt:

»Hier gibt es keinen Raum für Mitleid ... die Politik ist ein tödliches Spiel ... Diese ganze Angelegenheit bestätigt nur ein weiteres Mal, daß man unbedingt ausmisten muß und daß auf gar keinen Fall Nachsicht geübt werden darf.«

Nach den anfänglichen Emotionen wird jedoch klar, daß es keine Trendwende geben wird. Die Polemik um die Richter, die immer wieder durch dieses oder jenes Ereignis angeheizt wird, geht zwar weiter, aber die Ermittlungen der Richter von »Mani pulite« schreiten voran, und zwar mit noch größerer Energie. Inzwischen ist klar, daß die Zeit gegen sie arbeitet, und dies nicht so sehr wegen möglicher gesetzlicher Behinderungen, mit denen die Arbeit der Richter zunichte gemacht werden könnte. Die größte Gefahr für die Ermittlungen geht vielmehr von der Behäbigkeit des juristischen Apparates aus, der die Durchführung vieler Prozesse am Ende unmöglich machen und einen großen Teil der Beschuldigten mit Freilassung und Straffreiheit belohnen könnte.

## 2. Die italienische Gerichtsbarkeit

Im letzten Brief an seinen Verteidiger schrieb Gabriele Cagliari:

»Diese Untersuchung war von Anfang an auch ein Instrument im Kampf gegen das alte Establishment, *das daraus definitiv besiegt hervorgegangen ist. Auf der im engeren Sinne politischen Ebene ist dieses Resultat inzwischen ganz offensichtlich geworden und durch nichts umzukehren.* Es wäre verrückt, das nicht einzusehen. Aber schlimmer noch wäre es, nicht einzusehen, daß das notwendig war, um das Land auf einen neuen Weg des Fortschritts zu bringen. Das politische Ziel der Richter ist mithin auch klar, sie zielen objektiv auf eine *korporative Rechtsprechung als dominante Gewalt.*« (Hervorhebung von mir. A. S.)

In diesem Brief werden zentrale Fragen berührt, die ein historisches Urteil über »Tangentopoli« wird beantworten müssen: »Mani pulite« ist nicht einfach eine Ermittlung, sondern eine »Revolution der Richter«; die alte führende Klasse ist definitiv besiegt worden; ohne die Operation der Richter könnte sich Italien nicht erneuern und verändern; dadurch hat die Gerichtsbarkeit die Kräfteverhältnisse zwischen den Institutionen verschoben und sich in eine vorherrschende Stellung gebracht. Setzt man hinter jede dieser Behauptungen ein Fragenzeichen, dann sind das genau die Themen der Debatte über die Rolle der Gerichtsbarkeit beim Übergang vom alten zum neuen System, der in Italien inzwischen begonnen hat (aber noch lange nicht beendet ist).

Man kann diese Fragen nicht behandeln, ohne sich mit dem Problem der Unabhängigkeit der Richter und ihrer Politisierung zu befassen. Die Unabhängigkeit der Rechtsprechung in Italien wird durch Artikel 104 der Verfassung geregelt und durch das Prinzip der obligatorischen Strafverfolgung (um zu verhindern, daß die Exekutive durch Anordnungen Ermittlungen einstellen könnte) sowie durch die Schaffung eines Selbstverwaltungsorgans, des Consiglio Superiore della Magistratura (Csm, im Jahr 1958), garantiert. Hinter der obligatorischen Strafverfolgung verbirgt sich jedoch seit langem schon die »Wirklichkeit einer inzwischen fakultativ gewordenen Strafverfolgung«.[5] Faktisch werden Vorermittlungen nach politischen Maßgaben eröffnet und damit festgelegt, welche Verbrechen verfolgt werden und welche nicht.

5 M. Patrono, *Il pubblico ministero nella riforma istituzionale*, in: *Documenti giustizia*, 1992, Nr. 10, S. 1389. Zit. nach Vito Marino Caferra, *La giusta disuguaglianza*, Bari 1994, S. 123.

Das ist eine der Folgen des mangelhaften Zustands der Gerichtsbarkeit, der eine schnelle und effiziente Rechtsprechung unmöglich macht. Die Hälfte aller Gefängnisinsassen befindet sich in U-Haft, und Zivilprozesse ziehen sich oft über zehn Jahre oder mehr hin. Einige Staatsanwaltschaften, wie beispielsweise in Neapel, wo die organisierte Kriminalität und die Camorra die Situation zusätzlich erschweren, stehen kurz vor dem Kollaps, weil sie zu schwach besetzt sind und weil ihnen Büroräume und Ausrüstung fehlen.[6]

Da diese Fehlfunktionen es oft nicht zulassen, innerhalb der vorgeschriebenen Fristen einen Prozeß zu eröffnen und zu einem Urteil zu gelangen, kann der gute Ruf der Person, gegen die ermittelt wird, unwiderbringlich beschädigt werden. Dies gilt um so mehr, als der sogenannte Ermittlungsbescheid, der dazu gedacht war, der Person, gegen die ermittelt wird, eine bessere Möglichkeit zur Verteidigung zu geben, inzwischen praktisch (so wie Presse und Fernsehen damit umgehen) zu einer Schuldunterstellung geworden ist.[7]

Der Csm regelt die Beförderungen, Versetzungen und Disziplinarmaßnahmen bei den Richtern und stellt damit die Unabhängigkeit der Justiz sicher. Seine Zusammensetzung war so konzipiert worden, daß eine möglichst pluralistische und ausgewogene Struktur sichergestellt werden sollte. Heute aber ist er ein stark politisiertes Organ geworden. Er besteht aus drei permanenten Mitgliedern, nämlich dem Präsidenten der Republik, der auch den Vorsitz führt, dem Vorsitzenden und dem federführenden Staatsanwalt beim Kassationsgericht, 20 weiteren Mitgliedern, die aus den Reihen der einfachen Richter von diesen selbst gewählt werden, sowie zehn »Laien«, die vom Parlament bestimmt werden. Der stellvertretende Vorsitz gebührt einem der vom Parlament gewählten Mitglieder. Das Justizministerium spielt auch eine wichtige Rolle, da es unter anderem die Kontrolle über die Organe der Rechtsprechung ausübt (z. B. durch Inspektionen) und Disziplinarmaßnahmen einleiten kann, für deren Durchführung (ebenso

6 Nunzio Fragliasso, Richter bei der Staatsanwaltschaft Neapel: »Wir hatten einen Panzerschrank gefordert, um darin die Unterlagen über den Fall des Ministers De Lorenzo zu verschließen. Sie haben ihn uns geschickt. Aber nicht nur, daß er aus Holz ist, ihm fehlt auch die rückwärtige Wand, so daß man ihn nur ein wenig nach vorne rücken muß, um äußerst geheime Dokumente an sich zu bringen«. In: *La Repubblica*, 3-4. 10. 1993.

7 Caferra, *op. cit.*, S. 119ff.

wie für die eventuelle Verhängung von Sanktionen) allein der Csm zuständig ist.

Das sollte man wissen, wenn über die Rolle der Richter im Rahmen von »Tangentopoli« diskutiert wird. Diese Rolle ist im Italien der neunziger Jahre *objektiv* politischer Natur, vor allem wegen der Konsequenzen, die die Ermittlungen im Rahmen von »Mani pulite« auf das alte Parteiensystem hatten. Hierbei handelt es sich jedoch um eine sehr einschränkende Sichtweise, denn die Richter in Italien sind heute selber politische *Subjekte*, die oft in dialektischer Wechselbeziehung oder gar im Widerspruch zu anderen politischen Kräften agieren. Das ist die große Neuigkeit.

In der Vergangenheit hatte sich die italienische Justiz weder als eine politische Kraft gesehen, noch war sie von anderen so behandelt worden. Deshalb war sie nicht unbedingt »neutral«, einfach schon deshalb, weil sie niemals vollkommen frei war von politischen Beeinflussungen oder stark und selbstbewußt genug, um gegenüber den Verlockungen der Politik auf die eigene autonome Rolle zu pochen. Auch in diesem Fall bestätigen die Ausnahmen die Regel, aber in der Regel war es in der Vergangenheit tatsächlich so. Man braucht nur die Beziehungen zwischen der Gerichtsbarkeit und den Exekutivorganen zu betrachten und die Antwort auf die Frage zu suchen, die man heute zwangsläufig stellen muß: Warum erst jetzt? Warum konnte »Tangentopoli« mehr als dreißig Jahre lang in aller Ruhe funktionieren, ohne daß es jemals ernstlich durch irgendeine gerichtliche Ermittlung gestört worden wäre?

Die Behauptung ist historisch falsch, daß die Ermittlungen wegen Korruption und anderer Delikte erst 1992 begonnen hätten. In den vorhergehenden Kapiteln haben wir zahlreiche Beispiele zitiert, in denen engagierte Richter komplizierte Ermittlungen vortrieben, bei denen es um illegale Praktiken in der Politik ging (vgl. insbes. Kap. 6 u. 8). Hier gelang es Politikern, nicht selten unter Mithilfe der Verantwortlichen bestimmter juristischer Institutionen, die Arbeit der Richter abzulenken oder zu blockieren. Richter Carlo Alemi, dem als erstem der Nachweis für die Zusammenarbeit von Politikern und Camorra im Falle der Befreiung Cirillos gelang, wurde in der Presse vom damaligen Ministerpräsidenten Ciriaco De Mita beschuldigt, »den Boden der Verfassung verlassen zu haben«; gegen ihn wurde ein Disziplinarverfahren eingeleitet. Erinnern wir uns auch, daß der Druck und die offenen und versteckten Drohungen gegen einzelne Richter so stark waren, daß sie um ihr Leben fürchteten. In wenigstens einem Fall wurde ganz offen und unverstellt von höchster Ebene, nämlich dem Amt des Ministerpräsidenten, interveniert, um eine »unbequeme« Ermittlung abzublocken.[8] Und schließlich gab es da auch noch die Rede Craxis im Parlament nach der Festnahme Calvis. Er beschuldigte die Mailänder Richter, einen Börsenkrach zu provozieren, weil sie »ohne irgendeine zwingende gesetzliche Grundlage« wichtige Repräsentanten der Finanzwelt verhaftet und damit die Instrumente der Rechtspflege auf »vulgäre Weise verbogen« hätten, mit dem Resultat, das demokratische Leben »zu vergiften«. Craxi hielt diese Rede, nachdem er vor den Mailänder Richtern seine Einlassungen zu dem Kredit des Banco Ambrosiano an den PSI von 21 Millionen Dollar gemacht hatte.

Andererseits muß man betonen, daß die Straffreiheit der Politik nur deshalb so lange währen konnte, weil es auch in weiten Teilen der Justiz Korruption oder zumindest ein großes Bedürfnis nach einem ruhigen, unbehelligten Leben gab. Am Tag nach der Durchsuchung der Wohnung und des Büros von Licio Gelli am 18.3. 1981 mußten sich die drei Richter, die die Operation angeordnet hatten, vom Oberstaatsanwalt in Mailand, Aldo Gresti, zu den beschlagnahmten Dokumenten sagen lassen, daß man seiner Ansicht nach Gelli zumindest die versiegelten Umschläge hätte zurückgeben müssen, ohne sie zu öffnen. Das wenigstens sagte einer der drei Richter, Giuseppe Turone, im Dezember 1993 aus Anlaß des Prozesses gegen die P2 aus. Eine gängige Methode war, eine Ermittlung in mehrere Verfahren zu zerschlagen, um sie so unwirksam zu machen, denn eine Rekonstruktion der Fakten und das

8 Wir beziehen uns auf die Ermittlungen von Richter Carlo Palermo wegen internationalen Drogen- und Waffenhandels, in deren Verlauf Palermo es im Jahr 1983 gewagt hatte, eine Durchsuchung einiger dem PSI nahestehender Firmen anzuordnen. Craxi, der damals das Amt des Ministerpräsidenten bekleidete, verlangte disziplinarische Maßnahmen gegen den Richter. Die Disziplinarmaßnahmen führen zu einer Ermahnung, der mildesten Sanktion, die die Ordnung des Csm vorsieht. Aber Palermo muß seine Ermittlungen aufgeben und wird nach Trapani versetzt, wo von der Mafia ein Anschlag auf ihn verübt wird, dem er durch Glück entgeht. Anschließend wird er ins Justizministerium versetzt, dann ans Amtsgericht Terracina. 1990 wird Palermo pensioniert und geht in die Politik, wo er als Abgeordneter für La Rete ins Parlament gewählt wird. In Fällen wie diesem geht es gar nicht darum, ob der Richter seine Befugnisse überschritten hat oder nicht oder ob er die Indizien falsch bewertet hat, sondern darum, daß ein Ministerpräsident (und potentiell jemand, gegen den ermittelt wird) seine Stellung dazu benutzt, einen Richter zur Aufgabe der Ermittlung zu zwingen und ihn versetzen zu lassen.

Aufspüren von Beweisen für die Komplizenschaften waren so nicht mehr möglich. Wir sahen bereits, daß viele Ermittlungen nicht nur wegen Attentaten und Subversionsplänen, sondern auch wegen Korruptionsfällen von der Staatsanwaltschaft Rom an sich gezogen wurden, um sie dort dann versanden zu lassen oder zu archivie-ren. Das war so offenkundig, daß die römische Staatsanwaltschaft allgemein nur noch »Nebelhafen« genannt wurde. Carmelo Spagnuolo war der mächtige Oberstaatsanwalt von Rom, der über Jahre hinweg als treuer Verbündeter der tonangebenden Politiker fungierte und ihnen garantierte, daß sich die Justiz nicht in ihre Geschäfte und Intrigen einmischte.

Spagnuolo war Mitglied der P2. An dieser Stelle wollen wir daran erinnern, daß er im März 1973 an einem Treffen mit hohen Offizieren der Carabinieri teilnahm, das Licio Gelli einberufen hatte. Dabei wurde darüber diskutiert, bei der sich zusehends verschlechternden Situation Italiens zu intervenieren und eine law-and-order-Regierung einzusetzen, deren Ministerpräsident Spagnuolo werden sollte (vgl. Kap. 7). Wie Spagnuolo waren auch viele andere Richter Freimaurer – oder sind es bis heute. Das könnte durchaus legitim erscheinen, denn die italienische Verfassung garantiert die Versammlungsfreiheit. Aber Geheimbünde sind per Gesetz verboten. Um so schlimmer, wenn ein hochrangiger Richter darin verwickelt ist und wenn man bedenkt, welche Vorwürfe gegen Teile der Freimaurer und speziell die Geheimlogen erhoben werden. Das betrifft nicht nur die P2, und es geht dabei neben der Beteiligung an Geschäften zweifelhafter Natur auch um die Verbindungen zur Mafia und zur subversiven Rechten.

Noch erheblich schwerwiegender sind die Verbindungen zwischen Teilen der Richterschaft und der Mafia. Die Frage wurde unter großem Presserummel in den Jahren 1993 und 1994 akut, aber sie ist in Wirklichkeit alt und existiert so lange, wie es die Mafia gibt (vgl. Kap. 11). Auch in der Vergangenheit wurden Ermittlungen gegen Richter, die mit der Mafia unter einer Decke steckten oder in dem Verdacht standen, eingeleitet und Disziplinarmaßnahmen ergriffen. Aus den Beispielen der jüngsten Vergangenheit (von Mitte der achtziger Jahre an) greifen wir den Fall des stellvertretenden Staatsanwalts Antonio Costa heraus. Er wurde beschuldigt, vom Clan Minore korrumpiert worden zu sein, im Prozeß für schuldig befunden und aus dem Richteramt ausgeschlossen.

Aber nach allgemeiner Überzeugung handelte es sich immer nur um Einzelfälle, und die Richterschaft als ganze schien von dem Problem nicht berührt. In Wirklichkeit ist das, was heute allmählich Konturen annimmt, ein ganzes Netz von Komplizenschaften, dank dessen die Mafia jede einzelne Phase der Rechtsprechung kontrollieren konnte.[9] Das reicht von den Vorermittlungen bis zu den Urteilssprüchen des Kassationsgerichts, wo man, wenn man in den vorhergehenden Etappen nicht den gewünschten Erfolg hatte, auf das Wohlwollen der ersten Sektion unter Corrado Carnevale rechnen konnte.

Neu sind die Erklärungen der Mafiosi *pentiti*, die durch zahlreiche äußere Umstände untermauert werden, und die gerichtlichen Ermittlungen, die draufhin eingeleitet wurden, sowie die Zahl derer, gegen die ermittelt wird, nicht nur in Sizilien, sondern auch in Calabrien und vor allem in Campanien. Es spielte auch eine Rolle, daß diese Dinge ausgerechnet zu einem Zeitpunkt bekannt wurden, als die Gerichtsbarkeit dank der Ermittlungen wegen »Tangentopoli« zu einem Symbol des Willens nach Säuberung und des Drängens auf eine Erneuerung des Landes geworden war.

Ein erster Vorbote dessen, was noch geschehen sollte, war der Selbstmord von Richter Domenico Signorino im Dezember 1992. Er hatte im »Maxiprozeß« gegen die Cosa Nostra die Anklage vertreten und den ersten Haftbefehl gegen Totò Riina im Jahr 1973 unterzeichnet. Er galt aber auch nach Aussagen von Mafiosi als eine Person, mit der man »reden konnte«. Aussagen wie dieser gingen die Ermittler nach, und im Oktober 1993 wurde gegen neun Richter in Sizilien Anklage erhoben, die alle in der Hierarchie der Gerichtsbarkeit bis in die höchsten Ebenen gelangt waren.

An diese Tatsachen muß man erinnern, um sich über das Ausmaß und das Gewicht des Phänomens klarzuwerden, das auch die Justiz, als Teil der Gesellschaft, erfaßt hat. Es ist also zwingend geboten und dringend, daß die Gerichtsbarkeit »den Mut (findet), Ordnung im eigenen Haus zu schaffen«, wie der Präsident der Republik Oscar Luigi Scalfaro in seiner ersten Rede als Vorsitzender des Csm im Juni 1992 mahnte. Nur wenn man die 1993 eingeschla-

9 Rocco Chinnici, jener Richter, der im Juli 1983 ermordet wurde (vgl. Kap. 11.5), schrieb in seinen Tagebüchern, daß die Cosa Nostra gar nicht erst die Zeitungen lesen mußte, um über den Fortgang der Prozesse informiert zu sein, denn »sie haben die Informationen aus erster Hand, von Informanten in diesem Palast der Justiz«. Zit. nach *Corriere della sera*, 20. 10. 1993, Interview mit Pino Arlacchi.

gene Linie beibehält, die eine Abkehr von der üblichen Praxis darstellte,[10] werden auch die Skeptiker überzeugt werden können, daß die Richter die Legitimation besitzen, an der Spitze der moralischen Erneuerung des Landes zu stehen (also das zu tun, was die Politiker zu tun sich weigerten). Ganz zweifelsfrei haben die Ereignisse um »Mani pulite« und die gewaltige Zustimmung von seiten der Menschen einen starken Einfluß auf die Richter ausgeübt und die Selbstkritik gefördert. So trat eine moralische Frage zutage, und das Gewicht der Kräfte wurde verstärkt, die auf eine Erneuerung auch in den Reihen der Richter drängen.

Aber diese Erneuerung setzt die Emanzipation von der Politik voraus, die in den Jahren vor Beginn der Ermittlungen wegen »Tangentopoli« eine in diesen Ausmaßen bis dahin unbekannte Vorherrschaft über den Csm (der stellvertretende Vorsitzende des Csm war ein Politiker, der eine zentrale Rolle in der relativen Mehrheitspartei spielte), aber auch über die Richterschaft ganz allgemein erreicht hatte. Dabei darf die Rolle des Parlaments nicht verschwiegen werden. Wir erinnern nur an die systematische Ablehnung durch Mehrheitsbeschlüsse in Parlament und Senat, die Einleitung von Ermittlungen gegen Politiker zu gestatten.

Was also ist 1992 geschehen, daß möglich wurde, was zahlreichen Richtern zuvor nicht gelungen war? Und dabei beziehen wir

10 In den zwölf Monaten zuvor sprach der Csm 54 Verurteilungen aus. »Das wichtigste Zeichen für eine Trendwende«, bemerkte der Richter Guido Neppi Modona (*La Repubblica*, 27. 10. 1993), »ist die Tatsache, daß auch die faulen Kompromisse und die Ineffizienz der Büroleiter davon betroffen sind ... In den letzten beiden Jahren wurden 25 Richter von Amts wegen versetzt, und wesentlich größer noch ist die Zahl der Richter, die ›spontan‹ um ihre Versetzung in einen anderen Gerichtsbezirk gebeten haben, um ein offizielles Verfahren zu umgehen ... Parallel dazu vollzog sich auch eine Wende bei den Ernennungen zu Büroleitern: um nur einige Namen zu nennen, Caselli und Cordova als Leiter der Staatsanwaltschaften in Palermo respektive Neapel und zuvor bereits Borelli und Vercellone an die Spitze der Staatsanwaltschaften von Mailand und Turin. Das zeigt, daß Unabhängigkeit und berufliche Qualifikation die Oberhand behalten über die Ernennungen aufgrund politischer und klientelarer Beziehungen, oder schlimmer noch: aufgrund von Freundschaftsdiensten für die Mafia.« Rechtsanwalt Franco Coccia, aus der ersten Kommission des Csm spricht ebenfalls von einer Wende und »einer tatsächlichen Verbesserung«. Aber zugleich merkt er die Empfindlichkeit des Csm gegenüber einem Phänomen an, »das sich in einem Ausmaß und in Formen präsentiert, wie sie in der Vergangenheit nicht zu verzeichnen waren«, verweist auf die Lückenhaftigkeit der Gesetzeslage, die Hindernisse, die sich oftmals aus dem Untersuchungsgeheimnis ergeben, und die häufigen Annullierungen von Entscheidungen des Csm durch die regionalen Verwaltungsgerichte. Interview mit *L'Espresso*, 14. 11. 1993.

uns gar nicht einmal auf die Erlaubnis, formelle Ermittlungen aufzunehmen, die das Parlament selbst dann immer noch stur verweigerte, als die Ermittlungen von »Mani pulite« schon längst eingeschlagen hatten wie eine Bombe (per Beschluß vom 29. April 1993 verwehrt das Parlament den Richtern, gegen Bettino Craxi zu ermitteln; dieser Beschluß löst überall im Land helle Empörung aus). Vielmehr meinen wir die große Zahl von Ermittlungen, die Hunderte von Mitteilungen über die Aufnahme von Vorermittlungen gegen Parlamentsabgeordnete wegen Korruption und Verstoßes gegen das Gesetz zur Parteienfinanzierung.

Auf diese Frage (warum jetzt »Tangentopoli«, und nicht schon viel früher?) wurden verschiedene Antworten gegeben. Die verbreitetste lautet, daß der Fall der Berliner Mauer die allgemeinen Rahmenbedingungen der Politik grundlegend verändert hat. Der Antikommunismus lieferte das Alibi, hinter dem sich die Regierungsparteien immer verschanzten, um ihre ununterbrochene Regierungsbeteiligung als absolut notwendig zu rechtfertigen. Durch diese Erklärung werden jedoch die Gründe verdeckt, die von innen das Ende von »Tangentopoli« herbeiführten. Zu ihnen gehört der Glaubwürdigkeitsverlust der politischen Parteien in Italien, der weit vor dem Fall der Mauer begonnen hatte. Würde man es bei der Erklärung durch den Fall der Mauer belassen, dann müßte man auch den Erfolg der Lega Nord damit erklären. Aber das trifft auf keinen Fall zu. Die Lega hat es verstanden, sich zum populären Sprachrohr des Massenprotestes gegen die Art und Weise zu machen, wie die Republik verwaltet wurde. Der Erfolg bewies, daß die traditionellen Parteien verwundbar waren. Das waren sie auch schon vorher, aber bis dato hatte sie niemand ernstlich herausgefordert. Die Ermittlungen wegen »Tangentopoli« können also auch deshalb in Gang kommen, weil sich das politische und soziale Klima des Landes und die Kräfteverhältnisse geändert haben. Francesco Saverio Borelli sagt:

»Wir haben bestimmte Dinge, die sich gerade in Bewegung setzten, zur Kenntnis genommen, *begünstigt*, *kanalisiert* und auf die juristische Ebene übersetzt. Es handelte sich um etwas, das natürlich sehr viel weiter reichte als die Interventionsmöglichkeiten, die uns zur Verfügung standen... Praktisch wäre es ja auch vollkommen unglaubwürdig, daß eine Handvoll Richter, genauer sieben, dieses Erdbeben in unserem Lande ausgelöst haben können.«[11]

11 *Corriere della sera*, 23. 11. 1993.

Parallel zum Glaubwürdigkeitsverlust der Parteien verzeichneten die letzten zehn Jahre in Italien auch eine zunehmende Präsenz der Gerichtsbarkeit im alltäglichen Leben. Bereits in den siebziger Jahren hatte sich die Rechtsprechung große Verdienste im Kampf gegen den Terrorismus erworben. Viele der besten Richter hatten diesen Kampf mit ihrem Leben bezahlt. Aber die Justiz war in diesem Fall nicht allein – der Staat entzog sich hier nicht seiner Verantwortung. In den achtziger Jahren jedoch sind die Richter in ihrem Kampf gegen die Mafia sehr viel mehr auf sich gestellt und spielen tatsächlich die Rolle einer *Vertretung des Staates*. Die Szenen bei den Beerdigungen der Richter Falcone und bei Borsellino sowie deren Eskorte, wo die Politiker aus Rom einschließlich des Präsidenten der Republik wüst beschimpft und sogar handgreiflich angegangen werden, belegen, wie die öffentliche Meinung die Verdienste im Kampf gegen die Mafia einschätzt. Und im Kampf gegen »Tangentopoli« ist die Gerichtsbarkeit trotz aller öffentlichen Wertschätzung und Ermutigung noch isolierter. Noch einmal verstärkt sich ihre Rolle als Ausputzer. Die Richter von »Mani pulite« bestreiten, daß ihr Vorgehen eine Revolution darstellte (kann man die Wiederherstellung der Legalität Revolution nennen?), und bieten statt dessen »technische« Erklärungen für den Erfolg ihrer Ermittlungen an und verweisen auf das veränderte politische Klima. Zunächst sei da die neue Strafprozeßordnung, die es ermöglicht, sechs Monate lang zu ermitteln, ohne diejenigen, gegen die ermittelt wird, davon in Kenntnis setzen zu müssen; und dann die Erhebung und Sicherung der Beweismittel, die nun direkt durch die Staatsanwaltschaft vollzogen werden können, und nicht mehr durch die Polizei, die viel leichter politisch zu kontrollieren war.

Und die Richter bieten noch eine weitere Erklärung an, die Aufmerksamkeit verdient: Das System, so sagen sie, ist geplatzt, weil es »kein Geld mehr gab«. Solange Finanzmittel im Überfluß verfügbar waren, seien die Leute kaum bereit gewesen, mit der Justiz zusammenzuarbeiten. Das System wäre also zusammengebrochen, als Nachfrage und Angebot auseinanderfielen und sich der Markt der Bestechungsgelder nicht mehr an die ökonomischen Regeln hielt.

Zum Abschluß dieser Anmerkungen scheint klar, daß die Antwort auf die Frage: Warum »Tangentopoli« heute, nur eine Konstellation von Ursachen und Umständen sein kann, Ursachen und

Umständen, die in einem Land ohne jene Abwehrkräfte zu einer tiefen Legitimationskrise – und noch zuvor der Legalität – der Institutionen führte. Im übrigen war in Italien der Begriff Staat gleichbedeutend mit Parteien. In einem System, in dem die Parteien das Sagen haben und sich alles, von den Banken bis zur Kultur, verfügbar gemacht haben, kann es keinen Respekt und keine Identifikation mit dem Staat geben. Die Korruption der Parteien ist gleichbedeutend mit der Korruption des gesamten Systems. »Demokratie«, so schrieb Corrado Alvaro, »ist nicht nur das Wissen darum, was in den Köpfen unserer Repräsentanten steckt, sondern auch in ihren Taschen.« Die DC hat Italien ein halbes Jahrhundert lang regiert (ein in der ganzen Welt einzigartiger Fall ununterbrochener Ausübung der Regierungsgewalt durch eine katholische Partei) und praktisch alles kolonisiert, von den Sparkassen bis zum IRI, vom ENI zum Kino und zur Alitalia. Erinnern wir uns an die »Selbstkritik«, so seine eigene Formulierung, Aldo Moros in der Gefangenschaft bei den Roten Brigaden, mit der er sich auf die politischen Führer des Landes bezog. Der Eindruck, den sie vermitteln, so heißt es da, ist der »einer allgemeinen Schmierigkeit, von kleinlicher Profitgier und einer bemerkenswerten Gleichgültigkeit gegenüber den Bedürfnissen und den Rechten des Landes, was dazu beiträgt, dieser Epoche den Stempel eines Regimes aufzudrücken, das immer mehr in der Korruption versinkt und an Kraft verliert, das sich in seiner eigenen, unheilbaren Unfähigkeit verschleißt« (vgl. Kap. 9.1).

In der Vergangenheit waren die korrupten Politiker niemals im Gefängnis gelandet. Immer wurden sie freigesprochen oder konnten einen Urteilsspruch umgehen, weil der Fall inzwischen verjährt war. Einzige Ausnahmen sind Mario Tanassi wegen der Lockheed-Affäre und Pietro Longo wegen der Bestechungsgelder im Zusammenhang mit dem Bau der Mailänder U-Bahn. Und es ist kein Zufall, daß beide keine Christdemokraten sind. Äußerst selten traten auch Politiker im Gefolge von Skandalen von ihren Ämtern zurück. Seit Beginn der Untersuchungen über »Tangentopoli« bis Anfang 1994 wurden an insgesamt 520 Mitglieder von Parlament und Senat Untersuchungsbescheide geschickt.[12] Die

12 Gegen einige bestehen sogar mehr als einer. Die zur Last gelegten Verbrechen reichen von illegaler Parteienfinanzierung (296) über Korruption (207) und Erpressung (157) bis hin zu räuberischer Erpressung (95), Amtsmißbrauch (46) und verschiedenen anderen Delikten (91).

Selbstverteidigung Bettino Craxis vor dem Parlament (als dieses im August 1993 die Einleitung eines Verfahrens erlaubte) kann man in der These zusammenfassen, im System der öffentlichen Korruption hätten alle Regierungsparteien und alle wirtschaftlichen Gruppen und sogar die größte Oppositionspartei mitgemacht. Bei Lichte betrachtet stellt sie eine unwiderlegliche Verurteilung der gesamten Führungsschicht des Landes dar. Den bekanntesten Politikern, die in »Tangentopoli« verwickelt sind, werden öffentlich Beleidigungen ins Gesicht geschleudert. Der ehemalige Gesundheitsminister Francesco De Lorenzo, dessen Fall die Öffentlichkeit besonders erregt hatte (unter anderem hatte er über die Hälfte der öffentlichen Gelder für die Aids-Prävention in seine Taschen und die seiner Partei, der Liberalen, gewirtschaftet. U. H.), wurde in einem Lokal in Neapel in einem Restaurant derart ausgepfiffen und ausgebuht, daß die Geschäftsführung ihn bat, das Lokal wieder zu verlassen. Ciriaco De Mita, Ex-Ministerpräsident und sieben Jahre Generalsekretär der DC, wurde gezwungen, auf eine Kandidatur bei den Wahlen im März 1994 zu verzichten. In weiser Voraussicht hatte er im Mai 1993 gesagt:

»Ich verzichte auf die Immunität, aber das ist gar nicht der Punkt. Wir Politiker sind allesamt bereits verurteilt, ohne Beweise ...«

In diesem Klima muß es eigentlich überraschen, wenn das Parlament erfolgreich arbeitet. Paradoxerweise hat aber in den letzten zwei Jahren das Parlament mehr bewältigt als in allen anderen Legislaturperioden. Die Reform des Wahlrechts, das Gesetz über die Direktwahl der Bürgermeister, die Reform der öffentlichen Ausschreibungen und die Neuregelung der Immunität der Parlamentarier, alles, besonders auch durch die Polemiken um »Tangentopoli«, äußerst kontroverse Themen, wurden in dieser Zeit auf den Weg gebracht. Auch die parlamentarische Untersuchungskommission zur Mafia hat in dieser Zeit in mindestens ebenso kontroversen Fragen vieles zustande gebracht. Mit Sicherheit hat der Druck durch die öffentliche Meinung viel bewirkt. Gleiches gilt für einige öffentliche Äußerungen des Präsidenten der Republik, der sagte, daß »ein seriöser Richter gegen einen Politiker, wenn der im selben Maße Schuld auf sich geladen hat wie ein Mafioso, eine höhere Strafe verhängen muß«.[13] »Es war dieses Parlament, das die

13 In einer Begegnung mit jungen Strafgefangenen im Gefängnis Nisida (Provinz Neapel) am 21. November 1992. Nach *La Repubblica*, 22. 11. 1992.

Immunität von Parlamentsabgeordneten und Senatoren neu geregelt hat. Folglich ist die Institution als solche gesund«, so Richter Antonio Di Pietro auf einer Konferenz in Kanada im November 1993.

Diese Äußerungen waren eine kleine Ehrenerklärung für einen besiegten Gegner, und zugleich haftete ihnen etwas von einer formellen Verteidigung des Italienbildes im Ausland an. Denn als Di Pietro das sagte, da hatten das Parlament und die alten Parteien bereits jede Legitimation verloren. Noch vor den Wahlen im März 1994 hatten die Bürgermeisterwahlen in einigen italienischen Großstädten (Rom, Genua, Neapel, Triest, Venedig, Turin und Palermo) vom Herbst 1993 und auch Meinungsumfragen bestätigt, daß die alte parlamentarische Mehrheit die neue Realität des Landes nicht mehr repräsentierte. Neue Skandale wie der um die schwarzen Kassen des Sisde hatten den Chef der Polizei, den Innenminister Nicola Mancino, weitere ehemalige Minister, den früheren Ministerpräsidenten Amato und sogar den Präsidenten der Republik, Oscar Luigi Scalfaro, schwer belastet.

Es war inzwischen nicht mehr zu übersehen, daß sich das Gleichgewicht zwischen den Gewalten verschoben hatte. Parlament und Parteien (die Christdemokraten hatten sich gespalten, und ihr Stimmenanteil hatte sich praktisch halbiert, die Sozialisten waren fast verschwunden) waren geschwächt, die Gerichtsbarkeit, deren Agieren im Falle von »Tangentopoli« zum Kollaps des alten politischen Systems geführt hatte, war gestärkt worden. Unbeabsichtigt hatten die Richter als politische Subjekte agiert, deren Initiativen und öffentliche Äußerungen weit über die eng umschriebene Sphäre der Justiz hinaus Wirkung zeigten.

Die Richter hätten das, was sie getan haben, nicht ohne öffentliche Zustimmung vermocht. Ebenso ist klar, daß die Macht der Richter im wesentlichen eine Macht ist, die verbietet und bestraft. Sie hat deshalb zugenommen, so wurde angemerkt, weil der Einfluß der anderen Institutionen aus den dargelegten Gründen, aber auch aufgrund des Handelns der Richter selbst zurückgegangen ist.

»Wir wußten«, so der Richter Antonino Caponnetto, Gründer des Antimafia-Pools in Palermo, »daß wir die Mafia ohne eine Veränderung des politischen Systems niemals würden besiegen können.« Die Frage in Italien heute ist, ob die Erfolge im Kampf gegen die organisierte Kriminalität und gegen »Tangentopoli« der

Beginn eines definitiven Sieges sind und sich das politische System wirklich geändert hat oder ob die Ereignisse von 1993 und 1994 nicht nur oder doch im wesentlichen der Austausch von Personen waren. Im Fall »Tangentopoli« betreffen die Fragen, wie wir noch sehen werden, Dauer und Ausgang der Ermittlungen im Rahmen von »Mani pulite« einerseits und die Natur des Übels Korruption andererseits. Kriminalität und Korruption sind nicht zwei voneinander unabhängige Variablen, denn erstere konnte aufblühen dank der Komplizenschaft zwischen Politikern und bestimmten Sektoren der öffentlichen Verwaltung besonders auf lokaler Ebene.

Die Korruption in Italien hat alte Wurzeln. Die Männer des Königreichs Italien aus der zweiten Hälfte des vergangenen Jahrhunderts standen in dieser Hinsicht der ersten Republik in nichts nach. Auch sie waren Protagonisten zahlloser Skandale. Der erste war der Skandal des Staatlichen Tabakmonopols (1868), der berühmteste der um die Banca Romana (1893). Die Italiener sind ein Volk, das im Zeichen der Bestechungsgelder geboren, aufgewachsen und erzogen ist. Nicht so sehr aus angeborener Neigung, sondern eher aus Notwendigkeit – welcher Italiener würde am Schalter eines öffentlichen Büros nicht 5000 oder 10 000 Lire dafür hinlegen, um damit einen bürokratischen Akt zu beschleunigen, der sonst Wochen, wenn nicht gar Monate dauert? Und wie soll man das verurteilen? Ein Bericht des Ministers für öffentliche Aufgaben aus dem Juli 1993 hat ergeben, daß die Italiener im Schnitt 15 bis 20 Arbeitstage dafür aufwenden müssen, um irgendwelche Dokumente oder Bescheinigungen von Ämtern zu erhalten. Dieses kleine Bestechungsgeld ist ein Mittel, um die Ineffizienz der öffentlichen Verwaltung ein wenig auszugleichen. Und es stellt eine Gehaltsaufbesserung für die (wie alle wissen, skandalös schlecht bezahlten) Beamten auf der anderen Seite des Schalters dar (und so gesehen eine Art öffentlicher Solidarität). Derselbe öffentliche Beamte wird sich nicht selten außerhalb der Bürostunden einem zweiten Beruf widmen, für den er natürlich keine Steuern abführt, womit er sich beim Staat wieder holt, was der ihm durch zu schlechte Bezahlung vorenthält. Wir wissen aber auch, daß diese Schattenwirtschaft nicht wenig zum Reichtum des Landes beigetragen hat und daß die Regierung sie in Rechnung stellt, wenn es gilt, das Bruttosozialprodukt zu schätzen (um damit auf der Rangliste der größten Industriestaaten ein wenig nach oben zu klettern). Alles bewegt sich und funktioniert außerhalb der Regeln, an der Grenze zwischen Kreativität und Illegalität.

Die Großspekulation und die weltweiten Geschäfte haben aber wenig oder gar nichts mit der Kunst des Sichdurchwurstelns des kleinen Beamten oder des Bürgers in der Schlange am Schalter zu tun. Was mich aber überrascht hat, ist die Reaktion des »Mannes auf der Straße« angesichts der Enthüllungen von »Tangentopoli«: Die Entrüstung und der Skandal wurden nicht durch die Erkenntnis ausgelöst, daß auch die Politiker sich arrangierten, sondern durch das Ausmaß, durch die enormen Reichtümer, die illegal zu Lasten des Staates und der Steuerzahler akkumuliert worden waren. Also eher: Das war zu viel des Guten.[14] Eine Revolte ist noch keine Revolution. Eine Revolution ist, wie Ludwig XVI. erfahren mußte, eine äußerst ernste Angelegenheit.

Es wurde darauf verwiesen, daß Italien seit 1948 bis auf den heutigen Tag keine kollektive Moral entwickelt habe, daß sich in diesen Jahren vielmehr ein »Bankrott der Moral«, und zwar der katholischen, der bürgerlich-kapitalistischen wie auch der laizistischen, vollzogen habe.[15] Es bleibt die Frage, ob das Trauma »Tangentopoli« eine neue Moral hervorbringen kann. Ob aus den Trümmern des alten Staates, d. h. der alten Parteien, neue politische Kräfte und eine neue politische Kultur erstehen können oder nur wieder kleine Craxis und Andreottis. Bei den Wahlen 1993 und 1994 haben die Italiener für PDS, MSI, Lega und Berlusconi (Forza Italia) gestimmt, weil es die einzigen Parteien waren, die sich nicht durch Beteiligung an den früheren Regierungen kompromittiert hatten. Es handelte sich um eine negative Stimmabgabe, um eine Abstrafung und eine Reinigung, aber keinesfalls um Zustimmung zu irgendeinem politischen »Entwurf«.

Es wurde weiter angemerkt, daß die rechtsprechende Gewalt per definitionem nicht »revolutionär« sein kann, denn die Vertei-

14 Auch in anderen demokratischen Ländern gibt es auf verschiedenen Ebenen systematische Formen der Korruption. Und dennoch ist es so, daß in diesen Ländern die Führungsschichten, und sei es auch nur aus purem Selbsterhaltungstrieb, »zumindest die Verantwortlichen für die allerschlimmsten Skandale aus ihren Kreisen ausschließen, und zwar auch dann, wenn sie allerhöchste Ämter besetzen«. In Italien dagegen haben die Politiker mehr »auf die Geschlossenheit der eigenen Reihen geachtet als auf ihr Ansehen in der Öffentlichkeit«, und folgerichtig haben sie »die Räuber in Schutz genommen«. Stefano Rodotà im Vorwort zu: Gianni Barbacetto/Elio Veltri, *Milano degli scandali*, Bari 1991, S. VIII.

15 Alberto Asor Rosa, *La bancarotta »delle etiche«, L'Unità*, 28. 7. 1993.

digung der bestehenden gesetzlichen Ordnung ist ihr Auftrag.[16] Aber welche ist das im Italien von heute? Erinnern wir uns, daß »Mani pulite« die Revolte des »Mannes von der Straße« vorwegnahm und ihr die Argumente lieferte. Folglich hat die Gerichtsbarkeit entgegen ihrer eigenen Intention die Rolle eines »Leuchtturms« gespielt (die Formulierung stammt von Richter Borelli), um die Übel der Nation ans Licht zu bringen und, soweit es in ihrer Kompetenz lag, einen Weg der Besserung zu weisen. In diesem Sinne ist die Arbeit der Richter die Voraussetzung jedweder Erneuerung.

Während des Wahlkampfes 1994 nimmt die Kampagne gegen die Richter schärfere Töne an, als ein Richter die Polizei in die Büros von Forza Italia schickt, um die Listen mit den führenden Funktionären dieser Partei zu erhalten, und nach den Anschuldigungen von Silvio Berlusconi gegen den stellvertretenden Vorsitzenden der Antimafiakommission im Parlament, Luciano Violante. Violante (der im Gefolge dieser Polemik zurücktritt) wird angelastet, er habe sich gegenüber der Presse über angebliche Beziehungen zwischen Berlusconi und einigen seiner Mitarbeiter mit der Mafia geäußert (was von Violante entschieden bestritten wird).

Auch in den ersten beiden Jahren von »Tangentopoli« gab es viele schwierige Situationen, die mehr als einmal den Ausgang der Ermittlungen von »Mani pulite« in Frage stellten. Dazu gehören die Selbstmorde von Gabriele Cagliari und Raul Gardini sowie der Auftritt von Enzo Carra, dem ehemaligen Privatsekretär des führenden DC-Politikers Arnaldo Forlani, am 5. März 1993 in Mailand. Carra erscheint im Fernsehen in Handschellen, und in der Öffentlichkeit erhebt sich ein großes Geschrei wegen der überflüssigen Handschellen und des allzu spektakulären Auftretens der Richter, die, so wird gesagt, die Justiz zur Show machen. Andererseits ist offenkundig, daß es bei einer derart breit angelegten Ermittlung, die zudem oft genug mit sehr schwacher Unterstützung und in einem Wettlauf gegen die Zeit durchgeführt werden mußte, nahezu zwangsläufig zu Fehlern kommen mußte. Fehler dürfen nicht zum Vorwand genommen werden, um die Ermittlungen von »Mani pulite« ganz allgemein und die Richter in Mailand im speziellen in ein schiefes Licht zu rücken. Es ist schon eine außerordentliche Leistung, daß die Richter von »Mani pulite« so

16 Mario Tronti in: *Stato senza Rivoluzione?*, *L'Unità*, 28. 7. 1993.

lange und mit solchem Erfolg haben agieren können, ohne auf nennenswerten Widerstand zu stoßen. Dabei hat ihnen sicherlich genutzt, daß die Politiker am Anfang die Tragweite der Ermittlungen, deren mögliche Konsequenzen und die Entschlossenheit der Mailänder Richter unterschätzt hatten. (Craxis Bemerkung zu der Verhaftung von Mario Chiesa, den er wie einen Jungen, den man beim Honignaschen überrascht, als kleinen Schlawiner bezeichnete, ging in die Geschichte ein.) Als ihnen die Konsequenzen dämmerten, war es zu spät.

Gefahren für »Mani pulite« birgt auch der Umfang, den die Ermittlung inzwischen angenommen hat, nämlich die Schwierigkeit, dermaßen viele Prozesse durchzuführen; hinzu kommen die mögliche Veränderung des politischen Klimas (eine gewisse Erschlaffung der öffentlichen Meinung) und die Unsicherheit hinsichtlich eventueller Gesetzesinitiativen eines neuen Parlaments und einer neuen Regierung.

Soweit es die Prozesse selbst betrifft, sind die Kritiken jedoch weitestgehend unbegründet. Es trifft zu, daß Italien, ein Land, das sich seine Justiz nur etwa 0,8 % der Staatsausgaben kosten läßt, mit etwa drei Millionen Zivilrechtsprozessen im Rückstand ist. Wenn man dann in Rechnung stellt, daß im Fall der P2 die Ermittlungen mehr als zehn Jahre gedauert haben, während die Ermittlungen für »Mani pulite« bereits abgeschlossen sind, gegen 300 von insgesamt 1400 Personen Anklage erhoben wurde und im Frühjahr 1994 bereits 60 erstinstanzliche Urteile zu verzeichnen waren, dann muß man einräumen, daß die Richter von »Mani pulite« sehr zügig gearbeitet haben.

Aber selbst dieser Rhythmus könnte sich als unzureichend erweisen, denn wenn ein Teil der illegalen Transaktionen nicht aufgedeckt würde, dann könnte das den Personen, die um diese Vorgänge wissen, Druckmittel in die Hand geben, mit denen sie das gesamte politische und wirtschaftliche Leben des Landes konditionieren könnten. Wenn aber andererseits die Praxis, Bestechungsgelder zu zahlen, so weit verbreitet war, dann kann man sich nur schwer vorstellen, wie es möglich sein sollte, gegen alles und alle in einigermaßen überschaubaren Zeiträumen vorzugehen. Sollte sich das als richtig erweisen, dann würde das korrekte Funktionieren der Justiz ernsthaft in Gefahr geraten, denn auf eine derart große Aufgabe ist sie nicht vorbereitet, und ohnehin gehen diese Ermittlungen zu Lasten des Kampfes gegen die Kleinkriminalität und andere Gesetzesverstöße, was in Anbetracht der an sich schon schwierigen Situation der Justiz zum vollständigen Stillstand bei Zivilsachen führen würde.

Darüber hinaus haben die Ermittlungen von »Mani pulite« bereits zu einer deutlichen Verlangsamung der Arbeit in den öffentlichen Verwaltungen, besonders bei den kommunalen Einrichtungen, geführt. Die Angst, irgend etwas Illegales zu tun und sich mithin strafbar zu machen, läßt viele Abteilungsleiter im Zweifelsfall zögern. Dafür muß die Allgemeinheit mit der Unordnung zahlen, die dadurch entstanden ist, daß gegen zahlreiche Unternehmer ermittelt wird, was nicht nur die einzelnen Betriebe, sondern die gesamte Volkswirtschaft seinen Preis kostet. Das ist ein weiterer Grund, zur Eile zu drängen. Die Bürger beklatschen die Festnahme von einflußreichen Politikern, die sich illegal bereichert haben, aber sie könnten anfangen, sich über die Verzögerungen und Versäumnisse in der »normalen« Justiz zu ärgern, die ihren Alltag bestimmen. Im Juni 1993 sagte der Staatsanwalt von Palermo, Giancarlo Caselli:

»Wird durchleben eine Phase der Euphorie. Aber wenn wir heute die Helden sind, so könnten die Politiker morgen versuchen, uns alle Schuld in die Schuhe zu schieben. Gebt uns die Mittel, um schlicht und einfach ganz normal zu funktionieren.«

Casellis Prophezeiungen sind eingetreten. Es reichte, daß die Mailänder Richter, die bis dahin vor allem die Politiker des alten Regimes im Visier hatten, sich auch für die »neuen« Politiker interessierten. In den ersten Tagen des Juli 1994 eröffnen Borelli und seine Kollegen die Ermittlungen gegen zahlreiche hohe Offiziere der Finanzpolizei (die fast alle geständig sind) aufgrund gesicherter Erkenntnisse, daß das gesamte System der Steuerüberprüfungen schon seit langem in einen Mechanismus zur Produktion von Bestechungsgeldern umfunktioniert worden war. In diese Ermittlungen waren auch einige Gesellschaften des damaligen Ministerpräsidenten Silvio Berlusconi verwickelt. Und prompt erläßt Justizminister Alfredo Biondi am 14. Juli ein Dekret, das unter anderem die Abschaffung der Untersuchungshaft für Verbrechen wie Korruption und Erpressung vorsieht. Das Dekret löst eine Protestwelle aus. Die Richter von »Mani pulite« bieten den Rücktritt an. In einem dramatischen Auftritt im Fernsehen verliest Richter Di Pietro ein Kommuniqué. Er erklärt, das Dekret »macht es unmöglich, die Verbrechen effektiv bekämpfen zu können, über die wir bisher ermittelt haben, und (...) wegen der offenkundigen Ungleichbehandlung verletzt es den Sinn für Gerechtigkeit und Gleichheit«. Die Richter aus ganz Italien protestieren. Berlusconi wird von seinen Gegnern beschuldigt, er habe deshalb auf dieses Dekret gedrängt, um seinen Bruder Paolo (der bereits unter Hausarrest steht) und die anderen Manager der Fininvest zu retten, gegen die ermittelt wird. Am 19. Juli wird das Dekret zurückgezogen. Aber Silvio Berlusconi und einer seiner engsten Mitarbeiter, der heutige Verteidigungsminister (und vormalige Syndikus seines Unternehmens Fininvest. U. H.) Cesare Previti, sowie andere Vertreter von »Forza Italia« greifen die Richter scharf an. So äußert sich Vittorio Sgarbi (eigentlich Kunstkritiker, vor allem aber *Skandalnudel* in den Medien. U. H.), der auf den Listen der Berlusconi-Partei ins Parlament gewählt wurde und der täglich eine Sendung für die Kanäle der Fininvest macht, im Fernsehen folgendermaßen:

»Die Richter ... müßten selbst angeklagt und ins Gefängnis gesteckt werden. Sie bilden eine kriminelle Vereinigung mit der Lizenz zum Töten, deren Ziel die Abschaffung der demokratischen Ordnung ist!«

Am 20. Juli verabschiedet der Consiglio Superiore della Magistratura mit großer Mehrheit einen Tadel an die Regierung. Die Presse spricht von einem Konflikt zwischen den Verfassungsorganen. Am 23. Juli lassen die Mailänder Richter die Büroräume der Fininvest durchsuchen, und es ergehen Haftbefehle gegen 23 Manager dieser Firma sowie der Fiat-Gemini.

Anfang September glätten sich die Wogen wieder. Da tritt Antonio Di Pietro überraschend auf einer Unternehmertagung in Cernobbio mit einem Vorschlag auf, wie eine Gesetzesregelung aussehen könnte, um »aus ›Tangentopoli‹ herauszukommen«. Er nennt sie mit dem japanischen Wort »kyosei«, was soviel heißt wie »zusammen leben und arbeiten«: Als Voraussetzung für eine Vereinbarung über das Strafmaß für die Verbrechen müssen die Schuldigen gestehen und die gesamte Summe, die ihnen illegal zugeflossen ist, zurückzahlen. In der Zukunft sollen Strafen und Erstattung der Geldsummen mit dem Faktor Drei multipliziert werden. Da er vor Industriellen spricht, nimmt er Bezug auf die Schwierigkeiten, die durch die Untersuchungen und Anklageerhebungen von »Mani pulite« verursacht wurden:

»Eine moderne Demokratie braucht das Privatunternehmen, es muß effizient und transparent sein. Aber Transparenz ohne Effizienz kann weder der Ökonomie noch der Demokratie guttun.«

Minister Biondi spendet dem Vorschlag und der »kooperativen Haltung« der Richter Beifall. Auch Agnelli, De Benedetti und andere Industrielle äußern sich zustimmend.

Jedoch aus bestimmten Kreisen der Regierung, aber auch der Opposition hagelt es Kritik. Die Richter, so heißt es, haben sich in Angelegenheiten des Parlaments eingemischt, Richter dürfen keine Gesetze formulieren, sie haben sie anzuwenden[17]; Cernobbio sei auch nicht der passende Ort für einen solchen Vorschlag gewesen und die Richter von »Mani pulite« hätten angesichts des vergifteten Klimas, in dem sie seit einiger Zeit arbeiten müßten, ohnedies besser daran getan, den Mund zu halten. Am 6. Oktober publiziert der *Corriere della sera* ein Interview mit Staatsanwalt Borelli, das die Polemiken noch mehr anheizt. In dem Interview kündigt Borelli an, daß die Ermittlungen über Tele+, einen Pay-TV-Kanal von Berlusconi, sich inzwischen bis »in die höchsten Kreise« ausgedehnt hätten (das heißt, so deuten alle diese Äußerung, bis hin zum Ministerpräsidenten Silvio Berlusconi), und er greift Justizminister Biondi wegen Vorgängen beim Banco Ambrosiano an. Biondi reicht den Rücktritt ein, aber seine Demission wird nicht angenommen, und Berlusconi begibt sich zum Präsidenten der Republik, um ihn zum Einschreiten aufzufordern. Gleichzeitig kündigt einer seiner Minister, Giuliano Ferrara (Ex-Stalinist aus Turin. U. H.), eine Beschwerde gegen Borelli wegen »Anschlag auf ein Verfassungsorgan« an. Borelli läßt wissen, daß er absolut nicht gewillt sei, zurückzutreten. Es herrscht eine enorme Spannung.

Am 18. Oktober ordnet Biondi auf Aufforderung des Generalstaatsanwalts von Mailand, Giulio Catalani, eine Inspektion der Staatsanwaltschaft Mailand an. Dabei geht es um angebliche Unregelmäßigkeiten, die von Richtern aus dem Pool »Mani pulite« be-

17 Die berechtigten Kritiken hingegen wurden weitgehend übersehen. Einige Juristen kritisieren am Vorschlag von Di Pietro und seinen Kollegen die Straffreiheit für zurückliegende Verbrechen, die Einschränkung der unterschiedlichen Straftatbestände, die das Gesetz vorsieht, auf den einzigen Straftatbestand der Korruption (Erpressung fiel u. a. weg) und die sich daraus logisch ergebende Tatsache, daß den einzelnen Richtern wesentlich mehr Entscheidungsbefugnisse bei der Bewertung der Strafen zufielen. Vgl. den Artikel von Ettore Gallo in: *La Repubblica*, 30. September 1994.

gangen worden sein sollen, unter anderem bei einer Durchsuchung der Büroräume von Publitalia, der Gesellschaft Berlusconis, die sich um die Beschaffung der Werbeaufträge für seine Fernsehkanäle kümmert. Am 20. Oktober kommt der Csm zu dem Schluß, Borelli habe mit dem Interview mit dem *Corriere della sera* nichts weiter getan, als sich gegen die Angriffe gegen ihn und seine Kollegen zu verteidigen, und legt den Beschwerdeantrag zu den Akten. Die durch die von Biondi verfügte Inspektion ausgelöste Polemik wird noch schriller. Einige billigen das Vorgehen und merken an, daß auch die Richter sich vor dem Gesetz zu verantworten haben, viele fragen sich jedoch, ob die Inspektion nicht einfach ein Vorwand sei, hinter dem sich die Absicht der Regierung verberge, die »Richter zu stoppen«. In ihrem Bericht sprechen die Inspektoren trotz anfänglicher Konflikte mit Borelli und obwohl sie einige Auswüchse bei den Ermittlungen, speziell bei der Handhabung der Untersuchungshaft, nicht ausschließen wollen und darauf hinweisen, daß »vielleicht eine größere Distanz zur Medienöffentlichkeit vonnöten gewesen wäre«, vor allem von den »enormen Verdiensten einer Ermittlung, die ein Meilenstein in der Justizgeschichte unseres Landes bleiben wird«.

Angesichts dieser Schlußfolgerungen nimmt es nicht wunder, wenn der Justizminister den Bericht der Inspektoren monatelang unter Verschluß hält, denn er widerspricht den Kritiken aus Regierungskreisen und geht vielmehr streng mit Generalstaatsanwalt Catalani ins Gericht, der bekanntermaßen der Regierung nahesteht. Dieser, so sagen die Inspektoren, »verdient möglicherweise nicht ganz das Vertrauen, das ein Richter in ihn muß setzen können, vor allem wenn er so komplexe und delikate Aufgaben zu erledigen hat«. Erst am 9. Mai 1995 wird der Bericht dem Csm übergeben. Die Tatsache, daß er solange geheimgehalten wurde, trug dazu bei, die Spekulationen um die wahren Gründe für die Demission von Richter Di Pietro zu nähren (vgl. weiter unten) und damit den Ton der Polemiken noch weiter zu verschärfen. Äußerst heftige Polemiken werden laut, als der neue Justizminister Filippo Mancuso (aus dem Kabinett Dini [der inzwischen Berlusconi als Ministerpräsident abgelöst hatte]. U. H.) die Inspektoren heftig kritisiert, ihnen vorwirft, sie hätten sich von den Mailänder Richtern einschüchtern lassen, und eine neue Inspektion beschließt. Unmittelbar danach verfügt er auch die Versetzung einiger Inspektoren in neue Aufgabenbereiche, weil sie aus Protest gegen die

Kritik an ihrer Arbeit seitens des Ministers (in einer Rede im Senat) mit Rücktritt gedroht hatten.

Aber den Höhepunkt hatte der Konflikt zwischen den Exekutivorganen und der Justiz am 21. November 1994 erreicht. Während Berlusconi in Neapel dem Treffen der Regierungen zur Koordinierung des weltweiten Kampfes gegen die organisierte Kriminalität vorsitzt (vgl. Kap. 11.2), geht in seinem Ministerpräsidentenbüro in Rom der Ermittlungsbescheid gegen ihn ein. Ermittelt wird wegen Korruption im Zusammenhang mit der Untersuchung der Vorgänge bei der Finanzpolizei. Sofort schießt Forza Italia mit Vorwürfen zurück: Die Richter seien Staatsfeinde, der Ermittlungsbescheid sei Teil einer Strategie des unblutigen Staatsstreiches und der Drahtzieher des ganzen Komplotts sei der Präsident der Republik Scalfaro. Berlusconi erklärt in einer Rede, die von allen Fernsehsendern direkt übertragen wird, er werde nicht zurücktreten.

»Wir sind nicht bereit zuzulassen, daß der Mißbrauch und die Instrumentalisierung der Strafjustiz zur Vernichtung der ersten Regel in einer Demokratie führen, die da lautet, daß diejenigen regieren, die dazu durch Wahlen das Mandat erhalten haben.«[18]

Lira und Börse stürzen ab. Scalfaro, so berichten die Nachrichtenagenturen, schäumt vor Wut, weil Berlusconi ihn der »Zweideutigkeit« und der »Zögerlichkeit« gegenüber den Richtern bezichtigt und noch nicht einmal die Möglichkeit eines Rücktritts angedeutet hatte. Man spricht offen von einer Verfassungskrise. Es ist das erste Mal in der Geschichte Italiens, daß gegen einen amtierenden Ministerpräsidenten ein Ermittlungsverfahren wegen strafrechtlich relevanter Tatbestände eingeleitet wurde.

Das Kassationsgericht sorgt dafür, die Befürchtungen Berlusconis zu zerstreuen. Am 29. November entscheidet es, den Richtern in Brescia die Ermittlungen wegen der Vorgänge bei der Finanzpolizei zu übertragen. Zur Begründung wird Art. 45 des Straf-

18 Berlusconi führt unter anderem aus: »Ich habe natürlich niemals irgend jemanden korrumpiert. Also muß ich auch gar nichts befürchten, ich bin bereit, was auch immer darauf zu verwetten, daß eine derartige Beschuldigung platzen wird wie eine Seifenblase. Damit Italien ein Rechtsstaat bleibt, in dem die Richter sich mit der Justiz befassen und nicht mit der Politik, darf niemand die Sturheit bei seinen Ermittlungen so weit treiben, daß die Korrektheit und Moral dessen, was ich getan habe, als Bürger, als Unternehmer und als Verantwortlicher für die Regierung, dabei auf der Strecke bleibt.«

gesetzbuches angeführt, der eine Verlegung vorsieht, wenn es begründete Zweifel gibt, ob ein Gericht mit der gebotenen Neutralität entscheide (einige der wegen Korruption beschuldigten Offiziere der Finanzpolizei hatten mit den Richtern von »Mani Pulite« in anderen Verfahren zusammengearbeitet). Diese Entscheidung schließt die Annullierung des gesamten bisherigen Verfahrens ein. Weiter kann Berlusconi in dieser Sache nicht mehr von den Mailänder Richtern einvernommen werden. Die Richter in Brescia ihrerseits protestieren, weil sie nicht dafür ausgestattet seien, eine derart große Ermittlung durchzuführen. In der Staatsanwaltschaft Mailand herrscht große Niedergeschlagenheit. Richter D'Ambrosio erklärt: »Die Geschichte wiederholt sich, es ist wie mit der Piazza Fontana« (D'Ambrosio war der federführende Richter der Ermittlungen über das Attentat vom 12. Dezember 1969 – bis ihm das Verfahren am Ende weggenommen wurde, vgl. Kap. 6.2).

Am 2. Dezember gehen die Wogen wieder hoch. Oberstaatsanwalt Borelli fordert in einem Brief an den Generalstaatsanwalt und an den Präsidenten der Republik im Zusammenhang mit der von Justizminister Biondi angeordneten Inspektion Garantien für die Richter, in deren Amtsbereich die Inspektion durchgeführt wird. »Nicht einmal im Faschismus geschah Vergleichbares.« Am 14. Dezember bieten die Inspektoren geschlossen ihren Rücktritt an (der aber nicht angenommen wird). Bereits am 6. Dezember, am Ende des letzten Verhandlungstages im Prozeß Enimont, streifte Richter Antonio Di Pietro, noch während die Fernsehkameras liefen und jede seiner Handlungen aufzeichneten, die Toga ab und kündigte seine Demission als Richter an. An Oberstaatsanwalt Borelli schreibt er:

»Ich fühle mich mißbraucht ... und Tag für Tag auf den Titelseiten verheizt, sowohl von denen, die mich gegen ›ihre‹ Feinde hetzen wollen, als auch von denen, die eine nicht vorhandene politische Zielsetzung in dem entdecken wollen, was meine ganz normalen Aktivitäten sind ... Daher fühle ich mich als Mensch und als Bürger dazu verpflichtet, etwas zu tun, um den Institutionen Vertrauen und Sicherheit wieder zurückzugeben ... und die Ermittlungen von ›Mani pulite‹ zu entpersonalisieren ... Ich scheide daher aus dem Richteramt ohne jede Polemik und auf leisen Sohlen in einem letzten Akt von Pflichtgefühl aus, aber voller Trauer im Herzen ...«

Kann, so fragt sich der *Corriere della sera*, die Ermittlung der Mailänder Richter den Rücktritt eines Mannes wie Di Pietro überstehen?

»Wir sagen nein ... Die Tatsache, daß die Symbolfigur dieser Ermittlungen sich zum Rücktritt gezwungen sieht, muß zwangsläufig den Ermittlungen den Todesstoß versetzen.«

Die Entscheidung Di Pietros, so schreibt im Gegensatz dazu Borelli, gründet »zweifellos auf schwerwiegenden Überlegungen«, die Maßnahmen der Mailänder Richter werden aber auch ohne ihn weitergeführt, und zwar, so Borelli zum Schluß, »ohne Scheu und ohne Furcht, dafür verbürge ich mich«.

Gewiß ist es zu früh, etwas über den Ausgang der mit den ersten Festnahmen im Zusammenhang von »Tangentopoli« begonnenen Veränderungen zu sagen; insbesondere über den Ausgang des Konflikts zwischen Gerichtsbarkeit und Exekutive, der durch diese Ermittlung ausgelöst wurde. Es ist möglich, daß jene Beobachter, die sich über das Ende von »Tangentopoli 1« und die Schwierigkeiten, die »Tangentopoli 2« von vielen Seiten gemacht wurden, ausließen, nur ihrer Enttäuschung aufgesessen sind, die sich aus den hohen Erwartungen speist, die die Anfangserfolge von »Mani pulite« genährt hatten.

Ganz zweifellos hat sich Italien, das Land des Kompromisses, durch die Art und Weise, wie es diese Probleme und die der Verwicklung von Politikern in die Geschäfte der organisierten Kriminalität anging, als ausreichend stabil und entschlossen erwiesen, um bis dahin äußerst mächtige Politiker auf legale Weise aus der Politik auszuschließen (wie z. B. Craxi, Gava, Andreotti, Pomicino oder De Michelis). »Die Tatsache«, so Francesco Saverio Borelli, »daß die Gerichtsbarkeit in diesem Lande das getan hat, was sie getan hat, ist ein Zeichen, daß die verfassungsmäßige Ordnung wesentlich robuster ist, als man das hätte erwarten können. Und es sind ein Wille und eine Kultur zutage getreten, die die gesamte Gemeinschaft auf positive Weise auszeichnen.«[19]

Aber vergessen wir nicht, daß das alte politische System, um es in den Worten Aldo Moros zu sagen, an seiner inneren Korruption und Erschöpfung zugrunde ging, und nicht, weil es von anderen konsequent bekämpft worden wäre. Die Ermittlungen von »Mani pulite« haben die letzten Zuckungen eines Todkranken beendet. Nun gilt es abzuwarten, ob jener Wille und jene Kultur, die Borelli zitiert, auch in der Lage sind, der Kultur, den Verhaltenskodices und Wertesystemen zu begegnen, die dieses System und diese Per-

19 *Corriere della sera*, 12. Februar 1994.

sonen hervorbrachten. Oder ob man sich nicht damit zufriedengibt, die *Auswüchse* beseitigt zu haben.

Der Prozeß gegen den Financier und Makler Sergio Cusani wegen der Affaire Enimont in den Jahren 1993 und 94 stellte vielleicht schon den Höhepunkt einer Art öffentlicher Katharsis dar.

Dieser Prozeß wurde von Millionen von Italienern am Bildschirm verfolgt. Es war in Wirklichkeit ein Prozeß gegen das alte Regime, in dem Zeugen auftraten, von denen man hätte meinen können, sie seien einem Film von Pasolini entsprungen.

Um die Veränderungen zum Positiven, die sich seither in Italien vollzogen haben, zu verstehen, sollte man lesen, was eben dieser Pier Paolo Pasolini zu den italienischen Richtern und der Presselandschaft zu sagen hatte: »Im Mittelpunkt und am Ursprung aller Fragen steht also das Problem der Justiz und ihrer politischen Optionen. Aber während wir, ihr lieben Kollegen von der Presse, sehr wohl den Mut haben, das Wort gegen die Politiker zu erheben, denn die Politiker sind im Grund zynisch, zugänglich, geduldig, schlau und große Meister im Einstecken, und sie kennen ein, wenn auch primitives und ungeschlachtes ›fair play‹, so halten wir bei den Richtern alle, gesittet und ernst, den Mund. Warum? Und nun eine letzte Grausamkeit, die ausgesprochen werden muß: *Weil wir Angst haben.*«

## 3. Die Entstehung des doppelten Staates

Im Sommer 1993 wird Italien zu einem Zeitpunkt von schweren Attentaten erschüttert, da längst klar ist, daß die Ermittlung von »Mani pulite« mit einer Geschwindigkeit und Leichtigkeit eine ganze politische Klasse beiseite räumt, mit der niemand rechnen konnte. Es ist genau wie bei jeder prinzipiellen Veränderung oder auch nur dem Versuch einer Veränderung der politischen Gleichgewichte des Landes.

Am 14. Mai fliegt ein mit Sprengstoff beladenes Auto in Rom, in der Nähe des Theaters Parioli, in die Luft, verletzt 22 Menschen und verursacht beträchtlichen Schaden an den umstehenden Gebäuden und Autos. Am 27. Mai explodiert eine Autobombe in Florenz in der Via dei Georgofili. Diesmal handelt es sich um einen Lieferwagen. Es gibt fünf Tote, darunter zwei Kinder, und dreißig Verletzte. Die Explosion zerstört die Torre del Pulci und verursacht schwere Schäden an den Uffizien. Am 2. Juni, dem Fest der Republik, entdeckt eine Streife der Carabinieri eine Bombe, die in einem in der Nähe des Palazzo Chigi geparkten Fiat 500 versteckt ist, während dort eine Sitzung des Ministerrates stattfindet. Am 27. Juli explodiert in der via Palestro in Mailand, vor dem Sitz der Kommunalverwaltung, eine Autobombe: sechs Menschen finden den Tod, sieben werden zum Teil schwer verletzt, und das Museum für zeitgenössische Kunst wird stark beschädigt. Nur eine Stunde danach explodieren zwei Bomben in Rom: Eine zerstört die Fassade von S. Giorgio al Velabro, einer romanischen Kirche, die unter Gregor IV. erbaut worden war; die zweite beschädigt das Portal der Basilika San Giovanni und den Obelisken auf dem Platz davor, den ältesten in Rom. Mindestens zehn Verletzte sind zu beklagen. Noch in der Nacht ruft Carlo Azeglio Ciampi das Komitee für nationale Sicherheit zusammen und erklärt, »daß die Regierung angesichts der wiederholten Versuche, Panik und Chaos zu verbreiten, um dadurch die Erneuerungsbewegung im Lande zu bremsen, fest entschlossen ist, dem Recht der Italiener auf demokratischen Fortschritt in Freiheit zum Durchbruch zu verhelfen«. Die Empörung im Lande ist gewaltig. Am darauffolgenden Tag erscheint der *Corriere della sera* mit der Schlagzeile: *Terror und Tod in Mailand und Rom.* Und im Text dazu heißt es:

»Ein Netz von Feuer und Bomben überzog gestern von einem Moment auf den anderen Italien und verhüllte Mailand und Rom, die wirtschaftlichen und die politischen Kapitale des Landes, in einer Wolke aus Rauch.«

Oberstaatsanwalt Borelli aus Mailand kommentiert: »Sie wollen die Ermittlungen von ›Mani pulite‹ stoppen.«

In einer Anhörung vor der parlamentarischen Untersuchungskommission zur Mafia am 13. Juni 1993, kurz nach den ersten Anschlägen in Rom und Florenz, hatte Innenminister Mancino (der bereits zu Beginn des Jahres vor möglichen Anschlägen gewarnt hatte) seine Befürchtungen mit den vielen Sprengstoffunden der letzten 18 Monate begründet, wobei es den Ordnungskräften gelungen war, wenigstens 14 Attentate zu vereiteln. Da werden Erinnerungen an die Zeiten der »Strategie der Spannung« geweckt. In den darauffolgenden Monaten gab es noch mehr Vorzeichen,[20] die

20 Am 25. August 1993 werden durch Zufall acht Sprengsätze unter der Rutsche eines Schwimmbades in einem Ferienpark in Praia (Calabrien) entdeckt. Im November erscheinen in der Presse spärliche Notizen über einen versuchten Angriff

aber von der Öffentlichkeit kaum zur Kenntnis genommen wurden, und die Presse verbannt diesbezügliche Nachrichten meist auf die hinteren Seiten. Noch steht der Schock über die Ermordung der Richter Falcone und Borsellino, über die Ermittlungen zu »Tangentopoli« und den Selbstmorden von Cagliari und Gardini sowie die Bombenanschläge von Rom, Florenz und Mailand im Vordergrund. Außerdem ist die Sorge wegen der hartnäckigen Wirtschaftsflaute groß, und das Interesse richtet sich auch auf die Veränderungen der politischen Szene, wo aus den Trümmern der alten Parteien neue Hauptdarsteller in Erscheinung treten.

Trotz aller äußerlichen Ähnlichkeiten unterscheiden sich die Attentate von 1993 von denen der früheren Jahre. Im Unterschied zu Piazza Fontana und den Attentaten der siebziger und achtziger Jahre hatten die Bombenleger es nicht auf die Ermordung von Menschen abgesehen und mit Sicherheit nicht auf ein Massaker.[21] Die Bomben des Jahres 1993, gelegt von einer Armee, die in Auflösung begriffen ist, haben demonstrativen Charakter, sie sind eine Machtdemonstration.

Die Verwicklung des Staates und vor allem der Spitzen der Geheimdienste in fast alle Fälle, über die in den vorangegangenen Kapiteln berichtet wurde (vgl. Kap. 3, 6, 7, 8, 9), ist hinreichend belegt. Wer noch Zweifel daran hegt, daß dies bis in scheinbar weit entfernte Bereiche hineinreichte, dem sollte ein Beispiel aus dem Jahr 1963 genügen. Es betrifft das Dossier des Sifar über Kardinal Gregorio Pietro Agagian, einen Wahlrömer armenischer Herkunft, der in dem Konklave von 1958 bis zuletzt ein Gegenkandidat zu Kardinal Roncalli, dem späteren Papst Johannes XXIII., war. Das Dossier, das von General Viggiani gezeichnet war, einem engen Vertrauten von General De Lorenzo, wurde dem Vatikan am 10. Juni

auf die römischen Studios der RAI, der von einer Gruppe von »Söldnern« und Rechtsextremisten zeitgleich mit weiteren Angriffen auf einige Ministerien hätte durchgeführt werden sollen.

21 Alle Attentate ereignen sich des Nachts und an relativ einsamen Orten, abgesehen von dem Anschlag von Rom am 14. Mai. In Mailand wird das Auto mit der Bombe in einer einsamen Straße entdeckt, bevor es in die Luft geht: Fünf der sechs Toten sind Feuerwehrleute und Polizisten, die sich unvorsichtigerweise an dem Auto zu schaffen machten, bevor die Feuerwerker eintrafen. Auch die beiden Plätze, an denen die Bomben in Rom plaziert wurden, sind eigentlich nachts nicht besonders frequentiert. In Florenz war den Attentätern vielleicht nicht bekannt, daß im obersten Stock des durch die Explosion zerstörten Turms die Familie des Hausmeisters wohnte.

1963 zugespielt, nur zwanzig Tage vor der Wahl von Kardinal Montini zum Papst. Montini war der große Favorit, aber als möglicher Außenseiter wurde auch Kardinal Agagian genannt. Das Dossier berichtet über »gefährliche Freundschaften« der Schwester Agagians, Elisabetta Papikova (mit einem ebenfalls armenischen Botschaftssekretär der sowjetischen Botschaft in Rom). So, als wolle man vor der Wahl eines »russischen Papstes« warnen.[22]

Die Wurzeln dieser Strategie der Einflußnahme auf die politischen Geschehnisse Italiens reichen zurück bis in die frühen sechziger Jahre, als der Versuch von Fernando Tambroni scheiterte, ein rechtes Regierungsbündnis zustande zu bekommen (vgl. Kap. 6.1), und nach der Entscheidung der Christdemokraten, eine Koalition mit den Sozialisten zu bilden. Die ideologischen Rahmenbedingungen und die konkreten Ziele wurden auf der Tagung des Institutes Pollio im Jahr 1965 diskutiert (vgl. Kap. 7.1). So bildet sich nach und nach eine »informell-operative« Struktur heraus, die im »nicht konventionellen Krieg« eingesetzt werden kann. An dieser Stelle genügt der Hinweis, daß im Plan »Demagnetize« ausdrücklich darauf hingewiesen wird, daß »außerordentliche Sicherheitsmaßnahmen erforderlich sein werden ..., weil (der Plan) wie ein Anschlag auf die Souveränität der beiden Staaten aussehen könnte«. Wir wissen, daß Gladio auch im Fall »innerer Unruhen« eingesetzt werden sollte.

Formell existierte diese Organisation nicht, aber praktisch war sie deckungsgleich mit der Spitze der verschiedenen Geheimdienste der Armee, und sie agierte in enger Verbindung mit den entsprechenden Einrichtungen der anderen Nato-Länder. Die Mitglieder waren durch Eid angehalten, Stillschweigen zu bewahren, und in einigen Ländern wurden sogar die politischen Spitzen (wie Premier- und Verteidigungsminister sowie die Präsidenten), wenn man sie vom Standpunkt der atlantischen »Orthodoxie« für »unzuverlässig« hielt, nicht in die Existenz dieses Organismus eingeweiht.[23]

22 Die »Operation Konklave« (Akten des Sifar mit Datum vom 6., 15. und 20. Juni 1963) wird im Dezember 1993 durch die Zeitschrift *Trenta Giorni* aufgedeckt. Sie soll, laut derselben Quelle, zwischen Kirchenkreisen und dem Sifar verabredet worden sein. *Corriere della sera*, 21. 12. 1993.

23 Quelle für diese Informationen sind die Aussagen von Oberst Amos Spiazzi (vgl. Kap. 6.4) vor den Richtern Tamburino und Fiore. Giuseppe De Lutiis, *Storia dei servizi segreti in Italia*, Rom 1984, S. 111 ff. Wenig »zuverlässig« soll der deutsche Bundeskanzler Brandt gewesen sein, und aus diesem Grund sollen auch die deutschen Geheimdienste intrigiert haben, um ihn zur Demission (1974) zu zwingen.

In den letzten zwanzig Jahren wurde diese Struktur zuweilen Supersid genannt. Aber das trifft die Sache nicht so recht, denn es gehören neben dem Sifar und dem Sid auch Teile der Streitkräfte, der Finanzpolizei sowie Politiker dazu (laut Oberst Amos Spiazzi auch Industrielle). Sie ist nicht dasselbe wie Gladio, wie irrtümlich oft argumentiert wird. Gladio ist der Kodename (nicht nur in Italien) für die gesamte Operation »Stay Behind«, und die »Gladiatoren« sind die Verbände, die nötigenfalls eingesetzt werden können, also gewissermaßen die Organisationsstruktur nach außen. Unter der Geheimstruktur hingegen ist der innere Kern oder die strategische Leitung zu verstehen, deren Existenz nur ganz wenigen bekannt war und von der auch in den Geheimdiensten nur diejenigen wissen, die zu ihr gehören. Wenn diese Rekonstruktion stimmt, dann ergibt sich der Schluß, daß die Informationen, die Andreotti dem Parlament im Jahr 1990 über Gladio gab (vgl. Kap. 9.2), im entscheidendsten Punkt unvollständig waren: Andreotti bestätigte zwar die Existenz der »Gladiatoren«, aber er ließ rein gar nichts verlauten über die Befehlsstruktur, von der diese abhingen. Es ist kaum vorstellbar, daß Andreotti nicht wenigstens über die Existenz dieser Struktur seit dem Zeitpunkt informiert war, da sie gebildet wurde. Bereits damals war er als Staatssekretär beim Ministerpräsidenten (bis zu De Gasperis Tod) ein einflußreicher Mann. Seit 1955 war er Finanzminister, dann, ab 1959 Verteidigungsminister, ein Amt, das er sieben Jahre ohne Unterbrechung innehatte. 1977, dem Jahr, als der Sid neu organisiert und in Sismi und Sisde gegliedert wird, ist Andreotti Ministerpräsident. Die anderen Politiker, die wenigstens davon wissen müssen, sind Fernando Tambroni, Innenminister seit 1955, der Verantwortliche für Geheimaktivitäten in diesem Amt, der Polizeipräsident Di Nozza, der von Tambroni auch an die Spitze eines verdeckt operierenden Sonderbüros für psychologische Kriegführung bestellt worden war (vgl. Kap. 3.2), sowie die Verteidigungsminister Paolo Emilio Taviani und Antonio Segni. Der Vorsitzende der parlamentarischen Untersuchungskommission über die Attentate, Senator Libero Gualtieri, ging im Sinne der hier unterstellten Argumentation noch weiter und zählt alle Politiker und Militärs auf, die aufgrund ihrer Stellung in der Zeit zwischen 1960 und 1980 Teil einer »Kommandokette« hätten sein können.[24]

24 Zwischen 1960 und 1980 gab es 23 Regierungen, die praktisch von den immergleichen Männern geführt wurden: Fanfani, Rumor, Moro und Andreotti. Im sel-

Die Ermittlungen des Mailänder Richters Guido Salvini, die im März mit einem Eröffnungsbeschluß abgeschlossen wurden (vgl. Kap. 6), haben die Existenz einer geheimen Struktur bestätigt. Oberst Amos Spiazzi, gegen den wegen seiner Verwicklung in die Putschpläne von Anfang der siebziger Jahre ermittelt wird, spricht von »Zellen zur Verteidigung des Staates«. Insoweit diese Struktur dem Generalstab des Heeres unterstand, handelt es sich um eine militärische Struktur Italiens, die mit dem Natokommando in Norditalien kooperiert. Auf diesen Aspekt einer legitimen Kooperation hat denn auch Spiazzi seine Verteidigung aufgebaut, wohingegen er sich weigert, ein Urteil darüber abzugeben, ob diese Struktur für verfassungswidrige Ziele *gegen* den Staat mißbraucht wurde (vgl. Kap. 6.4). Es ist sehr unwahrscheinlich, daß die verantwortlichen Politiker keine Kenntnis von dieser Struktur gehabt haben sollen.

In welchem Grad auch immer die Politiker verwickelt sein mögen, es scheint in jedem Fall sicher, daß diejenigen, die sich hinter dem atlantischen Schild verstecken, über größere Autorität verfügen als ihre von der institutionellen Ordnung her Vorgesetzten, nämlich Ministerpräsident oder Verteidigungsminister. Unter »größer« ist hier nichts anderes zu verstehen als supranational oder »atlantisch«. Bei jedem Regierungswechsel legten die Spitzen der Geheimdienste dem Ministerpräsidenten und dem Verteidigungsminister eine Aktennotiz über die Organisation Stay Behind vor und ließen sie sich gegenzeichnen. Wir wissen aber (vgl. Kap. 3.2 und 7.1), daß diese Informationen äußerst vage gehalten waren und in einigen Fällen auch gar nicht weitergeleitet wurden. Wir wissen weiter, daß für die Besetzung der höchsten politischen Ämter, also den Ministerpräsidenten sowie den Verteidigungs- und Innenminister, auch eine Einverständniserklärung unter dem Sicherheitsaspekt seitens der Nato verlangt wurde. 1971 teilt General Miceli in seiner Eigenschaft als Chef des Sid dem Präsidenten der Republik seine negative Einschätzung einer Ernennung An-

ben Zeitraum war Andreotti acht Jahre lang Verteidigungsminister und vier Jahre Außenminister. Acht Jahre Innenminister waren Restivo und Taviani, und Chef der Polizei über dreizehn Jahre war Angelo Vicari. General De Lorenzo war vom Sifar über das Kommando der Carabinieri bis hin zum Generalstab des Heeres in dieser Zeit zwölf Jahre im Dienst, sieben Jahre Admiral Henke beim Geheimdienst und im Verteidigungsministerium. Sitzung vom 29. 11. 1988, X. Legislaturperiode, Dokumente, S. 86ff. sowie die Erklärungen von Gualtieri gegenüber der Presse, *La Repubblica*, 30. November 1988.

dreottis zum Ministerpräsidenten mit.[25] Natürlich galten diese Vorsichtsmaßnahmen auch umgekehrt: Es war undenkbar, daß Personen in Führungsämter der Geheimdienste gelangen konnten, die Washington oder dem Nato-Oberkommando nicht genehm waren. In einer nicht-öffentlichen Sitzung der parlamentarischen Kontrollkommission für die Geheimdienste im Februar 1993 äußerte Francesco Cossiga, daß er in seiner Zeit als Ministerpräsident den Sismi niemals hatte kontrollieren können, daß man »ehrlicherweise einräumen muß, daß sie (die Geheimdienste) nach innen vor allem gegen den PCI gerichtet waren« und daß aufgrund der amerikanischen Einmischung Italien »ein Land mit begrenzter Souveränität war« (vgl. Kap. 7.1).

Es gab also so etwas wie eine doppelte »Investitur«, eine doppelte Legitimationsstruktur, was automatisch für alle Betroffenen zu einer doppelten Loyalität führte, nämlich gegenüber der Regierung des eigenen Landes und gegenüber der Allianz. Im Falle eines Konflikts zwischen diesen beiden Loyalitäten verstand sich von selbst, daß die letztere die Oberhand behalten sollte. Diese doppelte Loyalität ist kein italienisches Modell, es ist vielmehr dem Vorbild des nationalsozialistischen Deutschlands entlehnt.[26] Im Falle Italiens sind die beiden Loyalitäten in bestimmten Momenten verschmolzen, aber nicht in dem Sinne einer offensichtlichen und legitimen Überschneidung der Interessen, sondern im Sinne eines vollkommen instrumentellen Gebrauchs der letzteren zur Legitimation ganz partieller Interessen und zur Rechtfertigung von Subversionsplänen gegen die Verfassung und die politische Ordnung des Landes. Zweifellos hat die Personengruppe in der Vergangenheit mit zunehmender Tendenz auf eigene Rechnung agiert und sich dabei von den Interessen der internationalen Organisation gelöst, um die eigenen Absichten in der italienischen Politik durchzusetzen. Die informelle Struktur dieser Gruppe, die Tatsache, daß ihre Angehörigen aus den unterschiedlichsten Bereichen des Staates kamen, und die große Geheimhaltung erleichterten Initiativen einzelner und deren Rückgriff auf Menschen und

25 Miceli selbst deckte diese Hintergründe im Jahre 1976 während der parlamentarischen Debatte über die dritte Regierung Andreotti auf.

26 E. Fraenkel, *Der Doppelstaat. Ein Beitrag zur Theorie der Diktatur*, Frankfurt/Main 1974. Eine ausführliche und interessante Auseinandersetzung mit der Theorie des Doppelstaates und der doppelten Loyalität (sowie eine ausführliche Bibliographie) finden sich bei: Franco De Felice, *Doppia lealtà e doppio stato*, in: *Studi storici*, Nr. 3, 1989.

Mittel der Organisation, ohne sie dabei als »Institution« einzusetzen. Die gesamte Situation begünstigte also den Mißbrauch für eigene Absichten sowie die Bildung innerer oder paralleler, autonom agierender Strukturen.

In der Tat kann man sich nur schwer vorstellen, wie eine so diffuse Struktur in einer Situation wie der in Italien, mit persönlichen Einflußzonen und eifersüchtigen Rivalitäten zwischen verschiedenen Gruppierungen, hätte funktionieren können. Man braucht nur den Fall der Generäle Aloja und De Lorenzo zu zitieren, die sich bis aufs Messer bekämpften, oder die erbitterte Rivalität zwischen den Generälen Miceli und Maletti, die ihrerseits in den meisten Fällen nur Bauern im Spiel zwischen Moro und Andreotti waren. Wenn die Putschpläne gescheitert sind und wenn die Anschläge nicht politisch umgemünzt wurden, dann verdanken wir das neben der Mittelmäßigkeit der Akteure und der Widerstandsfähigkeit jener Bereiche der Institutionen, die von den ganzen Intrigen nicht berührt waren, den Aktionen der Richter und den widersprüchlichen Interessen der gegeneinander agierenden Protagonisten besonders an den wichtigen Punkten, wo es galt, grundlegende Entscheidungen zu treffen.

Auch deshalb fällt es schwer, an die Theorie eines einheitlichen Komplotts zu glauben oder an den »Großen Alten«, auf den alle illegalen Aktionen zurückgehen sollen. Die ständigen Versuche, den Geheimdiensten oder der P2 bei jeder Bombe automatisch die Schuld in die Schuhe zu schieben, so als sei jeder dieser Anschläge ein Steinchen in einem seit Jahren genau ausgeklügelten Mosaik, hat die Wahrheitsfindung eher behindert als befördert. Die Geheimorganisation, von der in den voraufgegangenen Seiten die Rede war, fungierte möglicherweise als Scharnier und in Komplizenschaft bei verschiedenen Putschprojekten und Akteuren sowie unter verschiedenen historischen Umständen.

Oberst Amos Spiazzi sprach auf Nachfragen von Richter Tamburino von einer »Sicherheitsorganisation ... ohne subversive Zielsetzungen, aber mit dem Ziel, die Institutionen gegen den Marxismus zu verteidigen ..., (die) nicht identisch ist mit dem Sid, aber mit ihm in großen Teilen deckungsgleich ist ..., (die) offiziösen Charakter in dem Sinne hat, daß sie institutionalisiert ist bei einer gewissen Elastizität in Methoden und Personal, die von Mal zu Mal (nur) mündlich verabredet werden«. Im Haftbefehl gegen General Miceli spricht Richter Tamburino von »einer Organisation, die als ›Sicherheits‹organisation beschrieben wird, die jedoch tatsächlich bestimmte Veränderungen in der Innen- und Außenpolitik behindert, die nationale Souveränität einschränkt und mittels ungesetzlicher, geheimer und gewaltsamer Aktionen ihre Ziele verfolgt, wodurch sie der Struktur selbst den Charakter einer subversiven Gruppe verleiht«.[27]

Vielleicht am nächsten an der Wahrheit ist die Staatsanwaltschaft Rom, die sich auf die Ermittlungen anderer Staatsanwaltschaften stützt und im Februar 1994 beantragt, die Ermittlungen wegen politischer Verschwörung gegen Admiral Fulvio Martini, den Chef des Sismi von 1984 bis 1991, sowie General Paolo Inzerilli, bereits bei Gladio Kommandeur, fortführen zu dürfen. Die Richter gehen davon aus, daß sich unter dem Deckmantel der Nato schwerwiegende Einmischungen in die italienische Innenpolitik ereignet haben könnten, »auch durch Gewaltaktionen und die Vertuschung von Taten anderer«. Die bereits durchgeführten Ermittlungen hätten ergeben, daß die Informationen über Struktur und Organisationsgrad von Stay Behind »weit neben der Wirklichkeit liegen und daß die Strukturen der unorthodoxen Kriegführung nicht nur zusammenfallen mit jenem Netz«.[28]

Die Theorien über die doppelte Loyalität gehen nicht von der Existenz paralleler Organisationen aus, von denen die eine auch noch klandestin wäre, sondern von zwei verschiedenen *Logiken* (einer »inneren« oder nationalen und einer »äußeren« oder internationalen), die in der politischen Führungsschicht des Landes nebeneinander existiert oder sich sogar überschnitten haben sollen. Ihre Funktion wäre es immer gewesen, sicherzustellen, daß Innen und Außen zusammengehen. Im Fall Italiens jedoch hätte dieser Dualismus das Funktionieren der demokratischen Institutionen schwer beschädigt, da die Linke als Element eines äußeren Konflikts im Innern aufgefaßt wurde (nämlich des Kalten Krieges).[29] In Italien kann man beobachten, wie Faschismus und Kommunismus die Rolle einer »höheren Gewalt« spielten, derentwegen die Ambivalenzen in der Politik der Führungsschicht und die Strategie der Spannung gerechtfertigt wären: in dem Sinne, daß nur durch den zugespitzten Gegensatz zwischen den extremen Polen sich der Anspruch der Führungsschicht begründet, Kraft der

27 De Lutiis, *op. cit.*, S. 111 ff.
28 *Corriere della sera*, 9. 2. 1994.
29 F. De Felice, *op. cit.*, S. 517.

Mitte und des Ausgleichs und daher als Garant der verfassungsmäßigen Ordnung unverzichtbar zu sein.

Die Theorie der zwei »Logiken« würde, auch wenn man sie extrem zuspitzt, zur Konsequenz führen, daß so etwas wie eine kollektive Verantwortung der gesamten politischen Klasse für den Anschlag an der Piazza Fontana und andere politische Verbrechen besteht. Abstrakt könnte man eine solche These sogar in dem Sinn vertreten, daß allein die Existenz bestimmter Extremformen politischer Aktionen Anzeichen für eine schwerwiegende Degeneration des gesamten politischen Systems ist. Gleichzeitig aber würde diese Argumentation einer Generalabsolution gleichkommen, die nicht zuletzt im Gegensatz zur Meinung des Volkes stünde. Denn die Italiener wissen, daß all diese Verbrechen identifizierbare Auftraggeber haben und daß die Gerechtigkeit verlangt, sie ausfindig zu machen und zu bestrafen. Der parallele oder verdeckte Apparat hat, obwohl informell, tatsächlich existiert, so wie wir ihn beschrieben haben (und heute, nach dem Fall der Berliner Mauer, »schläft« er vielleicht nur). Es gab eine Gruppe von Personen, die sich schwerer Vergehen schuldig gemacht haben. Andere, die von diesem parallelen Apparat oder zumindest einigen Aktivitäten wußten, haben dazu aus Gründen der Staatsräson geschwiegen und deren Straffreiheit garantiert. In einem Artikel für *La Repubblica* vom 30. Juli 1993 nimmt Giorgio Bocca kein Blatt vor den Mund. Er nennt es eine »furchtbare Wahrheit«, daß »einige unsrer Regierungspolitiker ... Mörder sind, daß sie Mörder beauftragt und gedeckt haben«. Die Illegalität und der Totalitarismus der kommunistischen Regimes und die Gefahr, die sie angeblich für die westlichen Demokratien darstellten, schienen lange Zeit ein ausreichender Rechtfertigungsgrund für jede illegale Operation, die das Ziel hatte, dieser Gefahr vorzubeugen.

Um ihre Aktionen durchzuführen, bediente sich diese Gruppe wiederholt rechtsextremer Gruppierungen. Manchmal wurden sie später, als sie nicht mehr nützten oder sogar zu einer Belastung hätten werden können, unter Anklage gestellt, um sie auf diese Weise loszuwerden (diese Instrumentalisierung haben am Ende sogar die rechten Gruppen selbst öffentlich gemacht und sich verweigert). Aber in der Mehrzahl der Fälle wurde ihnen auch weiterhin Schutz gewährt. Man braucht nur an den Aufwand zu denken, mit dem der linke Terrorismus bekämpft wurde, und das mit den absolut harmlosen Maßnahmen im Kampf gegen den rechten Terrorismus zu vergleichen. Im gleichen Sinne bediente sich der parallele Apparat auch der organisierten Kriminalität, der Camorra und der sizilianischen und calabresischen Mafia.[30]

Heute haben der Fall der Mauer in Berlin und der Zusammenbruch der kommunistischen Regimes den »Sicherheits«apparaten jegliche Legitimation entzogen – wenigstens sollte es eigentlich so sein. »Tangentopoli« hat zudem die Krise des politischen Systems noch beschleunigt und das Überdauern der Politiker auf der Szene verunmöglicht, die in der Vergangenheit hinter jenen gewissenlosen Aktionen steckten.

Das bringt uns zurück zur Frage der Attentate aus dem Jahr 1993. Die Frage ist, ob man sie als Abgesang der Geschlagenen sieht oder vielmehr als ein Zeichen, daß es für Italien keine Hoffnung gibt, sich so einfach vom Terrorismus als Mittel der Politik zu befreien. Glaubt man den Statistiken über die Kriminalität, dann befindet sich Italien in einer, gemessen an anderen industrialisierten Ländern, relativ ruhigen Situation,[31] aber es ist das einzige westliche Land, in dem Mord, Attentate, Erpressung und die Instrumentalisierung von Skandalen zur normalen Praxis der politischen Auseinandersetzung geworden sind. Wobei unter normal zu verstehen ist, daß sie allgemein praktiziert werden und allgemein als unvermeidlich angesehen werden. Symptomatisch für diesen pathologischen Zustand ist eine Äußerung von Flaminio Piccoli im August 1992 nach den Mordanschlägen gegen Falcone und Borsellino. »Ich bin überzeugt«, erklärte Piccoli damals, »daß es im Herbst weitere Anschläge geben wird. Der große Apparat, der die Dinge in Sizilien manövriert und der Falcone und Borsellino in die Luft sprengte, *ist kein sizilianischer Apparat, sondern ein italienischer.* Er schlägt in Sizilien zu, weil dort im Augenblick der schwächste Punkt des Systems ist. Aber wir werden ihn *auch noch in Mailand und Rom* zu spüren bekommen. Es wird Blutbäder geben. Ich prophezeie keine Katastrophen. Ich argumentiere schlicht

30 Hier sei nur auf Tony Chicchiarelli verwiesen, den Mann der Bande der Magliana, und seine Verwicklung in die Geschichte mit dem gefälschten Kommuniqué der Roten Brigaden (vgl. Kap. 9.2).

31 Im Jahr 1991 kamen in Italien auf 100000 Einwohner 4612 Delikte gegenüber 13871 in Schweden, 10402 in Großbritannien, 6649 in Deutschland, 6580 in Frankreich, 5879 in den USA und 5631 in der Schweiz. 1992 ging in Italien die Rate um 10% zurück, während sie in Deutschland um 18% stieg. Das europäische Land mit der niedrigsten Verbrechensrate ist Portugal mit 921 Delikten auf 100000 laut Statistik für 1991.

politisch.« (Hervorhebungen von mir. A. S.)[32] Piccoli sollte recht behalten. Er »spürte« das Klima, und vielleicht nicht nur das, sondern es waren ihm möglicherweise auch Gerüchte und alarmierende Informationen zu Ohren gekommen. Aber über die Prophezeiung der Bombenanschläge von Rom und Mailand hinaus bleibt die Überzeugung hervorzuheben, die Piccoli anläßlich der Anschläge gegen Falcone und Borsellino äußert. Welchem Zweck dienten die Blutbäder in Sizilien und welchem Zweck die von Rom, Florenz und Mailand?

Die Interpretation der letzten drei Anschläge, die meistens vertreten wird, ist vor allem hinsichtlich der Motive nicht besonders überzeugend: Die Regierung solle zur Rücknahme der Verschärfung der Haftbedingungen für die Mafiabosse gezwungen werden. Die Mafia hat noch niemals außerhalb Siziliens große Attentate durchgeführt, sieht man von dem Anschlag auf den Schnellzug 904 ab, für den Pippo Calò und andere letztinstanzlich schuldig gesprochen wurden (vgl. Kap. 8.1). In diesem Zusammenhang wurde die Vermutung geäußert, es habe sich um einen Gefallen von Calò gehandelt, der bekanntermaßen mit den Geheimdiensten und der Bande der Magliana in engem Kontakt stand. Zur Zeit jenes Anschlags standen die Chefs der alten Geheimdienste, Santovito, Musumeci und Belmonte, wegen schwerer Verbrechen im Zusammenhang mit dem Anschlag auf den Bahnhof in Bologna unter Anklage. Da konnte ein großes Attentat ein Ablenkungsmanöver und eine Mahnung für ihre Ansprechpartner in der Politik darstellen, oder es war eine Demonstration, daß sie mit der Strategie der Attentate nichts zu tun hatten (denn sie waren ja in Haft oder nicht mehr im Dienst). Rechte Elemente waren bei jenem Attentat (auf den Zug 904) ebenfalls mit im Spiel, um es möglichst wie frühere Attentate erscheinen zu lassen.

Auch diejenigen, die den Attentaten des Jahres 1993 einen mafiosen Hintergrund zuschreiben, erwähnen die Möglichkeit einer »Zusammenarbeit« mit Teilbereichen der alten Geheimdienste, der Freimaurer oder der subversiven Rechten. Wenn es also das Ziel der Urheber jener Attentate war, Verwirrung zu stiften, dann ist ih-

32 Das Interview mit Piccoli für *Il Sabato* wurde zwar von der Tagespresse erwähnt, blieb aber weitgehend unbeachtet. Darin sagt Piccoli unter anderem, ein nächstes Opfer könne Richter Antonio Di Pietro aus dem Pool »Mani pulite« sein. Vielleicht hat das die Aufmerksamkeit von den anderen Aussagen des führenden Christdemokraten abgelenkt. *Corriere della sera*, 21. 8. 1992.

nen das mit Sicherheit gelungen. Vielleicht sollte man sich, bevor man eine »Handschrift« in den konkreten Umständen (Sprengstoff und Ziel der Attentate etc.) jener Anschläge zu entdecken sucht, die Frage stellen, wer sich zu jener Zeit (Frühjahr/Sommer 1993) so bedrängt hätte fühlen können, daß er zum Mittel von Sprengstoffanschlägen greift. Vielleicht käme man auf diese Weise bei der Suche nach den Urhebern weiter. Mit Sicherheit fühlte sich die Mafia in die Ecke gedrängt. Aber vor allem auch jene Politiker, die Teil der parallelen Struktur waren und die jetzt durch den von »Tangentopoli« ausgelösten Sturm Gefahr laufen, hinweggefegt zu werden – und mit ihnen auch die Zivilisten und Militärs, die sich auf operativer Ebene kompromittiert haben. Vielleicht sollte man die Frage umdrehen und sich nicht so sehr fragen, welche Unterstützung der Mafia bei der Durchführung jener Attentate zuteil wurde, sondern, vorausgesetzt die Mafia war überhaupt daran beteiligt, wer die Mafia dazu angestachelt haben könnte.

Am Morgen nach dem Attentat vom 27. Juli 1993 faßt der Mailänder Bürgermeister Marco Formentini von der Lega Nord das allgemeine Urteil zusammen, wenn er es »verselbständigten Teilen des Staates (zuschreibt), die noch über Macht und Beziehungen zu Teilen der politischen Welt verfügen«. Und Umberto Bossi, der Vorsitzende der Lega Nord, sagt nach der Entdeckung des Fiat 500 voller Sprengstoff in Rom, in der Nähe des Palazzo Chigi:

»Sie haben den Wagen an der Seite (ital. *fianco*. U. H.) des Palastes geparkt, nicht dahinter, es ist eine Bombe zum Flankenschutz (*bomba fiancheggiatrice. Fiancheggiatori* waren im üblichen Sprachgebrauch die Unterstützer irgendwelcher illegaler oder terroristischer Aktivitäten. U. H.) ... Sie haben Angst, und mit Hilfe der Bomben wollen sie sich in die Wahlkabinen drängeln und die Wende beenden ... Dies ist ein Land voller Staatsgeheimnisse und Staatsbomben.«[33]

In der Vergangenheit, so der Richter Ferdinando Imposimato, gelang es den Politikern, die Entdeckung der Wahrheit zu verhindern, weil sie an allen Schlüsselstellen des Staatsapparates ihre Vertrauensmänner sitzen hatten und die Untersuchungen mit dem Hinweis auf das Staatsgeheimnis abblockten.

»(Heute) wird gegen nahezu alle von ihnen ermittelt, und sie haben die Schaltstellen der Macht nicht mehr in ihrer Hand ... sie sind allein geblieben ... Deshalb kann man nur noch durch Bomben zu verhindern

33 *Panorama*, 8. 8. 1993. *La Repubblica*, 3. 6. 1993.

suchen, daß die Wahrheit ans Licht kommt... Die Richter von ›Mani pulite‹ und die aus dem Antimafia-Pool ermitteln? Also explodieren Autobomben. Je weiter oben die Richter zuschlagen, um so mehr nimmt das Risiko zielloser Attentate zu.«[34]

Der Philosoph Emanuele Severino meint:

»Dieses Aufflackern des Terrorismus entsteht aus der Sorge, man könne das herausfinden, was man noch nie in Erfahrung zu bringen vermochte... Die Bomben heute... haben den Zweck, die Bomben von gestern zuzudecken.«[35]

Es wurde darauf hingewiesen, daß jedermann begreifen müßte, daß diese Strategie ihren Zweck verfehlen muß, denn die Veränderungen sind unumkehrbar. Wenn überhaupt, dann beschleunigt sie den Prozeß der Erneuerung. Aber es trifft auch zu, daß wir von Personen sprechen, die nichts mehr zu verlieren haben, denen bewußt ist, daß ihre Namen früher oder später genannt werden könnten (und daß die Richter nicht mehr beeinflußbar sind, daß die Zeiten der Straffreiheit vorbei sind). Also versuchen sie, den Moment der Wahrheit so weit wie möglich hinauszuschieben in der Hoffnung, in der Zwischenzeit könnte etwas geschehen (eine politische Situation, in der die Karten wieder ganz neu gemischt werden, ein Wahlsieg der Rechten?).

Vom Chor jener, die ungeachtet ihrer unterschiedlichen Meinungen über die Urheberschaft der jüngsten Attentate darin übereinstimmen, daß die Parteien und die politische Führungsschicht eine entscheidende Verantwortung für die Entartung des politischen Systems in Italien tragen, hebt sich eine Stimme besonders schrill ab: die von Giulio Andreotti. Noch im August 1993 behauptete Andreotti steif und fest:

»Ich war immer schon der Ansicht, daß die Bombenanschläge an der Piazza Fontana 1969 oder am Bahnhof von Bologna im August 1980 das Werk von gewöhnlichen Verbrechern waren, die in keinster Weise politische Ziele verfolgten.«[36]

Wenn man von einer italienischen Tragödie sprechen muß, dann verkörpert kein Akteur sie vollendeter als Giulio Andreotti. Noch

34 *Panorama*, 8.8.1993.
35 *L'Europeo*, 11.6.1993.
36 *La Repubblica*, 3.8.1993.

ganz jung fand er im Jahr 1946 im Gefolge Alcide De Gasperis Zutritt zum inneren Zirkel der Mächtigen. Zunächst im »zarten« Alter von 28 Jahren Staatssekretär beim Ministerpräsidenten und seither bis 1992 fast ununterbrochen Regierungsmitglied (davon sieben Mal als Ministerpräsident), ist er der langlebigste Politiker Italiens – und inzwischen auch zum Senator auf Lebenszeit ernannt. Und es ist seine Langlebigkeit, die ihn in den Abgrund reißt, denn nur ganz wenige können sich vorstellen, daß ein Mann, der so vertraut mit der Macht war und der sie in so vielen Funktionen und so lange ausübte, nicht in deren Geheimnisse eingeweiht und nicht wenigstens teilweise in die großen Intrigen der Ersten Republik verwickelt war: Inzwischen ist Andreotti zum Beelzebub schlechthin geworden.

Bereits im Jahr 1980 bringt der Karikaturist Giorgio Forattini in einer Zeichnung Giulio Andreotti mit Mino Pecorelli in Verbindung – mehr als zwölf Jahre vor der Eröffnung eines Gerichtsverfahrens. Und auch später ist es immer wieder Forattini, der auch andere Verantwortlichkeiten von Andreotti in den Vordergrund stellt: die P2 (im Dezember 1982 und im September 1987), den »Selbstmord« von Sindona (März 1986), Ustica (Juli 1991). Im Laufe der Zeit werden Forattinis Anspielungen immer massiver. Im Dezember 1992 stellt Forattini aus Anlaß der Verhaftung des stellvertretenden Polizeipräsidenten von Palermo, Bruno Contrade, wegen des Verdachts auf Zusammenarbeit mit der Mafia Andreotti zu Pferde im »Palio von Palermo« dar. Andreotti trägt Sträflingskleider und reitet unter der Fahne des »Viertels Riina«. Das ist drei Monate vor dem Antrag der Palermitaner Richter, gegen den führenden Christdemokraten ein Verfahren wegen des Verdachts auf Bildung einer mafiösen Vereinigung zu eröffnen. Als das dann geschieht, nämlich im März 1993, zeigt eine Vignette Andreotti, wie er sich eine Maske mit seinen Zügen vom Gesicht nimmt und dahinter ein Totenschädel sichtbar wird. Die Satire ist wie immer fest in der Wirklichkeit verankert, und ihr steht eine Ausdrucksfreiheit zu, die anderen nicht erlaubt ist. So, als wäre Andreotti im Urteil der Massen bereits seit langem und unwiderruflich verurteilt.

Die doppelsinnigen, wenn nicht eindeutigen Anspielungen auf die Verstrickungen und Verbrechen Andreottis sind in den Bars und auf Partys zum Nationalsport geworden. Andreotti seinerseits schweigt oder kommentiert das alles ironisch, er dementiert nicht, und er klagt nicht. Unerschütterlich scheint er sich um das alles nicht zu kümmern, ja, es scheint ihn gar zu amüsieren.

Und doch steht fest, daß Andreotti aufgrund seiner vielen Regierungsämter, und speziell als Verteidigungsminister, den Geheimdiensten immer sehr nahestand, daß er 1964 zur Zeit des Planes »Solo«, wie der damalige Chef der Geheimdienste, General Allavena, bezeugt, über alles auf dem laufenden war, was General De Lorenzo vorhatte (auch wenn er nicht einverstanden war, wie gewichtige Zeugen aussagen; vgl. Kap. 3.3). Er war auch bis ins Detail informiert über die Putschversuche zwischen 1969 und 1974, und in wenigstens einem Fall soll er interveniert haben, damit bestimmte Namen und Tatsachen im Zusammenhang mit dem Putschversuch Borghese nicht an die Richter gelangten. Fest steht aufgrund seiner eigenen Aussagen auch (vgl. Kap. 7.1), daß er genau Bescheid wußte über die illegalen Praktiken jener Gruppen, die er »Fraktionen« der Geheimdienste nennt. Mit Sicherheit spielte er eine Rolle bei den inneren Auseinandersetzungen zwischen den verschiedenen Diensten (die Rivalitäten zwischen den Generälen Miceli und Maletti; vgl. Kap. 7.1). Gegen die einen »Fraktionen« stellte er sich, anderer Gruppierungen bediente er sich für seine eigenen Ziele, etwas, das im Laufe der Jahre ganz zweifellos auch andere Politiker an der Regierung gemacht haben.

Daß Andreotti der »Chef« und heimliche Regisseur der zahlreichen Subversionspläne gewesen sei und daß zahlreiche Repräsentanten der mächtigen Strömung Andreottis in der DC in Sizilien engen Kontakt zur Mafia pflegten, das ist eine auf der Linken weit verbreitete Einschätzung. Gleiches gilt jedoch nicht für den Rest des Landes. Trotz allem waren es bis 1993 nur wenige, die glaubten, daß Andreotti *wirklich* verwickelt war; wenn man einmal absieht von seinen »Kontakten« zu bestimmten Kreisen und seinen zumindest fragwürdigen Freundschaften, die durch die Ermittlungen zu »Tangentopoli« belegt sind und die bereits bei der Affäre Sindona und beim Erdölskandal offenbar wurden. Aber »gefährliche Freundschaften« sind kein Verbrechen, auch wenn sie nicht gerade Weitsicht und Geschick desjenigen bezeugen, der diese Freundschaften pflegt. Aus all diesen Gründen war der Schock, wenn nicht gar die Überraschung, gewaltig, als die Richter 1993 beim Parlament um die Autorisierung baten, ein Verfahren einleiten zu dürfen. Die Überraschung bestand vor allem darin, daß die Richter das »gewagt« hatten. Aber inzwischen befand man sich im

Jahr 2 der Ermittlungen von »Mani pulite«, für viele hatte die Götterdämmerung begonnen, und viele Tabus waren gefallen. Als schließlich am 2. März 1995 das Verfahren gegen Andreotti wegen Bildung und Beteiligung einer kriminellen Vereinigung mafiosen Typs eröffnet wurde,[37] war der Schock überwunden. Die Nachricht wurde in den Medien breit behandelt, aber nur wenige, selbst alte Freunde Andreottis, äußerten sich wirklich überrascht oder entrüstet. Eher schon konnte man im Lande eine gewisse Bestürzung verspüren, denn in Wirklichkeit ist der Prozeß gegen Andreotti ein Prozeß gegen einen ganzen Abschnitt der Geschichte des Landes, und eine eventuelle Verurteilung käme der Verurteilung eines halben Jahrhunderts unvollendeter Demokratie und eines ganzen politischen Systems gleich.

Beim ersten Antrag auf Einleitung eines förmlichen Verfahrens, dem der Palermitaner Richter vom 27. März 1993, wird Andreotti zur Last gelegt, daß er »nicht nur zufällig für die Wahrung der Interessen und die Durchsetzung der Ziele der kriminellen Vereinigung mit Namen Cosa Nostra agiert hat, insbesondere im Zusammenhang mit den Strafprozessen gegen Vertreter der Organisation«. Mittler zwischen der Mafia und Andreotti soll Salvo Lima gewesen sein, Chef der Strömung Andreottis in der DC in Sizilien und ein enger Freund des führenden Christdemokraten, »ein Mann von Ehre« (so die Aussagen einiger »reumütiger« Mafiosi) und Abgeordneter im Europaparlament. Mittler soll auch Ignazio Salvo gewesen sein, der bereits im »Maxiprozeß« gegen die Mafia wegen Mitgliedschaft in der Cosa Nostra verurteilt worden war. Die Morde an Lima und Salvo sollen, so die Palermitaner Richter, die tragische Quittung für ihre Rolle als Mittler zur politischen Welt gewesen sein, die der Mafia die »Steuerung« der Prozesse und andere Gefälligkeiten bringen sollte. Sie sollen von der Mafia umgebracht worden sein, weil es ihnen nicht gelang, eine Annullierung der Schuldsprüche im »Maxiprozeß« zu erreichen, und gleichzeitig sollten die Morde als Warnung an ihre römischen Bezugspersonen dienen. Darüber hinaus geht die Ermittlung von der Hypothese aus, daß ein »vollkommener Ein-

37 Nachdem das Parlament der Einleitung einer formellen Ermittlung zugestimmt hatte, konnten die Palermitaner Richter zwischen zwei Wegen wählen: Sie konnten den Fall zu den Akten legen, falls sie die Anhaltspunkte, die der Staatsanwalt zusammengetragen hatte, für nicht ausreichend gehalten hätten; oder sie konnten der Eröffnung eines Verfahrens zustimmen.

klang zwischen dem Abgeordneten Andreotti und den Vertretern seiner politischen Strömung in Palermo bei der politischen Eindämmung der Handlungsmöglichkeiten von General Dalla Chiesa bestand, aus der effektiv die kriminelle Organisation der Mafia einen Vorteil zog«.

Beim zweiten Antrag auf Einleitung eines Verfahrens durch die Staatsanwaltschaft in Rom vom 9. Juni 1993 wird eine Mittäterschaft bei der Planung des Mordes an dem Journalisten Mino Pecorelli (vgl. Kap. 7 u. 9) unterstellt. Pecorelli soll eine Gefahr für Andreotti dargestellt haben, und zwar aus mindestens zwei Gründen. Der erste betrifft den Skandal um die Italcasse und die finanzielle Rettung der Brüder Caltagirone (vgl. Kap. 10.3), insbesondere hinsichtlich einer Summe von 1,4 Mrd. Lire in Form von Wechseln der Gesellschaft SIR, über die Andreotti ein »persönliches Verfügungsrecht« hatte. Wenigstens sechs dieser Wechsel sind von einer Gesellschaft eingelöst worden, an der Domenico Balducci Interessen gehabt haben soll, der seinerseits zur Bande der Magliana gehörte und mit Pippo Calò verbunden ist. Andererseits gibt es auch Zeugen, die aussagen, von Andreotti persönlich Schecks (aus derselben Quelle) erhalten zu haben. Nach Ansicht der Richter könnte der Mord an Pecorelli von Pippo Calò in Auftrag gegeben worden sein, der ein »eigenes Interesse« daran gehabt hätte, den Journalisten zu treffen. Sie stützen ihren Antrag auf Eröffnung eines Verfahrens jedoch auf die Aussagen von Tommaso Buscetta und anderen »Reumütigen«, denen zufolge der Mord an Pecorelli auf Betreiben der Cousins Salvo durchgeführt wurde, die ihrerseits von Andreotti in dieser Richtung ermuntert worden seien. Senator Franco Evangelisti, ein enger Mitarbeiter und Freund Andreottis, hat schließlich vor den Richtern ausgesagt, daß am 19. März 1979, dem Tag der Ermordung, Pecorelli im Laufe eines Abendessens dreißig Millionen aus Mitteln von Gaetano Caltagirone ausgehändigt worden seien, um ihn davon abzubringen, in *OP* einen Bericht mit dem Titel *Die Schecks des Präsidenten* zu veröffentlichen, dessen erste Seite mit dem Bild Andreottis bereits gedruckt war.

Andreotti soll, laut Aussage Buscettas und anderer *pentiti*, noch ein weiteres Motiv gehabt haben, sich den Tod Pecorellis zu wünschen. Der Journalist sei im Besitz eines Teils von Moros *Memorial*, der Äußerungen zu Andreotti enthalten soll. Es sei kurz daran erinnert, daß sich bereits in den 1990 veröffentlichten Abschnitten des *Memorials* äußerst schwerwiegende Urteile Moros über seinen Parteifreund und Rivalen fanden:

»Ein kalter undurchschaubarer Regisseur, zweifellos ... hat er die Macht erobert, um als Regierungschef Übles zu tun, wie er sein ganzes Leben lang zu unserem Unglück und dem unseres Landes (das dessen bald gewahr werden wird) Übles getan hat.«

Was könnte Moro Schwerwiegenderes und weniger Allgemeines geschrieben haben, das Andreotti dazu hätte bringen können, einen Mord in Auftrag zu geben? Und wenn ja, warum haben die Roten Brigaden das nicht für ihre Propagandazwecke genutzt?

Und genau an dieser Stelle berühren sich die Ermittlungen von Palermo mit denen in der Mordsache Pecorelli. Denn die Papiere Moros sollen bei ihrer Entdeckung von General Dalla Chiesa »in Verwahrung« genommen worden sein (Dalla Chiesa leitete die Operation bei der Durchsuchung der Wohnung in der Via Montenevoso), der also auch Kenntnis über ihren Inhalt gehabt hätte. Um Andreotti darüber zu berichten, soll sich Dalla Chiesa um zwei Uhr nachts in dessen Privatwohnung begeben haben. Darüber hinaus sagen die Richter, daß »auch Licio Gelli davon wußte, daß Senator Andreotti von Dalla Chiesa eine Dokumentation erhalten hatte«. Auf welchen Wegen und aus welchem Grund sollten diese Unterlagen bei Mino Pecorelli gelandet sein?

Wenn man über Motive spricht, dann wäre natürlich auch die Cosa Nostra als Nutznießer des Todes sowohl von Dalla Chiesa als auch von Pecorelli zu nennen. Andreotti haben gewiß seine wohlbekannte Freundschaft mit Salvo Lima und die Beziehungen zu der Mafia nahestehenden Kreisen in Sizilien geschadet, denn sie unterstützen die These einer Interessengemeinschaft. Am 5. April 1982, dem Vorabend seiner Ernennung zum Präfekten von Palermo, begibt sich Dalla Chiesa zu einem Besuch bei Andreotti. Am Tag darauf notiert Dalla Chiesa in sein Tagebuch:

»Aufgrund seiner Präsenz bei den Wahlen in Sizilien zeigte er sich indirekt an dem Problem interessiert. Ich bin ganz offen gewesen und habe ihm versichert, daß ich auch auf jenen Teil der Wählerschaft keine Rücksicht nehmen werde, der seine Repräsentanten wählt.«

Später kommentiert er das im Kreise seiner Familie: »Ich war bei Andreotti, und als ich ihm erzählte, was ich von seinen Leuten dort weiß, da wurde er kreidebleich.« Als er schon mit der sizilianischen Realität vertrauter war und die Cosa Nostra sein Schicksal bereits entschieden hatte, bemerkt der General zu den Beziehungen zwischen Politikern und Mafia: »Die Anhänger Andreottis sind bis zum Hals darin verwickelt.« Die Palermitaner Richter interpretieren einige Sätze Andreottis gegenüber Dalla Chiesa (die aus dessen Tagebuch bekannt sind) als »Warnungen« im Stile der Mafia.

Andreotti hat stets bestritten, mit Dalla Chiesa jemals über die Situation in Sizilien diskutiert zu haben; 1993 verteidigt er sich Punkt für Punkt gegen alle Anschuldigungen und Verdächtigungen. Er wehrt sich gegen den ersten Antrag – den der Richter in Palermo – auf Einleitung eines Verfahrens und präsentiert der Kommission für die parlamentarische Immunität beim Senat ein detailliertes Memorial zu seiner Verteidigung. Beim zweiten Antrag, nämlich dem der Staatsanwaltschaft in Rom, fordert Andreotti die Kommission auf, sie »baldmöglichst« zuzulassen.

Das Memorial bezeichnet die Argumente der Richter als »lächerlich«, widersprüchlich und vorurteilsbeladen. Objektiv gesehen bewiesen sie einen *fumus persecutionis.*[38] Das Memorial analysiert die Rechtsprechung hinsichtlich der Bildung einer mafiosen Vereinigung sehr detailliert, und zwar besonders die Praxis der Rechtsprechung beim Kassationsgericht, um zu zeigen, daß die Interpretation der Richter in Palermo nicht in jedem Punkt zutreffend ist. Und sie sollen auch Aspekte derselben nicht erwähnt haben, die die Verteidigung Andreottis stützen könnten. Unter anderem gehen sie überhaupt nicht auf den Urteilsspruch des Kassationsgerichts ein, der dieselben Quellen, auf die sich der Antrag auf Einleitung eines Verfahrens stützt, noch nicht einmal als Indizien akzeptiert. Es wird weiterhin hervorgehoben, was sich aus der Aussage eines der Reumütigen ergibt, die ebenfalls von den Palermitaner Richtern protokolliert wurde, daß Riina und andere Mafiabosse in Rom Kontakt zu Personen aufgenommen hätten, die ihnen enorme Summen überwiesen hätten, wenn es gelänge, für ein gutes Ende des »Maxiprozesses« zu sorgen. Aber zur Begründung des Antrags blieb nur jene Stelle, in der vom Kontakt zu einem Politiker die Rede ist. Eine Weglassung, so kann man in dem Memorial zu Andreottis Selbstverteidigung lesen, die »gegen die unverzichtbaren Regeln der intellektuellen Redlichkeit verstößt«.

38 Nach dem Gesetz soll die Kommission bei Vorliegen eines *fumus persecutionis* der Einleitung einer formellen Ermittlung nicht zustimmen.

Natürlich sind die *pentiti* und ihre Unzuverlässigkeit Dreh- und Angelpunkt der Verteidigung. Die *pentiti* berichten nur Informationen aus zweiter Hand, und oft sind die Quellen Personen, die bereits verstorben sind, oder »Gerüchte, die im Gefängnis kursieren«. Die Entscheidung Andreottis, neben anderen auch Abraham Sofaer, einen berühmten New Yorker Anwalt und vormaligen Berater des Außenministeriums, mit seiner Verteidigung zu betrauen, begründet sich offensichtlich durch die Absicht, die Glaubwürdigkeit der *pentiti* in amerikanischer Haft zu erschüttern. Im übrigen hat Andreotti bisher kategorisch bestritten, Salvo jemals kennengelernt zu haben, und die Unterstellung, er habe sich insgeheim mit Riina und anderen Mafiabossen getroffen, bezeichnet er als lächerlich, denn »ich war zu keinem Zeitpunkt meines Tagesablaufs unkontrolliert (durch die Eskorte)«. Zur Frage hinsichtlich General Dalla Chiesa dreht er den Spieß um und bezeichnet es als eine Beleidigung der Erinnerung an Dalla Chiesa, daß er einen Teil der Papiere Moros für sich hätte behalten können. Schließlich legt Andreotti nahe, die Einlassungen der *pentiti* seien ein gut abgestimmtes Manöver der Cosa Nostra, um sich für die Maßnahmen zur Bekämpfung der Mafia zu rächen, die unter seinen Regierungen auf den Weg gebracht worden seien. Das allerdings ist ein schwaches Argument.[39] Der Vorwurf gegen ihn, so zieht Andreotti Bilanz, ist »trübe und verquer, und nicht einmal der Eifer und die Mühe der Richter wird daran etwas ändern: Wie sagen doch die Russen? Niemand kann einen schwarzen Hund weiß machen, indem er ihn wäscht.«

Aber wer ist nun Giulio Andreotti wirklich? Luciano Violante, ehemaliger Richter und Vorsitzender der parlamentarischen Untersuchungskommission zur Mafia, die im April 1993 den Bericht über die Beziehungen zwischen Politik und Mafia gebilligt hat, antwortet darauf so:

»Ich kann noch keine seriöse historische Analyse seiner Rolle in der Geschichte der Republik erkennen. Aus dieser Geschichte, aus den parlamen-

39 Es ist nämlich nicht einzusehen, wieso Tommaso Buscetta und die anderen *pentiti*, denen die Cosa Nostra die Familienangehörigen ermordet oder sonstwie unter Druck gesetzt hat und die durch ihre Zeugenaussagen vor allem die Mafia treffen wollen, zu einer solchen Intrige bereit sein sollten. Soweit es die Maßnahmen gegen die Mafia betrifft, denen sich Andreotti wohl kaum hätte widersetzen können, ohne ernstlich in Begründungsschwierigkeiten zu kommen, so wurden diese Maßnahmen von anderen, nämlich den dafür zuständigen Ministern (Justiz und Inneres), vorgeschlagen.

tarischen Untersuchungen und aus den Gerichtsbeschlüssen entsteht, bei aller Relativität, die diesen Quellen nun einmal anhaftet, das Bild eines Politikers, der am Schnittpunkt zweier klar unterscheidbarer Kreuzwege steht, dem zwischen Ost und West und dem zwischen Legalität und Illegalität. Er war auch ein geschätzter Außenminister, ein äußerst populärer Ministerpräsident (traditionell war Andreotti der Abgeordnete mit den meisten Präferenzen bei den Erststimmen. U. H.) und ein Mann des Dialogs zwischen Ost und West; er war Ministerpräsident einer Regierung der nationalen Einheit zwischen prokommunistischen und prowestlichen Kräften. Aber bei anderen Gelegenheiten war er einer derjenigen, die sich am weitesten nach rechts öffneten... Vielleicht war Andreotti der Überzeugung, daß es unmöglich war, in Italien Fortschritte zu erreichen, wenn man keine Beziehungen zum PCI unterhielt oder, unter anderen Umständen, mit der Rechten. Oder er hat diese Kontakte ganz den Umständen entsprechend genutzt, wie sich das aus dem Memorial Moros aus seiner Gefangenschaft bei den BR zu ergeben scheint. Und schließlich hat er, laut Anklage, Beziehungen zur Mafia unterhalten, entweder direkt oder durch Salvo Lima als Mittelsmann. All das muß noch bewiesen werden, aber er macht den Eindruck eines Politikers, der im Zentrum eines Karussells steht, das sich an einem bestimmten Punkt in seine Einzelteile zu zerlegen beginnt. ... Um Andreottis Rolle in der Geschichte der Republik zu verstehen, müßte man seine Entscheidungen sehr genau studieren. Denn er ist auch der Mann, der enthüllt – und nicht nur verhüllt. Gladio beispielsweise wird von ihm offengelegt, und er ist derjenige, der die Verfehlungen der Geheimdienste im Jahr 1974 publik macht. Er ist es, der Giannettini als Spitzel der Geheimdienste enttarnt. Und er entfernt Admiral Marini, den Chef des Sismi, aus dem Dienst, weil er ihn angelogen hat. Ein genaues Studium seiner Rolle durch einen Historiker täte not. Bis jetzt ist er der italienische Politiker, gegen den die meisten Beschuldigungen erhoben werden, aber er ist auch derjenige, der am meisten freigesprochen worden ist. Auch seine Beziehungen zu Sindona, Calvi und Gelli müssen vor dem Hintergrund der Geschichte des Landes interpretiert werden... Banalisierungen helfen nicht, die Wirklichkeit zu verstehen.«[40]

Aber unsere nationale Geschichte, so ein anderer Richter,[41] ist die einer »begrenzten Souveränität mit starken Einflußnahmen von

40 Interview mit Giuseppe Caldarola, *I Corleonesi. Mafia e sistema eversivo, L'Unità*, August 1993, S. 39. Um genau zu sein, muß gesagt werden, daß die Enthüllungen des Jahres 1974 Teil eines komplexen Spiels hinter den Kulissen zwischen dem Paar Andreotti-Maletti auf der einen und Moro-Miceli auf der anderen Seite war. Die Enthüllungen des Jahres 1990 hingegen wurden gemacht, als Andreotti sich bewußt war, daß die Wahrheit über Gladio in jedem Fall im Zuge der Ermittlungen von Richter Casson ans Licht kommen würde (vgl. Kap. 9.2).
41 Libero Mancuso in: *Il Grande Vecchio*, Baldini e Castoldi 1993, S. 160.

außen. Mit allen Mitteln verhinderte man auch die kleinste Verschiebung der politischen Gleichgewichte in Italien. Hinter jedem Subversionsversuch in unserem Land standen die Streitkräfte, die Sicherheitsdienste, die Freimaurer und amerikanische Geldgeber. Das war der schwarze Faden dieser Jahre, verdeckt vom Staatsgeheimnis, von Lügen, Angriffen, im Sand verlaufenen Prozessen und nur bruchstückhaften Kenntnissen.« Trotz allem, so noch einmal Violante, »erklärten sich 25 Richter nach der Ermordung des Richters Emilio Alessandrini bereit, seinen Platz einzunehmen. Jetzt, nach den Morden an Falcone und Borsellino, haben sich viele Richter aus dem Norden freiwillig gemeldet, um ihren Kollegen in Süditalien zur Seite zu stehen. Auch nachdem die Jungens der Eskorten in die Luft gesprengt wurden, gibt es keine Flucht aus diesem gefahrvollen Beruf... Das ist ehrlich gelebte Demokratie... Wir haben uns von den Attentaten nicht erdrücken lassen, und das, so glaube ich, müssen wir uns immer wieder vergegenwärtigen.«[42]

Das ist zweifellos wahr. Man muß anerkennen, daß Italien bei seinem Kampf gegen den Terrorismus ziellose Repressionsmaßnahmen vermieden hat und den Respekt vor den Freiheiten des Individuums wahrte. Ausnahmen wurden sogleich öffentlich angeprangert. Es ist viel darüber debattiert worden (gerade das war vielleicht eine Art Kompensation, ein Sicherheitsventil), aber im Grund sind die individuellen Freiheiten im Vergleich zu den repressiven Maßnahmen gewahrt geblieben. Viele andere Länder hätten möglicherweise in einer vergleichbaren Situation die demokratischen Rechte wesentlicher einschneidender eingeschränkt. In Italien herrschte zudem ein gewisser Fatalismus vor; die »Nachgiebigkeit« der Institutionen (das Fehlen einer Tradition eines starken Staates und folglich weniger Unnachgiebigkeit und eine größere Bereitschaft, sich zu arrangieren) erlaubte es, die Attacken besser wegzustecken, als dies in anderen Ländern möglich gewesen wäre. Korruption gibt es mit Sicherheit auch in anderen Ländern, und in vielen Fällen verfügt die politische Führungsschicht über Mechanismen der Selbstverteidigung. So ist es nicht selten eben diese Führungsschicht selbst, die die Korruptesten aus ihren Reihen ausschließt. Aber es gibt wahrscheinlich nicht viele Länder, die zu einer ähnlichen Selbstreinigung in der Lage gewesen wären,

42 L. Violante, *op. cit.*, S. 94f.

wie sie sich in Italien in den Ermittlungen von »Mani pulite« vollzieht. Dennoch muß man einräumen, daß bestimmte Vergleiche hinken, denn in keinem anderen westlichen Land gab es hinsichtlich der Dauer und der Intensität jemals gewaltsame subversive Aktivitäten von vergleichbaren Ausmaßen, und in keinem anderen Land war die Korruption je in vergleichbarer Weise die Regel des öffentlichen Handelns. Und schließlich muß man sich fragen: Wie lange kann die Freiheit in einem Land überleben, wenn sein öffentliches Leben periodisch von Anschlägen und Intrigen erschüttert wird, wenn die Korruption die allgemeine Regel ist und wenn der Staat in den Dienst von Privatinteressen gestellt wird?

Vielleicht werden die Historiker eines Tages zum Schluß kommen, daß die Geschichte der Demokratie in Italien eine Geschichte der immer wieder enttäuschten, wiewohl von starken Kräften gespeisten Hoffnungen ist, daß Italien, das Land des Kompromisses, das Land der unvollendeten Revolutionen ist. Unvollendet blieb das, was die Resistenza in Gang gesetzt hatte, und unvollendet könnte auch heute die »Revolution« bleiben, die von »Mani pulite« in Gang gesetzt wurde. Der britische Historiker Paul Ginsborg, ein ausgezeichneter Kenner der italienischen Situation, sagt:

»Die Richter von ›Mani pulite‹ repräsentieren das Überleben der alten Tugenden in der italienischen Republik, die Revanche der ›tugendhaften Minderheiten‹, die auch in der Krise des Rechtsstaates in der zweiten Hälfte der achtziger Jahre nicht klein beigegeben haben. Sie bilden den Ausgangspunkt dieses Versuchs einer demokratischen Erneuerung, der inzwischen weite Teile der alten politischen Klasse ausgeschaltet hat.«

Es handelt sich also um den Versuch einer Wiederherstellung, nicht um eine Revolution. Aber wie in den vierziger Jahren könnte es auch heute geschehen, daß man es nicht schafft, »den Panzer der typisch italienischen Art und Weise des Staates zu knacken«.[43]

Es wäre schon viel gewonnen, wenn mit der alten politischen Klasse auch die Strukturen und die politische Logik des parallelen Staates verschwänden. Einem der Richter, die sich bereits in den siebziger Jahren am stärksten dabei engagierten, die illegalen Machenschaften der staatlichen Einrichtungen aufzudecken, Giovanni Tamburino, verdanken wir ein besonders schönes Bild. Mit

43 In einem Interview mit *L'Espresso*, 4.3.1994. Ginsborgs Pessimismus geht so weit, daß er problematisiert, ob »Tangentopoli« die Bürger wirklich wachgerüttelt hat.

Blick auf die Darstellung der Macht, die ihm Roberto Cavallaro gab (vgl. Kap. 6.4), und auf seine eigene Sorge, das könnte die Wahrheit sein, fragte sich Tamburino:

»Ist die Demokratie wirklich nicht mehr als ein schwindelerregendes Karussell chinesischer Schachteln, in deren innersten Innerem nichts als Macht und darum herum ein großes Spiel von Täuschungen ist?«[44]

»Der intellektuelle Mut zur Wahrheit und die praktische Politik sind in Italien zwei Dinge, die sich ausschließen.« Das schrieb Pier Paolo Pasolini. Wir wissen es nicht, ob die neue politische Klasse die notwendigen Qualitäten besitzt, um dieses Diktum Lügen zu strafen. Sollte Italien dazu nicht bereit oder nicht fähig sein, sollten die Wahrheiten, die die Richter aufgedeckt haben, die Wahrheiten über »Tangentopoli« und über den parallelen Staat nicht zu einer neuen Idee des Staates und der Art und Weise, Politik zu gestalten, führen, dann wird die »Revolution« des Jahres 1993 unvollendet bleiben.

44 *Il Grande Vecchio, op. cit.*, S. 73.

# Personenregister

## edition suhrkamp
## Eine Auswahl

Abelshauser: Wirtschaftsgeschichte der Bundesrepublik Deutschland 1945-1980. NHB es 1241
Achebe: Heimkehr in ein fremdes Land. es 1413
– Okonkwo oder Das Alte stürzt. es 1138
– Termitenhügel in der Savanne. es 1581
Adorno: Eingriffe. es 3303
– Gesellschaftstheorie und Kulturkritik. es 772
– Jargon der Eigentlichkeit. es 91
– »Ob nach Auschwitz sich noch leben lasse«. es 1844
– Stichworte. es 347
Aebli: Küss mich einmal ordentlich. es 1618
– Mein Arkadien. es 1885
Amnestie oder Die Politik der Erinnerung in der Demokratie. es 2016
Anthropologie nach dem Tode des Menschen. es 1906
Armut im Wohlstand. es 1595
Bachelard: Das Wasser und die Träume. es 1598
Bachtin: Die Ästhetik des Wortes. es 967
Barthes: Der entgegenkommende und der stumpfe Sinn. es 1367
– Kritik und Wahrheit. es 218
– Literatur oder Geschichte. es 303
– Mythen des Alltags. es 92 und es 3309
– Das Rauschen der Sprache. es 1695
– Das Reich der Zeichen. es 1077
– Das semiologische Abenteuer. es 1441
– Das Spiel der Zeichen. es 1841
Beck, Ulrich: Die Erfindung des Politischen. es 1780
– Gegengifte. es 1468
– Risikogesellschaft. es 1365 und es 3326
– Die Suche nach der sozialen Wirklichkeit. es 1961
Becker, Jürgen: Ränder. es 351
– Umgebungen. es 722
Über Jürgen Becker. es 552
Becker, Jurek: Warnung vor dem Schriftsteller. es 1601
Beckett: Endspiel. Fin de Partie. es 96
– Flötentöne. es 1098
– Warten auf Godot. es 3301
Benet: Du wirst es zu nichts bringen. es 1611
Benjamin: Das Kunstwerk im Zeitalter seiner technischen Reproduzierbarkeit. es 28 und es 3305
– Moskauer Tagebuch. es 1020
– Das Passagen-Werk. es 1200
– Über Kinder, Jugend und Erziehung. es 391
– Versuche über Brecht. es 172
– Zur Kritik der Gewalt und andere Aufsätze. es 103
Bernhard: Der deutsche Mittagstisch. es 1480
– Ein Fest für Boris. es 3318
Bertaux: Hölderlin und die Französische Revolution. es 344
Bloch: Abschied von der Utopie? es 1046
– Kampf, nicht Krieg. es 1167

316/1/4.97

## edition suhrkamp
## Eine Auswahl

Bloch: Tübinger Einleitung in die Philosophie. es 3308
– Viele Kammern im Welthaus. es 1827
Bloom: Die Topographie des Fehllesens. es 2011
Boal: Theater der Unterdrückten. es 1361
Böhme, Gernot: Ethik im Kontext. es 2025
– Für eine ökologische Naturästhetik. es 1556
Böni: Alvier. es 1146
– Hospiz. es 1004
– Der Johanniterlauf. es 1198
Bohrer: Die Kritik der Romantik. es 1551
– Ohne Gewißheiten. es 1968
– Der romantische Brief. es 1582
Boullosa: Sie sind Kühe, wir sind Schweine. es 1866
– Die Wundertäterin. es 1974
Bourdieu: Praktische Vernunft. es 1985
– Rede und Antwort. es 1547
– Soziologische Fragen. es 1872
– »Die Wirklichkeit ist relational«. es 1842
Bovenschen: Die imaginierte Weiblichkeit. es 921
Braun, Volker: Berichte von Hinze und Kunze. es 1169
– Böhmen am Meer. es 1784
– Es genügt nicht die einfache Wahrheit. es 799
– Gesammelte Stücke. es 1478
– Verheerende Folgen mangelnden Anscheins innerbetrieblicher Demokratie. es 1473
Brecht: Der aufhaltsame Aufstieg des Arturo Ui. es 144
– Aufstieg und Fall der Stadt Mahagonny. es 21
– Ausgewählte Gedichte. es 86
– Baal. es 170
– Biberpelz und roter Hahn. es 634
– Broadway - the hard way. es 1835
– Buckower Elegien. es 1397
– Die Dreigroschenoper. es 229
– Furcht und Elend des Dritten Reiches. es 392
– Die Geschäfte des Herrn Julius Caesar. es 332
– Die Gewehre der Frau Carrar. es 219
– Der gute Mensch von Sezuan. es 73
– Die heilige Johanna der Schlachthöfe. es 113
– Herr Puntila und sein Knecht Matti. es 105
– Ich bin aus den schwarzen Wäldern. es 1832
– Der Jasager und Der Neinsager. es 171
– Der kaukasische Kreidekreis. es 31
– Leben des Galilei. es 1
– Leben Eduards des Zweiten von England. es 245
– Mann ist Mann. es 259
– Die Maßnahme. es 415
– Die Mutter. es 200
– Mutter Courage und ihre Kinder. es 49
– Der Ozeanflug. Die Horatier und die Kuriatier. Die Maßnahme. es 222
– Prosa. es 184
– Die Rundköpfe und die Spitzköpfe. es 605

316/2/4.97

## edition suhrkamp
## Eine Auswahl

Brecht: Der Schnaps ist in die Toiletten geflossen. es 1833
– Schweyk im zweiten Weltkrieg. es 132
– Stücke. Bearbeitungen. Bd. 1. es 788
– Stücke. Bearbeitungen. Bd. 2. es 789
– Die Tage der Commune. es 169
– Theaterarbeit in der DDR. 1948–1956. es 1836
– Trommeln in der Nacht. es 490
– Über die bildenden Künste. es 691
– Über experimentelles Theater. es 377
– Der Untergang des Egoisten Johann Fatzer. es 1830 und es 3332
– Unterm dänischen Strohdach. es 1834
– Das Verhör des Lukullus. es 740
Bubner: Ästhetische Erfahrung. es 1564
– Dialektik als Topik. es 1591
– Zwischenrufe. Aus den bewegten Jahren. es 1814
Buch: An alle! es 1935
– Der Herbst des großen Kommunikators. es 1344
– Die Nähe und die Ferne. es 1663
– Die neue Weltunordnung. es 1990
– Waldspaziergang. es 1412
Bürger, Peter: Aktualität und Geschichtlichkeit. es 879
– Theorie der Avantgarde. es 727
Bürgergesellschaft, Recht und Demokratie. es 1912
Butler: Körper von Gewicht. es 1737
– Das Unbehagen der Geschlechter. es 1722
Cavelty: Quifezit oder Eine Reise im Geigenkoffer. es 2001
Celan: Ausgewählte Gedichte. Zwei Reden. es 262 und es 3314
Cornell: Die Versuchung der Pornographie. es 1738
Cortázar: Das Observatorium. es 1527
Dalos: Ungarn – Vom Roten Stern zur Stephanskrone. es 2017
Dedecius: Poetik der Polen. es 1690
Dekonstruktiver Feminismus. es 1678
Deleuze: Kritik und Klinik. es 1919
– Die Logik des Sinns. es 1707
– Unterhandlungen. 1972–1990. es 1778
Deleuze/Guattari: Kafka. es 807
Deleuze/Parnet: Dialoge. es 666
Derrida: Das andere Kap. Die vertagte Demokratie. es 1769
– Geschichte der Lüge. es 2019
– Gesetzeskraft. es 1645 und es 3331
– Schreiben der Differenz. es 1843
– Vergessen wir nicht - die Psychoanalyse! es 1980
Deutschsprachige Gegenwartsliteratur wider ihre Verächter. es 1938
Dieckmann: Glockenläuten und offene Fragen. es 1644
Dieckmann: Temperatursprung. Deutsche Verhältnisse. es 1924

316/3/4.97

## edition suhrkamp
## Eine Auswahl

Dieckmann: Vom Einbringen. es 1713
Digitaler Schein. es 1599
Dinescu: Exil im Pfefferkorn. es 1589
Döring: Ein Flamingo, eine Wüste. es 1588
– Schnee und Niemand. es 1779
Dorst: Toller. es 294
Draesner: gedächtnisschleifen. es 1948
Drawert: Alles ist einfach. es 1951
– Haus ohne Menschen. es 1831
– Privateigentum. es 1584
– Spiegelland. es 1715
Dröge/Krämer-Badoni: Die Kneipe. es 1380
Duerr: Frühstück im Grünen. es 1959
– Satyricon. es 1346
– Traumzeit. es 1345
Düttmann: Zwischen den Kulturen. es 1978
Duras: Eden Cinema. es 1443
– Hiroshima mon amour. es 3304
– La Musica Zwei. es 1408
– Sommer 1980. es 1205
– Das tägliche Leben. es 1508
– Der Tod des jungen englischen Fliegers. es 1945
– Vera Baxter oder Die Atlantikstrände. es 1389
Duras/Porte: Die Orte der Marguerite Duras. es 1080
Eco: Zeichen. es 895
Eich: Botschaften des Regens. es 48 und 3306
– Rebellion in der Goldstadt. es 1766
Der eingekreiste Wahnsinn. es 965
Norbert Elias über sich selbst. es 1590 und es 3329
Ende der sozialen Sicherheit? es 1907
Engler: Die ungewollte Moderne. es 1925
– Die zivilisatorische Lücke. es 1772
Enzensberger: Blindenschrift. es 217
– Deutschland, Deutschland unter anderm. es 203 und es 3313
– Einzelheiten I. es 63
– Die Furie des Verschwindens. es 1066
– Landessprache. es 304
– Der Weg ins Freie. es 759
Eppler: Kavalleriepferde beim Hornsignal. es 1788
Esser: Nachruf auf den Standort Deutschland. es 1926
Euchner: Egoismus und Gemeinwohl. es 614
Evans: Im Schatten Hitlers? es 1637
Ewald: Der Vorsorgestaat. es 1676
Falkner: X-te Person Einzahl. es 1996
Farge/Foucault: Familiäre Konflikte: Die »Lettres de cachet«. es 1520
Federman: Surfiction: Der Weg der Literatur. es 1667
Federman/Chambers: Penner Rap. es 2020
Fellinger: Paul de Man - Eine Rekonstruktion. es 1677
Felman: Wahnsinn und Literatur. es 1918
Felsenstein: Die Pflicht, die Wahrheit zu finden. es 1986

316/4/4.97

edition suhrkamp
Eine Auswahl

Fernández Cubas: Das geschenkte Jahr. es 1549
Feyerabend: Briefwechsel mit einem Freund. es 1946
– Erkenntnis für freie Menschen. es 1011
– Wissenschaft als Kunst. es 1231
Versuchungen 1. es 1044
Versuchungen 2. es 1068
Fletcher: Notwehr als Verbrechen. es 1648
Foucault: Psychologie und Geisteskrankheit. es 272
– Raymond Roussel. es 1559
Frank: Einführung in die frühromantische Ästhetik. es 1563
– Gott im Exil. es 1506
– Die Grenzen der Verständigung. es 1481
– Der kommende Gott. es 1142
– Motive der Moderne. es 1456
– Die Unhintergehbarkeit von Individualität. es 1377
– Was ist Neostrukturalismus? es 1203
Franzobel: Das Beuschelgeflecht. Bibapoh. es 1995
– Die Krautflut. es 1987
Fraser: Widerspenstige Praktiken. es 1726
Frevert: Frauen-Geschichte. es 1284
Den Frieden denken. es 1952
Frieden machen. es 2000
Frisch: Biedermann und die Brandstifter. es 41
– Die Chinesische Mauer. es 65
– Don Juan oder Die Liebe zur Geometrie. es 4
– Frühe Stücke. es 154
– Graf Öderland. es 32
Fritsch: Fleischwolf. Ein Gefecht. es 1650
– Steinbruch. es 1554
Fuchs: Westöstlicher Divan. es 1953
Galperin: Die Brücke über die Lethe. es 1627
Gándara: Die Mittelstrecke. es 1597
García Morales: Die Logik des Vampirs. es 1871
– Das Schweigen der Sirenen. es 1647
– Der Süden. Bene. es 1460
Geist gegen den Zeitgeist. es 1630
Genette: Palimpseste. es 1683
Gerhardt: Patientenkarrieren. es 1325
Das Geschlecht der Natur. es 1727
Gewalt und Gerechtigkeit. es 1706
Das Gewalt-Dilemma. es 1905
Ginsburg: Aufzeichnungen eines Blockade-Menschen. es 1672
Globalisierung versus Fragmentierung. es 2022
Glotz: Die falsche Normalisierung. es 1901
Goetz: Festung. es 1793
– Krieg. es 1320
– Kronos. es 1795
– 1989. es 1794
Goytisolo: Ein algerisches Tagebuch. es 1941
– Dissidenten. es 1224
– Landschaften eines Krieges: Tschetschenien. es 1768
– Notizen aus Sarajewo. es 1899
Die Quarantäne. es 1874

316/5/4.97

## edition suhrkamp
## Eine Auswahl

Goytisolo: Weder Krieg noch Frieden. es 1966
Graaf: Stella Klein. es 1790
Griffin: Frau und Natur. es 1405
Grill: Wilma. es 1890
Grimm/Hörisch: Wirklichkeitssplitter. es 1965
Gross: Die Multioptionsgesellschaft. es 1917
Grünbein: Grauzone morgens. es 1507 und es 3330
Gruenter: Der Autor als Souffleur. es 1949
– Epiphanien, abgeblendet. es 1870
Gstrein: Anderntags. es 1625
– Einer. es 1483
Günther: Versuche, europäisch zu denken. es 1621
Habermas: Eine Art Schadensabwicklung. es 1453
– Legitimationsprobleme im Spätkapitalismus. es 623
– Die nachholende Revolution. es 1633
– Die Neue Unübersichtlichkeit. es 1321 und es 3325
– Die Normalität einer Berliner Republik. es 1967
– Technik und Wissenschaft als Ideologie. es 287
Hacker, Katharina: Tel Aviv. es 2008
Hänny: Ruch. es 1295
– Zürich, Anfang September. es 1079
Hahn: Unter falschem Namen. es 1723
Handke: Die Innenwelt der Außenwelt der Innenwelt. es 307
– Kaspar. es 322
– Publikumsbeschimpfung und andere Sprechstücke. es 177 und es 3312
– Der Ritt über den Bodensee. es 509
– Wind und Meer. es 431
Happel: Grüne Nachmittage. es 1570
Hart Nibbrig: Die Auferstehung des Körpers im Text. es 1221
Haupt: Sozialgeschichte Frankreichs seit 1789. es 1535
Heijden: Die Drehtür. es 2007
Henrich: Nach dem Ende der Teilung. es 1813
– Eine Republik Deutschland. es 1658
Hensel: Im Schlauch. es 1815
Hentschel: Geschichte der deutschen Sozialpolitik 1880-1980. es 1247
Herbert: Ein Barbar in einem Garten. es 3310
Hertz: Die Spiegelung des Unsichtbaren. es 1939
Hesse: Tractat vom Steppenwolf. es 84
Hettche: Inkubation. es 1787
Die Hexen der Neuzeit. es 743
Hijiya-Kirschnereit: Das Ende der Exotik. es 1466
– Was heißt: Japanische Literatur verstehen? es 1608
Hodjak: Franz, Geschichtensammler. es 1698
– Siebenbürgische Sprechübung. es 1622
Hörisch: Brot und Wein. es 1692
– Gott, Geld und Glück. es 1180
– Kopf oder Zahl. Die Poesie des Geldes. es 1998

316/6/4.97

edition suhrkamp
Eine Auswahl



316/7/4.97

edition suhrkamp
Eine Auswahl

Konrád: Antipolitik. es 1293
– Identität und Hysterie. es 1921
– Die Melancholie der Wiedergeburt. es 1720
– Stimmungsbericht. es 1394
– Vor den Toren des Reiches. es 2015
Krechel: Mit dem Körper des Vaters spielen. es 1716
Krippendorff: Militärkritik. es 1804
– Politische Interpretationen. es 1576
– Staat und Krieg. es 1305
– »Wie die Großen mit den Menschen spielen.« es 1486
Kristeva: Fremde sind wir uns selbst. es 1604
– Geschichten von der Liebe. es 1482
– Mächte des Grauens. es 1684
– Die Revolution der poetischen Sprache. es 949
– Schwarze Sonne - Depression und Melancholie. es 1594
Leggewie: Kultur im Konflikt. es 1960
Lejeune: Der autobiographische Pakt. es 1896
Lem: Dialoge. es 1013
Lenz, Hermann: Leben und Schreiben. es 1425
Lepenies: Benimm und Erkenntnis. es 2018
Leroi-Gourhan: Die Religionen der Vorgeschichte. es 1073
Lesen im Buch der edition suhrkamp. es 1947
Leutenegger: Lebewohl, Gute Reise. es 1001
– Das verlorene Monument. es 1315
Lévi-Strauss: Das Ende des Totemismus. es 128
– Mythos und Bedeutung. es 3323
Lezama Lima: Die amerikanische Ausdruckswelt. es 1457
»Literaturentwicklungsprozesse«. es 1782
Löwenthal: Mitmachen wollte ich nie. es 1014
Lüderssen: Abschaffen des Strafens? es 1914
– Genesis und Geltung. es 1962
– Der Staat geht unter – das Unrecht bleibt? es 1810
Lukács: Gelebtes Denken. es 1088
Maeffert: Bruchstellen. es 1387
Mahony: Der Schriftsteller Sigmund Freud. es 1484
de Man: Allegorien des Lesens. es 1357
– Die Ideologie des Ästhetischen. es 1682
Marcus: Umkehrung der Moral. es 903
Marcuse: Ideen zu einer kritischen Theorie der Gesellschaft. es 300
– Konterrevolution und Revolte. es 591
– Kultur und Gesellschaft 1. es 101
Mattenklott: Blindgänger. es 1343
Mattenklott: Umschreibungen. es 1887
Mayer: Gelebte Literatur. es 1427
– Das Geschehen und das Schweigen. es 342
– Versuche über die Oper. es 1050

316/8/4.97

edition suhrkamp
Eine Auswahl

Über Hans Mayer. es 887
Mayröcker: Magische Blätter. es 1202
– Magische Blätter II. es 1421
– Magische Blätter III. es 1646
– Magische Blätter IV. es 1954
Meckel: Von den Luftgeschäften der Poesie. es 1578
Meinecke: The Church of John F. Kennedy. es 1997
Menninghaus: Paul Celan. es 1026
– Schwellenkunde. es 1349
Menzel: Auswege aus der Abhängigkeit. es 1312
– Das Ende der Dritten Welt und das Scheitern der Großen Theorie. es 1718
Menzel/Senghaas: Europas Entwicklung und die Dritte Welt. es 1393
Meuschel: Legitimation und Parteiherrschaft in der DDR. es 1688
Milosz: Zeichen im Dunkel. es 995 und es 3320
Mitscherlich: Krankheit als Konflikt. es 164
– Die Unwirtlichkeit unserer Städte. es 123 und es 3311
Möller: Vernunft und Kritik. es 1269
Morshäuser: Hauptsache Deutsch. es 1626
– Revolver. es 1465
– Warten auf den Führer. es 1879
Moser: Besuche bei den Brüdern und Schwestern. es 1686
– Eine fast normale Familie. es 1223
– Repressive Kriminalpsychiatrie. es 419
– Romane als Krankengeschichten. es 1304
– Verstehen, Urteilen, Verurteilen. es 880
Muschg: Herr, was fehlt Euch? es 1900
– Literatur als Therapie? es 1065
Mythos Internet. es 2010
Mythos Metropole. es 1912
Mythos und Moderne. es 1144
Nachdenken über China. es 1602
Nakane: Die Struktur der japanischen Gesellschaft. es 1204
Narr/Schubert: Weltökonomie. es 1892
Negt/Kluge: Geschichte und Eigensinn. es 1700
Nizon: Am Schreiben gehen. es 1328
Nooteboom: Berliner Notizen. es 1639
– Wie wird man Europäer? es 1869
Oppenheim: Husch, husch, der schönste Vokal entleert sich. es 1232
Ostermaier: Herz Vers Sagen. es 1950
Overbeck: Der Koryphäenkiller. es 2009
Oz: Die Hügel des Libanon. es 1876
Paz: Der menschenfreundliche Menschenfresser. es 1064
– Suche nach einer Mitte. es 1008 und es 3321
– Zwiesprache. es 1290
Penck: Mein Denken. es 1385
Petri: Schöner und unerbittlicher Mummenschanz. es 1528

316/9/4.97